武 汉 大 学 百 年 名 典

社 会 科 学 类 编 审 委 员 会

武汉大学
百年名典

国际投资法

■ 姚梅镇 著

（第三版）

武汉大学出版社

WUHAN UNIVERSITY PRESS

图书在版编目(CIP)数据

国际投资法/姚梅镇著. —3 版. —武汉:武汉大学出版社,2011.1
武汉大学百年名典
  ISBN 978-7-307-08364-6

  Ⅰ.国… Ⅱ.姚… Ⅲ.国际投资法学—高等学校—教材
Ⅳ.D996.4

中国版本图书馆 CIP 数据核字(2010)第 236494 号

责任编辑:张 琼   责任校对:黄添生   版式设计:支 笛

出版发行:**武汉大学出版社** (430072 武昌 珞珈山)
      (电子邮件:cbs22@whu.edu.cn 网址:www.wdp.com.cn)
印刷:武汉中远印务有限公司
开本:720×1000 1/16 印张:29.5 字数:420千字 插页:4
版次:1985 年 7 月第 1 版   1989 年 3 月第 2 版
    2011 年 1 月第 3 版   2011 年 1 月第 3 版第 1 次印刷
ISBN 978-7-307-08364-6/D·1060   定价:64.00 元

作者简介

姚梅镇

1915年1月生，湖南益阳人。中国民主建国会会员。初中毕业后以优异成绩考入长沙湖南省立一中，1936年就读武汉大学法律系，1940年毕业。曾任国立商学院、武汉大学副教授。建国后，历任武汉大学副教授、教授、法律系副主任、国际法研究所副所长，中国国际法学会第二届理事，武汉市政协常委兼政法工作组副组长。专于国际经济法和国际投资法。

著有《国际投资法》，主编《国际经济法概论》，译《欧陆法律发达史》（孟罗·斯密著）等。

姚先生早年从事民法和外国法制史研究，1940年代曾著《无过失损害赔偿责任论》60万字，并翻译美国人孟罗·史密斯的名著《欧陆法律发达史》（商务印书馆1943年版）。改革开放后，为适应国家建设需要，姚梅镇教授转而从事国际经济法的教学和研究，是我国国际经济法学的奠基人之一。中国国际经济法研究会1984年草创以及1987年正式成立时，姚梅镇教授均被推举为首任会长。鉴于其学术地位，中国大百科全书总编委会特聘他为《中国大百科全书（法学卷）》编委兼国际经济法分科主编并为中国大百科全书《世界经济百科全书》撰写国际投资法方面的词条。1991年姚梅镇教授荣获国务院关于"为发展高等教育事业做出突出贡献"的表彰，享受"政府特殊津贴"。 姚先生的代表性论著包括：《国际经济法是一个独立的法学部门》、《国际投资法》、《国际经济法概论》、《比较外资法》。

作为奠基人和开拓者，姚梅镇教授在我国国际经济法学科体系的确立以及国际投资法研究领域有着极为重要的贡献。

《武汉大学百年名典》出版前言

　　百年武汉大学，走过的是学术传承、学术发展和学术创新的辉煌路程；世纪珞珈山水，承沐的是学者大师们学术风范、学术精神和学术风格的润泽。在武汉大学发展的不同年代，一批批著名学者和学术大师在这里辛勤耕耘，教书育人，著书立说。他们在学术上精品、上品纷呈，有的在继承传统中开创新论，有的集众家之说而独成一派，也有的学贯中西而独领风骚，还有的因顺应时代发展潮流而开学术学科先河。所有这些，构成了武汉大学百年学府最深厚、最深刻的学术底蕴。

　　武汉大学历年累积的学术精品、上品，不仅凸现了武汉大学"自强、弘毅、求是、拓新"的学术风格和学术风范，而且也丰富了武汉大学"自强、弘毅、求是、拓新"的学术气派和学术精神；不仅深刻反映了武汉大学有过的人文社会科学和自然科学的辉煌的学术成就，而且也从多方面映现了 20 世纪中国人文社会科学和自然科学发展的最具代表性的学术成就。高等学府，自当以学者为敬，以学术为尊，以学风为重；自当在尊重不同学术成就中增进学术繁荣，在包容不同学术观点中提升学术品质。为此，我们纵览武汉大学百年学术源流，取其上品，掬其精华，结集出版，是为《武汉大学百年名典》。

　　"根深叶茂，实大声洪。山高水长，流风甚美。"这是董必武同志 1963 年 11 月为武汉大学校庆题写的诗句，长期以来为武汉大学师生传颂。我们以此诗句为《武汉大学百年名典》的封面题词，实是希望武汉大学留存的那些泽被当时、惠及后人的学术精品、上品，能在现时代得到更为广泛的发扬和传承；实是希望《武汉大学百年名典》这一恢宏的出版工程，能为中华优秀文化的积累和当代中国学术的繁荣有所建树。

《武汉大学百年名典》编审委员会

再 版 说 明

 《国际投资法》是姚梅镇先生的代表之作，第一版于 1985 年由武汉大学出版社出版发行后，即纳入高等学校文科教材计划，后又经 1987 年修订再版。这次我社将其列入《武汉大学百年名典》正是依据该修订版。为方便读者阅读，我们将原书中的注释作了规范整理，对附录作了适当调整，另对个别文字与标点错误做了订正。特此说明。

武汉大学出版社

2011 年元月

写在修订版之前

一、本书于 1985 年 7 月第一版发行之后，已纳入国家教育委员会"一九八五年至一九九〇年高等学校文科教材计划"。这次修订再版，是依据国家教委高等学校文科教材办公室批示，作为教材发行，以供教学需要。

二、本书第一版印行后，由于国际投资的发展和需要，国内外有关外资立法已不断有所修订增删。在国外立法中，如 1985 年，南斯拉夫对合营企业法作了重要修订，加拿大制定并实施了的新的外国投资法。在国际法制方面，1985 年 10 月世界银行大会正式通过了《多边投资保证机构公约》，在国际上产生了很大影响。特别是在我国，随着改革、开放的深入发展，以及沿海港口城市的开放和经济技术开发区的设立，在利用外资及发展国际经济技术交流与合作方面，开拓了新的局面，并相应地制订和实施了不少关于鼓励外国投资的法律、法令，进一步完善了我国外资立法，改善了投资环境。在这次修订中，都分别作了重要增补，并着重我国新颁重要法律的增补，借以反映当前国际投资法制的新发展。

三、本书姊妹篇《国际投资法教学参考资料选编》，也是列入上述计划中的教学参考用书，正在付印，不久即可问世，借供读者在阅读本书时参照并查索有关法律、条约原文之用。

姚梅镇

1987 年 4 月 7 日

于武汉大学法学院国际法研究所

前　言

实行对外开放政策，利用外资，发展各种形式的国际经济、技术合作，是我国坚定不移的长期政策方针，是关系我国社会主义现代化建设的战略问题。在现代国际社会中，一方面，由于国际经济关系的发展，国际私人投资活动日益频繁，并广泛涉及国际和国内法制的各个方面；另一方面，由于当前新旧国际经济秩序的矛盾，各国政治体制、经济发展水平以及法律制度的差异，因而，在国际投资关系中，无论在理论上还是实践上，都带来一系列新的复杂的法律问题，在传统的法学领域中，不断出现新的突破。所以，针对我国发展对外经济关系的需要，积极开展国际投资法的研究，探索国际经济关系中的法律问题，越来越有必要。这不仅有重大的学术价值，而且有极为深刻的现实意义。

本书原稿的主要部分，曾作为武汉大学法律系两届国际法及国际经济法硕士研究生及进修教师国际投资法专题讲授的内容，现加以系统整理，增订成册。本书采用比较的、综合的研究方法，对比学说、立法、案例，联系我国实际，分别从资本输入国、资本输出国及国际法制三个方面，就国际投资法的体系、主要特征、基本内容、存在的问题及投资争议的处理等问题，列为六章，试作初步探讨。

国际投资法属于国际经济法的一个分支，是国内外正在发展中的一门新兴的法律学科，体系尚待确立，立论又多分歧，作者对此学科的研究，也才起步，限于水平，缺点错误均在所难免，希望读者批评指正。

姚梅镇

1984 年 4 月 10 日

于武汉大学法律系

国际法研究所

目　　录

第一章 绪 论

第一节 国际经济法及其研究方法

国际投资法是国际经济法的一个分支，要理解国际投资法的概念、性质和范围，有必要先探究国际经济法的概念、性质、范围，特别是其研究方法。

一、国际经济法的概念及其研究方法

随着现代国际经济交往和合作进一步的发展及其所带来的国际经济关系的深刻变化，在国际贸易、国际投资、国际金融信贷、国际税务以及国际经济组织等方面，带来不少新的复杂的法律问题。在传统的法学分科体系中，不断出现新的突破，某些新的法律从传统的法律体系中分离出来，形成新的法律部门，从而成为现代法学研究领域中的一个新的课题。自第二次世界大战以来，关于国际经济法的研究，已引起各国法学界的普遍重视，国际经济法已逐渐成为法学研究中的一个新的独立部门。

马克思早在《经济学手稿（1857—1858 年）》的导言中强调了对"生产的国际关系"研究的必要，这种研究包括"国际分工"、"国际交换"、"输出和输入"、"汇率"等内容。又在《共产党宣言》中指出，随着资本主义世界市场的形成，使一切国家的生产和消费都具有世界性，各民族之间经济上的互相往来和互相依赖，逐渐取代了

原来的闭关自守和自给自足的状态①。这就指明了在近代条件下，经济问题决不是一国的现象，必须联系国际关系来考察，而不能同国际关系分割开来。近几十年来，特别是第二次世界大战以后，这种情况又有了空前巨大的发展。当代世界绝大多数国家，无不把对外经济关系问题放在极其重要的地位，甚至放在生死攸关的地位。这是一个基本的历史事实，也是社会发展的必然趋势。作为上层建筑的法律——国际经济法，必然要反映这一经济发展趋势，并适应这一客观经济需要而得到相应的发展。这就要求我们对这一新的趋势所带来的一系列新的法律问题，从理论上、实践上作新的探讨。

我国自党的十一届三中全会以来，实行对外开放政策，发展对外经济关系，加强国际经济合作，搞活国内经济，这是我国现代化建设的一个重要战略决策。因而，如何进一步探究和正确处理从来未曾接触或很少接触的不断出现的新的国际经济关系中的法律问题，成为当务之急，所以无论从理论上或实用上积极开展和重视国际经济法的研究，已经提到重要的议事日程了。

那末，什么叫做国际经济法？其内涵与外延又是怎样？它是不是法学研究中的一个独立部门？这是首先要明确的问题。简要说来，国际经济法可理解为国际社会中调整经济活动、经济关系和经济组织的法律规范的总称。即关于国际经济交往中商品生产、流通、结算、信贷、投资、税收等关系及国际经济组织等的法制和法规的总称。其范围包括国际贸易法、国际投资法、国际货币金融法、国际税法及国际经济组织法，等等。国际经济法的特点，反映了商品和资本跨越国境而流动的国际性，是一个包括国际法规范和国内法规范在内的新兴的独立的法学部门。

但是，由于各国法学界所持的研究方法不同，观察问题的角度不同，因而，对国际经济法的概念、性质、范围，在解释上所说不一，至今尚无定论，大体上可分两派。

---

① 马克思、恩格斯：《共产党宣言》，人民出版社 1971 年版，第 27 页。

（一）基于传统的法学分科，从纯理论及概念出发来解释国际经济法，严守国际法与国内法、"公法"与"私法"的界限，认为国际经济法属于国际公法的范畴，即属于国际公法的一个分支，国内法规范应排除在国际经济法之外。最典型的代表是英国的施瓦曾伯格（G. Schwarzenberger）。他曾列举国际公法的特别分支有国际机构法（The Law of International Institution）、国际航空法（The International Law of Air）、国际劳动法（International Labour Law）及国际经济法（International Economic Law）。这是把国际经济法作为"国际公法的一个特别分支，是关于商品生产、流通、消费，以及与之相互交往有关联的实体（Entities）的地位"的法律规则①。日本的金泽良雄也持同一观点，认为国际经济法是为了解决资本主义高度矛盾，从国际经济整体立场出发所形成的国际法秩序。也即是说，从国际经济整体立场出发，对国际经济活动，由国家间通过多边调整、综合而形成的各种条约的总和。所以，国际经济法，从广义来理解，是对国际经济活动，加以特别规范的国际法。其中包括国家间、国家同国际组织间、国际组织相互间的法律规范，如多国间条约及两国间条约；又不仅包括国际经济统制法，而且还包括比之更广泛的关于国际间经济合作协调的国际法规范，如《联合国宪章》、《国际贸易宪章》、《关税及贸易总协定》、《国际货币基金协定》、《国际复兴开发银行协定》、《欧洲经济合作协定》、《欧洲支付协定》、《国际小麦协定》、《欧洲

---

① 施瓦曾伯格把国际经济法的规范分为两类：可图表于次：

国际经济法 $\begin{cases} （一）关于国家间经济活动的条约——通商条约、易货\\ \qquad 贸易协定、政府间贷款协定、支付协定等\\ （二）关于国际经济制度的法律——如关于国际经济财政\\ \qquad 制度的法律、中立国财产保护法等 \end{cases}$

见其所著《国际经济法的范围与标准》（The Province and Standard of International Economic Law），载《国际法季刊》（International Law Quarterly），1948 年 8 月，第 2 卷，第 2 期，第 404～405 页。

经济共同体条约》等①。此外日本的横川新也认为国际经济法是调整国际经济活动的国际法，主要是通过条约或其他国际制度所构成的，如通商航海条约、《关税及贸易总协定》、《国际货币基金协定》、《欧洲经济共同体协定》、《国际电气通讯条约》、《万国著作权条约》、补偿协定、两国间投资条约、多国间解决投资争议条约等②。其他如英国的布朗里（Ian Brownlie）③，法国的卡欧（D. Carreau）、朱亚尔（P. Julliard），弗洛里（T. Flory）④ 等，均持此说，实际上都是把国际经济法简单地理解为"经济的国际法"⑤。这一学说，代表了欧洲传统法学的基本观点和方法。

（二）基于实证的观点，舍弃传统法学分科的严格界限，坚持综合的研究方法，对国际经济法作广义的理解，认为国际经济法是有关调整国际范围内一切跨越国境而发生的经济活动和经济关系的一切法

---

① 金泽良雄的论点可列表如下：

国际社会中市民经济活动的法律规范 ⎰ （一）关于构成国际社会中市民经济活动的法——根据国际法所适用的国内法、世界习惯法等。
⎱ （二）基于一定理由加以规定的法律规范 ⎰ a. 国内法——关税法、外汇管理法等。
⎱ b. 国际法——基于国家的合意（条约）第一次直接拘束国家，再根据条约由国家制定有关国内法。

国际经济法仅指上表中 b 第一次直接拘束国家的条约，由于现代国际组织的经济活动日益增多，故也包括规定国际组织的国际经济活动的法律规范在内。见金泽良雄：《国际经济法序说》（1979），第 35～40 页；姚梅镇译文《国际经济法的意义》，载北京大学《国外法学》，1982 年第 5 期。

② 横川新：《国际投资法序说》（1972 年），第 1～2 页；姚梅镇译《国际经济法的研究方法》（樱井雅夫著），武汉大学法律系《法学研究资料》，1980 年第 2 期，第 17 页。

③ 《国际公法原理》（Principles of Public International Law）（1975），第 253～256 页。

④ 《国际经济法》（La Droit Economique Internationale）（1980）。

⑤ 樱井雅夫：《国际经济法研究——以海外投资为中心》（1977），第 10 页。

律规范的总称。即不仅包括国际法规范（双边的或多边的条约及国际惯例），如支付、贸易、投资、信贷、结算等协定及国际组织或机构条约、规约；而且还包括国内立法中涉外经济法等规范，如外汇管理法、外国投资法、海外投资保险法、涉外税法乃至国际私法，等等。这以第二次世界大战后美国法学界为典型代表。

早在战前，德、日学者也有持此论者。如德国的哈姆斯（B. Harms），从20世纪以来国民经济与世界经济相互对立这一社会经济事实出发，试图于原来法律体系之外，建立国际法与国内法的新的法学体系，把经济法分为国民经济法与世界经济法。世界经济法指规定个别经济相互间及其与国家之间的国际经济关系的法律规范，属于国际法的范畴。国民经济法分为两类，均属于国内法的范畴。其中调整国家领域内个别经济相互间及其与本国国家间的经济关系的法律规范，称为内部国民经济法；调整一国国家领域内个别经济同他国个别经济关系的法律规范，即规定对外经济关系的国内法，称为外部国民经济法。国际经济法与传统的国际法不同，包括属于国际法范畴的世界法与属于国内法范畴的外部国民经济法在内的一种新的法律体制①。日本田中耕太郎也认为调整世界经济关系的法律，分为以国际经济为基础的法律规范（关于国民经济相互间的法律——国际法）和以万民经济为基础的法律规范，即个别经济相互间的法律（如统一法，世界习惯法，国际私法）两大类，前者称为国际经济的法，后者称为万民经济的法，总称之为世界经济法。这也是从广义来理解国际经济法的②。

战后美国法学界对国际经济法研究的特点是，着重有关国际企业跨国经济活动的法律问题，认为只有用"跨国法律问题"（transnational legal problems）这一用语，才能如实地反映国际经济关

---

① 田中耕太郎：《世界法的理论》（1952），第510页以下。
② 同上书，第438页以下。

系中法律问题的特点①。因为现代国际社会的经济交往，并不限于国家政府间、国际组织间的关系，而大量的是个人、法人（私人企业、特别是跨国公司）的跨越国境的经济活动。按"international"（国际的）一词的本来含义，是指国家间（between nations）或"政府间"（inter-governments）的关系，因而，用"国际的"这一词，已不可能来表达包括国家、国际组织、个人、法人等活动在内的经济关系，只有用"跨国的"（transnational）及"跨国法"（transnational Law）这一词来代替，才能概括当前国际经济关系及其活动的特点。美国这一研究方法的主要代表是，以哈佛大学的卡茨（M. Katz）和布鲁斯特（K. Brewster）为中心的"国际法学研究"（International Legal Studies）规划和以哥伦比亚大学杰塞普（P. Jessup）为中心的"跨国法研究"。杰塞普对跨国法作了系统的阐述，他在比较分析了许多涉外案件，特别是关于外国企业同某一国政府签订开发资源（如石油）的经济特许协议（concession）等跨国经济活动在适用法律及选择法律所遇到的困难时，指出：如用"跨国法"这一概念来代替传统的"国际法"这一概念，就"可以广泛地包括调整适用于一切跨越国境而发生的事件和行为的法律……这种跨国状况包括了个人、公司、国家、国际组织或其他团体的各种跨国活动……而且还可推知今后将有无数类型的跨国状况出现的可能"。但是，"根据一般公认的理论，国际法不能对个人授予权利，课以义务，因为个人尚不是国际法的主体，而只是其客体"，故国际法不可能适用这些情况。而跨国法则是规定跨越国境而活动的行为规范，其内容"不仅包括民法和刑法，也包括国际公法和国际私法，而且还可包括国内法中其他公法和私法。乃至不属于上述标准范围的其他法律规范在内"。"传统的国际公法、国际私法，关于国家契约的法律以及国际行政法，等等，均将构成跨国法这一独立法律部门的各个分支"。而且，"运用跨国法，将为法律提供丰富的库藏，有利于从其中吸取可供适用的法律。这样，就具体案

---

① 斯坦纳（H. Steiner）和瓦茨（D. Vagts）：《跨国法律问题》（Transnational Legal Problems）(1976)，序言。

件来说，就用不着担心是适用公法，还是适用私法了"。反之，"如果我们越是拘泥于某一法律分科或某一固定定义，我们的思想就会越来越僵化，终将会阻碍我们对面临的现实问题获得最适当最必要的解决办法"①。

此外，卡茨和布鲁斯特也持同样广义的理解及综合研究方法，探索国际经济中的法律问题。指出传统法学的片面性，在于忽视国际法同国内法之间的相互联系及相互作用，仅仅侧重国际法秩序的政治的侧面，局限于以国家间的法律问题为对象。而新的研究方法，重在打破国际私法、国际公法、比较法学之间及其与国内法之间相互隔绝的界限，进而探究国际法秩序的政治的及经济的两个侧面，着重研究国际法与国内法之间相互渗透的作用，把个人、法人、国家及国际组织相互间的国际交易和关系中的一切法律问题作为其研究对象。他们把国际经济法称为国际交易关系法（Law of International Transaction and Relations），是调整国际经济交往关系的法律规范的总和。其中包含两类法律规范，第一类为涉外关系法——国内法（公法和私法）、国际私法、两国间条约；第二类为国际行政法——多国间条约。② 可图表如下：

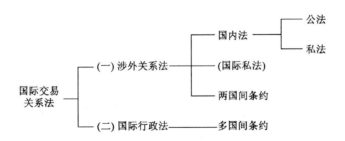

---

① 杰塞普：《跨国法》（Transnational Law）（1956），第 2、4、7、15、71、106～107 页。

② 《国际交易关系法——案例与资料》（The Law of International Transactions and Relations：Cases and Materials）（1976）。

7

　　马克杜加（M. McDougal）也强调"不仅限于民族国家，而且还包括政府间国际机构、跨国政治团体、压力团体、民间团体及个人在内的现代国际法学研究的必要"。①

　　以后，弗里曼（W. Friedmann）又发展了杰塞普、马克杜加的研究，分析了国际法对经济社会发展过程的关系，主张应承认跨国状况的存在。如发展中国家同外国投资者间的经济特许协议的性质及其条件的变化，对国际法的结构，特别是对国际契约关系，均产生很大影响，其所形成的关系，就产生了所谓跨国状况这一新的局面。这样，过去单纯认为私法性质的种种关系就因此变为国家干预的公法关系了。从而，在国际经济交往中以及各种多边的、双边的关系中，也就产生了一种跨国关系的新的模式。对国际关系中这种模式的变化，就不宜坚持传统的法学分科去研究，而过去国际法学界研究的不足和不全面，正是在于没有对这种跨国的法律问题进行研究。②

　　现时，这一观点和研究方法，已逐渐为大多数国际法学家所支持采用。如德国的艾尔勒（G. Erler）、奥地利的菲德罗斯（A. Verdross）、英国的马克内尔（A. McNair）、迈恩（F. A. Mann）、美国的罗文费德（A. F. Lowenfeld）、爱利奇（T. Ehrlich）、法托罗斯

---

　　① 《现代关于国际法、实力和政策的概念》（International Law，Power and Policy；a Contemporary Conception），国际法学院，载《法学教程》（Recueil des Cours），第 28 卷（1953），第 137～258 页。

　　② 弗里曼：《国际法对经济及社会发展过程的关系》（The Relevance of International Law to the process of Economic and Social Development），载《国际法律秩序的前景》（The Future of International Legal Order）（1970），第 2 卷，第 5 页；《转变中的国际法结构》（Changing Structure of International Law）（1964），第 176～186 页。

（A. A. Fatouros）、日本的小原喜雄、樱井雅夫等，都倾向于此①。

总之，这派意见集中一点，就是国际经济法不等于国际公法，而是独立于传统法学分科——国际法和国内法之外的一个"完全独立的法律部门（an entirely distinct body of law）、或称为"一种独立的法律秩序"（an independent legal order）。②

对比上述两种研究方法，后一种重在面对现实，摆脱概念及传统法学分科的拘束，运用综合方法，探索现代国际经济交往中跨国关系的法律问题，能反映并符合现代国际经济交往的实况和需要。至于其使用的概念，或"跨国法"，或"国际交易与关系法"，在理论上固尚存在问题，但作为一种新的研究方法，以及把国际经济法作为一个独立的法学部门来研究，代表了一种新的趋向，实属可取，对发展这一新的学科，无疑将起着一定的催化作用。

二、国际经济法的产生和发展

国际经济法的产生和发展，是基于国际经济发展的客观需要。国际经济法同国内经济法，其产生和发展都有其共同的基础，都是资本

---

① 艾尔勒：《国际经济法的基本问题》（Grundprobleme des internationalen wirtschaftsrechts）（1956）；菲德罗斯：《准国际契约中私人财产的保护》（Protection of Private Property Under Quasi—international Agreement）（1959）；马克内尔：《文明国家公认的一般法律原则》（The General Principles of Law Recognized by Civilized Nations），载《英国国际法年刊》（1957），第 33 卷；迈恩：《国际人格者所订契约的准据法》（The Proper Law of Contracts Concluded by International Persons），《英国国际法年刊》（1959），第 35 卷；罗文费德与爱里奇：《国际经济法》（International Economic Law），第 1～6 卷（1976—1979）；法托罗斯：《对外国投资者的政府保证》（Government Guarantees to Foreign Investors）（1962），第 283～301 页；小原喜雄：《欧美国际经济法之一考查——其概念和范围》，载《国际法外交杂志》，第 61 卷第 4 期；樱井雅夫：《国际经济法研究——以海外投资为中心》（1977），第 1 章。

② 法托罗斯：《对外国投资者的政府保证》（1962），第 285～290 页。

主义发展到垄断阶段的产物。① 从国内范围来看，在资本主义各国，当自由资本主义经济达到高度发展，进入垄断资本主义阶段，资本主义本身所固有的矛盾已达到不可调和、不可克服，特别是由于经济萧条和恐慌的恶性循环，当初所预期的资本主义本身的自动调剂作用，随着生产和资本的高度集中，已经无济于事，原来以"私法自治"（private atonomy）为基础的资本主义民商法秩序，已经不能完全用来作为调整经济关系的主要手段了。于是，先则是运用民间自治的统制方法（如卡特尔、托拉斯、康采恩等，但其统制的范围及其强制力量均有限）。接着由垄断资产阶级政权同垄断资本相结合，直接进行干预，国家对经济直接进行统制（如强制卡特尔及各种统制经济政策），以调整整个国民经济。作为国家统制经济手段的经济法，乃应运而生，逐渐发展为一支独立于民、商法体系之外，包括公法和私法在内的庞大的法律体系。经济法这一名称最早出现于德国，正是反映了自 19 世纪中叶以来，生产的集中和垄断最早出现于德国这一事实，同时也表明资本主义自由经济向统制经济推移的必然趋势②。

从国际范围来看，随着资本主义世界市场的形成和资本输出的增加，各国垄断资本从控制国内市场，发展到跨越国境而形成国际垄断同盟（如国际卡特尔、国际托拉斯等），从经济上瓜分世界，控制世界市场。在它们竞相争夺原料产地、销售市场、投资场所等激烈的排挤、倾轧、摩擦的斗争中，为达成均势，共同剥削世界各国人民，"自然"在这些垄断同盟之间进而签订各种全世界性的协定、协议，③ 求得暂时妥协，利益均沾，这时已开始出现国际经济法的萌芽。如 1903 年德国航运国际垄断集团同英、美轮船托拉斯就缔结了一项瓜分世界的条约，相互约定在一定范围内限制竞争，瓜分世界港

---

① 金泽良雄：《国际经济法序说》（1979），第 1 章，第 6 页；姚梅镇译文《国际经济法的产生》，载《国外法学》，1981 年第 6 期。

② 峰村光郎：《经济法的基本问题》（1973），第 91～124 页。

③ 列宁：《帝国主义是资本主义的最高阶段》（1974），第 60 页。

口。① 虽然,这种条约还是民间协定的形式,但实质上仍是国家政权在国际范围内同垄断资本相结合,对经济实行干预。

到第一次世界大战后,由于资本主义世界性的恐慌及金本位制的崩溃,资本主义本身已经失去自由资本主义时期的自动调剂作用,代之而起的是国家对经济进一步的干预和统制(如外汇管制、外贸管制、进出口限制、关税壁垒等)。各国之间由于经济利益的对立所形成的经济法的对立,又必然导致国家间的矛盾和冲突,甚至刀兵相见,诉诸战争。显然,资本主义世界高度发展的矛盾,已经不能由各国单独地加以解决了,有必要谋求国际的调整②,这又大大促进了国际经济法的发展。譬如:为抑制国际垄断竞争,调剂各国贸易管制、外汇管制、关税限制等,各国政府间签订各种商品协定、贸易协定、支付协定、生产国协定、关税协定,以及国际联盟关于改善国际通商关系,降低关税,放宽及废止进出口限额等一系列国际立法措施,对促进国际经济秩序法律化,起了极为重要的作用,并丰富了国际经济法的内容。

第二次世界大战后,国际形势发生了新的巨大变化。一方面表现在资本主义世界面临战后遗留下来的一系列经济问题,亟需解决。如资本主义世界物资的极度匮乏,战后欧洲经济复兴及美援问题,特别是战后即将来临的生产过剩以及如何防止资本主义世界性经济萧条和恐慌,战后两个世界对立及安全保障问题,等等,都大量地反映到国际经济的各个领域。作为从国际范围内解决这些问题的对策,在国际经济领域内所产生的法规和法制,包括国际立法和国内立法,更达到惊人的发展。这个时期,国际经济法的特点,已不仅是采取事后的治疗措施,而是采取事前的预防方针。如《联合国宪章》关于促进国际间经济及社会合作,确保会员国通商自由及公平待遇等规定;《大西洋宪章》(1941 年)关于实行无差别待遇原则及在经济各个领域内

---

① 列宁:《帝国主义是资本主义的最高阶段》(1974),第 65 页。

② 丰畸光卫:《经济法》,载《日本大百科事典》,1979 年版;姚梅镇译文见《法学研究资料》,1980 年第 3 期,第 1 页。

实行全面的多边调整的规定；《关税及贸易总协定》（1949 年）关于降低及废除通商障碍，特别是关税、限额及补助金，确保通商自由，实行多边解决等措施；《布雷顿森林协定》关于消除国际收支困难，调整国际金融关系的规定，等等①。当然，这些国际经济法规范，主要是在调整发达国家间的国际经济关系。

另一方面，由于社会主义革命的胜利，形成了社会主义的经济体制，使统一的无所不包的世界资本主义体系趋于瓦解，出现两大经济体制的对立，引起了国际经济关系的深刻变化。与此同时，随着民族解放运动的发展，加速了殖民主义体制的崩溃，第三世界发展中国家纷纷获得独立，成为国际政治上的新生力量，直到发展为第三世界反殖反霸的集体对抗力量，以谋求民族经济的自主发展。在维护旧的国际经济秩序同建立国际经济新秩序之间，在垄断资本渗透同维护民族经济主权之间，展开了持续的、不调和的斗争。这样，"南北问题"（发展中国家同发达国家之间、穷国同富国之间）、"东西问题"（社会主义国家同资本主义国家之间），交织一起，相互斗争，相互依存，相互制约，形成了国际经济关系的复杂结构。这一新的国际经济关系，又促进了国际经济法从本质上进入了新的发展阶段。这既表现在第三世界国家争取建立国际经济新秩序的胜利，促使联合国先后通过了一系列宣言、决议以及缔结地区性的协定等，以期实现国际间新的法律秩序。如 1962 年 12 月的《关于自然资源永久主权的决议》、1974 年 4 月《建立国际经济新秩序宣言》及《行动纲领》、同年 12 月的《各国经济权利与义务宪章》、1975 年及 1979 年非洲、加勒比和太平洋地区国家集团同欧洲经济共同体两次签订的《洛美协定》（Lomé Convention）、石油、铜输出国组织条约及安第斯条约等。这些宣言、决议、条约，要求在国际贸易、国际投资、国际金融信贷等关系中，实行平等互利的原则，承认及维护国家对自然资源的永久主

---

① 金泽良雄：《国际经济法序说》（1979），第 1 章，第 17～22 页；姚梅镇译文见《国外法学》，1981 年第 6 期，第 41～43 页。

权，对跨国公司活动的限制，等等，充分体现了对旧的国际经济秩序的抗衡和冲击。这对国际经济法的发展，增加了新的内容。这一新的发展，同时还表现在各国基于全球经济战略及本国经济发展目标，为调整及发展对外经济关系，相应地制定了各种涉外经济关系的国内法，如外贸法、外资法、外汇管理法、涉外税法，等等。这些涉外经济法固然属于国内法规范，但不能孤立地局限于国内法规范来看待。它同调整国际经济关系的国际法规范是相互制约、相互补充的，也是调整国际经济关系不可缺少的一环，构成国际经济法的重要内容。特别是第三世界国家的涉外经济法，坚持自力更生、平等互利的基本方针，体现了正在形成和发展中的新的国际经济秩序和法律秩序的重要原则。可见，从国际经济法发展的趋向来看，一部包括国际法规范和国内法规范，反映国际经济新秩序要求的国际经济法，正在逐步成长，形成一个内容庞大的新兴的法律部门。

再者，现代国际经济交往的特点是私人跨国经济活动的大量出现，从而，在外贸、投资、金融、信贷等方面所带来的种种日益复杂的跨国法律问题，已远非传统的某一法律分科——国际法或国内法所能单独解决的，这就亟需有一个新的法律部门来调整这些关系。所以，无论从历史发展或现状来看，国际经济法之所以成为一个独立的法律部门，是世界范围内经济发展的客观需要。

三、国际经济法的特点

国际经济法的特点，指国际经济法区别于其他法律部门的本质的属性，可从内涵与外延两方面来加以分析。国际经济法的内涵，指其概念所反映的本质属性，即国际经济法的对象问题。国际经济法的外延，指这一概念所指对象的范围问题。

第一，国际经济法的主体。所谓主体是指法律关系的当事人。国际经济法的主体与国际法不同，不仅包括国家、国家集团、国际组织，还包括个人和法人。个人和法人作为国际经济关系的主体，原非今日始，但到现代，个人、法人的跨国经济活动，日益频繁。特别是作为发达国家对外输出商品和资本的主要工具的跨国公司的国际经济活动，越来越起着巨大的作用，占有重要地位。如美、日、联邦德国等国家大量的私人海外投资和技术转让及其他国际贸易，主要是通过跨国垄断大企业来进行的。固然，跨国公司以其拥有雄厚的资金、先进的技术设备和管理方法等经济优势，在国际经济活动中，诸如签订投资、贸易、技术转让等合同时，往往有比国家更为优越的经济实力，特别是同发展中国家的经济交往中，更显得双方力量悬殊。大公司在谈判力（bargaining power）上常居于绝对优势，而发展中国家反而居于弱者地位①。譬如跨国公司同东道国签订关于开发自然资源的经济特许协议时，往往根据协议享有东道国政府专属的权利，在劳动、税收、环境、交通建设等方面，可享有法律上的特别优惠特权及豁免权，有的几近乎外交特权（如印度，中东国家的石油特许协议，往往采取外交上换文形式），有的跨国公司俨然是"国中之国"（在少数拉美国家）。因而，在学说上有人主张跨国公司享有国际法上的法人格，认为他们同东道国所订立的经济特许协议是"国际化"契约或"准国际协定"，有关这类协议的争议，可诉诸国际法院，公司可成为国际诉讼的当事人等。但是，从法理上讲，跨国公司毕竟不是国际法上的主体，在国际法上并不具有法律人格，也不具有国家或国际组织的任何属性。跨国公司在东道国进行投资，一旦投资协议生效，公司的行动及其他企业活动，就严格受东道国法律的管辖，正如国际法院在塞尔维亚国债案（Serbian Loan Case）裁决的理由所指出的："一切不是由国家间以国际法主体的资格所订立的契约，应当认为是根据特定国家国内法所订立的契约"②，国际法院不予受理。故跨国公司同东道国政府订立的特许开发资源的投资协议，以及关于劳动产品分配及技术援助等现代化形式的契约，均不能适用国际法，而

---

① 柯恩（Robert B. Cohn）：《关于多国公司的根本分析》(The Multinational Corporation—A Radical Analysis)(1979)，第 50~51 页。

② 杰塞普：《跨国法》(1956)，第 95 页。

应根据国际私法的规则，适用其所选择的国内法①。现代公认的国际法理论并不承认跨国公司是国际法的主体，而只是跨国经济活动的法律主体。至于个人、法人及其企业、团体等组织，就更不用说了。可见，国际经济法的主体同国际法主体并不一致，国际经济法并不等于国际公法。

第二，国际经济法所调整的法律关系，也与国际公法不同，并不限于国家之间、国际组织或国际机构之间，或国家与国际组织或机构之间的经济关系，而且还包括国家、国际组织、个人、法人、企业团体相互间的关系。在国际经济交往中，由于主体的不同，其所产生的特定的法律关系的性质也就不同，就不能单凭传统法学分科中某一法律部门来加以归纳和概括②。譬如政府间、国家同国际组织间的投资、信贷、贸易、援助等关系，固然属于国际公法范畴。但是，外国公司或个人同一国政府、国营企业、事业机关、民间公司或个人之间，或不同国家的公司、经济组织或个人之间关于投资、外贸、技术转让、资源开发等关系及其签订的合同、协议，等等，则应属于国内法范畴。前述国际法院关于塞尔维亚国债案的判决，即指明了这一点。但上述两种均属于国际经济法所调整的对象，不能加以割裂。如

---

① 怀尔德赫伯（Luzius Wildheber）：《国际法中关于多国公司的几个问题》（Some Aspects of Multinational Corperation in International Law），载《荷兰国际法评论》（Netherland International Law Review），1980 年第 77 卷，第 1 期，第 84 页。

② 日本樱井雅夫在分析跨国经济法律关系的特点时，分为两类关系，一种是资本主义圈，社会主义圈及发展中国家和地区各个圈内的世界经济关系，一种是超越各个圈或范围的世界经济关系。某一法律行为由于其发生在不同圈、不同主体之间，就不能简单地用传统的方法来理解其意义。譬如包括三个圈的国家所促成的联合国这一政府间的国际机构同国家之间的关系，发展中国家政府同资本主义国家私人的关系，社会主义圈内国家间的关系，资本主义国家同社会主义国家间的关系，发展中国家的个人同资本主义国家的私人之间的关系等，如果一律用传统的国际法或国内法的概念来理解，就不适当。见樱井雅夫：《国际经济法研究——以海外投资为中心》（1977），第 22～23 页。

一国的公司，基于两国间投资保护协定，向他国政府或公司进行投资，举办合营企业，就这一具体投资关系来看，即包括两国间基于双边条约的国际法关系，也包括基于东道国外资法所规定的投资契约关系，两者相互为用，构成统一的国际投资关系。如果把国际经济法局限于国际公法范畴，就不能概括一切非政府间的跨国经济关系，从而也就不能如实地反映国际经济法调整对象的全貌。

第三，国际经济法所包含的法律规范，并不局限于某一特定范畴的法律规范。在国际经济交往中，往往因其法律行为的主体不同，法律关系的性质不同。在适用法律上，既包含国内法规范，也包含国际法规范，既包含"私法"，也包含"公法"。从法律实践上看，任何一种国际经济关系，在适用法律上常常涉及几个方面的法律，并有着紧密联系。美国法学界提出跨国法这一新的论点，也正是基于长期来对跨国经济关系在法律适用上所产生的困难这一实际问题而提出来的。① 兹举国际贸易关系为例，一项国际贸易活动，特别是民间国际贸易关系，往往要涉及三个方面的法律规范。一是关于调整国际贸易活动的国内民、商法方面。即所谓"私法"的方面，包括民法、契约法、买卖法、商法（公司、票据、海商、保险等法律）、商标法、专利法及其他有关经济法规。二是国家对贸易进行管理、统制，对外汇进行管制的法律，如对外贸易法，输出入管制法（进出口许可、配额等法律）、海关法、关税法、企业所得税法、销售税法、外汇管理法及关于产品责任、质量检查、商品检验、包装标准等经济行政法令和国际私法等，即所谓"公法"的方面。三是关于国际贸易的国际法规范，包括有关两国贸易的双边条约、协定、国际公约及国际商业惯例等，如友好通商航海条约、国际货物销售公约、华沙—牛津规

---

① 参阅杰塞普：《跨国法》（1956），第 1～18 页。

则、国际贸易法委员会仲裁规则等①。

关于国际投资的法律关系，同样如此。不仅涉及当事国双方的国内立法，如外国投资法、外汇管理法、企业所得税法、海外投资保险法、国际私法，乃至第三国仲裁法等，还涉及适用两国间投资保护与鼓励协定，解决国家与他国国民间投资争议公约，等等。事实上在处理国际私人投资问题上，有关国际法规范与国内法规范是相互联系，相互补充其效果的。举海外投资保险为例，如美国国内法上的海外投资保险制度，以美国同东道国订有双边投资保证协定为前提。美国公民只有向同美国订有投资保证协定的国家投资，才能在美国获得国内法上政治风险的保险。可见，国内法制度须依国际法规范，才能实现其效力。又当保险事故发生时，美国政府对投资者进行补偿后，可按投资保证协定的规定，取得代位权，向东道国政府求偿。但该事故是否属于政治风险，又须依美国国内法（《对外援助法》）及东道国国内法来认定。可见，国际法的效力，又依存于国内法的规定和解释。所以，一项投资保险，有来自两个方面的保证，并互为补充。国际法上的保证，具有国内法上保证的重要内容，而国内法上的保证，又对国际法上的保证，给予决定性的影响，并据此而获得其效力②。

根据以上所述，无论从国际经济发展的需要和必然趋势，无论从国际经济法本身的特点，国际经济法已成为法学体系中一门独立的学科。应该指出，包括国际法规范和国内法规范形成统一的国际经济法规范体系，决不是人为的糅合，而是国际经济关系中跨国活动相互联

---

① 罗文费德在所编《国际经济法》丛书中关于国际贸易关系，分列三卷，从不同角度来论述，即《国际私人贸易》，从"私法"角度，论述国际间私人贸易的法律关系；《基于政治目的的贸易管制》，主要论述国际贸易同"公法"的关系；《国家对贸易的管制》，主要指国家从经济利益出发，对贸易实施管理与管制。每一部分都涉及国际条约及国内立法。见姚梅镇：《美国国际经济法丛书评介》，载武汉大学《法学研究资料》，1981 年第 4 期；杰克逊（John H. Jackson）：《国际经济关系中的法律问题》（Legal Problems of International Economic Relations）（1977），导言，第 19 页。

② 法托罗斯：《对外国投资者的政府保证》（1962），第 64 页。

系的统一国际社会经济现象在法律上的客观反映，其中无论国际法规范或国内法规范（涉外经济法），只不过反映这一统一国际经济关系的不同侧面而已。传统法学分科论的弱点，就是忽视了调整这一统一经济现象的国际法与国内法之间的内在联系，把国际经济法的研究局限于某一分科，认为仅仅属于国际公法的范畴，甚至称之为"经济的国际法"，排除国内法的适用，这无异把本来属于统一的国际经济关系中互有联系的两个部分，人为地加以割裂，其结果必将导致理论上的混乱和法律适用上的困难。譬如对欧洲经济合作机构的研究，只有从各国国内法关于输出限制的关系出发，才能理解其作用和意义。对国际货币基金组织及国际复兴开发银行援助及其法律作用，不能仅在援助及其机构本身去探讨，而必须对其成员国国内立法中关于外汇管理法和货币基准的规定及其背景上来进行考察。日本金泽良雄虽坚持国内经济法属于国际公法的范畴，但仍不能不赞赏联系国际法与国内法这一综合的研究方法，有利于把一向拘泥于传统概念的法学研究推向新的发展。并承认："对有关国际经济的国际法，如不理解与之有关的国内法，就难于全面了解其意义。同样，对有关国际经济的国内法，如不了解与之有关的国际法，也难于充分理解其意义。"[1]

再证之法学发展的历史，在法学领域里，综合国际法规范与国内法规范，形成并发展成为一门独立的法学分科者，也非仅见于国际经济法。如国际海商法这一支独立的法学分科，就是在长期实践中综合国际海商习惯法及有关条约与国内海商法两类规范而形成的。[2] 至于自然科学领域中，由于科学技术的发展，不断出现新的突破，由多种有关学科交叉并逐渐综合发展成为独立的学科，或称边缘学科或称交叉学科，甚至称为综合学科者，更是屡见不鲜，如物理化学、生物化学、生物物理、仿生学，生态学，等等不一。可见，国际经济法综合国际法规范与国内法规范，而发展成为一门新的独立的法学分科，同

---

[1] 金泽良雄：《国际经济法序说》（1979），第81页。
[2] 金泽良雄：《国际经济法序说》（1979），第86页。

样是科学发展的必然结果。国际经济法的结构可图表于次：

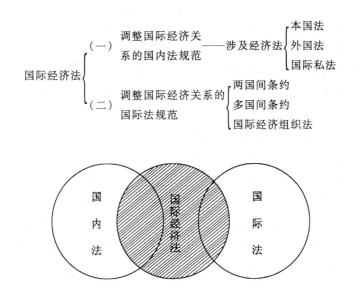

　　总之，法律必须适应于总的经济状况，而且必须是它的反映。①
在国际社会错综复杂的经济生活中，人们的活动及由此所形成的种种
关系，总是要涉及各个方面，在客观上形成种种相互交错的关系，决
不会沿着法学家人为的分科去发展。"法学家以为他是凭着先验的原
理来活动，然而这只不过是经济的反映而已。"② 国际经济法之所以
成为一支独立的分科，也正是国际经济关系错综复杂结构的客观现实
的反映，并不是法学家人为的设计。所以，作为国际经济法研究的对
象及方法，首先要问的是，客观现实的"问题是什么？"，而不是
"法是什么？""法从何所出？"只有立足于这一基点，运用综合的方
法，着重国际法规范与国内法规范两者的相互联系，去探索国际经济
关系中的法律问题，才能摆脱传统概念的拘束，面对现实，解放思

---

①　《马克思恩格斯选集》第 4 卷，人民出版社 1976 年版，第 483 页。
②　《马克思恩格斯选集》第 4 卷，人民出版社 1976 年版，第 484 页。

想，扩大视野，并能在广度和深度上开拓新的法学研究领域及研究方法。

明确了国际经济法的特点，就可知国际经济法与其他部门法，如国际公法、国际私法的关系。

国际经济法与国际公法之间，既有联系，又有区别。其区别在于：两者的主体、调整的法律关系及其所包含的法律规范不同。国际法的主体，仅限于国家、国际组织、国际机构；而国际经济法的主体，则包括国家、国际组织、国际机构、个人、法人。国际公法所调整的关系，限于国家间、国际组织、国际机构之间及其与国家之间所谓"公法"关系，而且除了经济关系之外，还包括政治关系（包括战争及其他国际犯罪、人道保护等关系）；而国际经济法是调整国家、国际组织、国际机构、个人、法人之间的经济关系。国际公法适用的法律规范，限于条约、公约、协定等。而国际经济法，除包括有关国际经济交往的国际条约、公约、协定等外，还包括涉外经济的国内法规范，如外资法、外贸法、外汇管理法，涉外税法，等等，故国际公法不能概括国际经济法的全部内容，同样国际经济法也不能概括国际公法的全部内容。其联系在于：国际经济法虽不等于经济的国际法，但不可否认国际法规范是国际经济法的重要法源。日本田中耕太郎在分析世界经济的法律规范时，曾经指出，在现代国际间，和平交往属于经常状态，战时国际法在现代国际法体系中所处的地位，其重要性越来越小，而经济的、技术的规范则越来越占显著的地位，故其结论说"除关于国际组织和战争的法规外，国际法的主要部分是世界经济法"[1]，实非过言。再则，国际经济交往也必须遵守国际公法的基本原则。如主权平等和平共处等原则，都是国际公法与国际经济法共同遵循的原则。

国际经济法与国际私法，两者包括的法律行为主体，调整的法律关系及适用法律规范等方面，基本上是相同的（这是指调整涉外民、

---

[1] 田中耕太郎：《世界法的理论》（1952），第 485、488 页。

商事等经济关系而言，国际私法所涉及的范围更广，还包括身份关系）。但其主要区别是，国际经济法是直接调整国际经济关系本身的权利与义务关系，属于实体法规范，而国际私法是间接解决涉外民事、经济关系中的权利与义务问题，主要是解决法律冲突（conflict of law）问题，即当处理涉外民事案件中，遇到几种法律相冲突时，如何选择法律（choice of law），解决法律适用（application of law）问题，这是国际私法的根本任务。国际私法属于冲突法规范，虽然也涉及实体法部分，但主要是从解决法律冲突的角度出发，并不是直接调整涉外民事、经济关系本身的权利与义务问题。任何一种学科都有其本身的科学规定性，离开冲突规范，就无所谓国际私法。国际私法与国际经济法，有区别又有联系，现代国际经济交往，多属于跨国的经济关系，要涉及两国以上的法律，在适用法律问题上，也要遇到法律抵触问题。在处理国际经济问题时，也需要利用国际私法的冲突规范。所以，国际经济法体系中的国内法部分，应包含国际私法的冲突规则在内。

第二节　国际经济法与国际经济新秩序

作为上层建筑的法律，总是反映一定的经济关系，维护一定的经济秩序。原来国际经济法在其产生之初，就是反映资本主义统一世界市场的经济关系，维护垄断资本对殖民地、附属国及其他弱小国家和人民进行剥削和掠夺的不平等的旧的国际经济秩序。这种旧的国际经济秩序的特点，是以不合理的国际分工为基础的资本主义国际生产体系和维护不等价交换的资本主义国际贸易体制及以垄断为基础的国际货币金融体制，统治着整个国际经济社会，使广大殖民地和第三世界国家和地区长期处于对西方发达国家的依赖关系，实际上是国际垄断资本对广大第三世界国家和人民实行垄断和剥削的国际经济体制，而且是在没有发展中国家参加下所建立起来的。与这一体制相适应的是，在此基础上形成了一整套反映西方发达国家与殖民主义利益的传统的国际法原则及国际经济法规范，如各种垄断同盟间的协定，大国强加于弱国的不平等的通商贸易协定，维护资本输出国利益的投资协定，等等。这实质上是建立在殖民主义体制基础上的国际法律秩序。

战后以国际货币基金（IMF）、国际复兴开发银行（IBRD）、关税及贸易总协定（GATT）三大支柱为基础的布雷顿森林体制（Bretton Woods System）所建立的国际经济秩序①，其中不少原则仍然是殖民主义时代的产物，是旧的国际经济秩序的继续。这一体制是以"互惠、无差别，多边的"自由贸易原则为其指导思想的，表现在法律上，一般是实行以同质国家的存在及其相互关系为前提的国家平等原则，其具体适用一般采用最惠国待遇及互惠原则，以调整相互关系。

随着战后政治、经济力量对比的变化，国际形势发展的最大特点是，广大第三世界国家纷纷独立，社会主义国家的相继建立，殖民主义体制趋于瓦解，但是政治上的独立，尚未使这些国家从旧的国际经济体制下获得解放。自20世纪50年代后半期开始，发达国家同发展中国家之间，经济悬殊日益扩大，发展中国家要求确立自主的国民经济体制的问题，即南北问题，逐渐成为联合国及当前国际社会中的中心课题。到60年代，南北之间的贫富差距又进一步增大，在旧的国际经济秩序下，发展中国家债务剧增，在美元贬值的同时，国际货币基金体制开始崩溃，以及排斥发展中国家直接参与决策的国际货币体制，等等，使发展中国家对传统的国际经济秩度越来越感到不信任。特别是通货膨胀的加剧，粮食危机的恶化，各国失业率增长，加上1973年石油危机，使世界经济体制日趋混乱。这样，70年代的南北问题，更趋尖锐化，发展中国家深感以前以自由、无差别待遇为基础的旧的国际经济秩序，实际上仅仅有利于发达国家，不利于发展中国家，从而迫切要求冲破工业发达国家的统治，冲破旧的国际经济秩序的约束，谋求建立新的国际经济秩序，以改善自己的地位，并要求建立相应新的国际经济的法律秩序②。在传统的国际法律秩序下，发

---

① 杰克逊：《国际经济关系中的法律问题》，第383页。
② 经塚作太郎、杉山茂雄、宫崎繁树：《（新版）国际法讲义》（1981），第148~150页。

展中国家只不过是国际法的客体，在国际事务上没有发言权，大多数国际法规范是在发展中国家没有参与制定的情况下建立起来的。这对今天已经登上国际政治舞台，成为国际法主体的发展中国家来说，已不可能再要求其无条件的接受和遵守了。在发展中国家集体力量的推动下，联合国在 1962 年及 1974 年通过一系列宣言、决议，提出了国际经济关系中的新原则，如初级产品与工业产品间价格的合理调整，生产者同盟的建立，实行一般特惠待遇的差别主义，国家对自然资源永久主权的确认，对跨国公司行动的限制，等等，既反映了第三世界国家对旧的国际经济秩序的抗衡和冲击，对以垄断为基础的资本主义无所不包的统一世界市场的冲击，又为建立国际经济新秩序奠定了基础；特别是南南合作，集体自力更生，更加速了这一进程。尽管发展中国家谋求建立国际经济新秩序的努力不断受到发达国家的阻挠，但建立新的国际经济秩序已是势不可挡的历史潮流和时代的步伐。

这一新的趋向，同时也反映了国际经济法的新发展，对传统的国际法原则有所改造，并赋予了新的内容。尽管上述宣言、决议，不为发达国家所肯定，甚至否定其国际法的效力，但它毕竟反映了正在形成和发展中的新的国际经济法原则，为广大发展中国家所支持，并代表国际经济法今后发展的方向。总之，以往的国际经济法是反映以国际垄断为基础的不平等的旧的国际经济秩序，而新的国际经济法是反映合理的国际经济秩序，并在同旧的国际经济的法律秩序斗争中，获得自己的新生和发展。忽视这一点，就不能全面地掌握今天国际经济法的实质及其发展。

日本国际经济法学者金泽良雄把国际经济法理解为"从国际经济整体立场出发，为谋求解决高度资本主义矛盾所形成的法律秩序①"。他的学说，为日本多数法学家所接受，但由于其阶级的局限性，未看到当前国际经济秩序发展的这一新趋向。其立论的基点，尚停留在统一资本主义世界的经济秩序，而未看到今天统一的资本主义

---

① 金泽良雄：《国际经济法序说》（1979），第 38 页。

世界市场已趋于崩溃瓦解，代之而起的是资本主义与社会主义两种经济体制，三个世界对立的矛盾统一体。再就其对资本主义世界的分析来看，虽指出国际经济法的产生和作用，是从国际经济整体立场出发，解决资本主义高度发展的矛盾，以达到国际经济中扩大的均衡，但也只涉及问题的一面，而且是现象的一面，未指出这一矛盾的本质的一面。正如列宁所指出的，资本主义发展到垄断阶段，随着资本主义世界市场的形成及资本输出的增加，垄断资本集团签订的种种世界协定，是为划分各自的势力范围，以达到其瓜分世界的目的。垄断正是这旧的世界经济秩序体制的本质，在这个体制内，控制与被控制，剥削与被剥削，是发达国家与广大发展中国家及殖民体制下地区之间的最本质的特征。金泽所谓"矛盾"与"均衡"，"实质上无非是各国垄断资本集团与国家政权相结合，在国际经济领域内，为解决重新瓜分世界，分割市场，争夺投资场所与原料产地的矛盾和斗争，以达成掠夺、剥削不发达国家和地区财富与资源的均势而已，垄断集团间为暂时维持这种均势所订立的各种国际协定、条约等，正是资本主义世界国际经济法本质之所在。

随着资本主义世界市场的瓦解和第三世界国家争取建立国际经济新秩序斗争的胜利，今天国际经济法已经不能简单地理解为垄断阶段资本主义固有矛盾高度发展的产物和表现，它已发展为南北之间、东西之间、经济大国与发展中国家和地区之间控制与反控制、渗透与反渗透、剥削与反剥削的矛盾和斗争的产物和表现。当前国际形势的基本格局是三个世界相互依存，相互斗争的局面。其中，既有斗争的一面，也有协调合作的一面，这不仅表现在上述发展中国家努力下联合国大会所通过的一系列宣言、决议、地区性协定，南北对话、特别是南南合作等方面，同时，也表现在发展中国家各国的涉外立法的原则方面。事实表明：只有真正建立以合理的国际经济新秩序为基础的国际经济法秩序，才有可能在国际经济领域内达到真正平等互利、公正协调的国际经济合作关系。这是国际经济法发展的前景、是历史发展的必然趋势，也是完全符合于各国共同利益的。1981年10月我国在墨西哥坎昆会议上提出的建立国际经济新秩序的五项原则，代表了当前国际经济法发展的方向和基本原则。总之，争取建立国际经济新秩序的斗争正在排除来自发达国家的种种阻力中前进，一个新的国际经济法体系也正在斗争中形成、发展。

第三节　国际经济法的基本原则

建立在国际经济新秩序基础上的现代国际经济法，除具备现代国际公法一般公认的那些原则外，还特别表现在下列三原则。

一、经济主权和国家对自然资源的永久主权原则

国家对自然资源永久主权的原则是国家主权原则在国际经济法上的具体体现，这个原则特别表现为国家对国有化的权利。联合国大会通过的《关于自然资源永久主权的决议》、《各国经济权利与义务宪章》（简称《宪章》）及《建立国际经济新秩序宣言》和《行动纲领》等文件，都一致明确承认：每一个国家对自己的自然资源和一切经济活动，拥有充分的永久主权。为保卫自然资源，每一国家有权采取适合于自己的手段，对本国资源及其开发实行有效的控制，包含有权实行国有化或把所有权转移给自己的国民。这种权利是国家充分的永久主权的一种表现。任何一国都不应遭受经济、政治和其他任何形式的胁迫，以致不能自由地和充分地行使这一不容剥夺的权利。国家基于公益采取国有化、征用、收用措施，应给予适当赔偿，因赔偿问题引起争执，原则上由国有化国家国内诉讼或仲裁解决。这一原则肯定了国有化行为的合法性、合理的补偿原则及国内管辖权原则。

其次，国家对经济活动的主权原则尚表现在"每个国家有权按照其法律和规章并依据其国家目标和优先次序，对在其国家管辖范围内的外国投资加以管理和行使权利，任何国家不得被迫对国外投资给予优惠待遇"。各国有权管理和监督其国家管辖范围内跨国公司的活动，并采取措施保证跨国公司的活动遵守其法律、规章和条例及符合其经济和社会政策。跨国公司不得干涉所在国内政。

二、平等互利的原则

平等互利是国际经济关系及合作的基本原则。

《宪章》规定，"所有国家在法律上一律平等，并作为国际社会的平等成员，有权充分和有效地参加为解决世界经济、金融和货币问题作出国际决定的过程，并公平分享由此而产生的利益"。由于南北之间贫富地位悬殊，新的国际经济法原则，不仅是消除不等价的交换关系和不平等的关系以及任何歧视待遇，更重要的是谋求实现实质上的平等。因而在国际贸易方面，要求改善发展中国家的贸易条件，逐步消除关税壁垒和非关税壁垒及限制性商业惯例。在多边贸易谈判中，必须对发展中国家实行非互惠的特惠原则，在技术转让方面，必须制订符合于发展中国家需要和条件的技术转让的国际行动准则，大大扩大发达国家对发展中国家在研究和发展计划以及在创立适用的本国的技术方面的援助，使有关技术转让的商业惯例适应发展中国家的需要，并防止卖方权利的滥用。在国际金融方面，改革国际货币制度，消除国际货币制度的不稳定，维护发展中国家货币储备的实际价值；发展中国家应当有权充分和有效地参加关于制定公正持久的货币体系的一切决策过程，尽力使有足够的资金流入发展中国家；调整国际金融机构的贷款政策，发展贷款必须优先照顾发展中国家，包括比较优惠的条件等。

三、国际经济合作与发展的原则

《宪章》规定："国际合作以谋发展是所有国家的一致目标和共同义务，每个国家都应对发展中国家的努力给予合作，提供有利外界条件，给予符合其发展需要和发展目标的积极协助，严格尊重各国主权平等，不附带任何有损于它们主权的条件，以加速其经济和社会发展。"如开发两国或两国以上国家所有的共同资源，各国应采取事先协商制度，即应适当利用自然资源，而又不损害他国主权和合法利益；各国应进行合作，以促进较为公平合理的国际经济关系的建立，并鼓励一个均衡的世界经济意义上的结构改革，这种结构改革要符合所有各国利益，特别是发展中国家的需要和利益；所有国家有责任在经济、社会、文化、科学和技术领域内进行合作，以促进全世界，尤其是发展中国家的经济发展与社会进步；所有国家都应促进国际间科学与技术合作与技术转让，要适当照顾到一切合法利益，包括技术持有者，提供者和接受者的权利和义务。特别是所有国家应促进发展中国家取得现代科学和技术成果，转让技术，以及为了发展中国家的利益而创造本国技术，其方式和程序要符合其经济和需要。

第四节 国际投资与国际投资法

一、国际投资的性质和作用

国际投资是国际资金流动的一神重要形式，也是国际经济合作的一个重要环节。利用国际资金的形式，有援助、赠与、短期信贷（如出口信贷）、政府贷款和私人投资，等等，其中，私人投资又是外国投资的重要来源①。此处所述国际投资，主要限于国际私人投资形式。国际投资包括两个方面，对资本输出国，特别是对发达国家来说，是剩余资本谋求出路，获取海外利润的问题。对资本输入国，特别是发展中国家来说，是吸收并利用外资，解决国内资金困难，并引进国外先进技术和管理知识，发展国内经济的重要渠道之一。从整个世界范围来看，在现代条件下，任何一国的经济发展，是不能与国际关系分割开来的。利用国际投资，互通有无，取长补短，是国际经济发展的必然趋势，完全符合国际经济发展规律的要求和各国利益。列宁在论述作为帝国主义经济特征之一的资本输出时，既指出其剥削性的消极的一面，是"帝国主义压迫和剥削世界上大多数民族和国家的坚实基础"。但同时又指出其积极的一面，"资本输出总要影响到

---

① 乌古古（E. I. Nwogugu）：《发展中国家外国投资的法律问题》（The Legal Problems of Foreign Investment in Developing Countries）（1965），第 2～4 页。

输入资本国的资本主义发展，大大加速那里的资本主义发展"①。大量资金和最新技术成就和设备，投放在世界各国和地区，不仅促进了接受资本国的经济和技术发展，而且也促进了生产和资本的国际化，对整个世界生产力和经济增长，以及国际分工和合作，都起着重大的作用。

国际经济发展的事实表明，无论发达的资本主义国家，或是发展中国家，在他们的经济发展过程中，没有一个国家不是曾经大量利用外国资本的，也几乎没有一个国家不是利用外国资本而促进本国经济发展的。闭关自守，无异作茧自缚，人为地限制和削弱本国经济的发展。现在居于世界资本主义发达国家最先行列的美国，是当代世界最大的资本输出国，也是靠利用外国资本起家，并促进其工业化达到今天的领先地位，而且现在仍继续吸收外国资金，成为现代最大的投资市场，并采取比其他国家更为开放的政策。第二次世界大战后，日本、联邦德国及其他欧洲国家，更是充分利用外国投资，医治战争创伤，恢复经济，迅速地促进了经济起飞，跃居工业发达国家的先进行列。至于广大发展中国家，在取得政治独立后，由于长期在殖民主义、封建主义统治下所遗留下来的经济落后，技术缺乏，为了摆脱外国经济势力的控制，发展民族经济，迅速改变落后面貌，更是迫切需要利用外资和技术。尽管国际资金的流入，对发展中国家存在着很大的剥削，但同时通过利用外资和技术，解决了国内资金不足，引进了先进技术和管理知识，有利于开发自然资源，扩大出口，改造旧企业，建设新企业，改变产业结构，提高生产力，加速经济建设的现代化，并在一定程度上提高了人民生活水平。第三世界经验证明，只要坚持独立自主、平等互利的原则，扬长避短，对国际投资采取正确的政策，避免其消极作用，发挥其积极作用，就能收利用国际资金的最大经济效益。譬如东盟五国自60年代以后，经济之所以得到迅速发展，有的已达到"中等水平国家"，甚至跻于"半工业化"乃至"工

---

① 列宁：《帝国主义是资本主义的最高阶段》，人民出版社1974年版，第55、57、58页。

业化国家"行列（如新加坡），正是有效利用国际投资的成果。

利用国际资金，发展国内经济及对外经济关系，对于社会主义国家，也同样重要。苏联在十月革命后，关于如何解决在资本主义包围下，恢复和发展经济这一严重问题，列宁早就明确指出："社会主义共和国不同世界发生联系，是生存不下去的，在目前情况下，应当把自己的生存同资本主义的关系联系起来。"并断言："社会主义实现得如何，取决于我们苏维埃政权和苏维埃管理机构同资本主义最新的进步的东西结合的好坏。"列宁驳斥了种种反对意见，提出了"苏维埃政权同先进国家中先进财政资本进行经济合作"这一新的战略方针，坚决实行租让制等形式，放手引进国际资金和先进技术，使苏联在建国初期经济上得到迅速恢复和发展。正如列宁、斯大林所多次阐明的，苏联经济发展速度之所以可能超过资本主义国家，除了它具有资本主义国家无可比拟的优越性之外，还有一个重要原因，就是它可以直接采用当代世界最先进的技术，无须走资本主义发展的老路。第二次世界大战后，东欧社会主义国家，如南斯拉夫、罗马尼亚等，在利用外资，建设社会主义方面，也起到了极为重要的作用。我国自1979年实行开放政策以来，积极引进外资和技术，对我国加速社会主义四化建设及发展对外经济关系方面，取得了显著效果，已构成我国经济建设发展战略的重要组成部分。

当然，也不是说引进外资越多越好，关键在于如何正确对待及善于引进外资和技术为本国经济发展服务。因为国际资金的流动及资本输出，都具有两重性，是在一定生产关系的条件下实现的，并贯穿着国家关系和阶级关系。譬如帝国主义国家长期来利用资本输出作为剥削压迫第三世界国家和人民的工具，国际资本在东道国贪得无厌地追求巨额利润，渗透到经济的各个部门，从掌握东道国经济命脉到进行政治控制，使东道国经济形成畸形发展，民族经济无法建立，经济落后，人民穷困。这种投资关系，使东道国长期处于对经济大国的依附关系和不等价的交换关系，不少发展中国家都曾有此历史教训。第二次世界大战后，发展中国家努力争取建立国际经济新秩序的重要目标之一，就是要改变这种掠夺性的、不平等的投资关系，建立在平等互利基础上的国际经济合作关系。因此，一个国家对待国际投资的正确态度是：既要利用，又要自主；既要鼓励，又要限制、引导；既有协调，也有斗争。正如列宁在坚持实行租让制，引进外资的同时所强调指出的，"租让是战争在经济范围内的继续，这是一种特别的战争，是共产主义与资本主义这两种方式、两种形态、两种经济的竞争。我们一定能够证明，我们更有力量"。"租让合同的每一项条文，都是军事条约，因为每一项条文都是经过一场战争的。因此，我们必须善于在这场战争中保护自己的利益"。"实行租让，会造成一些市镇带来的资本主义习气，使农民腐化，但是应该加以监视，应该处处用自己的共产主义影响来抵制"①。列宁这些经典性的指示，无论何时，都是正确衡量国际投资作用不可忽视的一面。因此，研究国际投资的法制和法律问题，就需要首先对国际投资本身的特点和作用，有客观的科学的分析，也只有立足于这一分析，才有利于在自主基础上确立一个国家外资政策的正确方针。

二、投资环境和投资保护

海外私人直接投资，与国内投资不同，因各国政治、经济、社会、文化的不同，将面临各种不同程度的风险。譬如因国内政治社会不安定，时而爆发革命、内乱，政府经常更替；或因经济不稳定，财政困难，限制外汇交易，加重税收；甚或采取断然措施，实行征收、国有化；其他如经济发展程度不高，不能提供现代化公共设施和交通、运输、港口等基础设施的方便。凡此种种，都将直接或间接影响外国投资的利益与安全。只有外国投资者感到既有利可图，而风险又小，投资安全，才乐于投资。所以国际私人资本的流动，以有利的投资环境（investment climate）为前提。所谓投资环境，指特定国家对外国投资的一般态度（积极的或消极的），特别是指对外国投资者期

---

① 参看《列宁全集》第31卷，人民出版社1955—1956年版，第393页；第32卷，第416，299~300页。

待的利益可能给予的影响①。形成一国的投资环境，有种种因素，包括政治的、经济的、社会的、文化的乃至心理的各种因素。但其中主要起决定性作用的因素，则是法律因素。因为上述各种因素，主要是通过一定法律体制和法律规定，对外国投资者直接予以影响。譬如税收的高低，优惠的有无，外汇的管理和限制，特定营业活动的限制及其范围，经营管理权与雇用人员的限制，乃至征用、国有化措施等，都是通过一定法律形式表现出来的。而且，要使一国的投资环境在一定的期间内发生变化，更非采取法律的手段不可，一个国家的投资环境不仅包含现在的状况，而且包括将来可能出现的状况。因为投资者将自己的资本投放于一个外国，当然不能不考虑该国未来国内情况的变化对投资可能带来的影响。所以，一种有利的投资环境，不仅表现在现时有利于投资的法律条件，而且还包括一定的法律条件在未来较长时间内相对的安定，至少要使投资者可以确信法律条件向不利于投资方面转变的可能性很小，甚或根本不会出现②。司见，健全法制，保持法律的相对稳定性，是创造良好投资环境的重要条件。

除了法律因素外，还有其他偶然因素，如政治上的突然变化——革命、战争、内乱等，虽非东道国政府直接对投资者所采取的国家行动，但也严重地影响投资环境。总之，在国际投资上，存在着一定的政治风险，造成了投资环境的不利方面。特别自 60 年代以来，国际投资大量涌进发展中国家，发展中国家即要迅速开发自然资源，加快本国经济建设，不采取鼓励与保护的政策，则不足以吸引外资和先进技术。然而，出于维护国家主权，保护民族经济的自主发展，对外资又不能不有目的地予以引导，进行管理，实行一定的限制，乃至基于公共利益的必要加以征用，再加上内在或外来的原因，还可能给外国投资带来某些不利和损失。这样，在发展中国家固然存在着吸引外国投资的巨大潜力，投资获利大，但也存在着一定风险。从资本输出国

---

① 法托罗斯（A. A. Fatouros）:《对外国投资者的政府保证》（1962），第 34 页；佐藤和男:《国际投资的法律保护》（1968），第 222～223 页。

② 法托罗斯:《对外国投资者的政府保证》（1962），第 63 页。

（投资者本国）来看，为保证其海外利益，扩大其经济势力，既要鼓励私人对外投资，又必须考虑确保本国投资者的利益与安全。从投资者来看，面临各种可能发生的非常风险，在投资之前，更不能不考虑其投资是否会因资本输入国（东道国）将来国内形势的变化或法律、政策条件的变化而受影响，能否确保其投资安全与获益，这些都与资本输入国当时当地的投资环境密切相关。所以，无论从资本输入国，或资本输出国，乃至从国际范围的角度来看，寻求国际投资的法律保护，或基于谅解，防患于未然，或出于应变，补救于事后，力图避免或正确处理投资争议，借以维持有利的投资环境，保证国际投资的安全性与稳定性，从而促进国际经济的正常交往和合作，这就成为国际投资的一个重大课题①。

对外国私人直接投资的法律保护，一般是由资本输入国、资本输出国单独地或共同地（包括双边条约或多边条约）采取某种形式的法律保护措施。这些措施，其形态固不相同，但其内容，在本质上都是属于政府保证（government guarantee），又称国家保证（state guarantee）②。所谓政府保证，除法律严格意义的保证外，尚包含其他各种允诺（promise）和担保（assurance）等广义的保证在内。政府保证是针对作为海外投资事业活动基础的法律条件不可预测的变化及其变化所带来的影响，以保护外国投资者为目的，对外国投资者约定或担保采取某种行动或不采取某种行动，或者允诺当某种约定事态发生或某种措施改变使外国投资者因此蒙受损失时，负责补偿其损失。

关于国际投资的法律保护的形态，大致可分为四种。

（1）资本输入国（东道国）国内法所提供的保护。最直接和最广泛的法律保护是资本输入国（东道国）政府对外国投资所提供的保护措施，主要是采取国内立法形式，如外国投资法，外国投资保护

---

① 姚梅镇：《国际投资的法律保护》，载《中国国际法年刊》，1982年版，第115～116页。

② 法托罗斯：《对外国投资者的政府保证》（1962），第64页。

法，矿业奖励法，我国及其他社会主义国家的合资企业法等；除此以外，还散见于宪法、税法、外汇法及其他特别法律（如公司法、外国企业法）。再者，有的国家采取政府的政策声明（policy statement），以及政府同外国投资者为开发自然资源所签订特许的协议（concession）等，也都是有效的法律保护手段。一般说来，外资立法比政策声明较有稳定性，在短期内较少变化，即令修改，也须经严格的立法程序，是比较有效而可靠的保护手段，较为外国投资者及投资者本国所信赖①。各国外资立法，具体规定固不相同，但概括起来，关于外国投资的保护，不外对政治风险的担保，依法保护其经营的财产及其他合法利益，以及依法给予各种优惠措施。如实行无差别待遇；允许投资原本、利润及其他合法权益，在一定条件下，依一定手续，自由汇出国外；特定税收的减免；在一定期间内不实行征用、国有化，在实行征用时，给予一定补偿等。根据外资立法的保护，明确、具体、稳定，具有防患于未然的特点，有利于吸引外国投资。

（2）资本输出国国内法所提供的保护。这主要是资本输出国针对本国海外投资者在国外可能受到的政治风险，提供保证或保险，如美、日、联邦德国等国国内所实行的海外投资保险（保证）制度。投资者向本国投资保险机构申请保险后，当承保的政治风险发生，致投资者遭受损失时，由国内保险机构补偿其损失。这主要是事后救济手段，藉以鼓励本国投资者向海外投资。

（3）两国间双边投资保证协定。即资本输出国同资本输入国之间，缔结关于鼓励与保护投资的协定，这是把投资保护上升到政府间的共同保证，是现时大多数国家所采用的通行的保护制度。其具体内容是：关于对外国投资者实行平等待遇，原本及利润等的自由汇出、国有化及其补偿的原则，解决投资争议的原则等。双边投资保证协定，实际上是国内法上保护制度的进一步加强，使国内法上的保护制

---

① 樱井雅夫：《国际经济法研究——以海外投资为中心》（1977），第86页；佐藤和男：《国际投资的法律保护》（1968），第235页。

度，获得国际法上保证的效力。

（4）多国间签订的关于保护国际投资的公约。即包括资本输出国和资本输入国在内，在国际范围内，为保护国际投资所确立的统一的法律制度。这主要规定缔约国对外国私人投资者相互给予公正待遇，投资保护的共同准则，国际投资争议的处理等。自 60 年代以来，除了联合国大会通过的几项决议中有关外国投资保护的若干原则外，在国际间曾先后提出关于国际投资保护法典及建立国际投资保险机构等种种设想和方案，希图为调整各国利害的对立，在国际投资保护问题上取得共同谅解，确立国际制度，但大多均未实现。

上述四种制度中，前两者为国内法制度，后两者为国际法制度，前三者在大多数国家中均已付诸实行。实际上，国内法保护与国际法保护两者都是相辅相成，紧密结合的，国际法上的保证制度，是以国内法上的保护为其主要内容，而国内法上的保证制度，又藉国际法上的保护制度更增强其效力和作用①。

三、国际投资法的性质、特征与体系

1. 国际投资法的性质、特征

国际投资法（International Investment Law）是国际经济法的一个分支，指调整国际间私人直接投资关系的国内法规范与国际法规范的总和。其内容，主要包括国际投资的内容、效力、对外国投资的保护、鼓励与限制、关于解决投资争议的程序和规则以及海外投资保险，等等。国际投资法的特征，可概括为下列几个方面。

第一，调整国际私人投资关系，一般又称海外私人投资（Overseas, Private Investment）。利用国际资金，有政府间或国际组织与国家间的资金融通关系，如外国政府、国际金融机构（属于国际组织）的投资、贷款、援助等等，称为官方投资（Public Investment），也有外国自然人或法人及其他民间组织、企业团体的海

---

① 法托罗斯：《对外国投资者的政府保证》（1962），第 64 页。

外投资，称为私人投资（Private Investment）。国际投资法所调整的对象，限于国际私人投资，不包括政府间或国际金融机构间或政府与国际金融机构间的投资关系。

第二，调整私人直接投资关系，所谓直接投资（Direct Investment），指外国投资者在海外经营企业的投资，投资者对企业享有较大的控制权（control）①。即投资者对海外经营的企业或其资产，基于所拥有的一定数量的股份，足以对企业行使一定的支配和控制的能力。至于究竟拥有多少股份权，才达到可认为有控制权，而成为直接投资，各国解释和立法不一。如美国政府确定直接投资的标准线是：凡一个外国人拥有企业表决权股份达到25%者，即可认为享有控制权，其投资属于直接投资。但美国商务部及国会则认为只要享有表决权股份达10%，足以控制企业者，也属直接投资②。直接投资与间接投资（indirect, investment）或证券投资（portfelio investment）不同，后者主要指仅仅以其能提供收入而持有股票或证券的投资，对企业并不参与经营，享有控制权或支配权③。利用外资，一般以直接投资为主，其形式有合资经营、合作经营、合作开发（生产），外资独资经营、补偿贸易、来料来样加工装配，等等。其资本构成，不仅包括现金、设备、土地、厂房等有形资产，也包括属于资本范畴的一切资本货物，如专利权、商标权、工艺技术、专有技术等无形资产。

第三，国际投资法所调整的关系，不仅限于私人外国投资者同东道国及其法人、个人间以及同本国政府间的关系（外国投资关系和投资保险关系），还包括基于相互保护外国私人直接投资，调整两个

---

① 格林沃尔德（D. Greenwald）《现代经济学辞典》（Dictionary of Modern Economics）（1973），第 165 页；中译本（1981），第 132 页。

② 威尔逊（D. T. Wilson）： 《国际商业交往》 （International Business Transactions）（1981），"导言"，第 31 页。

③ 直接投资与间接投资两者实际上的区别，在于有无企业或商业控制权（Commercial Control），见乌古古：《发展中国家外国投资的法律问题》（1965），第 4 页。

或多个政府间的关系（双边或多边投资保护条约）。前者为国内法关系，后者为国际法关系。国际投资法虽包括外国投资法，但不等于外国投资法。

2. 国际投资法的体系

由于国际私人投资关系具有跨越国境的私人资本流动的特点，上述国际投资法的这一特点，正是反映这一跨国活动的复杂性。它既有国内法上的关系，也有国际法上的关系，既包括国内法规范（如资本输入国的外资法，外汇管理法、涉外税法，资本输出国的海外投资保险法等），也包括国际法规范（如双边投资保证协定，解决投资争议公约等），两者相互补充，并藉此完成其效果（如美国的海外投资保证制度的适用，即以双边投资保证协定为前提）。所以，国际投资法是包括国内法规范与国际法规范而综合形成的一个独立的法律体系。列表如下。

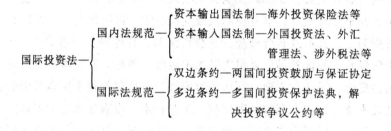

第二章　国际投资与资本输入国法制

第一节　概　　说

　　资本输入国关于国际投资的法制，主要是关于利用和管理外国私人直接投资的法制，即关于外国投资的法律，概称为外国投资法（Foreign Investment Law）（简称外资法）。它是指东道国（资本输入国）制定的关于调整外国私人投资关系（包含有关机构）的法律规范的总称，如确定外国投资范围、形式，外国投资者的权利与义务及其法律地位，对外国投资的鼓励、保护、监督、限制等法律规范的总体。其中，不仅包含有关于外国投资关系（即权利与义务）的实体法的规定，还包含关于对外资审查批准的标准和程序等有关经济行政法及关于投资争议仲裁等程序法的规定。各国外资立法的形式，不尽相同。大多数国家，有比较系统的统一的外资法，或称为"外国投资法"，如印度尼西亚、阿根廷、智利、叙利亚、巴西、日本、西班牙、利比亚等。或称为《投资法》（Investment Law），如象牙海岸、刚果、乍得、马尔加什等；或称《投资法典》（Investment Code），如加纳、塞内加尔、喀麦隆、扎伊尔、阿尔及利亚、毛里求斯、加蓬、突尼斯等；或称《投资鼓励法》（Investment Incetives Act），如马来西亚、约旦等；或称《投资及外国资本保护法》（Law Regarding the Investment and Protection of Foreign Capital），如希腊；或称《外国资本保护法》（Law for the Protection of Foreign Capital），如土耳其；或称《经济发展鼓励法》，如新加坡；或称《外资企业管理法》，如菲律宾。有的国家没有统一的外资法，而是制定某种利用外资形式的特别法令，如南斯拉夫的《外国人向南斯拉夫联合劳动组织的投资法》，匈牙利的《关于与外资合办经济合营企业的法令》、波兰的《关于在波兰建立合营企业及其经济活动的命令》、罗马尼亚的《关于在罗马尼亚国内设立、组织和经营合资公司的法令》、我国的《中外合资经营企业法》等。有的就特定地区制定的外国投资法，如我国的《广东省经济特区条例》，埃及的《关于阿拉伯与外国资本投资及自由贸易区法》等，也有的就特种行业、部门制定的外国人投资法，如尼日利亚的《工业奖励法》、科威特的《工业法》、中东、北非国家的《石油法》，我国《对外合作开采海洋石油资源条例》等，还有的专就外资审查、管理制定的单行法，如加拿大的《外国投资审查法》、菲律宾的《外资企业管理法》等。除上述关于外国投资的基本法外，有关外国投资的法律，尚散见于其他经济立法、条例、命令、决议、政策声明中，如外汇管理法、合营企业所得税法、外国企业所得税法、个人所得税法、海关法、关税法、工商统一税法等涉外税法、合营企业及外国企业登记管理法、劳动工资法、劳动法、企业法（公司法）、土地管理条例、对外贸易法、对外经济合同仲裁条例、国有化法令和政策声明及其他有关决议（如日本对内直接投资自由化内阁决议）等。此外，各国宪法中，还有关于保护外国人财产的规定，我国宪法第 18 条还设有保护外国投资的专条等。所以，研究外国投资法，涉及面广，应包括有关涉外经济立法的规定在内。

每一个国家，都是基于本国对外经济政策的基本立场，在维护国家主权和经济利益的前提下，从利用外国投资，发展本国经济这一目标出发，制订本国对待外国投资的基本政策及与之相应的外国投资法。但是，由于各国政治、社会情况不同，经济基础、经济结构、经济和技术发展水平不同，因而，在外资政策和立法态度方面，也各异其趣。本章首先分别论述发达国家、发展中国家及社会主义国家基本的外资政策和外资立法的梗概，其次，综合比较外资立法的基本内容，最后，简要介绍利用外国投资的几种主要形式。后两点以发展中国家及我国现行立法为主。

第二节　发达国家的外资政策与外资立法

在当前世界经济活动中，吸收外资已成为各国普遍采用的一种国际资金融通形式。发达国家，不仅为剩余资本谋求出路，大量对外投资，同时，也积极利用外国投资，增益国内经济发展。而且从当前国际投资发展的趋势来看，外国直接投资在发达国家增长的速度，反而比发展中国家高。如从 1970 年到 1980 年十年中，发达国家吸收外国直接投资，每年平均递增 12.5%，而发展中国家只增长 9.6%。当然，这与发达国家的投资环境有关，特别是发达国家的外资政策和外资立法对外资限制较少，有利于外资的进入。因此，在比较研究国际投资的法制问题上，有必要了解几个主要发达国家基本的外资政策和立法。

发达国家，由于经济及技术发展水平较高，对外国投资，一般倾向于采取自由开放的政策，但出于国情及传统不同，特别是对外经济关系不同，也有三种不同的政策态度，举美国、加拿大和日本为例，可分为三种不同类型。美国一直是采取自由开放政策，加拿大是从完全开放政策到逐步实施限制，日本是从锁国保守到逐步实行有限度的开放政策。

一、美国外资政策与外资立法

（一）历史与现状

美国是发达国家中对外国投资采取自由开放政策的典型，外资进出比较自由，迄今未建立一般审批制度。所以，美国虽是当代世界最大的资本输出国、最大的投资国，但也是世界上最大的投资市场。不仅在其发展初期，曾大量利用外资，就是在今天，在美国的外国直接投资，仍在大幅度地不断增长。如 1980 年在美国的外国私人直接投资总额已增到 613 亿美元，比 10 年前增加 4 倍，比 20 年前增加 10 倍。到 1981 年，外国直接投资累计总数达到 898 亿美元，增幅达31%，比 1980 年高出 25%，一年即增加了 214 亿美元，创历史最高纪录。美国的外国投资，主要来自日本、联邦德国、法国、荷兰、加拿大及石油生产国如科威特、沙特阿拉伯等国。美国经济发展的历史，充分证明了美国是长期受益于外国资本，促进其自身工业化进程的国家。不少外国公司在美国经营企业活动，已有 50 年到 150 年的历史，而且有许多已经完全美国化了，乃至现在年轻一代的美国人，可能还不知道像壳牌（Shell）、雀巢（Nestel）、利浦顿（Lipton）、菲利浦（Phillips）、李维兄弟公司（Leval Brothers）等美国大垄断公司，原来早年都是外国公司在美国的子公司①。据最近估计，在美国现有的 1500 家国内公司中，由外国人所接管并控制的，几乎每年超过 200 家左右②。外国私人直接投资活动的范围甚广，普及化工、建筑设备、电子、医药、照相器材，钢及钢制业、电视机等制造业及劳务、销售业、旅店、银行、经纪业、食品分销、疗养业、音乐、录音、证券投资及酒类制造等部门。

美国对利用外资的重视，由来已久，早在中华人民共和国初期，第一任财政部长汉密尔顿（Alexander Hamilton）就强调：外资是"最有价值的辅助手段，有利于大大提高劳动生产力，增加大量的有利企业"③。1975 年参议院审议《外国投资法》法案时，美国全国商会代表再次强调，"外国投资在美国，无论现在或将来，都有利于美国经济"④，这代表了美国官方的一般倾向。所以，美国对外国私人直接投资，一向采取开放政策（Open Door Policy）。对一切外国投资者，给予国民待遇（national treatment）。即允许外国投资者在美国有进行企业活动的自由，并给予国内投资者同等待遇。除国际法上一般公认的对国民待遇的合理的例外，如有关国防、自然资源开发，及某些关键经济部门——无线电通讯、国内及沿海航运、国内空运、联邦

---

① 美国参议院 1975 年 3 月 4 日关于《外国投资法》听证会上美国商务部经济事务助理部长派特（James L. Pate）报告，见听证会记录第 75 页。

② 威尔逊：《国际商业交往》（1981），第 32 页。

③ 威尔逊：《国际商业交往》（1981），第 31 页。

④ 前引美国参议院《外国投资法（1975）》听证会记录，第 452 页。

土地矿业开发，水力电力开发等外，一般不加限制，外资进入有较大自由。长期以来，外国资本乐于向美国进行投资，除经济上的原因外（如美国具有世界规模的最大市场，生产有较大增长潜力；美国有最先进技术、管理科学及熟练工人；投资环境比较稳定；美国实行保护主义，刺激外国资本逃避关税壁垒，利用资本输入，在美投资设厂，经济效益大；日本、欧洲尤其是石油生产国大量过剩资本——欧洲美元、石油美元，寻找投资市场等），主要是由于美国对外资实行开放政策的结果。

但是，自70年代以后，外国资本大量涌入美国，渗透到各个经济部门。如沙特阿拉伯接管了美国底特律银行；伊朗已经获准接管美国最大的空运公司——泛美世界航空公司的股权；加拿大开发公司已经取得了得克萨斯州海湾硫矿公司的控股权；属于六大欧洲银行所有的一家纽约银行——欧美银行和信托公司接管了美国第二十家最大银行——富兰克林国民银行。特别是日本汽车工业大财团继续向美扩张，仅仅在加利福尼亚州南部，日本就设有500家办事处和工厂，包括大产、丰田等汽车公司及精工公司等，雇用了加利福尼亚工人15万人，日本工人1万人之多。因而引起了美国社会舆论的震惊，有人惊呼"美国将败于外国经济侵略"，有人认为日本正在美国西部开辟一个大"实业帝国"，甚至有人比喻为"美国又面临经济上的珍珠港"，等等不一。

针对这些呼声和社会反应，美国国会于1974年秋制定并通过了《外国投资研究法》（*Foreign Investment Study Act*），于10月26日由总统签署施行。这一法律的主要内容和目的，是要求确切调查外国投资在美国的具体情况——外资在国民经济中的比重、分布和影响，等等。因长期来，美国实行开放政策，外资进出自由，向无统一的登记、审查制度，政府对外国投资的情况，并无确切的了解。但调查结果，官方表明：外国投资不论是个人或集团，同国内投资相比，仅占2%；在美国公司中有表决权的股份总额中，外国投资者所拥有的股份尚不到4%，故其结论是，外国投资"决没有控制美国的任何行业"。再从投资进出相比，如1979年美国对外私人直接投资为1926

亿美元，同年，外国私人在美国的投资为 523 亿美元，仅占其对外投资总额的 1/4；又 1979 年美国对外投资所获海外利润率为 21%，而同年外国在美投资的利润率为 12.7%，美国均占优势。外国投资对美国并不构成威胁，美国反而受益。

但官方仍提出警告，认为大规模外国私人投资进入美国，还可能带来潜在的危险。如外国投资者可利用对一个美国公司的控制，在一定程度上，违反国家安全政策，造成经济衰退，影响美国经济利益；或拒绝向外国进行供应或交易；有时还可能利用美国公司，剥夺美国的生产力或自然资源，进行有选择性的抵制或制定掠夺性的价格，甚至可利用其所控制的美国公司对外国进行抵制、封锁（如伊朗银行利用其强大的经济实力对犹太银行进行抵制），等等。因而，1975 年国会又提出了《外国投资法》案，但由于美国受传统的开放政策的影响，该法案未获通过。以后又于 1976 年提出了"国际投资调查法"、1977 年提出了类似 1975 年的外资法案，1978 年又提出"农业外国投资申报法"等。总之，到目前为止，美国尚无一部正式的外国投资法，仍继续贯彻传统的开放政策。当然，开放政策并不是没有任何限制（在各种特别法令中有限制），这点容于第三点详述。不过，一般说来，同他国相比，对外国投资是较少限制的。

（二）外资立法概况

1. 《外国投资研究法》

针对美国社会舆论对外国投资的强烈反应，加上美国自 1950 年以来，对在美的外资有关财政和营业上的资料，诸如就业及雇用人员、工厂设备、开支、资金、贸易、生产来源及其运用等，向无统计，为了了解外国投资对美国经济的影响，1974 年国会制定并通过了《外国投资研究法》。这一法律，重在调查研究，并不是对外国投资关系作实质性规定的外国投资法。

该法及其补充规定，授权美国商务部及财政部分别调查和研究外国私人直接投资及证券投资的性质、范围、数额和比例；调查外国公司进行投资的理由；审定外国投资流入美国所通过的程序和机构的合格性；查清外国直接投资者所用以筹措资金的方法及其对美国金融市

场的影响；评定外国直接投资接管或取得美国公司的范围及其重要
性，以及该接管行为（无论是建立新厂或与美资合营）对美国国内
商业竞争的影响；分析外国直接投资在特别地区及特别经济部门的集
中和分布情况；分析外国直接投资对美国国家安全、能源、自然资
源、农业、环境、不动产所有权、国际收支、贸易平衡、美国国际经
济地位和产品市场的影响；分析外国直接投资对就业机会的效果、外
国公司雇用经营管理人员的实况及其影响；分析美国联邦、属地、
各州及地方关于对外国直接投资活动的有关法令、规章、政策等的
效力、并对其他主要国家和地区法令、政策等的关系和影响；比较外
国在美直接投资活动同美国海外投资活动，并研究美国海外直接投资
对外国在美直接投资活动的影响；根据对外国在美直接投资调查的结
果及有关资料和统计数字，提出对外资可行的当前措施和方法，等
等①。

同法还规定了外国直接投资者接受调查及申报的义务。要求在
1974 年 12 月 31 日以前所有在美国管辖内的外国投资者及其分支机
构所直接或间接控制的一切企业，必须向主管机构提出申报。所谓
"控制"指外国投资者直接或通过其中介者或分支机构间接拥有一个
具有法人资格的企业有表决权股份（或非正式法人企业相当数额股
权）的 10% 以上者而言。申请截止日期为 1975 年 4 月 30 日②。

同法还规定了对违反申报义务的外国投资者的处罚。即应负申请
义务的投资者，如未依《外国投资研究法》的规定进行申报，不管
要求其申报是书面还是其他形式，或经《外国投资研究法》授权制
定的法律、条例、命令、指示所规定的形式，商务部或财政部有权向
美国主管地方法院、属地法院或其他有管辖权的法院提起诉讼，要求
法院对该违反申报者，发出强制命令，责令其履行法令所规定的义
务。法院还有权根据不同情况，在必要时，课以民事乃至刑事责任：

---

①　《外国投资研究法》第 5 条，罗文费德（A. F. Lowenfeld）《国际私人
投资》（International Private Investment）（1976），第 439～440 页。

②　派特报告第 89 页。

（1）对一般违反上述规定，不提供正确资料进行申报者，课以1万美元以下民事罚款；（2）对确系故意违反上述规定，不提供正确资料进行申报者，处以1万美元以下罚金，责任者如为自然人，还可处以1年以下拘役，或并科罚金；经理、董事长或其代理人，明知故犯，参与这一违法行为者，也处以同样罚金、拘役，或两者并科①。

2."外国投资法"法案

1975年5月，商务部和财政部基于1974年法律，向国会提出了关于调查外国投资的内部报告，同时，在参议院先后提出了有关外资的六个法案，要求进一步讨论关于外资立法的规定。其中最重要的是1975年参议员威廉（P. William）等所提出的"外国投资法"（Foreign Irivestment Act）法案，又称425号法案（S. 425）。法案除了对外国投资进行调查外，主要目的是修订1934年的《证券交易法》（Securities Exchange Act），要求外国投资者要在美国公司取得股份证券，必须进行申报。即外国投资者必须依照《证券交易法》规定的程序，凡是取得总资产在100万美元以上的美国公司的股份超过5%以上者，须在取得股份30天前，向证券交易委员会申请登记。申报的内容包括股票所有人及其他受益人的姓名、住所、国籍、财务状况、资金来源、受益所有人拥有的股份数额，等等。对违反法定申报期限未进行申报者，法案授权证券委员会、司法部长、外国投资者取得股份的美国公司或该公司的其他任何持有股份者，可向法院起诉，要求宣布其取得股份的行为无效。法院也有权以暂时的或永久的限制命令或禁令，批准其他救济方法，如撤销或中止其所取得股份的表决权或其他措施。如再不遵守法院的禁令或命令，法院可将其股票交付信托人出卖或作其他处分。

法案的另一最大特点是，授权总统基于国家安全的考虑，或为促进对外政策，或为保护美国国内经济等理由，可禁止这种取得。这是

---

① 《外国投资研究法》第8条；罗文费德：《国际私人投资》（1976），第443～445页。

在参议院讨论法案时，主要争执之点。1975 年法案对外国投资者的规定，实质上比 1974 年《外国投资研究法》及 1934 年《证券交易法》范围更广，要求更严格，因而在审议法案时，意见不一。美国国务院、商务部、司法部、财政部及全国商会和大多数参议员，对法案持反对意见。认为法案对外资进行甄别，违反了美国传统的开放政策，不符合当前需要，不利于外资进入美国。特别是授权总统基于"国家安全"、"对外政策"或"保护美国国内经济"等理由，可不批准外国投资，这不仅将破坏美国同许多国家间的友好通商航海条约，而且存在着一种潜在危险，有可能在美国创造一种高度政治化的投资环境①。证券交易委员会主席也证明，证券交易委员会相信已经有足够的权力要求外国投资者在取得美国公司股份证券 5% 以上者进行申报②。因而，法案未获通过。

此外，于 1976 年 4 月，国会又制定了《国际投资调查法》（International Investment Investigation Act），其目的是规定"对总统授予明确的权利"，收集有关国际投资的情报，授权总统至少每隔 5 年进行一次关于美国海外直接投资及外国在美投资的综合性水准基点调查。同时，也要求每隔 5 年对外国在美证券投资和美国对外证券投资进行调查，把调查研究结果向众议院国际关系委员会及参议院有关委员会报告具有国家政策内容的任何投资倾向及其发展情况。国会根据委员会的意见，予以审议批准。

1977 年，由于在美外国投资的继续发展，众议院又提出一项新的法案，基本上是 1975 年 425 号法案（《外国投资法》）的复制，也由于国务院的反对，未获通过。

1978 年，由于在美外国投资已达到战后历史最高峰，而且外国投资更多地集中于美国的制造业，特别是外国投资者发现在美国购买农业用地是最具有吸引力的投资（主要是纳税低），大量土地为外国

---

① 参议院关于《外国投资法》听证会记录，第 20～21 页。
② 威尔逊：《国际商业交往》（1981），第 37 页。

人所收买，大多数买卖数字，政府也无从知悉。对此，国会于 1978 年制定了《关于农业用地外国投资申报法》(Agriculture Foreign Investment Disclosure Act)。该法规定：任何外国人除证券权益外，要取得或转让农业用地的任何权益，必须在取得或转让之日起 90 天内，向农业部提出申报，……该报告必须包括外国人的法定名称及住址……公民身份以及农业部认为必要的其他事项。

同年，关于外国银行在美营业的分支机构及其财政基础与其他活动问题，国会又制定了《国际银行法》(International Banking Act)。该法允许外国银行在美国各州根据一定条件，设立联邦分行及其代理机构，但还必须遵守 1956 年《银行控股公司法》(Bank Holding Company) 及 1970 年同法修正案的规定，对在美国境内营业的银行及商业信贷公司，不得给予差别待遇①。

从美国外资立法的历史与现状来看，虽然在一些特别法令中有关于外资的规定，但到现在为止，美国尚无关于审查和甄别外国投资规定的现行的统一法律。

（三）美国对外国投资的限制

美国虽然一贯实行开放政策，没有实行甄别及审查外国投资的统一外资法，外资进出比较自由，但不是完全没有限制。为了保护国家安全及美国经济利益，在联邦及各州特别法令中，对外国投资的部门、出资比例等方面，仍有一定限制。

1. 通信 (Communication)

根据 1934 年修订的《联邦通信法》(Federal Communication Act)，仅仅对美国公民，才发给特许证，可经营无线电广播及电视行业，禁止外国人所有或控制的公司取得经营通信事业的一切设备的特许权 (license)。对外国人在电报企业的合营公司中或卫星通信公司中所占股权超过 20% 者，不予批准 (47U. S. C. A. §§. 303（1），310a，

_____

① 威尔逊：《国际商业交往》导论，1981 年版，第 36～40 页。

222d，734d)①。所谓为外国人所有或控制的公司，指公司的董事或其主要经理人员是外国人，或公司股份的 1/5 以上为外国人、外国政府或依外国法设立的公司所有，或一个公司被另一个其资本股份至少1/4 为外国股权者所有的公司所直接或间接控制者而言。

主管审批通信事业特许权的机关为联邦通信委员会（Federal Communication Commission），申请特许权者，必须向该委员会说明公司所有者、董事及其主要负责人的国籍。

2. 交通运输（Transportation）

（1）航空（Aviation）

以经营航空运输为目的的外国直接投资，同样是受限制的。在美国有资格申请注册的航空运输事业者，限于：（甲）美国公民；（乙）全体合伙人为美国公民的合伙；（丙）在美国设立的公司，其董事至少有 2/3 为美国公民，其资产至少 75% 为美国公民所有者。即一个空运企业中，外国投资者不能拥有 25% 以上的股权（49U. S. C. A. §§1371，1378，1401）。

从事美国国内航空运输（包括美国国内两地之间的贸易及运输）的权利，也只限于美国国内注册的飞机。如在外国注册的飞机，而该注册国对在美国注册的飞机给以互惠权利者，也允许其在美国国内从事航空运输事业，但必须得到民航委员会（Civil Aeronautics Broad）的特别许可。不过，这种外国飞机仍不允许在美国国内装运人、货或邮件运往国内任何目的地。

民航委员会主管发放"经济许可证"及"合格证"，联邦航空局（Federal Aviation Administration）负责飞机的安全与注册。

民航委员会所发的航空货运许可证有两种——即国内航空运输与国外航空运输。两者的差别在于国内空运的权利，但国内空运的限制并不扩大适用于其起点或终点在国外的货运与客运。譬如为一个法国人所有的加利福尼亚航空公司，虽被拒绝发给国内空运许可证，但仍

---

①　47U. S. C. A. 是《美国法规注释汇编》（United States Code Annotated）第 47 卷的简称。§指条目，以下同此。

发给国外空运许可证（如美洲货运航空公司诉民航委 Inter—American Air Freight Corp v. CAB 一案）①。

（2）沿海及内河运输（Castrol and Fresh Water Shipping）

根据 1920 年琼斯条例（Jones Act），在美国两地之间或其属地之间的一切货运、客运，必须由在美国制造并在美国注册，而且为美国公民所有的船舶装运。无论何时，在外国注册的船舶，即永久丧失其在美国的装载权。再者，一切超过 500 吨的合格船舶，以后在外国改建者，也适用这一限制；但在外国注册的船舶，如注册国对美国船舶允许互惠条件者，也允许其在美国沿岸之间，空载往返，如油轮、驳船等。

同国内航空运输一样，在美国注册的船舶公司，其公司的主要负责人必须是美国公民，而且美国公民所拥有的股份，须占 75%，即外国人在公司所占的股份，不得超过 25%（46U. S. C. A. §§802，883 以下）。

沿海航运限制的目的，在于保护美国的船舶工业，为美国工人提供就业机会及增进和提高美国的海上贸易；同时，还希望能有利于保证国内船舶设施适于战时之用。

关于沿海航运法律的执行，由美国海岸自卫队（U. S. Coast Guard）负责，特许证由美国海关局（Custom Service）发放。联邦海运委员会（Federal Maritime Commission）负责保险及赔偿事宜，国内工会及运输公司则是关于内河航运规则的监督机关。

上述限制的唯一例外是，曾经有一艘由瑞典制造而在美国注册船舶，只在国会专为此通过一项单行法令取得合法化后，才允许其在西雅图和阿拉斯加之间进行贸易和运输②。

3. 自然资源（Natural Resources）

（1）土地（Land）

---

① 引参议院关于 1975 年《外国投资法》听证会记录，第 455 页。
② 引参议院关于 1975 年《外国投资法》听证会记录，第 456 页。

从 1887 年法律颁布以来，就限制外国人对公有土地的所有权。该法规定：公有土地的转让和租赁只限于：（1）美国公民及正式申明自愿归化为美国公民的人；（2）合伙及其他社团，其成员为美国公民或申明其即将归化为美国公民的人；（3）依美国法设立的公司。

关于公有土地转让和租赁的法律的执行，由内务部土地管理局（Bureau of Land Management）负责。

但事实上这一规定，对外国商业企业很少适用，主要因为实际上与公司有关的土地都是私有土地。公有土地一旦转入私人手中，以后为本国企业所有，还是为外国企业所有、土地管理局就不再过问了，因为私有土地不属联邦管辖，而分属各州管辖。

（2）联邦土地的矿藏采掘（Mining of Federal Lands）

根据从 1872 年法律演变而来的 1920 年《采矿奖励法》（Promotion of Mining Act）的规定，地下贵重矿藏属于美国所有，只许美国公民或宣布自愿归化为美国公民的人有开采和租赁之权。但如果外国人的本国对美国公民予以互惠权者，凡是依美国法所设立的公司可以租赁的土地，则该外国人也可被允许取得租赁权或对该公司享有控股权。反之，如果外国政府对美国公民未允许同样互惠权，而该外国人对该公司拥有大量的股份者，则该公司即不能取得矿业的租赁权或采矿特许权。

关于批准采矿权及其租赁特许权的主管机关为内务部的能源与资源局（Division of Energy and Resources）。

不过，严格地从法律上讲，关于联邦土地采矿权的规定，已经一再被破坏了。因为 1920 年法律所包括的是沿海资源，如天然气、石油、石油页岩、磷酸盐、硫磺，等等，而这些土地的租赁，除了上述公民身份这一要件外，只须支付特许权使用费（royalty）就可以了。同样规定，也扩大适用于土地管理局的公用牧地的使用。

1953 年的《外部大陆架条例》（Outer Continental Shell Act）所包含的租赁权，直到今天为止，尚只限于石油、天然气、硫磺，至于谁有租赁权，则无规定。但事实上仍只限于美国公民或美国国内注册的公司，才有此权利。同样限制也适用于新的《地热动力法》

（Geothermal Steam Act）关于地热资源的租赁（30 U. S. C. A. §1001 以下）。

公用土地所有权（不同于租赁权），仍然可由任何人（包括本国人和外国人）取得，只要取得特许权（patent），并证明有能力开发该土地的重要矿业资源。1973 年，在《矿业租赁法》（Mining Leasing Act）讨论中，曾建议禁止任何人取得所有权，只允许租赁权（30U. S. C. A. §1001 以下）。

（3）水力发电事业（Hydroelectric Power）

根据 1920 年法律，在美国通航河流上的水力发电事业，只能由美国公民、美国社团或在美国国内组织的公司经营。所谓"通航河流"（navigable streams）一词，可扩大包括通航河流的支流或公用土地上或对公用土地有影响的支流。

对合格当事人由联邦动力委员会（Federal Power Commission）负责颁发许可证。至于外国人对美国国内公司的所有或控制的程度和比例，法律上未作限制的规定，但事实上主要由外国人投资在美国从事水力发电事业者，尚未见其例。

（4）原子能（Atomic Energy）

根据《原子能法》（The Atomic Energy Act）的规定，为了防止对国防、公共安全或公共健康可能产生的危害，关于原子能利用设施或其生产设施等活动，不对外国人或为外国人所有或控制的公司发给许可证（42U. S. C. A. §§2133，2134）。原子能委员会（Atomic Energy Commission）是主管批发许可证的机关。所谓"利用设施"（utilization facility），通常指反应堆，"生产设施"（production facility），指再生产工程。原子能委员会的管辖权，可扩大适用于燃料加工、铀加工厂、铀矿开采，并包括放射性同位素等活动在内。但对外国人拥有或控制这些设施，法律上则无特别限制，所以除非发现"对国民福利显然有害"，外国人在这些部门的投资及活动，是允许的。至于外国人拥有或控制这些利用设施或生产设施可允许的范围，也无百分比的规定，许可证是根据各个情况具体决定。

兹举两例，借供参考。

一是根据原子能委员会报告第三卷所载一例（SEFOR 反应堆或 GE 与西南原子能协会案），一个德国公司事先商定投资 50% 的基金，在阿拉斯加建立一个示范原子能反应堆设施，其中并未包含任何股票权益。原子能委员会认为该申请人不属外国人所有或控制的公司。

另一例为 1973 年原子能委员会批准美国海湾公司（Gulf Corporation）可将其原子能设施转让与股权比例为 50% 对 50% 的海湾——荷兰皇家壳牌（Gulf—Royal Dutch Shell）合营公司。其理由是未发现该外国人所有或控制该设施"有害于美国福利"①。

（5）银行业（Banking）

只有在美国设立的银行，才能属于联邦储备系统并成为联邦储蓄保险公司的成员（但也考虑可允许外国在美的分支银行成为联邦储蓄保险公司的成员）②。但对外国人在一个银行享有的所有权的百分比，则无限制规定。

任何外国个人或外国公司在美建立分支机构，或取得对美国国内银行的控制权（即享有 25% 以上的股份），须经联邦储备局（Federal Reserve's Broad of Governer）批准，曾经过批准外国银行在美设立分支银行的，有日本三菱银行（东京）分行——加利福尼亚三菱银行，日本第一劝业银行（东京）分行——芝加哥第一太平洋银行，日本三和银行（大阪）分行——加利福尼亚三和银行，意大利罗马银行分行——芝加哥罗马银行，以及英国罗伊兹银行（Lloyds Bank Ltd.）接管的洛杉矶第一西方银行，等等③。

此外，其他特别法律中，对外国投资的限制，还有输油管线、沿海商用渔业（16 U.S.C.A. §1801）、地下水利用（46U.S.C.A. §316d）、国防工事（行政命令 10450，10865，11652 等号）等

---

① 以上两例，见参议院听证会记录，第 457 页。

② 联邦储备系统是银行系统的法定机构，联邦储蓄保险公司是针对银行违约或不履行债务等承担保险的机构。

③ 参议院听证会记录，第 458 页。

方面①。

至于利润平衡税法（Interest Equilization Tax Laws）、反托拉斯法（Antitrust Laws）以及对敌通商法（Trading With Enemy Act）等对外国投资的限制，则属于一般限制，并不是区分不同的特别经济部门，个别地加以限制的②。

除了联邦立法的限制外，美国各州法律，关于银行、保险等方面的外国投资，还有种种限制。

二、加拿大外资政策与外资立法

（一）历史与现状

发达国家中另一类型是加拿大，加拿大外资政策和立法的特点，是从完全开放到逐步实行限制。加拿大是西方世界引进外资最多的国家，是外国资本渗透规模最大的国家，在加拿大经济中，外国资本占很大分量，支配和控制着加拿大经济的各个部门。加拿大长期在英国殖民主义统治之下，从 1867 年建立自治领后，在经济上一直依赖于英国，到第一次世界大战前，加拿大外国资本的来源，主要是英国。从 1867 年到 1900 年，33 年中，在加拿大的外国投资增长了 5.5 倍③，其中英国投资占绝对优势，到 1900 年，英资在外资比例中占 81％。两次世界大战后，美国取代了英国的地位，美国资本大量涌入加拿大，并占首要地位，到 1979 年止，美国在加拿大的私人直接投资总额达 410 亿美元，占当年美国对外直接投资总额（1926 亿美元）的 1/5④。总之，从 1867 年到 1975 年的 108 年中，外国在加拿大的直接投资增加了 342 倍，成为国际垄断资本竞相角逐的场所，并表现为英、美两大资本输出国对加拿大经济控制的消长过程。其外资增长速度之快，规模之大，恐怕在世界发达国家中也找不到像加拿大这样

---

① 威尔逊：《国际商业交往》（1981），第 35 页。
② 参议院听证会记录，第 458 页。
③ 吴纪先、赵德缙、高玉芳：《加拿大经济》（1980），第 223 页。
④ 《美国商业概览》（Survey of American Business），1980 年第 8 期。

突出的例子①。

　　加拿大土地辽阔，资源丰富，不少矿藏居世界前列，森林覆盖面积占全国总面积的 43%，毗连三大洋，水产资源丰富，长期以来均未开发，而国内又缺乏资金和技术，故迫切需要外来资金和技术进行开发。加上加拿大经济发展时期，正处于帝国主义垄断阶段，各国垄断资本竞相输出，英国有历史渊源，美国又拥有地利之便，而加拿大工资低，劳动力便宜，对外国投资具有吸引力②，直到今天，加拿大仍是世界上最优良的投资环境之一。加拿大极需要外资，实际上加拿大经济的迅速发展，确也受益于外国投资。如从 19 世纪到 20 世纪初，大量英国投资促进了加拿大铁路、公路、河运等交通事业的迅速发展。两次世界大战后，美资大量涌入，又促进采矿业、制造业的飞跃发展。故对待外国投资一向采取完全开放政策，但鉴于战后外资的急剧增长，并长期控制加拿大的重要经济部门，由于社会强烈的反应，才开始逐步加以限制。

　　（二）外资立法的演变

　　对待外国私人直接投资的开放政策，是加拿大的传统政策。在加拿大除少数例外，对外国投资是完全开放的，这些例外是指银行、保险、信贷公司，依加拿大法律，在这些企业中，外国人的投资均限制在资产总额中 25% 的参与权或个别投资者的 10% 的参与权。无线电广播及电视台，加拿大人参与的资产须占总资产的 75%，至于新闻杂志等事业，必须由加拿大人控制，民用航空及某些商用渔业部门、也完全不对外国人开放。在核能领域内，外国投资须得到加拿大原子能委员会的批准。

　　除上述限制外，外国资本的进入享有很大自由，不实行审批制，不实行外汇管制或其他限制措施以阻碍外国资本的进入。外资从加拿

---

　　①　吴纪先等：《加拿大经济》，1980 年版，第 225，231～233 页；世界经济编写组；《世界经济》（1980—1981），第 1 册，第 232 页。

　　②　罗文费德：《国际私人投资》，1976 年版，第 17～18 页；美国国会图书馆研究服务中心：《外国直接投资法规》，第 187～188 页。

大所获得的利润，专利权使用费或其他收益，均可自由汇出国外，外国向当地贷款也无限制，法律也不规定任何利润必须向加拿大进行再投资，公司董事会成员也不受国籍或住所的限制，但公司董事会成员必须有加拿大代表占总数的 25%，其占有股份为公司股份的 25% 者，可享受税收上的方便，等等①。

此外，为鼓励外国投资，到 1969 年又制定颁布了《地区开发奖励法》（Regional Development Incentives Act）（1970 年修订）及《地区经济开发部条例》，成立了地区经济开发部（Department of Regional Development）。对为开发自然资源，建立新企业或原有企业的扩大及现代化的项目或商业企业等投资，给予政府补助及享受税收优惠，实行免税。如 1971—1973 年美国国际电话电报公司（ITT）所属人造纤维公司（Rayonier）在加拿大魁北克省投资设立魁北克人造纤维公司（Rayonier Quebec），达成设立纸浆厂的协定，就是根据上述《地区开发奖励法》规定签订的②。

但是，随着战后外国垄断资本，主要是美资大量涌入加拿大，从加拿大攫取巨额利润，如从 1950 年到 1974 年外国在加拿大的投资总额为 203 亿美元，而从加拿大所取得的利润、红利及其他酬金，即达到 409 亿美元，比原投资额超过一倍以上。特别是美国资本控制了加拿大的许多重要经济部门，其中如制造业的 80%，石油及天然气的 70%，交通设备工业的 76%，化工、橡胶、煤、矿物燃料的 68%，均控制在美国资本手中。在加拿大 500 家大公司中，由外资控制的就有 280 家、石油工业中最大的 25 家公司，外资公司占 17 家③。前述美国国际电话电报公司，人造纤维公司在加拿大魁北克省的投资合同，投资 1.20 亿美元，获得该省森林面积 50%，为期 40 年以上的

---

① 美国国会图书馆研究服务中心：《外国直接投资法规》，第 187 页。
② 罗文费德：《国际私人投资》，1976 年版，第 36、167 页。
③ 马海亮：《外国资本和加拿大化》，载《人民日报》，1982 年 12 月 18 日。

木材采伐权,其权利限度三倍于投资者所承担的义务①。由于外国垄断资本主要是美资无限制大幅度的渗透与控制,造成了加拿大产业结构的失调及整个经济发展的不平衡,加深了加拿大经济的脆弱性、不稳定性和畸形发展,严重地威胁着加拿大民族经济的发展。从而,激发了加拿大人民及本国资产阶级同美国垄断资本的矛盾,反对美国经济渗透和控制,维护加拿大经济自主发展,维护民族利益的呼声日益高涨,要求对外资加以控制和限制。在加拿大民族主义意识的影响下,加拿大政府及官方对待外资的政策态度也开始有了显著的改变。

早在 1957 年后,一系列研究和调查报告及立法建议书,已正式提出"为加拿大人的利益收复加拿大"(Regaining of Canada for Canadians)的口号。在此期间,加拿大出现了民族主义意识同经济发展要求的对立,商业控制同自由放任政策(laisser faire policy),穷困省(地区)同富裕省(地区)之间的矛盾②。几经周折和辩论,终于民族主义倾向占了上风,政府对此开始重视并采取措施。自 60年代以后,先分别就一些具体部门和产业制定单行法规,分别实行限制,如保险、信贷和信托公司法、航空管制法、关税法、所得税法、矿业管理法、公有土地授予法,等等。并成立了"争取独立的加拿大委员会"(Committee for Independent Canada—CLC),要求对外资进行限制。旋于 1972 年,由政府专门工作组经过普遍调查及研究外国投资在加拿大的情况及其作用,发表了一个大型研究报告——"外国在加拿大的直接投资",通称为"格雷报告"(Gray Report),主张设立外国投资甄别程序和审查机构,授权该机构对一切外国投资,不管其形式是外国人对原有企业的接管,还是投资建立新企业或现有企业的扩大,均须逐项经过审查。该报告在社会上引起很大反响。根据该报告,政府向国会提出了《外国人接管审查法案》(Foreign Takeovers Review Bill),规定外国人接管加拿大企业的程序,并建议设立审查机构。但该法案只限于原有企业的接管,并未规定设立审查

---

① 罗文费德:《国际私人投资》,1976 年版,第 38 页。

② 详见罗文费德:《国际私人投资》,1976 年版,第 19、49 页。

的单独机构，而是由工商贸易部兼管其事。由于各党派意见不一，直到 1972 年底，尚未正式通过。为适应新的形势要求，又重新起草，于 1973 年 1 月提出《外国投资审查法》（Foreign Investment Review Act），并设立外国投资审查局（Foreign Investment Review Agency），1974 年又颁布了《外国投资审查法施行细则》（Foreign Investment Review Regulation），规定审查对象不仅限于原有企业的接管，也包括新企业的设立。至此，加拿大开始建立了对外国投资全面管理和审查制度，包括外国投资的方向、审查标准、审查对象、审查机关及程序、司法审查、救济与罚则，等等。到 1980 年 10 月，加拿大政府又提出"石油工业加拿大化"（Canadianization），旨在使九十年代加拿大资本在石油工业中逐步增加比重（从 30% 到 50%）。可见加拿大外资政策和外资立法的特点，是从传统的开放政策到逐步实行限制。

（三）外国投资审查法的基本内容

1. 立法宗旨

加拿大政府认为非加拿大人取得加拿大工、商企业和贸易控制权的范围以及因此对加拿大保持有效控制经济领域能力的影响，关系到国家利益，因而，有必要采取有效措施，根据《外国投资审查法》（以下简称《审查法》），对非加拿大人在加拿大取得现有企业的控制权或新建企业，进行审查、以保证外国投资应对加拿大具有或可能具有重大利益。

2. 审查标准

甄别外国投资是否对加拿大具有"重大利益"，可根据下列因素来衡量。

a. 外资对加拿大经济事业的水平和性质所起的作用，如对加拿大就业水平、资源开发、加工、地区利用率、提供服务及出口方面的影响；

b. 加拿大人在外国投资企业中（现有或新建），股权参与的程度及其意义；

c. 对加拿大劳动生产率，工业效率，工艺发展，产品革新及产品种类的影响；

d. 对加拿大工业企业竞争力的影响；

e. 对加拿大全国或各省立法所定工业及经济政策目标的影响。

3. 审查对象

根据《审查法》，应受审查的对象，称为不合格者（noneligible person）。包括：（1）非加拿大公民或不属移民法规定中所指的有产业的移民，（2）外国政府及其附属机构或其代理机关，（3）在加拿大或其他国家设立并注册的公司，为上述非加拿大公民或外国政府或其机构直接取得股份所有权或间接通过信托、契约取得其他公司股份所有权而进行控制或实际达到控制的结果者。所谓"不合格者"是指以上投资者必须依法申报，经审查批准后，才能取得合格投资者的地位而言的。①

4. 审查范围

凡外国资本无论是接管现有企业或新建企业，如达到外国人控制（control）程度者，必须申报，请求批准，才能成为合法投资。所谓控制，包括下列两种情况：

a. 关于原有企业的接管，如公司表决权股份的 50% 为一个外国投资者或外国人集团所控制者，但这仅限于接管资产在 25 万加元以上，其营业额在 300 万加元以上的公司。

b. 关于新建企业的投资，一个外国投资者个人、政府或其他公司取得公司股份中属于公开买卖的有表决权股份的 5% 以上，或属非公开买卖的有表决权股份的 20% 以上，或多数外国投资者共同享有的股份总数中占公开买卖的有表决权股份的 25%，或非公开买卖有表决权股份的 40% 者。

所以，凡是取得公司公开买卖有表决权股份的 5% 以下或非公开买卖有表决权股份的 20% 以下，则不能认为"控制"，无需申请审查批准。外国投资者占有股份从 5% 到 50% 者，即可分别推定该公司为外国投资者所控制，但如有充分理由，足以证明该公司的控制权仍在

---

① 罗文费德：《国际私人投资》，1976 年版，第 50 页。

加拿大人手中者，则可否认其推定。又即令在外国人没有取得上述表决权情况下，如能证明事实上外国人已取得企业经营所有的一切资产者，仍可认为外国人已控制该公司，必须申请审查批准①。

5. 审查机构和程序

根据《审查法》的规定，设立外国投资审查局，由国会任命局长，协助工商贸易部执行《审查法》。局长对工商贸易部负责并报告工作，但该局系独立机构。

所有外国投资者（即所谓不合格者）要通过投资取得现有企业的控制或新建企业，或实际上已取得加拿大企业的控制者，必须依《审查法》规定的内容与方式，以书面附带必要资料，向外国投资审查局进行申报。外资审查局接到申报，经初步审查后，向工商贸易部推荐，工商贸易部进行调查及审查后，认为该外国投资按前述标准，对加拿大具有重大利益，于 60 天内向内阁提出报告，最后由内阁决定是否予以批准。

6. 司法救济与罚则

为了保证审查程序的有效执行，依《审查法》规定，还采取了司法救济手段，并对违反申报程序规定者予以一定处罚。

如不合格投资者的投资经内阁命令不批准、或可推定其不批准者，或虽经内阁批准的投资，在准备进行的投资或已进行的投资，其条件违反书面申报的内容，或对《审查法》规定的要求有重大变更者，最高法院可根据工商贸易部的请求，并代表工商贸易部，采取一定的司法措施，或命令该投资停止进行，中止一切投资活动，或命令其在投资期限未满前，投资失去其效力。对违反《审查法》规定的目的者，可命令其在指定期限内，撤销或中止该投资者享有公司股份中的表决权或其对表决权的控制权，或命令投资者处分其所持有的股份或其所属资产。

至于不合格投资者未依法进行申报，或任何人对根据《审查法》

---

① 美国国会图书馆研究服务中心：《外国直接投资法规》，第 191 页。

规定对投资有关事项或资料的调查进行阻碍或企图进行阻碍等行为，可依法课以罚金或拘役或两者并科。

加拿大自 70 年代开始实行对外国投资的审查和管理，是外资政策上的一个重大转折点，通过一系列法令和政策措施，限制外资在关键部门的投资、导向有利于本国经济发展的方向，实行引进外资的多元化，并鼓励证券投资、严格审查制度。同时，对本国企业提供税收优惠，对本国产品实行价格津贴，加强政府干预，支持、扶植民族工业，增加本国资本在工业部门的比重，既有效利用了外国资本，又减少外资带来的消极影响，防止外国资本的控制和渗透。自外国投资审查局成立以来，已取得初步成绩，并接管了一批外资企业，逐步实行外资企业的加拿大化。据统计，外资控制的资产，已从 1970 年的36％，下降到 1977 年的 30％，采矿业和制造业的外资比例，也相应下降。

但是，就在实行对外资管理的开端，不仅在国内遭到一定的阻力和非难，而更主要的是遭受外来干预，特别是遭到外国资本，尤其是美国垄断资本的强烈反对和抵制，使美加之间在国际投资关系上的矛盾日益加深。早在 1974 年加拿大实施《外国投资审查法》之初，美国即公然指责该法是"有损于美国公民和公司的利益"，是对美国公司的"歧视"，甚至扬言要采取报复措施。故该法一直推延到 1975年 10 月才全面开始实行。到 1981 年，美国垄断资本还促使国会通过法令限制加拿大公司在美国投资，并纷纷从加拿大撤走资金以相要挟，还控告加拿大对外资的限制违反《关税及贸易总协定》的精神等。事实上加拿大对外资的审查和管理，以及实行一定限制，并非抑制外资的完全进入，更非对某一国公民和企业进行"歧视"，而是基于本国主权及国家经济发展的要求，防止外资对本国经济的控制，通过对外资的审查和管理，使加拿大政府同外国投资者间的谈判协商，得到更加公平合理的对待①。作为一个主权国家、这些措施是行使其

---

①　美国国会图书馆研究服务中心：《外国直接投资法规》，第 192 页。

主权权力的行为、在国际法是完全合法的，当然不容许他国进行变相的外交干涉。

三、日本外资政策与外资立法

（一）历史与现状

第二次世界大战后，日本经济得到迅速恢复和发展，跃居世界主要工业发达国家的行列，原因很多，其中善于引进并利用外资，是其重要因素之一。但日本对待外资的政策态度是又一类型，经历了一个从保守到逐步开放的过程。

日本在明治维新（1868 年）以前，一直处于闭关锁国状况，基于内向的民族意识，高度崇尚和保持民族传统文化，鄙视外来文化，恐惧外国经济势力。德川幕府时期，虽曾举少量外债，但深恐无力偿付，导致外国侵略，沦为印度第二，故仍抱极大恐惧心理。到明治维新，才开始结束民族孤立状况，向外部世界打开大门，并积极引进外国先进技术和制度，作赶超西方国家的努力。但对引进外资，特别在举借外债方面，仍持保守态度。如 1869 年限制各藩政府向外国募集资金；1870 年禁止借外债进口船舶和机器；1872 年颁布《矿业法》，禁止外国人采矿，以及禁止外国人从事修筑铁路和城市煤气服务等行业。事实上，当时日本也未成为具有吸引力的投资市场。

到 20 世纪初，先后经过中日、日俄两次战争，直到第一次世界大战后，日本国内工业开始发展，经济迅速增长，国内资金不够；加上日本军国主义者积极进行扩军备战，掠夺海外殖民地，故引进外资就成为当时的迫切需要。如 1905 年，日本政府向国会提出了《铁路抵押法》、《工厂抵押法》、《矿山抵押法》等法案，欢迎外国在这些部门投资。但对外资输入，仍保持戒心。一方面，成立日本工业银行，作为中央机构代表私人企业掌管外资，防止外资自由流入日本，专挑选有利于自己的行业投资，导致外国经济势力对日本经济的渗透和干预。另一方面，由于明确日本经济和工业的发展，主要不是依靠外国资金；而是外国工业技术。因而，在大多数情况下，引进外国直接投资，往往采取合营形式，既可通过合营企业引进先进技术，又可限制外国企业直接移植到日本，藉以防止外国资本把日本工业扼杀于萌芽状态之中①。

第二次世界大战后，日本处于战败国地位，经济上遭受战争的严重破坏和摧毁，国内资金奇缺，技术落后，引进外资和技术，成为当务之急。日本能够在战后迅速恢复经济，并得到惊人的发展，外资起了极为重要的作用。特别是把资本输入同技术引进相结合，并以技术引进为主，更加速了日本工业化的进程。战后引进外资的政策态度，可以分为三个阶段。

第一阶段到 1955 年为止，对外资仍采取极为慎重的态度，主要是处在战后恢复阶段，需要外资弥补国内资金不足，引进外资仅 32 亿美元，其中以美元为主。第二阶段从 1956—1973 年止，日本经济处于高速发展阶段，引进外资达 269 亿美元，年平均引进 15 亿美元。但外资在国民经济中所占比例不大，只占企业资金总额的 1% 左右。主要是日本为保护工业发展，维持国际收支平衡，对外资限制较多。而外国投资者对日本缺乏自然资源，有无充足的偿付能力，缺乏信心，尚不敢冒险进行大量投资。第三阶段从 1974 年开始，引进外资总数激增，从 1974 年到 1978 年间，引进外资总数 610 亿美元，年平均为 120 亿美元。主要由于日本经济实力增长，对外投资也不断增大，出口急速扩大，有足够偿付能力，自 1974 年后，逐步放宽对外资的限制。特别是 1976 年日本加入"经济合作与发展组织"以后，承担了履行《资本移动自由化法典》的义务，相应地采取了一系列措施，对外资的审批等限制更进一步放宽了。从全过程来看，日本对待外资的政策，是从保守到逐步有限制的开放。

总的说来，日本外资政策的实质，是在长期以来反对外国经济渗透的历史条件下发展起来的，作为从政治上、经济上保卫国家独立，反对外国蚕食的一种手段。这种政策态度，一是基于根深蒂固的内向

---

① 大北三郎、三木武雄：《外资政策——以日本为例的研究》引鲁宾斯语，载《外国经济选译》（1978），第 1 号，第 90 页。

的民族意识，本能地排外，恐惧外国经济势力的控制；二是基于日本二元经济结构及"日本式"经营方式的特点，日本分散经营的中、小企业比率之高，在资本主义国家中最为突出，以生产集中的大财团控制下的大企业为中心，推行"系列化"，把大多数分散的中、小企业组成为他们控制之下的协作工厂，在生产体制上尽可能维持母体与子体的紧密联系，借以加强集中垄断和统治的最大效力。同时，在企业内部利用种种办法和措施，从经理到工人贯彻终身效忠企业的经营管理方式。所以对外国投资主要担心的是，外资一旦进入企业，势必带来与"日本式"经济体制与经营方式不相容的西方商业习惯，从而破坏日本二元经济体制及"系列化"政策，削弱日本垄断资本的国际竞争力。再是从国际经济关系来看，战后日本在美国经济势力的扶植下，重建日本垄断资本主义和新的大财团，先则以对美国处于从属地位的姿态，重新进入世界市场，继则随着自身经济势力的扩展，逐步发展到摆脱从属地位，走向国内统治资本与国际统治资本，既相结合又相抗衡的地位，这一总的趋向，形成了战后日本外资政策和外资立法的基调。维持国际收支平衡，保护本国垄断资本的国际竞争力，是对外资有限开放的基准线。

立足于这一政策基点，日本引进外资和技术，主要是通过三种形式。一是通过贷款，弥补国内资金不足。贷款本身就不包含外国资本对日本企业的经营支配权。二是通过技术援助契约，既取得外国技术，又可避免外国公司直接进入日本企业。三是外国资本进行直接投资，进入日本企业，享有股权。这虽是重要形式，但一般只限于股份50%对50%的合营企业，才获得批准，而且往往是外资在股权比例上居于少数地位。在上述三种形式中，以通过技术援助契约引进技术为主，并称之为"吸收性战略"，作为坚定不移的国策推行。引进技术绝大部分是通过购买技术和图纸，通过消化、补充、改进，化为本国技术，这是日本引进先进技术的主要目标。

（二）外资立法的特点和基本内容

早在 1949 年，根据联合国最高司令部《关于在日外国人商业活动备忘录》（昭和 24 年），日本政府曾经制定了一系列关于外国人取得财产的政令，这虽然可以认为是战后关于对日本投资的法令，但当时主要是确保美国石油资本为中心。至于一般以引进和保护外国投资为目的的基本法，主要是下列两种法律。一是 1949 年的《外汇及外贸管理法》（昭和 24 年颁布，昭和 43 年最后修订——以下简称《外汇法》），一是 1950 年的《关于外资的法律》（昭和 25 年颁布，昭和 49 年最后修订——以下简称《外资法》），以及基于上述两法所制定的一系列外资关系法令。大多数在日本的外国直接投资——即在日本公司中取得一定经营控制权为目的的投资，均适用《外资法》，其他投资关系，则适用《外汇法》。当两种法律关于特定投资问题有重复规定时，因《外汇法》主要是关于外国公司在日分公司活动资金移转的规定，才涉及外国直接投资问题，如《外资法》有直接规定，则优先适用《外资法》的规定。两法在管辖上发生冲突而不相一致时，则由国会以命令决定。

《外资法》主要适用于直接投资，但并未区别直接投资与证券投资。外国人在日本要取得商务活动中较大程度的所有权或经营控制权而进行投资，有三种方式：（1）在现有企业中取得股份；（2）建立新公司或企业，取得全部或一部分所有权；（3）建立分公司或分厂。

1. 引进外资的方针与标准

日本的外资政策，正如 1950 年 3 月 9 日日本首相吉田茂所明确指出的"应尽量避免非生产性目的的外资引进，一切不能对获得外汇作出积极贡献的产业部门，应由国内资本经营"（吉《田书简》）。这一方针是日本外资立法的基本准则。如《外资法》第 1 条规定："本法的目的，在于承认有益于日本经济的独立和健全发展，以及改善国际收支这一范围内的投资，确实保证由于外国资本所产生的汇款，并对这等外资采取适当的保护措施，从而为外国资本在日本的投资建立健全的基础。"

据此方针，第 8 条规定了批准外国投资的标准：

（1）积极标准。引进外资符合下列标准者，可予批准：a. 必须直接或间接有利于改善国际收支；b. 必须直接或间接有利于重要产业或公益事业的发展；c. 必须是以前有关重要产业或公益事业的技术援助契约的继续、更新以及该契约其他变更事项所必要者。

在批准投资契约时，必须优先考虑其确实有利于改善国际收支。

（2）消极标准。引进外资有下列情况之一者，不予批准：a. 契约条款不公正或违反法令者；b. 事实证明，在签订、更新或变更契约条款时，采取诈欺、强迫或不正当威胁手段者；c. 可认为对复兴日本经济有不良影响者；d. 除政令另有规定外，外国投资者取得的股份、持股、受益证券、公司债或贷款债权，其取得的对价，不符合法律规定者（如不等价购买，经许可汇往国外的利润、利息或股本回收金，外国投资者任意将其出售所取得的国内支付手段或货币，缺乏足够的兑换力等）。

据外国投资者的经验表明，"要得到日本政府的批准，必须生产的产品或其制作方法，对日本是新产品或新颖的方法，并不应同日本当地现有公司有不正当的竞争；还必须符合扩大日本产业的统一计划；……产品必须能出口或代替出口；……其中最重要的标准是，外国投资者不应同已有深厚基础的当地制造业相竞争"①。

关于外资参与企业的限度问题，在以前一个较长时期内，外资参与合营企业的股份超过49%者，很少得到批准。到1963年才普遍实行国内外资本比例50%对50%的基准。1976年实行自由化方案开始后，在批准标准上作了较大幅度的放宽，逐步按不同产业部门对外国人开放，分别从50%到100%，外国人可享有较大部分的控制权。但在具体执行上，仍保持极为慎重的态度。据西方大多数观察家分析及事实表明，合营企业中，内外资出资比例相等，是大多数外国投资者要在较有吸引力的产业部门投资可望获得批准的标准。超过50%，或超过日方最大股份者，往往得不到批准。1974年修订后的《外资法》第2条规定："外国在日本的投资，应尽可能承认其自由，本法所规定的许可制度，可视其需要的减少，而逐步放宽或予以废止。"

---

① 见"经合组织"资料第52页所引美国银行副总裁隆德堡（Louis B. Lundeberg）1964年5月在第三次美日商界人士座谈会上的讲话。

这显然是受推行自由化政策的影响，但同时又作了较大的保留。

2. 外国投资的批准及其对象

（1）技术援助契约的批准。外国投资者同其投资对方签订为期一年以上或对价支付期限超过一年的技术援助契约（甲种技术援助契约），或重订或变更该契约条款或重订甲种技术援助契约以外的技术契约（乙种技术援助契约），或变更该契约条款，或重订或变更的结果，使乙种契约改变为甲种契约者，除政令另有规定外，均须经主管大臣依主管省令规定批准（第10条）。

（2）关于取得股份、持股的批准。外国投资者要取得日本法人的股份、持股，须经主管大臣批准。不问股份取得的方式如何，即无论通过证券市场取得的股份，所谓证券投资，或作为直接投资所取得的股份，所谓股本投资，原则上均适用《外资法》。又证券投资，也不问其证券是在日本国内证券市场取得，或是在国外证券市场取得。批准的条件，不仅适用于新建公司，也适用于现有公司股份的取得。

但属于从现有投资所产生的股份或并不代表新的外资流入者，则无需批准。如从另一个外国投资者所承受的股份，由于赠与、继承、遗赠所取得的股份，以及由于各公司合并、股份转让或公司债转移所取得的股份等（第11条）。

（3）关于取得受益证券的批准与取得股份的批准同（第12条）。

（4）取得公司债或贷款债权的批准。取得公司债或贷款债权，须经主管大臣批准，但从取得之日起到原本归还之日止，为期在一年以内，或其取得是根据《外汇法》的命令规定，按短期国际商业交易结算者，则无须批准（第13条）。

上述四种情况，均不能排除《外汇法》规定的限制。除上述条件外，主管大臣或大藏大臣根据《外资法》进行审批时，还可附加其他必要条件；投资者如要求改变上述附加条件，主管大臣或大藏大臣，只在认为其申请确系事非得已者，才可加以变更（第14条）。

3. 外资审查机构

为调查、审查外国投资有关重大事项，设立外资审议会，作为大藏省的附属机构。外资审议会由15名以内的委员组成，委员人选由大藏大臣从具有学识经验者中选任之。审议会设议长一人，由委员互选决定。

有关外国投资者的投资或事业活动等重要事项，要求内阁决定时，应先提请大藏大臣征求外资审议会的意见，大藏大臣应将外资审议会的意见送交内阁决定。大藏大臣在准备批准、指定或确认外国投资之前，或批准在日本居住的外国投资者将在日本从事合法事业活动所得利润汇往国外时，均须事先征求外资审议会的意见（但情节轻微者，不在此限）。国家行政机关，依法令规定，对外国投资者的投资及有关企业活动，准备许可、批准及作其他行政处分时，必先提请大藏大臣征求外资审议会的意见（但情节轻微者，不在此限），又在作出行政处分时，必须尊重外资审议会的意见（第18、19条）。

（三）资本移动自由化与外资法

日本自1964年加入经济合作与发展组织（简称"经合组织"），参加"资本移动自由化公约"以后，在日本传统的外资政策和外资立法方面，起了较大幅度的变化，并显示长期推行"锁国性"政策的日本市场将进一步对外开放。日本加入经合组织，是由于战后日本经济迅速恢复和发展，为了加强同欧洲国家的直接联系及同西方世界的经济合作，有利于改进日本出口环境，特别是有助于日本商品和资金进入世界市场，以维持和发展日本跨国企业在国际市场上的有生力量①。但是，作为一个经合组织成员国，同时就负有承担和履行经合组织《资本移动自由化法典》的义务。《法典》规定成员国间资本移动自由，应尽量减少乃至消除各种限制和保留。日本实行自由化的结果，就有可能带来美国企业以及其他国际企业进入日本市场，自然也会带来外国资本对日本压力的风险，某些日本企业也将有被外国资本控制或排挤的可能。因而，尽管日本政府在备忘录中正式声明："日本政府愿意参加经济合作与发展组织公约，并愿遵守现代无形业务自

---

① 吉野：《日本是国际公司的东道国》(Japan: Host of International Corporation)，见金德伯格(Charles P. Kindberger)编：《国际公司》，第365页。

由化法典及资本移动自由化法典。日本政府赞成法典的目标，并认真考虑其规定，准备承担及履行由此所产生的一切义务"①。但在企业界、经济界、政府部门对资本移动自由化，特别是对内直接投资自由化，一直仍抱小心谨慎的态度。关于如何解决自由化与日本外资政策和立法原则的矛盾，以及自由化对日本国民经济的利弊等，向有争论，成为1966—1967年间日本经济上的最大问题②。

认为自由化对日本经济有利的论点是：（1）使引进外国先进技术成为可能。如果这种引进足以刺激日本技术的发展，则将有利于提高日本技术水平；（2）如果在竞争原则下，有效利用这种刺激，就能提高日本的经济效益；（3）如果有效利用由外国企业带来的合理的企业管理方法及市场发展技术，就能提高日本企业经营管理的合理化和现代化；（4）由于提高产品质量及利用国际贸易网所带来的贸易发展，可望能增进消费者的利益。

认为自由化对日本经济不利的理由是：（1）由于技术力量悬殊。将导致外国资本对日本企业和产业控制的可能；（2）同外资伴随而来的技术的发展，主要集中在外国企业本国，事实上有可能阻碍日本企业或产业本身技术的发展；（3）有可能加剧日本产业相互间的竞争，并造成维持日本产业秩序和体制的困难，特别在存在许多小企业的日本，更有可能带来经济上和社会上的紊乱；（4）当外资对日本经济政策采取不合作态度时，就有可能阻碍日本关于产业结构的长远规划和关于企业调整的短期政策的圆满实现③。

日本虽应承担和履行资本移动自由化的义务，并以之纳入外资政策和立法之中，实行开放政策，但鉴于上述社会上的争论及强烈的反

---

①　金泽良雄：《国际经济法序说》（1979），论文（英文版）《日本参加经济合作与发展组织与资本移动自由化》（Accession of Japan to the Organization for Economic Co-operation and Development（OECD）and the Liberalization of Capital Movements），第2页。

②　金泽良雄：《国际经济法序说》（1979），第3页。

③　金泽良雄：《国际经济法序说》（1979），第4页。

应，考虑到日本传统的外资政策和国内外经济关系，特别在对内直接投资自由化方面，事实上却不能忽视日本企业，尤其是国际竞争力仍然很薄弱的企业，有被强有力的外国资本控制、压迫、排挤的可能。加上日本参加经合组织后，资本移动自由化法典又作了修改、关于排除资本移动自由化适用的例外情况，更进一步有所限制了。因而，日本在对内直接投资自由化方面，比之其他成员国，作了较大的保留。日本在推行自由化政策方面，主要考虑两个重要因素。其一是根据什么方案和计划以及在哪些范围内逐步推行自由化。这一方面，直接关系到现行外资法的实用问题。其二是实行自由化，应采取什么对策。这一问题直接关系到如何采取有效手段，加强日本本国企业的国际竞争力，怎样防止由于自由化的结果可能导致国民经济的困难，如何防止外国资本的干扰和不适当的增长。这一点关系到日本产业结构政策及反垄断法的效用问题，因而，不能不采取慎重的态度。

基于这两方面的考虑，日本政府于 1967 年起开始制定关于外国投资自由化方案。按照产业的划分，外资股权比例，先从对国民经济影响较小的产业开始，分期分批，逐步推行自由化，预计分五次在五年内完成，第四次已于 1971 年提前完成计划。为执行方案，日本内阁于 1967 年 6 月通过了《对内直接投资自由化决议》（1969 年、1970 年和 1971 年三次修订，1975 年又颁布新决议），1968 年通过了《关于技术引进自由化决议》（1972 年修订），逐步放宽政策。依各次内阁关于自由化决议的规定，日本从三方面考虑推行自由化：即对内直接投资自由化的根本方针、应采取的对策及当前措施。

1. 对内直接投资自由化的根本方针

关于对内直接投资的批准，其方针是在自主基础上，以日本经济现状为前提条件，在可能范围内，实行自动许可制，逐步推行自由化。鉴于实行之初，从商品成本、价格、技术开发力、市场开发力、资本力的竞争等方面综合考察出发，内、外企业之间，尚存在相当差距，实行自动许可制的外资比率占 100% 的产业种类数量过大，实际上也存在困难。今后方向，应当在国内外情势没有急剧变化的限度内，按照经济社会发展的需要，到昭和 46 年（1971 年）底以前，自由化的内容，一方面争取增加外资占 100% 的有竞争力的企业的自动许可制。同时，根据当前（1967 年）形势，则以扩大内、外资本 50% 对 50% 的合营企业的自动许可制为中心。以后分别于 1974 年、1975 年、1976 年，逐步按产业种别扩大自由化。总的目标，在于使日本各种产业能同进入日本的外国资本进行公正而有效的竞争，或同外国资本基于平等立场进行合作，以增进日本的国民经济利益。（《对内直接投资自由化内阁决议》第 1 条）

2. 实行自由化应采取的对策

鉴于对内直接投资自由化所带来的竞争，内、外企业要取得平等条件，关键在于综合的企业实力。因此，为保持日本企业同外国资本能在同样条件下进行竞争，必须努力于企业本身素质的改善及产业体制的调整，特别是加强技术开发力。相应于产业体制的改善，还必须调整金融体制，降低长期利率水平。故采取的对策应体现为下列三个方面：a. 对随同自由化而进入的外国资本加以有效控制，防止其利用优越的企业力量进行干扰，防止其进入非自由化部门；b. 奠定日本企业同外国企业在同等条件下竞争的基础；c. 积极加强产业素质，调整产业体制，以保证日本企业充分有利的竞争力。（上述决议第 2 条）

3. 关于自由化的具体措施

自由化方案的具体措施，根据下列三个因素和标准来确定：产业类别、外资出资比例、新建企业与现有企业。产业的类别根据其国际竞争力的大小划分，自由化方案把产业分为第一类自由化产业、第二类自由化产业与非自由化产业三类，按规定的出资比例，分为现有企业与新建企业，对外国投资采取不同的审批制度。对属于自由化方案许可自由进入的外国投资，采取自动许可制，此外的外国投资，须经个别审查批准。所谓自动许可制，指根据《外资法》第 11 条关于外资批准的规定，只要符合上述内阁决议允许自由化的外国投资，主管大臣可自动予以认可，毋需运用自由裁量权，进行个别审查，考虑是否应予批准。

（1）第一类自由化产业

指尽管有相当的国际竞争力，但从资本、技术、设备、资源及其他个别方面，在综合竞争力方面，同外国企业比较，尚有一定差距的产业。在这类企业中，外资允许占50%，但只限于新建企业，才实行自动许可制，如向现有企业投资，仍须经个别审查批准。这主要是保护现有企业免受外国资本的接管和控制，破坏和干扰日本的产业体制和传统的商业经营方式。1967年第一次自由化时，第一类产业包括医药品、氨肥制造、电话设备、照相机、钟表、合成纤维制造、轮机制造、铁道机车制造、无线电、电视和接受装置等33种。1969年第二次自由化时，又扩大到160种，1971年第四次自由化时，再扩大到453种。1971年春，在美国压力下，提前一年将汽车工业划入第一类自由化产业。从1974年起，又将非自由化产业中的电子计算机及电子计算机处理等产业，划入第一类自由化产业。

应注意：第一类自由化产业除必须符合上述关于产业类别、出资比例的法定要件外，还必须符合下列条件，才能获得自动许可：a. 必须是不特别对日本产业产生有害影响；b. 新设公司的日方股份以现物出资为标的的财产或该公司约定在设立后从现有公司受让的财产，必须是工厂、店铺及仓库以外的不动产；c. 新设公司不得在建立后立即从现有公司受让或租赁其营业，或受让现有公司营业上经常使用的必要财产（工厂、店铺或仓库除外），或同现有公司合并；d. 新建公司的日方股东经营该公司同一业种的营业者，其占有股份总额必须在其所经营企业发行股份总数的半数以上，该经营的日方股东中的一人至少要占有发行股份总数的1/3以上的股份；e. 新建公司的董事或其代表等从日方股东中选出的，本人所占股份比例应在日方股东所占股份比例以上（至少同日方所占股份百分比相等）。

以上这些条件，其目的主要是保持政府对外国投资的最后控制权，以保证合营企业的最大控制权不落入外国投资者手中。

（2）第二类自由化产业

指不仅在技术、资金、设备、资料及其他个别方面，而且在综合竞争能力方面，都可认为同外国企业无多大差距的产业。在这类产业中的投资，外资可占100%，但也只限于新建企业，才实行自动许可；如系现有公司，其投资仍须经个别审查批准。

1967 年第一次自由化时，第二类自由化产业包括钢铁、造船、缫丝、摩托车制造、旅游代理业、国际旅游饭店等 17 种行业。1969 年第二次自由化时，开放到 44 种；1971 年第四次自由化时，又增加到 151 种；1975 年到 1976 年，非自由化产业中的不动产、中小零售业、电子计算机、情报处理业等 4 种行业，先后划入第二类自由化产业。

（3）非自由化产业

指第一、二类自由化产业以外的产业，不问外资出资比例的多少，也不问是在现有公司或新建企业投资，外国投资均须经个别审查批准。第一次自由化时，非自由化产业有农林水产业、石油精制和贩卖业、皮革及皮革制造业、电子计算机控制的自动机械制造及贩卖业、情报处理业、店铺在 11 个以上的零售业和不动产业 7 种行业。第四次自由化后，经 1975 年 5 月内阁决议，非自由化产业则只限于农林水产业、矿业、石油、皮革业 4 种了。

（4）对内证券投资自由化

作为对内证券投资取得的股份，属于日本银行许可的限度，依 1971 年 8 月内阁决议的规定为：一个外国投资者取得的股份，不得超过该公司发行股份总数的 10%。一个企业中全体外国投资所取得的股份累计数，在非限制产业，不得超过 25%，在限制产业，不得超过 15%①。

（5）技术引进自由化

根据昭和 43 年《关于技术引进自由化内阁决议》，日本采取积极引进、消化、利用外国先进技术的方针，除政府特别注重的部分技

① 所谓限制产业指从外资法执行的观点出发，特别从政策观点出发，对外国投资者的股份应加以限制的产业，包括日本银行、公共设施（如水运业、铁道业、陆运业、空运业等）、金融业（银行业、信托业）及其他行业（渔业、矿业等）（见 1952 年第 221 号内阁命令第 4 条第 2 项）。这些行业以外的其他产业，则属非限制产业。见金泽良雄：《国际经济法序说》（1979），第 9 页。

术外，原则上采取自由化政策，由日本银行实行自动许可制，只有对日本经济可能有严重影响者，才进行个别审查批准。现仅下列几种技术，列为非自由化技术，须经个别审查：即飞机制造（包括其附件及附属装置）、武器制造、火药、原子能及宇宙开发、电子计算机、石油化学等 7 种制造技术。

日本对待外国投资，从长期锁国、保守政策，到战后积极利用外资，主要是为了加速恢复战后经济，并进而发展其全球性的经济战略。利用外资，一方面为培植本国统治资本，保持并发展其国际竞争力；同时，又须防止日本的支配资本中的经济主导权落入外国人之手。这反映了日本本国统治资本同国际资本，从从属到既相结合又相抗衡的地位，这一过程，决定了战后日本外资政策和外资立法的发展和特点。

（1）无论引进外资的方式，是接受贷款，接受股份投资，发行外币债券、公司债，抑或直接贷款，首先是坚持量力而行，着重本国偿付力。一切从国情出发，从长远发展着想，小心持重，不搞燃眉之急，盲目引进。故日本国际信誉高，利用外资效益大，外资乐于进入日本。

（2）重视外资的管理，坚持严格的审查制度。始终立足于自主发展的方针，权衡外资引进的利弊，特别考虑改善国际收支、国内重点工业及本国技术力量的发展、本国企业的国际竞争力。即令实行资本移动自由化方案后，也是根据国情和经济需要，按竞争力大小分别产业，逐步推行自由化。使对外开放政策完全服从于本国经济发展的需要。

（3）引进外资和技术，坚持战略观点，有计划，有目标，有重点，稳步合理地利用外资。首先保证重点需要，如电力、运输、钢铁、石油化工等基础产业部门；同时，又使国内资金和国际资金相结合，统筹使用，充分发挥国内产业的国际竞争力。引进外资又以引进技术为主，在引进技术方面，更有特色，以引进本国技术力量薄弱的关键部门的技术，如机械制造及零部件等技术为重点，而且以购买专利为主。引用技术，不照搬照用，重在消化、补充、改进，广取各国之长，化为一己之用，收"青出于蓝"之效。这样，大大促进了日本工艺技术和管理科学的发展，直到技术出口，跻于先进国家行列，充分体现了战略性的引进方针。

（4）法制完备，能充分发挥法律手段的作用，调整外资关系，权利义务明确，一切有章可循，有利于维持对双方有利的投资环境。目前除直接规定外国投资的外资法、法令、政令、内阁决议等30多种系统的外资关系法外，还有不少相关的法令、政令、内阁决议，如外汇与外贸管理法、各种输出入交易关系法、反垄断法、国际金融关系法和关税与税务关系法等，其中均有关于外资关系的规定。随着国际经济形势发展的需要，以及进一步推行自由化政策，日本外资立法也将不断修订和完善①。

第三节　发展中国家的外资政策与外资立法

一、概说

发展中国家和地区，幅员辽阔，国数最多，人口占全世界人口总数的3/4，加上资源丰富，劳动力充沛，向来是帝国主义、殖民主义者政治统治、经济剥削的对象，资本输出及攫取海外巨额利润的主要来源，也是世界上最大的投资潜在市场。

第二次世界大战后，广大发展中国家获得民族解放的胜利，在政治上虽然取得了独立，摆脱了殖民主义的统治，但经济上尚未自主，遗留下长期殖民统治的严重后果，经济落后，面临资金和技术缺乏的巨大困难。因而，积极利用外国资金和先进技术，开发资源，扩大就业，加速民族经济的发展和工农业现代化，就成为发展中国家经济发展的共同目标。所以，一般欢迎外国投资，并积极引进技术。但鉴于

---

① 姚梅镇：《日本外资政策与外资立法》，载《国外法学》，1983年第5期，第18页。

过去长期受国际垄断资本势力剥削、掠夺和控制的惨痛教训，对外国资本势力又须保持高度警惕，防止其对国民经济的再度渗透和控制，在坚持引导外国资本为本国经济发展服务，发挥其积极作用的同时，又须尽力防止其消极作用。故对外国投资鼓励既多，限制也多，是其共同的对外经济政策的战略方针，也是其外资立法的共同特点。

由于发展中国家情况比较复杂，经济体制不同，经济发展水平和速度也不一致。少数是社会主义体制，如中国、南斯拉夫、罗马尼亚等，大多数是属于资本主义经济体制，还有极少尚处于前资本主义阶段。利用外资的具体作法固不完全一致，但其基本战略目标则无不同，各国利用外资情况不同，成效有大有小，其中有不少国家经过长期利用外资的实践，在总结经验，吸取教训的基础上，能坚持主权原则，立足于自力更生，使外资为己所用，促进了国家经济的发展及工业化的进程，如东南亚联盟及拉美部分国家，并取得了不少有益的经验，足资借鉴。一般说来，在拉丁美洲国家外资政策较严，在东盟国家相对较宽。

本节只简要介绍一般发展中国家中利用外资较有成效的两个国家集团的外资政策及立法的基本方针——拉丁美洲国家与东南亚国家联盟，以供参考。社会主义国家容于第三节单独论述。

二、拉丁美洲国家的外资政策与外资立法

（一）外资概况

拉丁美洲国家，指中美、南美诸国，这一广大地区，疆域辽阔，土地肥沃，自然资源丰富，有发展工业的优势条件。目前有 30 多个独立国家和几十个地区，是第三世界的重要组成部分。

第二次世界大战后，特别自 20 世纪 60 年代末到 70 年代初，拉美国家经济有较快的发展，拉美地区国民生产总值年平均增长率逐步上升，1977 年已达到 7.7%，不仅超过第三世界国家的平均增长率，而且在资本主义世界中也居前列，其中如巴西、墨西哥、阿根廷三国，其生产总值，1977 年已占全拉美地区的 2/3。总之，在这一发展基础上，拉美各国基本上已奠定了民族工业的基础，特别是各国对外资普遍实行国有化之后，拉美各国国营企业得到很大发展。拉美地区这一经济发展与拉丁美洲国家大量引进外资是分不开的。譬如巴西就是一个大量引进外国资金，同时取得经济迅速发展的一个国家。在60年代，巴西基本上不采取对外开放政策，不利用外资，而国内资金缺乏、技术落后，新兴工业无法建立，原有工业设备更新缓慢，停滞不前。直到末期，才开始改变政策。70年代开始，采取种种措施，积极引进外资，并有效地加以利用，外国投资每年递增25%，国内生产总值增长近4倍。到1979年，生产总值达2000多亿美元，居拉美各国之首，人年平均生产值为1939美元。在发展中国家实属佼佼者，因而创造了所谓"巴西经济奇迹"。

但是，另一方面，外资的大量进入，又给本国经济发展带来另一后果。拉丁美洲地区历史上自15世纪以后，三百多年来，主要是西班牙、葡萄牙等拉丁语系的殖民地，一直为外国经济势力所控制，取得民族斗争胜利后，拉丁美洲地区仍然是经济大国角逐的场所。帝国主义国家一直在拉美国家竞相夺取原料市场、商品市场和投资市场。特别是第二次世界大战后，美国趁机扩张，称霸拉美，把它作为美国的后院，在拉美国家实行"自由贸易"、"自由企业"、"自由投资"三原则，为美资大量涌入拉美铺平了道路。1975年，美国在拉美直接投资已达325亿美元，为1950年的7倍，占美国在发展中国家投资总额404亿美元的80%①。随着美资在拉美国家的无限制的掠夺，特别是美国跨国公司在拉美各国不仅垄断了重要经济部门，甚至进而干预他国内政（如美国国际电话电报公司在智利），从而激起拉美国家和人民日益强烈反抗。在拉美民族主义同美帝国主义之间，反垄断与垄断，反掠夺与掠夺的斗争，愈演愈烈。拉美国家在集体自力更生原则下，为争取新的国际经济秩序的斗争，日益取得胜利，普遍实行对外资的国有化，积极要求限制跨国公司的行动，并在立法措施上，对外国资本采取鼓励与限制

---

① 美国《商业概览》，1979年8月号。

相结合的方针，实行监督，引导外国资本为本国经济的自主发展服务，这是拉美国家外资政策和立法的背景。

拉丁美洲各国为引导外国资金和技术，有利于平衡国际收支，发展本国经济和实现工业现代化，都制定有适合于本国国情的外国投资法。其中特别是安第斯条约国所制定的共同外资法，可说是拉美各国外资法的代表，也是对外国垄断资本势力的集体对抗作用的体现，以下简要介绍其立法政策和立法精神。

（二）安第斯共同外资法规则

1965 年由拉丁美洲安第斯山脉沿线国家，秘鲁、智利、哥伦比亚、厄瓜多尔及玻利维亚五国根据波哥大宣言（Declaration of Bogota）所组成的安第斯条约组织（Andeans Treaty Organization—ATO），又称安第斯共同市场（Andeans Common Market—ANCOM），是拉美国家运用集团力量发展民族经济，摆脱对发达国家依赖的重要组织形式，并对管理外国投资采取了共同行动。1970 年条约组织国委员会第 24 号决议（以后于 1971 年 37 号及 37 — A 号决议，1973 年 70 号决议及 1976 年 103 号及 109 号决议先后加以修订），制定了安第斯共同市场外资法规则（ANCOM Foreign Investment Rules），对外国企业的投资项目，汇出利润、利润再投资，优惠措施，等等，作了明确的规定。又拉美经济体系在《关于指导跨国公司活动的法律草案》中，也明确提出了跨国公司应尊重所在国主权，不得干涉所在国事务的原则。1980 年以前，这些决议及法律原则还没有自动执行的效力，而由各成员国自由补充执行。但到 1980 年条约国通过卡塔赫纳（Cartagena）协定，设立法院，加以强制执行。依协定第 2 及第 3 条规定：

> 决定从委员会批准之日起，对成员国具有拘束力。……委员会决议从卡塔赫纳协定在公报刊载之日起，即直接适用于各成员国，除非决议规定于以后日期实行，只要决定的条文作了规定，各成员国必须采纳作为国内法，而且必须采取明示的行动，确定其生效日期。

可见，安约共同外资法规则是具有强制性的法律，独立于各成员国国内外资法之外，但又予以补充。由于各国经济情况不同，对共同外资法态度也不一致①，但总的说来，它反映了安第斯共同市场国家企图通过对外国投资的控制，以促进国家经济发展步伐的共同愿望②，而且反映了一般拉美国家对外国投资的基本立法态度。安约外资法的特点，简述如下：

1. 排除外国投资的范围（Exclusion of Foreign Investment）

关于外资投向的限制，依安约外资法规定，外国投资不准进入下列部门：广告业、商业银行、商业性无线电广播事业、国内运输、其他金融机构、保险业、杂志报刊、公共服务、电视台及其他产品在国内销售的任何企业。但有特别必要时，各成员国也可依据情况允许在这些部门投资。成员国也有权排除它们认为"已适当地包括在现有企业"的其他企业部门的外国直接投资，还可用其他方法补充其他可排除的范围。

2. 商业企业中外资控制权的逐步减少（Fade-out of Foreign Control in Business Enterprises）

共同外资法规定，为了保证安第斯共同市场的利益，所有现有的或新建的外国人所有或控制的公司，必须逐步减少（fade-out）其外资股份，使其成为本国公司（national company）或混合公司（mixed company）。所谓本国公司，指本国投资者（national investors）享有80%的资本，并证明能按其出资比例加以控制者。所谓混合公司，指

---

① 有的国家，如墨西哥、秘鲁、阿根廷、哥伦比亚，仍坚持安约精神，对外资采取比较严格的态度。但其他国家，却逐渐趋于缓和，适当放宽，智利新政府成立后，为了便于自由制定本国同国际合作的政策和新的外资法，于1976年10月底退出安约组织。巴西对外资也采取比较放任的政策。据国际评论，认为目前在拉丁美洲正出现一种介乎安约强硬态度与巴西放任政策之间的一种平衡状态。

② 威尔逊：《国际商业交往》（1981），第49页。

本国投资者享有公司资本在 51% ~ 80%，并足以反映能按其出资比例加以控制者。如本国投资者所占有的资本在 51% 以下者，则属"外国企业"，不准列入安第斯共同市场的商业计划之内。

fade-out formula（外资逐渐消失方式）是一种形象的说法①，这一方式，在拉美国家原是借用指对外资逐步实行国有化或征用的一种特殊形式，在其他国家又称"现地化"（indigenization, localization）或"国民化"（本国化）（nationalization），以及个别国家的所谓"智利化"（Chileanization）、"巴西化"（Brazilization）、"墨西哥化"（Mexicanization）等，均是这一方式的运用。这一名称初见于 1968 年波哥大会议，以后为安约共同外资法具体化为条文。依安第斯委员会《关于对待外国资本的决议》（Decision Concerning Treatment of Foreign Capital, 1970, 12, 31）（又简称 1970 年第 24 号决议 Decision No. 24, 1970）及《关于修订对待外国资本的决议的决定》（Resolution on Certain Modification to Decision Concerning Treatment of Foreign Capitals），其原则为：外国人投入的资本，按其最初投资时同东道国约定的年限和比例，逐年售给东道国的本国国民，使之转变为合营企业。即对外国投资分别现有企业与新设企业，从契约生效后 15—20 年或从生产开始后 15—20 年，外资逐步减少到 49% 以下。

根据安第斯外资法规则，关于外资股份转移期限及比例的具体规定是：

现有外国公司（"existing" foreign company）从 1974 年 1 月 1 日起算，其转移期限在哥伦比亚、秘鲁、委内瑞拉，不得超过 15 年，在玻利维亚、厄瓜多尔，不得超过 20 年②。1971 年 7 月 30 日以后的

---

① fade-out 是电影、广播术语，原指电影、电视画面中的"淡出"、"渐隐"，或广播声音的"渐弱"，此处是借用，指外资出资额逐步减少。

② 安第斯外资法是从 1971 年 6 月 30 日正式生效，所谓现有企业是指 1971 年 6 月 30 日以前已设立的企业，从 1974 年起计算期限，实际上等于投资契约生效后三年起算。樱井雅夫：《国际经济法研究——以海外投资为中心》（1977），第 104 ~ 105 页。

新建企业，从建立时起算，其转移期限，在哥伦比亚、秘鲁、委内瑞拉，不得超过 15 年，在玻利维亚、厄瓜多尔，不得超过 20 年。其股份减少的比例为：在哥伦比亚、秘鲁、委内瑞拉，外资转移协议（fade-out agreement）中必须规定，生产时，本国参与资本至少为 15%，期限经过 1/3 后，至少为 30%，期限经过 2/3 后，至少为 45%，直到 15 年届满，须达到 51%。在玻利维亚、厄瓜多尔，生产开始 2—3 年后，本国参与资本至少为 5%，期限经过 1/3 以后，至少为 10%，期限经过 2/3 后，至少为 35%，20 年届满时，须达到 51%①。列表于下。

这一方式又称间接征用或逐渐征用（indirect or creeping expropriation），在理论上根据菲伦（R. Vernon）及罗逊斯坦—罗丹（Rosenstein—Rodan）的定义（又称"菲伦—罗丹公式"），是指基于投资接受国政府同外国投资者间协议设立公司时，事先约定从 7 ~ 20 年期间内，外国投资者在该期间内，既有获得原本与利润汇出的自由，同时又能依据其全部或过半数所有权，运用该投资，但到期间终了后，投资者必须把他的企业控制权转让与当地政府或民间所有②。这一方式运用严格时，可直到把外资的 100% 转移到当地投资者手中为止，但在运用上，仍具有一定弹性。另一方面，依据里诺维茨（S. Linowitz）的意见，认为这种方式是资本接受国对外国投资者在一定期间内，保证投资项目可由 100% 的外资进行开发的权利，但经过一定期间后，外国投资者有义务将其事业的全部或一部转移与当地企业家③。以上这些概念，如果要用更确切的方式表达，实质上可说是

---

① 威尔逊：《国际商业交往》（1981），第 52 ~ 53 页。

② 密克（G. Meeker）：《资本逐渐减少方式的合营企业能否在拉丁美洲经营?》（Fade—out Joint Venturen it；CaWork for Latin America?），载《国际美国经济事务》（International American Economic Affairs），第 24 卷，第 4 期（1971），第 25 ~ 42 页。

③ 里诺维茨（Linowitz）：《为什么在拉丁美洲投资?》（Why Invest in Latin America?），载《哈佛商业评论》（Harvard Business Review），1971 年，1 ~ 2 月号。

一种"赎买原则"（buying in principle）①。

		国内资本	外国资本
定义	国内企业	81—100	19—0
	合营企业	51—80	49—20
	外国企业	0—50	100—50
原有企业	哥伦比亚、秘鲁、委内瑞拉：		
	契约生效 3 年后	15	85
	15 年后	51	49
	玻利维亚、厄瓜多尔：		
	契约生效 3 年后	15	85
	20 年后	51	49
新设企业	哥伦比亚、秘鲁、委内瑞拉：生产开始时	15	85
	5 年后	30	70
	10 年后	45	55
	15 年后	51	49
	玻利维亚、厄瓜多尔：		
	生产开始 2—3 年后	5	9
	7 年后	10	90
	15 年后	35	65
	20 年后	51	49

本表参见樱井雅夫：《国际经济法研究——以海外投资为中心》（1977），第104 页；按威尔逊：《国际商业交往》（1981），第 52～53 页修改。

---

① 樱井雅夫：《国际经济法研究——以海外投资为中心》（1977），第 105 页。

这种拉丁美洲式外资当地化政策，一般称为拉丁美洲化（Latin-Americanization），其他发展中国家，受此影响者也不少，如所谓"非洲化"（Africanization）（如埃塞俄比亚、加纳、肯尼亚、坦桑尼亚、乌干达、扎伊尔、赞比亚等国外资法，也有类似规定）以及东南亚国家的当地化政策（如菲律宾、印度尼西亚、马来西亚、泰国的外资法）等均是①。此外发达国家中的加拿大，对外资接管的本国企业（takeover），也正在实行加拿大化②。

但拉美各国对 Fade-out 规则，也允许有一定例外，如从 1976 年以后，对从事旅游业的外资企业，则不适用 Fade-out 方式③。

3. 外资登记和批准条件（Regulation and Approval Requirement）

法典规定所有外国直接投资都必须在安第斯共同市场东道国申请，由有关主管机关批准，并经登记注册，再投资也同样对待。但利润再投资不超过投资注册资本的 7% 者，可不经政府事先审批，至于登记条件，各成员国规定不一。

4. 外资取得或接管本国企业的限制（Restriction on Acquisition and Takeovers）

除非具备法定要件，法典禁止外国人在成员国取得和接管企业。其要件为：（1）地方或分区的企业必须濒于破产，而且该破产决定必须由负责监督该企业的特别国家机构予以证实；（2）首先必须让地方或分区的投资者优先购买该企业；（3）外国投资者以接管方式取得的股份（equity），必须同意在 15 年内出卖一定数量的必要股份，达到使该企业成为国内企业为止。一个外国投资者也可取得混合公司中的股份，但以其购买的股份足以增加企业资本，而不因此丧失

---

① 樱井雅夫：《国际经济法研究——以海外投资为中心》（1977），第 106～108 页。

② 泰耶魏塞（J. Tayerweather）：《在加拿大的外国投资，国内政策的展望》（Foreign Investment in Canada, Prospects for National Policy）（N. Y. 1973），第 200 页。

③ 威尔逊：《国际商业交往》（1981），第 53 页。

本国的控制权者为限。

5. 外汇限额（Remittance Limits）

根据外资法典，每年投资利润的汇出，限制在注册资本的 20%
以内，但成员国可自行选择允许最高限额。属于 fade-out 方案之内的
企业，可以汇出 fade-out 的资本回收金，直到其经批准的注册资本的
最初投资额加上注册的再投资额的部分。

6. 借贷限制（Borrowing Restrictions）

企业契约中所定的外国人贷款，必须经成员国主管国家机构批准
并进行登记。如在哥伦比亚，一切外国人借款均须向中央银行外汇处
（exchange office）进行登记。外资法典规定，外国投资者不准取得长
期贷款，取得短期贷款必须在成员国登记，母子公司间贷款（parent-
subsidiary loan）的有效利率，限制在借方金融市场最低利率（prime
interest rate）的三个百分点（percentage points）以内①。

7. 投资鼓励（investment incentives）

外资法典规定，成员国不应给予外国投资者以优惠于本国投资者
的待遇，委员会第 49 号决议提出了安第斯共同市场关于税收、关税
及资本等方面的鼓励措施。

8. 技术转让问题

安第斯共同市场制定了关于技术引进、商标使用及专利权使用的
法规，旨在防止外国人利用取得专利权使用费或类似支付作为榨取超
额利润的工具。

包含技术转让的契约，是根据其对安第斯共同市场能否作出
"积极"（有效）贡献（effective contribution）来评审的，并须经成员
国有关主管机构批准。外资法典要求契约应包含验证技术转让的条
件，详细说明转让中所包含各个要件的契约本身的价值，并规定期限
等条款。

外资法典禁止批准包含有要求接受国或其商业企业必须从特定来

---

① 威尔逊：《国际商业交往》（1981），第 54 页。

源取得技术、原料、资本货物或中间产品，或永久保留指定人员作为技术转让的交换条件等条款的契约。同时，也禁止契约中包含保留技术转让方确定出售或转卖利用该技术的产品的价格，限制生产结构和规模，为转让方设定全部或部分先买特权（purchase option），要求接受方向转让方转让由于利用该技术所得到的任何改进或发明，或禁止使用与转让方竞争的技术等条款。

法典又规定了关于无形技术出资的使用费。这种使用费须经成员国批准，才能允许，但不得作为资本出资。

关于专利权使用的契约必须由有关成员国批准，并经登记注册。这种契约作为技术转让契约，同样受上述的限制，契约不能要求对未投入使用的专利权支付费用。委员会第 35 号决议规定了取得专利权的情况，譬如，仅仅对能够在工业上适用或者能够补充、改进该发明的一切创造性的发明，才可能批准专利。凡是一种发明在任何地方均能有效使用的，不能作专利权登记。此外，违反公共秩序、善良风俗（good morals）的发明，也不能给与专利权。

法典同时也规定了商标的使用问题，使用商标的契约均须由主管机关批准。这种契约也不能包含禁止或限制在该商标下所制造的产品或特定国家同类货物的销售或出口的条款。这种禁止条款还包括要求商标接受国承担义务使用商标所有人或其分支机构所供应的设备、中间产品或原料，决定使用该商标制造物的出卖或转卖的价格，要求商标接受国对未交付使用的商标必须支付使用费，或要求商标接受国必须雇用商标所有者指定的人员等条款①。

特别要指出的是拉丁美洲外资政策和立法的一个最大特点，即长期来坚持卡尔沃主义（Calvo Doctrine），以及在同外国人签订投资契约时，订入卡尔沃条款，坚持国内法绝对管辖，反对外交保护权，反对投资争议的国际处理，对传统的国际法原则，提出了严重的挑战，反映了第三世界国家维护国家主权和自主经济发展的共同倾向，既有

---

① 威尔逊：《国际商业交往》（1981），第 55～56 页。

其理论依据，更有其历史背景（见本书第五章第二节）。

拉丁美洲国家一般说来利用外资加速本国经济发展，固然收到积极的效果，但另一方面，也有个别国家由于不善于利用外资，反而在经济上陷入困境、严重地影响经济的发展，导致衰退，如巴西即其一例。巴西自 20 世纪 60 年代后，大量引进外资，创造了"经济奇迹"，但自 1979 年后，由于对外资的利用，盲目贪多，未考虑本国的偿付力，对外资企业既缺乏有力的监督，特别对跨国公司操纵国民经济的要害部门，任意抽回资金，乃至逃税舞弊等不法行为，未采用有效措施加以阻止和限制；又对外资缺乏正确的引导方针，政策不稳定，只顾一时之需，缺乏长期的战略思想，更未能因时因地制宜，使外资为己所用，结果在引进外资上造成严重的不良后果。目前巴西正吸取这一教训，国会也正在讨论有关法令，务使 80 年代的外资政策，适合于发展巴西经济的要求。

三、东南亚国家联盟的外资政策与外资立法

（一）外资概况

东南亚国家联盟（Association of South-East Asian Nations, ASEAN），包括泰国、菲律宾、印度尼西亚、马来西亚、新加坡五国，简称东盟五国或东盟国家。除新加坡外，其他各国富有热带资源、森林资源、海洋资源及其他重要矿藏。长期来沦为英国、葡萄牙、荷兰、西班牙等国的殖民地或半殖民地。战后，取得政治上的独立，三十多年来，在发展本国经济方面，获得较大成就，按人均国民生产总值，一般已达到"中等收入国家"，都不同程度地进入"半工业化国家"行列。特别是新加坡发展迅速，已从单纯转口贸易站，发展为新兴工业化国家。究其原因，固然是由于各国针对本国国情，因时因地制宜，采取了许多有效的根本措施，改变了殖民地半殖民地的经济结构，建立了民族工业的基础。但另一方面，积极并有效地利用外资，起了很大的作用。由于东盟各国制定了有利于引进外资的政策和立法，创造了良好的投资环境，使外国资本大量流入国民经济的各个部门。据 1980 年统计，东盟国家吸收外国投资已近 270 多亿美

元，这些外资的进入，不仅解决东盟各国国内资金的不够，而且带来了先进技术和管理知识，提高了本国的技术力量，开发了自然资源，加速了工业化进程，发展了出口加工工业，争取了国际市场，改善了国际收支，并解决了大量的劳动就业问题，从而也相应地提高了人民生活水平，促进整个经济的繁荣。

但是，也应该指出，在东盟国家外国投资的特点，不仅表现在数量之大，部门之广，以及美、日、英、荷兰等国的经济势力的竞相角逐，竞相控制不同行业和部门；而且还表现在外资集中程度高，垄断性强，外资股权绝大多数都集中在少数国际垄断组织的大财团和跨国公司手中。所以各国利用外资都面临着同外国资本势力不断进行控制与反控制，限制与反限制的斗争，以及为维护民族利益，尽力抑制和消除外国经济势力的不利影响和消极作用的问题。东盟国家的外资政策和外资立法就反映了这一特点，并在长期实践中，总结了利用外资的有益经验。

东盟各国为了适应引进外资的需要，都先后制定、颁布了关于外资的立法。如泰国在 60 年代修订的《外国企业法》，马来西亚 1968 年的《投资奖励法》（分别于 1969 年，1971 年及 1973 年修订），印度尼西亚 1967 年的《外国投资法》（分别于 1970 年，1974 年，1977 年修订），菲律宾 1968 年的《外资企业管理法》（1973 年修订）及其《施行细则》，1967 年的《鼓励投资法》，1970 年的《鼓励出口法》等，新加坡 1970 年的《经济发展奖励法》及同年的《经济扩展法》，等等。

（二）外资立法的特点

综合各国外资立法的共同特点：

1. 立足于自力更生，掌握主动权，有目的地引导外资为本国经济发展目标服务。各国经济情况及其发展要求不同，利用外资的重点也不相同，但其基本方针则一致。如菲律宾引进外资的目的是，充分利用本国原料，发展出口加工，扩大就业机会，发展农村经济。所以鼓励外资投资于面向出口和劳动密集型的加工制造业。但外国资本不能代替民族资本，只能作为民族资本的补充。特别是引导及鼓励外资向能促进菲律宾社会经济开发计划目标的经济部门投资，并基于经济计划的要求，每年制定公布"鼓励优先投资计划"，外国投资者选择计划内优先项目投资，可享受优惠待遇。此外，国家还把生产菲律宾未曾制造过的产品或未曾使用过的新技术进行生产的部门，列为"先驱企业"，外资投向"先驱企业"，可享受更优惠的待遇。新加坡在建国初期，由于要解决国内严重的失业问题，外资政策的主要方针，重在"替代进口"生产，并引导外资发展劳动密集型的轻工业。到国内失业问题基本解决后，则转向鼓励外资发展技术和知识密集型的企业，从而促进了新加坡电子电器，炼油及造船修船企业的迅速发展。印度尼西亚鼓励外资在能增加产量、提供就业机会以及能促进不发达地区经济发展的行业投资，特别对"先驱工业"优先发展外国投资。马来西亚鼓励外国投资者在制造业中投资，因马来西亚缺乏技术，管理等知识及出口市场，特别把替代进口或出口商品的工业，列为"先驱工业"，采取特惠制度。泰国的政策是，凡外国投资有利于保护泰国及其人民利益、节约自然资源和不污染环境者，均表示欢迎，特别鼓励外国资金向以出口为主、劳动密集型工业、原料密集型或替代进口等行业以及曼谷地区以外的工程项目投资。这些政策和法令规定，都表明力图避免引进的盲目性，把引进外资和技术同本国经济发展需要紧密结合，为自力更生发展民族经济打下基础。

2. 鼓励与限制相结合。一般说来，东盟国家由于积极利用外资，故奖励多，优惠宽，特别对先驱项目、优先发展项目、新兴产业，更实行特惠制，如外资在某些出口生产行业可允许占 100%（如菲律宾的开创性行业、出口加工区，马来西亚的少数出口生产行业）。至于税收减免期，有的可长达 8～15 年（如新加坡关于对经济技术发展起积极作用的行业，泰国对奖励行业）。

但是，由于东盟国家长期来受外国资本的控制，在实行优惠的同时，又极为重视防止外国资本的消极作用和对本国经济命脉的垄断和控制，故在法律上、政策上对投资部门，投资比例，外籍职工就业，投资规模，使用技术，材料国产化比例，外资原本和利润的汇出等方面，规定了一定的限制。譬如印度尼西亚，在 60 年代采用无选择地利用外资，对外资优惠甚多，结果外资大量涌入，国内民族企业遭受打击。从 1970 年开始，对外资法经过三次修订，逐步改变原来方针，采取区别对待，实行有选择地利用外资。原来除国防工业，公共事业，港口建设及宣传事业不准外国投资外，其他部门并无限制。1970 年修订法案规定，进出口贸易、零售贸易、服务行业以及已能满足国内需要的轻工部门，都禁止外国投资，并取消对某些行业的外资的优惠措施。1974 年起，禁止在爪哇岛的纺织业及一般建筑等部门的外国投资。1977 年又规定，从 1978 年起，外国人不得在印尼经营商业。又从 1974 年起，为加强对外资的限制，逐步实行"印尼化"，合营企业在一定年限内，逐步减少外资比例，增加国内资本比重①。其他如菲律宾、泰国等，均有此类似措施②。投资部门的限制，各国情况不同，规定不一，但一般说来，凡有关国防、公共事业，通信事业及其他关键行业，是禁止或限制外国投资的。

3. 积极利用合营企业形式。合营企业有利于在引进外资的同时，发挥引进技术和管理知识的作用，东盟国家广泛利用合营企业形式，作为引进外资的重要途径。如印度尼西亚规定，新投资必须采用合营企业形式，不许独资经营。菲律宾等其他各国均鼓励举办合营企业。合营企业在泰国占 91.5%，在印度尼西亚占 86%，在马来西亚占 85%，在新加坡占 62%。

4. 发展出口加工区，开辟利用外资途径。70 年代以来，在发展中国家积极开辟出口加工区，作为利用外资，发展出口工业，扩大国际贸易，打开国际市场，改善国际收支的重要途径。东盟五国广泛建立了出口加工区，在马来西亚建立的艾尔克罗赫等 14 个出口加工区。菲律宾的巴丹、马克坦、北棉兰老和碧瑶出口加工区、新加坡的裕廊工业区等，在利用外资上成效显著。

---

① 《东盟五国利用外资政策》（翁金龙等整理），载《世界经济导报》1982 年 1 月 18 日。

② 樱井雅夫：《国际经济法研究——以海外投资为中心》（1977），第 106～108 页。

第四节 社会主义国家的外资政策与外资立法

一、东欧国家的外资政策与外资立法

(一) 利用外资概况

马克思和恩格斯早在《共产党宣言》中强调了在现代条件下，各国间经济交往和协作的客观必然性。各国社会制度的不同，并不妨碍相互间经济上的正常交往和合作。利用外资，引进技术，对社会主义国家同样必需。特别是第二次世界大战后新建立的社会主义国家，在经济发展程度上，属于发展中国家的范畴。发展对外经济关系，利用外国资金和技术，是取得并加速社会经济进步的客观需要，也是发展国际经济合作，促进国际经济新秩序建立的客观需要。

关于社会主义国家利用外资的必要性，列宁早在十月革命胜利后、建立苏维埃政权初期，就一再强调利用租让制，吸引西方资本主义国家的资金和技术、装备，从根本上改善国家经济状况，巩固社会主义经济制度并加强苏维埃政权的地位，为实现"俄国的电气化计划"创造条件。列宁指出："只输入装备是不够的，我们或许可以在更广泛的基础上把企业租给最大的帝国主义辛迪加，出租巴库的四分之一（油田），格罗兹内的四分之一（油田），以及我们最好森林资源的四分之一……来保证我们得到最新技术、装备，建立起必要的基础；另一方面，我们也可因此得到其余部分所需要的装备。这样，我们就多少（即使是四分之一或一半也好）可以赶上其他国家的现代辛迪加。""如果我们不善于实行租让制，不善于把外国资本吸引到租让企业中来，那就根本谈不上采取重大的、实际的措施来改善我们的经济状况"[①]。斯大林在谈到列宁关于利用外资的政策时，曾经说过："列宁是怎样提出问题的呢？在 1921 年，列宁知道我国工业不发

---

① 《列宁全集》第 32 卷，人民出版社 1955—1959 年版，第 171、290 页。

达，而农民又需要商品……所以列宁当时认为在一切可行的办法中，最妥当的办法就是吸收外资、利用外资来振兴工业……这条道路无疑是正确的"①。根据列宁和斯大林这一战略方针，苏联在 20 年代就开始实行利用外资政策，在极端困难的条件下，实行租让制，并同外国合作开采自然资源。当时曾和英、美、日签订过为期 20 年或 30 年的锰矿、金矿、石油等开采协定。1926 年同外国公司签订的租让企业达 144 个，1927 年约 73 个，利用外资达几千万金卢布。由于当时苏联是第一个社会主义国家，处在资本主义包围中，租让制未达到预期的规模，但对苏联的经济恢复起了一定的作用。1931 年底苏联利用外债达 14 亿卢布，如按 1950 年汇率折算，约 48 亿卢布左右。可见，列宁、斯大林领导下的第一个社会主义国家苏联，当时就是允许引进外资，并积极利用外资来推动国家的工业化。

第二次世界大战后，东欧罗马尼亚、南斯拉夫、匈牙利、波兰、保加利亚、捷克斯洛伐克等国家取得了社会主义革命胜利后，建立了社会主义公有制，为了加速国内经济建设，发展东西间经济交往，采取了利用西方外国投资的政策，由于东西方经济体制的不同，作为利用外资的主要形式的合资经营企业成为引进西方资本主义国家先进技术的重要媒介。特别是在国外不愿出租或出售技术的情况下，通过举办合营企业，使东欧国家有可能获得一般在市场上得不到的非标准化的专有技术。所以，东欧国家同西方国家签订合营企业合同时，技术引进成为最受重视的主要内容②。对东欧国家来说，签订合营协议，与其说是重视西方合营者的投资资金，毋宁说是重视合营合同在技术引进上可得到的利益③。正如南斯拉夫联邦议会主席卡德尔（Edward Kardelj）在 1967 年所明确指出的："十七年经验证明：没有在国内的

---

① 《斯大林全集》第 7 卷，人民出版社 1953—1956 年版，第 204 页。

② 拉麦斯（E. A. A. M. Lamers）：《南斯拉夫同外国企业间的合营企业》(Joint Venture between Yugoslav and Foreign Enterprises)（1976），第 18 页。

③ 罗林拉奇（George G. Lorinazi）：《美国同匈牙利的合营企业》(U. S. —— Hungarian Joint Venture)，载《国际商业法律家》第 10 卷，第 4 期，第 114 页。

实质性的外国投资（指直接投资），外国特许权转让者或商业顾问是不可能保持其持久利益的，也不可能发挥其技术援助的最大作用的。"① 所以，东欧国家关于外国直接投资的法律，都是以合资经营企业法的形式出现的，如匈牙利 1979 年《关于与外资合办经济合营企业法》，波兰 1979 年《关于建立股份公司合营企业法》，保加利亚 1980 年《关于合营企业法》，罗马尼亚 1972 年《关于建立和组织合资公司（又称混合公司）法》，等等。

南斯拉夫是东欧第一个允许外国直接投资在国内举办合营企业的社会主义国家，有关外国直接投资的法令也较多，并随着经济发展和体制的改革，不断加以修订，并逐步放宽政策。南斯拉夫从 1965 年实行经济改革（Economic Reform）政策后，1967 年就颁布了第一个允许外国直接投资在南斯拉夫国内举办合资经营企业的法令，并通过了 6 个与合营企业有关的法令（如经济组织财产法、企业基本法等）。1971 年宪法修正案又肯定了关于外国资本在联合劳动组织中投资权益的保护。1973 年公布了《外国人向南斯拉夫联合劳动组织投资法》，共 25 条，只作了原则性的规定，这是南斯拉夫合营企业的基本法。以后于 1976 年、1978 年分别加以修订，成为现行的 1978 年 4 月 7 日公布施行的法律（1979 年第 69 号，1980 年第 11 号法令又作了补充修订）。以现行法同 1973 年基本法及其以前的法律相比，作了不少重要修订，在政策上也进一步有所放宽。如关于投资范围，原法律禁止外资在银行、保险、内地运输、商业、公用事业或类似企业、社会服务等部门举办合营企业，而新法则缩小了限制范围，只限于保险、商业和社会服务三个部门，不准外国投资。原法律（1971 年）规定外国合营者必须将纳税后利润的 20% 再投资或存入南斯拉夫银行，现行法律废止了这一强行规定。原法律规定合营各方可以自由协商利润份额，据此规定，合营契约中可以订定超过投资比例的利润率，新法则规定外国合营者的利润份额应根据其投资资产价值的大

---

① 拉麦斯：《南斯拉夫同外国企业间的合营企业》，1976 年版，第 151 页。

小决定。原法律规定外国投资可以是无限期的，按新法规定应是长期的，但不能签订无限期的合营合同。又原来 1976 年法令规定，外国合营者作为投资的设备数额不能超过其总投资额的 1/3；外国合营者作为投资的专利技术量不得超过合同有效期内合资经营企业总产值的 1/10，新法取消了这些限制规定。此外，新法律关于外国合营者分得资金的转移汇出，政策上比较宽松，又对征用的补偿也作了明确的规定①。由于政策逐步放宽，法律规定明确具体，所以，在东欧国家中，南斯拉夫是利用合营企业最多的国家，也取得一定成效。1968 年后，头两年签订的合营企业合同，还不过 11 个，到 1972 年，一年即签订了 26 个。截至 1974 年初，已签订的合营合同共 97 个，吸收外资约 1.37 亿美元②。到 1978 年中期，签订合同近 160 件之多，估计吸收外资近 4 亿美元，外国合营者以意大利、联邦德国和美国为最多。

（二）外资立法特点

以下简述东欧国家，特别是南斯拉夫外资政策和立法的几个特点：

1. 引进外资的方针，一般着重能代替进口，扩大生产，增加出口，特别是引进先进技术和管理经验的项目。如罗马尼亚 1972 年第 424 号法令规定较为具体详细，引进外资，举办合营企业的项目，包括：（1）兴建有助于国民经济发展的某些项目；扩建、改建和改造现有的某些项目；加速引进某些现代技术；提高生产和劳务的技术质量；保证高度的劳动生产力；（2）促进出口，扩大市场，使出口产品多样化，发展在第三市场的合作活动；（3）促进和发展科研活动；

---

① 拉麦斯：《南斯拉夫同外国企业间的合营企业》，1976 年版，第 152 ~ 163 页；高锦海等译《东西方经济合作》（欧洲经济委员会和贸易与发展会议编），第 48 ~ 49 页。

② 拉麦斯：《南斯拉夫同外国企业间的合营企业》，1976 年版，第 199，204 页，根据 1974 年联合国经合组织《在南斯拉夫的外国投资》附录（1），1974 年版。

（4）引进现代化的生产组织和企业管理方法；（5）为生产、企业组织和管理（包括贸易活动）培养专门干部（第2条）。其他国家的法律中有的虽未作出具体列举的规定，但在引进外资时，都有同样的考虑。南斯拉夫只作了原则的规定，通过引进现代技术，增加出口、减少进口，以促进本国联合劳动组织的生产与业务活动（1978年法律第1条）。一般要求在引进外资后，企业的进出口达到一比一，甚至出多于进。

2. 合营企业组织的法律结构，各国体制不同。在罗马尼亚组织合营企业的形式为合资公司（又称混合公司 mixed company），是一个独立的组织机构，具有法人地位。在法律上又提供了两种可能的形式，或者按股份公司，或者按股份有限公司组成，把合资公司区分为两种结构。前者其资本分为股份，并发行股票，持有股票的合营者，仅仅根据资金协会备忘录规定的最终条款承担公司对第三者债务的责任。后者其资本分为投资份额，不分股份，也不发股票，合营者仅按其应有份额的资金定额对公司负责，对第三者不承担责任。但依现行法，这两类公司之间，原则上没有其他区别，有关公司基金、方式、目标、期限、合营者权利，资本增减，资本转让条件、经营管理、解散、结业等方面，实际相同或相似①。匈牙利的合营企业组织形式分为：无限责任合伙企业、股份有限公司、有限责任合伙企业和合资企业，实际上仍属于两大类，与罗马尼亚大体相同②。在波兰的合营企业形式为股份有限公司，相当于德国的股份有限公司（aktiengesellschaft, joint stock company）③。不管以上各国采取哪种组

---

① 弗洛雷斯库：《罗马尼亚的混合公司》（郭庆云等译），第101～103页。

② 梅斯曼（Stefan Messmann）：《合营企业结构上的冲突》（Structual Conflicts in Joint Venture），载《国际商业法律家》，第10卷（1982）第4期，第120页。

③ 斯克里芬（John G. Scriven）:《东西贸易合作——股份式合营企业》（Co-operation in East-West Trade—Equity Joint Venture），载《国际商业法律家》，第10卷（1982）第4期，第108页。

织形式，论其实质，都是作为一个法律实体（legal entity）而存在的。

至于南斯拉夫合营企业的组织形式与其他东欧国家不同，是采用另一种特别形式，即联合劳动组织（Organization of Associated Labour—OAL）。由于南斯拉夫的社会主义根本体制是实行社会所有制（social property）和工人自治原则（Principle of Workers' Self—management），所以外国投资者向南斯拉夫联合劳动组织（企业）投资举办合营企业的唯一形式，是契约式非股份的合营企业（Contractual Non-equity Joint Venture）。外国合营者同南方合营者相互间及其对第三者间的权利与义务是根据双方协商的契约而产生的，并不基于独立的组织体系①。外国投资者向南斯拉夫企业的投资，是被纳入该南斯拉夫企业联合劳动组织资金之内，实际上该外国资金等于作为一种存款形式而被吸收，投资者既不拥有股份，也不持有股票（stock certificates）。从法律原则上讲，合营者的权利与义务是允许转让与第三者，受让者也可以取得让与人在合营企业中的地位，但不允许通过任何可转让的股票进行有效的买卖交易②。所以，在南斯拉夫合营企业中外国投资者的财产权，不是用股票或其他商业证券的形式来特别保证的，而是南斯拉夫的合营企业的基本组织，即联合劳动组织这个整体的一个组成部分，不存在任何公司的结构和形式，外国合营者在南斯拉夫合营企业中并不以固定利息的形式、享受分红或股息，而是从联合劳动组织的合营企业的收益中，得到对其投入资本的

---

① 拉麦尔：《南斯拉夫同外国企业间的合营企业》（1976），第 153 页。

② 苏基扎索维克（Miodrag Sukijasovic）与格里克曼（Richard B. Glickmann）：《南斯拉夫合营企业的法律问题》（Yugoslav Joint Venture, Some Legal Problems）载佛罗里达州立大学《斯拉夫报》（Slav Papers），第 3 卷（1969），第 35 页。

补偿（compensation）或偿付（repayment）而已①。在这一点上，南斯拉夫同罗马尼亚、波兰、匈牙利等外国投资者权利体现在股票形式的情况完全不同，外国投资者的权利是在没有股票和单独组织结构的情况下，体现在合资经营的契约中。

3. 资金安排。所有东欧国家的合营企业法原则上规定外国合营者的出资额不能等于，也不能超过本国合营者的出资额，原则上外资占49%，本国资本占51%，但也允许有例外，如匈牙利规定在金融（银行）和劳务领域，经财政部许可，外国合营者可以享有大于本国合营者的股本。如在匈牙利合资经营的中欧国际银行（Central European International Bank—CIB），匈牙利合营者只占34%的股份，而外国合营者则占66%的股份②。南斯拉夫也允许有例外，外资额可以高于本国联合劳动组织的投资总额（1978年法律第11条）。保加利亚对外国投资者比较优惠，1980年535号法律规定，外国投资者的投资参与额可允许达到65%的股份③。

关于外国投资的最低限额，一般都未作规定。南斯拉夫1973年法律第12条（6）项曾规定外国投资者的投资资金不能少于150万第纳尔（约相当10万美元），否则，合营契约不予批准。1978年法律未设最低限额的规定，但根据同法第42条（6）款规定解释，如果合同中确定的外国人投资少于联邦执行委员会规定的数目或价值，可不予批准。此外，波兰财政部备忘录第4节规定，外国投资者的投资数额至少须达到3万美元，并代表组成波兰合营企业公司所必要的

① 斯查兹（Ivén Szasz）：《匈牙利与其他经互会国家经济与外贸体制的法律结构》（Legal Framework of the Economic and Foreign Trade System of Hungary and Other CMEA Countries），载《国际商业法律家》，第10卷（1982）第4期，第104页。

② 斯查兹：《匈牙利与其他经互会国家经济与外贸体制的法律结构》，载《国际商业法律家》，第10卷（1982）第4期，第105页。

③ 斯克里芬：《东西贸易合作——股份式合营企业》，载《国际商业法律家》，第10卷（1982）第4期，第109页。

最低股份资本总额的 20%①。

但是，在东欧国家的外资法中，"不管外资在合营企业中占有的股份是最多数或最少数，如果投资契约有规定，仍可给予完全表决权"。又尽管外国投资者拥有少数股份，但仍可主张在生产、质量控制、销售及其他经营管理方面有决定性的发言权。在保加利亚，外国投资的参与额虽也受到限制，但关于企业的所有重大事务的决议，一般要求取得一致同意，才能通过②。

4. 经营管理。在罗马尼亚、波兰、匈牙利等国家，合营企业一般是按公司形式组成的独立机构。企业领导及执行机构，固因不同公司形式及不同国家而异，但一般都是通过合营者大会（股东大会）、董事会、经理部或监察部等进行领导和业务管理的。如罗马尼亚法律规定，股东大会是企业的最高决策机关和权力机关，下设董事会（股份公司）或管理委员会（股份有限公司），是业务领导机关，再下是经理部，包括总经理及经理等，是比较典型的管理体制。匈牙利的混合公司，除股东大会外，只设经理部或总经理。保加利亚只设董事会和经理。波兰设经理部和监察部③，外国投资者可以参加大会及董事会与经理部。有的限制外国人不能任正职，在代表人数上不得超过国内合营者代表人数，但都有同等表决权，有权参加领导及业务管理。罗马尼亚为保证劳动人民有效地参加对经济企业工作的领导和监督，根据 1972 年第 424 号法令第 34 条规定，罗马尼亚法律中关于劳动人民大会的组成和职能的规定，适用于合资公司。劳动人民大会任命其代表参加公司董事会及管理委员会，并根据章程规定成为罗方代表的组成部分。如在某些合营章程（如 Rom Elite 公司和 Resita—Renk 公司章程）中就规定工会主席可以参加股东大会、董事会或管

---

① 斯克里芬：《东西贸易合作——股份式合营企业》，载《国际商业法律家》，第 10 卷（1982）第 4 期，第 108 页。

② 斯查兹：《匈牙利与其他经互会国家经济与外贸体制的法律结构》，载《国际商业法律家》，第 10 卷（1982）第 4 期，第 104～105 页。

③ 梅斯曼：《合营企业结构上的冲突》，载《国际商业法律家》，第 10 卷（1982）第 4 期，第 120 页。

理委员会会议，并有协商权甚至表决权，特别是有关公司人员劳动关系问题的会议①。

南斯拉夫和其他国家不同，基于工人自治制原则，合营企业的领导和管理机构由三部分组成，即工人委员会（Workers' Council）、业务委员会（Business Board）、董事长或总经理（Director or General Manager）。工人委员会是企业的最高决策和权力机关。如关于制定和修改章程，决定劳动关系，批准年度资产负债表及收益报告、长期贷款及财务计划、董事的任免等。这些权力都是工人委员会的不可剥夺的权力（inalienable right），必须绝对保留给自治机关行使②。外国投资者有权参加共同业务机构，并通过业务机构，行使自己同南斯拉夫联合劳动组织协商决定的权利，还有权派自己的代表参加共同业务机构，并可不按投资比例决定代表人数，即令外资额低到总投资的10%，也可享有同等人数的代表，但不能多于南斯拉夫一方的代表人数。如果合营企业由三方组成，外资两方的代表人数，合计不能超过南斯拉夫一方的代表人数③。但是，外国投资者不能参加工人委员会，而工人委员会对企业的经营管理享有最后决定权。

上述罗马尼亚关于劳动人民代表参加合营企业的管理与监督，南斯拉夫工人委员会对合营企业的有关重大事项享有最后决定权等体制，是在承认外国投资者有参与企业经营管理权及企业自主权的同时，坚持保证工人阶级对经济和企业实行领导与监督的原则，体现了社会主义制度下外资政策和外资立法一个重要特点。

5. 社会主义经济计划原则。社会主义经济的特点是以计划调剂为主，实行国家计划经济，一切外国投资须服从于国家统一经济计划的领导。在匈牙利规定建立合营企业必须服从中央经济计划体制（central economic planning system）。根据 1968 年建立的新的经济管理体制——新经济体制（New Economic Mechanism），公司一级的计划

---

① 弗洛雷斯库：《罗马尼亚的混合公司》（郭庆云等译），第 128~129 页。
② 拉麦斯：《南斯拉夫同外国企业间的合营企业》，1976 年版，第 181 页。
③ 拉麦斯：《南斯拉夫同外国企业间的合营企业》，1976 年版，第 182 页。

都应当纳入中央经济计划体制之内。行政主管部门往往是通过税收优惠、利润政策、工资与价格措施、外汇率、关税以及其他金融货币体制等刺激，影响合营企业的计划，并引导企业遵循综合的中央计划①。在波兰，合营企业的活动，必须单独地列入国民经济计划（1979 年第 24 号法令第 6 条，附件（+））。罗马尼亚规定，合资公司须制定五年和年度的经济和财政计划（1972 年法律第 8 条）。南斯拉夫 1978 年法律第 7 条规定，投资合同不得与南斯拉夫社会计划基础协议、共和国或自治区社会计划基础协议以及国内联合劳动组织签署的社会契约相抵触。第 40 条关于投资合同批准和登记的规定，主管机构还须考虑投资合同及其执行是否同共和国或自治区社会计划和上述社会协议、自治协议相抵触；又须考虑合同的执行能否同国际收支平衡计划、外汇收支平衡计划等相协调的可能性，只有在同国家各项计划不相抵触及能协调的情况下，投资合同才能得到批准。

贯彻及实行社会主义经济计划是保证社会主义经济发展的重要手段。引导外资，将其纳入国民经济轨道，这是社会主义国家外资政策和外资立法的又一重大特点。

此外，南斯拉夫、罗马尼亚，为进一步活跃国际贸易和引进外资，还开辟了经济特区。南斯拉夫在里耶卡、科佩尔、普拉、扎达尔、斯普利特、诺维萨德、贝尔格莱德等海港、河港，设置了 11 个自由关税区，通过减免关税等优惠措施，引进外资，举办合营企业，主要经营转口贸易，加工工业，出口创汇。但举办合营企业，外国投资股份仍不得超过 49%。罗马尼亚也建立了苏利纳自由港。

总之，社会主义国家的外资政策和立法原则，除具备发展中国家外资立法原则的共同特点，如独立自主、自力更生、平等互利等外，还有其重要的特点，即维护社会主义所有制及工人参与企业管理与监督的原则。上述罗马尼亚、南斯拉夫的外资立法，即体现了这一立法

---

① 罗林齐（George G. Lorinczi）：《美国—匈牙利合营企业》（U. S. — Hungarian Joint Ventures），《国际商业法律家》第 10 卷（1982）第 4 期，第 113～114 页。

方针。

在东欧国家利用外资上，既有成功的经验，也有失败的教训，关键在于能否坚持正确的外资政策。如波兰在七十年代，不顾国情，盲目引进技术，忽视经济效益，大量借用外债，超过本国偿付能力，结果造成国民经济比例失调，外贸大量逆差、严重地阻碍了整个国民经济的发展。

二、我国外资政策与外资立法

坚持实行对外开放政策，发展对外经济关系，利用国际资金，引进技术，尽快发展我国民族工业，进而加强国际经济技术交流，是我国社会主义现代化建设的一个重要战略决策。在这一战略方针指导下，确立了我国外资政策及外资立法的基本态度和原则。

（一）利用外资在我国经济建设中的必要性及其战略意义

首先，从国内情况看，我国是一个社会主义国家，但同其他工业发达的国家相比，我国的经济还是相当落后的，属于发展中国家。为了迅速改变这一落后面貌，我国提出了建设社会主义四个现代化的任务，并争取实现本世纪末经济建设的总目标和战略步骤。但从我国基本建设和技术改造的需要来看，要实现 1990 年的经济振兴和 2000 年工农业生产总值翻两番这一宏伟纲领，我们面临的主要困难是国内资金不够，技术、管理落后，而利用外资正是解决这一困难的一条重要而可取的途径。

我国资金不够，固然以自筹为主，但还必须利用一部分外资，弥补不足，以便迅速地把一部分投资大、建设周期长的重点项目搞上去，为经济振兴打下基础。同时，通过引进外资，引进了先进技术和管理经验，这不仅可以对大批老企业，特别是重点企业进行技术改造，实行科学管理，提高经济效益，而且还有利于加速我国科学攻关，避免走弯路，使我国的科学技术在更高的起点上发展，并填补我国在科学技术和经济管理方面的缺门和空白。只有在科学技术发展的基础上，才能有效地提高生产力，加速经济建设的步伐，为实现我国四化建设的总纲领和战略部署，铺平道路。所以积极地、合理地利用国外资金，引进先进技术，是直接联系我国实现四化和本世纪末经济振兴和工农业产值翻两番这一战略目标的重要问题，具有现实意义和战略意义。

其次，从国际经济关系的发展来看，在现代条件下，任何一国的经济都不能同国际经济关系割裂开来。国际间资金和技术的交流和合作，已成为促进各国经济发展的一个重要因素。现代世界的绝大多数国家（也许只有极其个别的国家例外），都是把对外经济关系问题放在极其重要的地位。不论是工业发达国家，还是发展中国家，又不论是资本主义国家，还是社会主义国家，从其发展初期直到现在，都一直是通过各种形式积极利用外资。因此，引进外资、引进技术，决不是权宜之计，一时之需，应从整体及战略的角度去理解。在当前条件下，利用外资已成为促进本国经济发展的一种通常的对外经济合作方式，也是很多国家经济发展战略的一个重要组成部分。实行对外开放政策，加强国际经济技术交流，是我国坚定不移的方针。我国的四个现代化建设需要国际合作，对外开放，利用外资，在于搞活国内经济，我国经济发展了，又有助于加强与发展国际经济的交往和合作，两者在实际上是相辅相成，共同发展的。我国之所以提出：促进我国社会主义现代化建设，要利用两种资源——国内资源和国外资源，要打开两个市场——国内市场和国际市场，要学会两套本领——组织国内建设和发展对外经济关系，就是把发展对外经济关系提到战略地位来认识。利用外资是其中的一个主要方面，既是我国经济发展战略的需要，也是国际经济合作发展的需要。

（二）我国利用外资的有利条件

首先，从国内条件来看，我国幅员辽阔，资源丰富、劳动力充沛，有广阔的市场，经济稳定，国际收支基本平衡，政治安定团结，法律也逐步完备，国际信誉高，具备了对外发展经济交往和合作的有利条件，具有吸引外资的巨大潜力。外国政府及国外投资者一致公认我国是一个稳定的国际经济合作对象，有利的投资环境。目前同我国建立经济交往的国家和地区，已达193个。国外企业家来我国洽谈及成交的合资经营、合作经营、合作开发、补偿贸易、租赁业务等项目，日益增多；特别自设立经济特区以来，外商、港商、华侨到特区投资设厂，兴办企业，更为踊跃。从中央及有关省市历次公布的投资项目及洽谈会来看，外商争相投标，可见国外厂商对我国信誉的信任，充分表现出我国利用外资的大好前景。

其次，国际条件对我国利用外资十分有利，西方主要资本主义国家正经历着严重的经济危机，尚未摆脱滞胀的困境。资金、技术、设备，大量过剩，急于寻找出路，形成了我国有利的租赁环境及买方市场。而且，这种情况是长期的，资本主义经济危机的周期，从战后事实看，是在缩短，而不是在延长，即使短期内有经济复苏，但也不会是长期的，也不会出现很大的经济高涨，这就为我们长期利用外资提供了可能和条件。当然，我们也要有紧迫感，抓住有利时机，积极开创利用外资的新局面。

（三）我国利用外资的成效

我国自 1979 年实行开放政策以来，在利用外资方面取得了很大的成绩。

首先从外资数量和规模来看，目前我国利用外资的方式和渠道很多，大概可分为两类：一是利用外国政府、银行、国际金融组织以及私人贷款，一是吸收国外私人直接投资，其中包括举办中外合资经营企业、合作经营、合作开发、补偿贸易、加工装配、租赁以及外商独资经营企业，等等。五年多来，通过国外贷款和直接投资吸收外资，已取得明显的效果。

从 1979 年到 1982 年底，我国实际利用外资金额 126 亿美元左右，其中利用贷款 108 亿美元，已还清 71 亿美元。吸收国外直接投资协议金额 49 亿美元，实际使用 17 亿多美元。其中合资经营企业 83 个，实际使用外资 1.029 亿美元；合作经营项目 792 件，实际使用外资为 5.3 亿美元；海上石油开发项目 12 个，外商提供设备价款 4.1 亿多美元；加工装配业务中外商提供设备价款共 1.9 亿多美元，外商独资企业 34 家，计划总投资 3.6 亿多美元，实际投资近 4000 万美元。

利用外资是以吸收直接投资为主，特别是合资经营企业更应成为重要的方式，因为企业的成败同国外投资者直接联系，共担风险，共负盈亏，因而有利于引进先进技术和管理经验。1983 年我国又颁布了《中外合资经营企业法实施条例》，进一步放宽政策，改进措施，开创积极有效地利用外资，特别是举办合资经营企业的新局面。一年来又取得了显著的成效，1983 年一年新批准中外合资经营企业 107 家（其中 68 家在经济特区），共吸收外资 2 亿多美元，同 1979—1982 年 4 年相比，不仅投资规模和数量都有了很大增长，而且在投资结构上有了重要的变化，从服务性、消费品行业开始转向技术性强的生产部门发展。到 1983 年年底止，全国已兴办合资企业共 190 个，投资总额达 7.98 亿美元，其中外商投资 3.15 亿美元。这一吸收外资的规模和数额虽还不大，但对我国国民经济的调整和发展起了积极作用，并为今后几年，特别是"七·五"计划期间国家重点项目，继续积极利用国外直接投资打下了基础，开辟了新的途径。

其次，从利用外资所取得的经济效益来看，四年来利用外资的成效表现在：

1. 在国内资金不足的情况下，利用国外贷款救活了一批大型项目，扩大了能源、交通等重点建设的规模。

2. 吸收国外直接投资，对引进技术和管理经验，加速国内中、小企业的技术改造，起了积极作用。特别是开辟了经济特区，不仅加快了引进外资的步伐，扩大了利用外资的规模，还为外资及技术转引到内地，起了渠道的作用。

3. 利用外资扩大了出口，促进了生产，活跃了国内市场，并增加了就业机会。

4. 通过利用外资，在实践中使我们开阔了眼界，增长了知识，特别在技术上、管理上培育了干部、学会了两套本领，并取得了经验，为今后开创利用外资的新局面，创造了有利条件。

在现有成绩的基础上，我国为加速利用外资的步伐，继开放 14 个沿海重要港口城市后，又决定开辟沿海经济开发区，实行优惠措施，形成一个对外开放的经济地带。

（四）我国外资立法及其原则

调整投资环境，以利于引进外资和技术，条件很多，其中比较重要的一项是健全法制。运用法律手段来调整及管理外资关系，保护中外双方的权益，才能增强外国投资者的安全感，有效地保证我国对外经济政策的实现。无法可依，甚或有法不依，外商投资不放心，我方工作不放手，往往造成中外双方合作共事的主要疑虑，甚至成为洽谈的重要阻碍。我国自1979年以来，先后颁布了《中外合资经营企业法》及《实施条例》、《中外合资经营企业登记管理办法》、《中外合资经营企业劳动管理规定》、《广东省经济特区条例》、《外汇管理暂行条例》、《对外合作开采海洋石油资源条例》、《中外合资经营企业所得税法》及其《施行细则》、《个人所得税法》、《外国企业所得税法》及其《施行细则》、《海关进出口税则实施条例》以及广东省经济特区颁布的关于《经济特区企业登记管理暂行规定》、《经济特区企业劳动工资管理暂行规定》、《经济特区入境出境人员管理暂行规定》、《深圳经济特区土地管理暂行规定》等地方法规，再加上《专利法》、《商标法》等，约五十多项对外经济的重要法律、法令、条例、决定、办法。特别是我国新宪法第18条规定："中华人民共和国允许外国的企业和其他经济组织或者个人依照中华人民共和国法律的规定在中国投资，同中国的企业或者其他经济组织进行各种形式的合作。中国境内的外国企业和其他外国经济组织以及中外合资经营企业，都必须遵守中华人民共和国的法律。它们的合法的权利和利益受中华人民共和国的法律保护"，把我国引进外资，发展国际经济合作的政策，用根本大法的形式予以确定。目前正计划起草涉外经济合同法、中外合作经营条例、涉外经济合同仲裁条例等法律。我国法制日趋健全，外资立法日臻完备，外国投资者在中国投资的正当权益，已受到法律的保护。

我国外资立法的特点，简而言之，在政治上坚持独立自主，在经济上坚持自力更生，在措施上贯彻平等互利、鼓励与限制相结合，重在鼓励，讲求经济效益，根据国情，参照合理的国际惯例。立法基本方针，可大致归纳为下列几点：

第一，坚持自力更生为主，争取外援为辅的方针。

政治上的独立自主与经济上的自力更生，是紧密联系，相辅相成的。这一原则是我国一切经济政策的基点，是我国对外开放的基本方针，这是在我国新宪法序言中已明确肯定了的。证之其他国家引进外资的经验和教训及其立法政策，也是一条坚定不移的方针。但对自力更生，要有正确而全面的理解，不能片面地理解为闭关锁国的自给自足，孤立奋战。更不能把自力更生为主的方针同实行对外开放政策对立起来，也不能把自力更生为主同片面地强调保护民族工业等同起来，发展对外经济关系正是以加强自力更生为目的的。有效地适当地利用外资正是有利于促进民族工业的发展，而不是打击民族工业，过分地不适当地强调保护民族工业，反而会延缓民族工业发展的进程。关键在于在利用外资上，要善于在自力更生为主的原则基础上，把视野扩大到国际范围，取天下之长，补一国之短，适合国情及经济发展目标，因时、因地、因事制宜，扬长避短，使外资为我所用，以加速现代化建设的进程。我国有关各项外资立法中，在投资范围、经营活动、产品销售等方面之所以有所鼓励（包括税收优惠），又有所限制，都是从自力更生为主这一方针出发的。

第二，坚持平等互利原则，确保双方权益。

坚持主权平等，互利互惠，是我国对外经济政策的重要方针。同外国投资者进行经济合作，签订投资协议，合同等，首先在政治上、经济上维护国家主权和国家利益，不接受任何政治性条件及其他损害国家主权和利益的条款；也不接受片面义务的条款，权利义务，相应对等。外国投资者在我国的投资及其一切活动，必须遵守中国法律，服从中国政府领导，投资契约的解释及投资争议的处理，均应适用中国法律。

但是，在另一方面，必须保护外国投资者的合法利益。外国投资者进行投资是为了谋取利润，必须允许外国投资有利可图。无利可图，或低于国际平均利润率，外商是不会投入资本的。我国法律除了保证外国投资者有平等参加企业经营管理的权限，扩大企业自主权外，特别是在税收优惠、外汇保证、合法利益的保证等方面，都贯彻了平等互利的原则。

第三，经济效益原则。

一切经济活动，都要以提高经济效益为中心，在利用外资工作中，更应力争做到这一点。贯彻经济效益原则，合理利用外资，才能提高生产，保证偿付能力。我国《中外合资经营企业法实施条例》第4条规定，申请设立的合营企业必须注意经济效益，如采用先进技术、设备和科学管理方法，能增加品种，提高质量产量，节约能源，有利于技术改造，做到投资少，见效快，收益大，扩大出口收汇，培训技术力量，并以此作为审批标准，就是这一原则的体现。其他如外资投向及企业规模的选择，企业自主权的扩大等，也都是重在利用外资的经济效益。

此外，在经济特区吸引外商投资兴建企业，举办中外合作经营项目，规定投产后用产品偿付投资，清偿后，企业或项目设备即归我国所有。这种利用外资的形式，既可减少投资风险，又保证了我方偿付能力，并发挥利用外资的最大效益。

第四，适应国情，参照合理的国际惯例。

利用外资促进四化建设，在立法方针上当然以我国国情及政治经济情况为主，并以此为基点，但是，国际经济交往和合作，长期来在国际间已形成不少合理可循，并符合各国利益的国际惯例。因此，我国的外资立法是在坚持我国社会主义制度的基础上，适当参照合理的国际惯例及各国有关规定，既有原则性，又有灵活性。

第五节　外资立法基本内容的比较

各国外资立法的具体规定，固因各国政治和经济情况的不同而异，规定内容有简有繁，掌握的尺度也有宽有严，但其基本内容仍有不少共同之处。举其要者而言，主要有下列几个基本方面：（1）关于外资的定义和评价（包括资本构成）；（2）关于外资的审查标准及审批机构和程序；（3）外资投向的原则和范围；（4）对外资的保护和限制（其中包括鼓励和优惠措施）；（5）外资原本、利润及其他合法收益自由汇出的保证和限度；（6）对外资征用（国有化）的条件和补偿原则；（7）对外国投资者的待遇标准；（8）关于处理投资争议的原则和程序等。一般说来，在发达的资本主义国家间，由于经济发展及工业技术水平差距不大，资本相互渗透利用，故对外资限制较少，允许投资的范围较宽；而发展中国家，由于经济情况及历史原因，对外资虽然是鼓励与限制相结合，但相对说来，限制较多较严。

一、外国投资的定义和资本构成

外国投资法中的所谓外国资本，一般是指从海外输入的任何形式的资本，如外币现金、机器、设备及其他物资、工业所有权、技术秘诀（know-how）等而言，又关于利用外国资本所产生的未处分的利益，有的法律作了详细规定，原则上视同外国资本。所以，外资法上的资本构成，一般除包括现金、设备、机器、土地、厂房、交通运输工具等有形资产外，还包括专利权、商标（trade mark）、技术资料、专有技术、劳务等无形资产。

发展中国家及社会主义国家的合营企业，一般是规定外国资本以现金、设备、专利权、商标权、技术资料、技术秘诀等入股；而东道国一方，则以资金、土地、辅助设备、现有厂房、劳务等入股。各国外资法关于资本构成及外国资本的内容的规定，详简不同。如罗马尼亚关于经营合资公司的法令规定，各方可以货币形式、商品形式（公司投资和当前经营所需的商品）、工业产权形式进行投资，并在公司合同和章程中加以规定。罗方的投资包括为合资公司经营期间提供的场地使用权。如场地的使用权未作为罗方投资的一部分，合资公司应向罗政府缴纳租金（第 14 条）。

印度尼西亚外资法规定外国资本包含下项内容：（1）不属于印尼持有的外国通货的一部分，并经印尼政府承认，投给设在印尼的企业作为资金使用的外国货币；（2）外国人所有的新发明，从外国输入印尼的原材料、企业设备等，不从外汇储备中支付者；（3）本法承认有权向国外汇款的企业，其收入又向设在印尼企业投资的部分（第 2 条）。

有的国家外资法对投资规定了更详尽的内容。如智利外资法规定投资资本的形式，包括：（1）可自由兑换的有价证券或本国通货；（2）固定资产（新旧均可），例如工厂、设备、机械、配件、备品、各种必需的车辆，以及为进行各项主要和辅助性工程（工作）所必需的包括能源、通讯、贮存、培训和保健等方面的物资；（3）动物界、矿物、植物等物品；（4）各种形式的易于资本化的技术；（5）各种形式的劳务（第2条）。

阿根廷外资法规定，直接投资包括下列内容：（1）在政府规定部门进行投资而转移进入的外国货币；（2）资本货物及其部件，所谓部件必须是主管当局准许，按投资合同条款不得与货物本身分离，属于货物不可缺少的组成部分；（3）外币形式的外国贷款所转化的权利，但此项贷款的使用应符合本法规定，并经主管当局批准，以阿根廷货币形式的国外贷款也必须符合同样条件；（4）可以汇出国外的外国投资的利润；（5）根据阿根廷中央银行事先提出的报告，考虑收支平衡的特殊情况的分析，经主管当局批准的阿根廷政府公债（第1条第1项）。

埃及外资法关于投资资本构成的规定，更为详细具体。所谓投资是指：（1）通过埃及中央银行所信托的银行，按照官方牌价，用于实施或扩大某一项目而正式转移到埃及的可自由兑换的外汇；（2）为创建或扩大某一项目的需要，从国外进口的新的具有现代技术发展水平的机器、设备、交通运输器材、原材料及日用必需品；（3）无形财产，如向国家或保护工业产权国际公约缔约国注册登记，或按国际公约中有关注册的规定注册登记，为外国居民所持有，并属于投资项目的专利或商标；（4）在外国投资及自由贸易区管理总署理事会准许的范围内，投资人掌握的用于基础研究、调查及公司活动经费的自由兑换的外汇；（5）在总署理事会许可的情况下，用于扩大资本或投资于另一项目的利润；（6）在总署许可的情况下，通过埃及银行所信托的银行，按照官方牌价，用于认购埃及股票或在埃及证券交易所购买埃及股票，而转移至埃及的可自由兑换的外汇；（7）依本法规定，通过埃及中央银行所信托的银行，按照官方牌价，用于购买建筑空地，而转移至埃及的可自由兑换的外汇（第 2 条）。

依我国《中外合资经营企业法》（以下简称《合资法》）及其《实施条例》（以下简称《条例》）规定，合营者可用现金出资，也可用建筑物、机器设备、工业产权、专有技术、场地使用权等作价出资。以建筑物、机器设备、工业产权、专有技术作为出资的，其作价由合营各方按照公平合理的原则协商确定，或聘请合营各方同意的第三者评定（《条例》第 25 条）。

合营企业的注册资本，一般以人民币表示，但也可以用外币表示。外国合营者出资的外币现金，按缴款当日外汇管理局公布的外汇牌价（中间价，下同）折算人民币或套算成约定的外币。中国合营者出资的人民币现金，如需折合外币的，按缴款当日外汇管理局公布的外汇牌价折算（《条例》第 26 条）。

作为外国合营者出资的机器设备或其他物料，必须符合下列条件：（1）为合营企业生产所不可少的；（2）中国不能生产，或虽能生产，但价格过高或技术性能和供应时间上不能保证需要的；（3）作价不能高于同类机器设备或其他物料当时国际市场价格（第 27 条）。

作为外国合营者出资的工业产权或专有技术，必须符合下列条件之一：（1）能生产中国急需的新产品或出口适销产品的；（2）能显著改进现有产品的性能及质量，提高生产效率的；（3）能显著节约原材料、燃料、动力的（第 29、28 条）。如果不是确实适合我国需要的先进的技术和设备，而有意以落后的技术和设备进行欺骗，造成损失的，应赔偿损失（《合资法》第 5 条第 2 项）。所以，外国合营者作为出资的机器设备、其他物料、工业产权或专有技术，应经中国合营者的主管部门审查同意，报审批机构批准生效（《条例》第 30 条）。

中国合营者的投资可包括为合营企业经营期间提供的场地使用权（《合资法》第 5 条）。合营企业所需场地使用权，如已为中国合营者所拥有，则中国合营者可将其作为对合营企业的出资，其金额的计算，不得高于取得该同类场地的使用权所应缴的使用费（《条例》第 48 条）。场地使用费作为中国合营者投资的，在合同期间内不调整，仍保持原来金额(《条例》第 51 条)。如场地使用权未作为中国合营者的投资的一部分，合营企业应向中国政府缴纳使用费(《合资法》第 5 条)。至于合营企业需用的场地，可向企业所在地市（县）级土地主管部门申请，经批准后，通过签订合同才能取得场地使用权，并应依法缴纳使用费，但这不属投资资本的范畴，我国《实施条例》第七章有详细规定。不过，应当指出，我国土地属国家所有，无论作为出资用，或作为企业需用经批准使用的场地，企业都只有使用权，没有所有权，其使用权也不得自行转让(《条例》第 52 条)。

二、投资范围

从国际法上讲，内、外国人平等原则是国际法基本原则之一，这是毋庸讳言的，究其精神，主要是，一则防止对外国人的歧视待遇，一则是不容许外国人享有优于所在国国民的特权地位。但是，在另一方面，在外国投资范围内，对外国人的商业活动的范围，加以一定限制，如对某些企业不准外国人经营，只许本国政府专营，或本国国民经营，或外国人可以参加某种企业，但其参与权或股权须低于本国国民等，这也并不违反国际法原则，而且是国际法所公认的合理的例外[1]。因为国际法固然承认平等原则，但同时也承认主权原则，任何一个主权国家，都享有排他的主权权利，能规定其领域内有关财产取得和移转的一切事务，而且有权决定其境内任何自然人或法人经济活动的条件和范围，因而限制外国投资者从事特定经济活动，并非不法。任何外国人都必须遵守所在国的法律，任何个人利益都不能优于国家利益之上[2]。一般外资法都不允许在东道国所有经济领域内，对外国投资者完全给予国民待遇。而是规定允许或鼓励向哪些产业部门投资，限制或禁止向哪些产业部门投资。决定外国资本的投向，主要

---

[1]　海德 (Hyde)：《国际法》(International Law) (1945)，第 650 页以下；哈克伍斯 (Hackworth)：《国际法汇编》(Digest of International Law) (1942)，第 612～619 页。

[2]　法托罗斯：《对外国投资者的政府保证》(1962)，第 41 页。

是根据本国经济发展目标及考虑国家利益而定的。

　　发展中国家和地区，主要是鼓励外国资本向有利于国民经济发展，特别是新兴产业部门，以及改善国际收支，扩大出口的部门投资；禁止在国防、军事工业、通信事业以及支配国家经济命脉的部门投资；限制在本国已有一定发展基础，需要重点保护的行业投资。有的国家只作原则规定，一般指明在公营、私营或混合企业的主要活动范围；但大多数国家都强调属于工业化部门的优先（priority）范围的行业，为引进外资的重点。所谓优先范围包括特定国家工业发展的未来模式及对潜在投资者可供选择的范围。当然，这种优先范围，各国外资法所定标准，则非一致。如马达加斯加外资法规定，供外国投资的新企业必须是"对进口和扩大出口有利，对改善国际收支有利的行业"。突尼斯外资法规定，外国投资的企业要获得批准，必须是按工人平均最低资本额，最低竞争力替代进口的企业①。但多数外资法则倾向于分别列举鼓励、限制及禁止投资的行业。如新加坡规定，鼓励向新兴工业、出口工业或先驱工业投资，要求外国投资符合于本国经济发展目标，如炼油、钻油设备、电子电器、飞机工业、造船工业，等等。印度尼西亚外资法规定，凡对国家至关重要的事、企业，并关系到多数国民的生命者，如港湾、公用发电、输电、配电、通信、海运、航空运输、公用铁路、原子能开发、宣传部门等事企业，不允许外资全面控制（政府还可以决定上述各项以外禁止外国人投资的其他领域）。至于与国防有关的领域，如武器、弹药及军用器材生产，则完全禁止外资进入。外国人对矿业领域的投资，必须采取承包合同或法律规定的其他形式，同政府合作进行。至于哪些部门属于向外国资本开放领域的优先顺序，则由政府在制定中期和长期计划时，考虑经济和技术的发展确定之（第6条）。泰国允许在冶炼、食品、机械、石油化工、皮革、汽车等行业投资。禁止向政府专营的武

---

　　① 联合国编：《非洲投资法规》（Investment Law and Regulations in Africa）（1965），第6页；克伦福尔（Z. Kronfol）：《外国投资的保护》（Protection of Foreign Investment）（1972），第48页。

器、烟草、铁道、港口、国内民航等部门投资。对农业、畜牧业、林业的加工行业投资，也有限制。

墨西哥 1973 年的外资法规定更详，把企业分为三类。一类是专属墨西哥政府经营的企业部门，即令是墨西哥国民也不能经营的事、企业，如石油及其他碳氢化合物、主要石油化工产品、放射性矿物开发及核动力生产、有关法令所规定的采矿业、电力、铁路、电报及无线电通讯以及专门法令规定的其他事业。二是只能由墨西哥人经营或章程中有不准外国人参加条款的墨西哥公司经营的事业、广播及电视、市内和长途汽车运输及联邦公路运输、国内空运及海运、开发森林资源、天然气配给；专门法律或联邦政府法令所规定的其他企事业，这是属于为墨西哥人保留的事、企业。三类为准许外国资本在规定矿藏开发权所批准的矿藏开发和利用、石油化工二级产品、汽车部件制造以及根据特别法令或联邦政府规定其他事企业活动（第 4 ~ 5 条）①。巴西规定，外国资本只限于在钢铁、有色金属、化学、机床、电子、运输和机械等行业投资，禁止外资在航空、沿海航运、新闻、电力、渔业等部门投资。

南斯拉夫投资法规定，为了扩大出口和长期加入国际劳动分工，获得现代技术，增加出口及供应本国市场，减少进口及促进本国劳动联合组织的生产与产业活动，允许外国人向联合劳动组织投资，举办合营企业，原则上限于发展出口事业和需要引进技术的行业。至于保险、贸易和社会活动，则禁止外国投资，但属于科学研究范围者，则不在此限。社会活动方面，如联邦政府认为有利于其发展者，可制定特别法令，允许外国投资（第 10 条）。罗马尼亚合营公司法规定，在工业、农业、建筑、旅游、运输和科技研究领域内，其目的是生产和销售实物商品，提供劳务和工程设施者，可准许建立有外国人参加的合营公司（第 1 条）。保加利亚法律亦同。波兰关于合营企业的活

---

① 櫻井雅夫：《国际经济法研究——以海外投资为中心》（1977），第 133 ~ 135 页。

动范围，根据先进协作的原则、主要限于加工工业，特别是生产波兰国内市场特别需要的产品及生产出口商品。但属于社会主义经济"基本要素"（basic element）范围的项目，则排除外国投资。匈牙利在 1977 年也有此限制，但现在已允许合营企业可以在投资者互利的基础上，为提高技术和经济水平，进行有利的生产、贸易和劳务活动而成立（第 2 条）。同时，也允许银行业举办有外资参加的合营企业①。

发达的资本主义国家的外资法，一般说来，对外国投资限制较少，但对有关国防、军事、通信、宣传部门，以及经济关键行业等，也禁止或限制外国资本的进入。即令像美国这样实行所谓完全开放政策的国家，除国防、军事等部门绝对禁止外国投资外，其他如通信事业、交通运输（国内航空运输、沿海及内河运输）、自然资源开发（联邦土地矿藏）、水力发电事业、原子能开发等部门，或禁止外国人参加，或限制持股比例，或基于互惠条件予以特许（见本章第一节之一）。至于其他部门，外资进入，一般不加限制，也无需审批。日本的外资法原来对外国投资限制较严，但自 1967 年开始实行对内直接投资自由化以来，对外国投资的限制已逐步放宽，到 1976 年实行第四次自由化后，除农林水产、采矿、石油、皮革制造四种非自由化行业外，其他行业的外国新投资，均实行自由化，按不同行业，分别对外资开放 50% 的股权（第一类自由化产业）到 100% 的股权（第二类自由化产业），采取自动许可制，毋需个别审批。除此以外，外资法未列限制投资的行业（见本章第一节之三）。

我国《中外合资经营企业法实施条例》第 3 条规定，在中国境内设立的合营企业，应能促进中国经济的发展和科学技术水平的提

---

① 以前，在匈牙利外资参与的合营企业，是排除在制造业之外的，外国资本只限于在控股公司（holding company）中投资，而控股公司又是在匈牙利合营者绝对控制下销售合营企业产品的公司，现在则有所放宽，见斯克利文：《东西贸易合作——股权式合营企业》，《国际商业法律家》第 10 卷（1982）第 4 期，第 109～110 页。

高，有利于社会主义现代化建设。允许设立合营企业的主要行业，包括下列各项：

（1）能源开发，建筑材料工业，化学工业，冶金工业；

（2）机械制造工业，仪器仪表工业，海上石油开采设备的制造业；

（3）电子工业，计算机工业，通信设备的制造业；

（4）轻工业，纺织工业，食品工业，医药和医疗器械业，包装工业；

（5）农业，牧业，养殖业；

（6）旅游和服务业。

引进外资，一方面从国情及经济需要出发，确定外资投向的行业和部门，而更重要的一方面，是根据国家目前计划和长远规划，有重点地引导外资适合国家发展目标，以发挥外资最大的经济效益，因此，我国发展中外合资经营企业的重点，应放在下列几个方面：

（1）能够引进我国急需的先进技术和工艺，以发展新产品（包括新材料、关键件）和节能设备的项目；

（2）能够推动全行业实现技术改造的项目，有利于企业的技术改造更新、产品的升级换代，能做到投资少、见效快、收益大；

（3）投资较大，又需引进技术的资源开发项目，特别是海上石油开发和煤炭开发项目；

（4）能够发展新的出口品种，开拓外销市场，的确有竞争力的项目和大量或长期需要进口的替代项目，以扩大出口，增加外汇收入（包括节省外汇）（参照《实施条例》第4条）。

以上四个方面中，尤其要着重发展那些能够引进以其他方式不易取得的先进技术，对于提高我国经济、技术水平有特殊作用的一些项目。

至于国防、军工、沿海及内河运输、公路运输、铁道运输、航空运输、金融、保险、国内商业、通信、新闻、广播、电视、稀有金属资源开发、生产国内传统出口商品等，则不宜举办合资经营企业。

三、出资比例

外国投资的出资比例，关系到企业的经营管理权，关系到投资者的权益。各国立法不一，有的无限制，大多数立法都明确规定了上限，但也有只规定下限的。

发展中国家和地区，除中国香港、澳门地区规定外国投资在任何行业可拥有 100% 的股权外，其他国家和地区关于合资经营企业，一般都规定外资不得超过 49%，本国投资在 51% 以上，以免企业为外国资本所控制。但各个国家和地区的具体规定，则不尽相同，根据不同行业而有伸缩。如印度尼西亚规定，外国人在印尼投资形式必须是同印尼举办合营企业，双方持股比例共同协商，一般属于投资大、技术要求高的合营企业，外资持股比例，可允许占 70% 以上，印尼方占 20% 左右，但从企业成立之日起 10 年内，印尼股份必须增加到 51%。至于商业、服务行业，印尼方持股必须占 50% 以上。马来西亚规定，进口替代工业应完全由马来西亚人出资，如当地技术力量不够，可允许外国投资，外资限制在 30% 以内。出口工业如在很大程度上依靠进口零部件者，外资可达 50% 以上。使用国内资源的出口工业，外资只允许占 30%。菲律宾规定，大部分行业只允许外资占 30%，但对有利于国民经济发展，或者菲律宾人还未加以充分开发，或者符合于菲律宾"投资优先项目计划"，或无形成垄断危险的行业，外资也允许超过 30%。菲律宾除了鼓励外国投资举办合营企业外，还允许外国投资者在开创性行业或出口加工区内的投资，可拥有 100% 的股权，即允许外资独资企业。泰国规定，在从事具体活动而未得到发展的行业中，外资只能占 50% 以下。至于符合贸易登记总署规定条件的行业，以及经投资局批准从事优先项目的公司，可允许外国人享有完全控制权，即外资可达到 100%。新加坡对外资出资比例，法律上无具体规定。总之，东盟各国外资立法的基本原则是，大体上企业供出口产品越多，外国投资所占的比重就越大，而企业产品以国内市场销售为主，并依靠当地资源的项目，外国投资比例就越小，受到严格限制。

波兰规定，在合营企业的创始资本中，波兰国营企业或波兰合作社所占股本，不应低于51%。匈牙利规定，在合营企业中，外资持股不得超过49%，但金融（银行）和劳务领域，经财政部长批准，可不受此限制。南斯拉夫规定，外国人向同一本国联合劳动组织投资总金额，不能大于或等于本国联合劳动组织投资总金额。即外国人投资不能超过49%。但如经联邦议会审定，认为某些经济项目或部门的发展对国家有特别利益者，可批准外资持股大于本国联合劳动组织的股份（第11条）。

发达的资本主义国家虽一般采取开放政策，但对特定企业也有关于股份比例的限制。如美国规定，外国人在电报企业的合营公司或卫星通信公司中所占股权，不得超过20%；外国人在航空运输企业中所占股份，不得超过25%，外国人参加沿海及内河航运企业，其拥有股份，也不得超过25%。加拿大对银行、保险及信托贷款公司，外资比例不得超过总资产额的25%，或每一外国投资者不能超过10%的参与权。无线电广播与电视，亦同，加拿大人必须拥有75%的股权。澳大利亚规定，银行业外资股份限制在10%以下；广播、电视、报纸业，外资不得超过15%；铀矿业，澳资须占75%，至少也须占50%；其他矿业，澳方投资也不得少于50%。日本对外资的持股比例。外国投资法原无规定，依据对内直接投资自由化的历次内阁决议，推行第四次自由化的结果，第二类自由化产业，外资持股可开放100%，第一类自由化产业，外资持股仍只允许50%。一般说来，外资进入日本的最大可能性，大多是50%对50%的合营企业。但日本根据经合组织《资本移动自由化法典》第3条关于对有碍于公共秩序与安全的行业可以实行限制的规定，对11个工业公司的外资比例也实行了限制，如三井株式会社与片仓工业会社外资不得超过25%，昭和石油的外资不得超过50%，东京精工会社的外资不得超过32%，三菱石油，外资不超过49%。

我国《中外合资经营企业法》关于合营企业中外资比例，只规定下限，未规定上限。即在合营企业的注册资本中，外国合营者的投资比例一般不低于25%，太少不足以达到我国利用外资的目的。至

于外国投资比例是否可超过 50%，法无明文规定，可由当事人双方
协商定之。我国法律所以不规定上限，主要是根据我国的具体情况，
首先，中外合资经营企业是属于我国社会主义计划经济的一个组成部
分，资本投向、经营计划等均在我国社会主义经济计划控制之内，必
须依靠国家各项计划，才能保证其经营活动，这就足以防止外国资本
对我国经济或特定行业的控制；其次，合营企业的重大事务均须由董
事会全体一致通过，方可作出决定，董事长必须由中国合营者担任，
也可防止外国投资者对合营企业的支配。而且我国规定有关合营企业
一切重大问题，都是采取平等协商的原则，并不像西方股份公司完全
按出资多少决定表决权和经营管理权。再次，引进外资和先进技术是
我国现代化建设的重要一环，外资比例灵活掌握，适当放宽，针对某
些经济部门的需要，外资不必限于 49% 以下，是符合我国外资政策
的基本精神的。此外，我国也允许外商、侨资举办独资企业，外国投
资者可占有 100% 股份。在我国四个经济特区，已举办了 34 个外商
独资企业。

　　但是，各国对投资比例的有关规定也非一成不变，近年来，发展
中国家外资立法也倾向于采取安第斯共同外资法"逐渐转移公式"
（fade-out for mula），规定或约定外资比例逐年减少，直到外资企业或
合营企业中外国人所占股份，经过一定年限，转移到本国合营者或政
府方面拥有大部分股份为止，一般称为"当地化"（localization 或
nationalization）。如印度尼西亚规定，大型项目的合营企业，印尼方
面最初至少须占有 20% 的股份，但从合营企业成立之日起 10 年内，
印尼股份必须逐步增加到 51%，即外资须从 80% 逐步减少到 49%。
菲律宾关于银行机构、公用事业、渔业、水产业，可允许外资达到
60%，但正着手逐步使本国资本在自然资源或类似领域中的比重增加
到 70%。在先驱项目的初创项目中，外国资本的所有权和控制权的
比重可达到 100%，但须在 30 年内逐步减少，使菲律宾人的所有权
和控制权的比重达到 60%。如果其产品的 70% 供出口者，上述年限
可延长到 40 年（如粗钢、石棉、重型车辆轴承、车床等，均属初创
项目）。其他如墨西哥化（Mexiconization）、智利化（Chileanization）

等，均属此。发达国家的加拿大对石油开发项目中的加拿大化
（Canadianization），也是计划使加拿大资本在石油工业中逐步从 30%
增加到 50%。

四、投资期限

投资期限，大多数外资立法都有明确规定。如印度尼西亚规定不
得超过 30 年（第 18 条），但各个具体行业，投资期限可从 7 年至 25
年不等。智利规定，外国投资合同从开始营业或投产之日起，一般为
10 年，但是，根据以外资为经费的营业的性质、规模及其对国家的
重要性，需要延长期限的，可延长到 20 年。在特殊情况下，经外资
委员会全体成员一致同意时，可批准期限超过 25 年的合同（第 3
条）。

南斯拉夫规定，外国人向本国联合劳动组织的投资应是长期的
（第 3 条），当然也不是无限的，实际上合营企业的合同期限一般不
得少于 5～10 年。波兰规定，合营企业的期限可批准为 15 年。在合
理情况下，期限可以延长（第 2 条）。罗马尼亚未具体规定合营期
限，合营公司的经营期限可由合营各方通过公司合同加以商定。

我国《中外合资经营企业法实施条例》第 100 条规定，合营企
业的合营期限，根据不同行业和项目的具体情况，由合营各方协商决
定。一般项目的合营期限，原则上为 10 年至 30 年。投资大、建设周
期长、资金利润率低的项目，合营期限也可以在 30 年以上。一般说
来，如重工业、农牧业宜长，而轻工、电子、机械制造等业，以稍短
为宜。

合营期限，由合营各方在合营企业协议、合同、章程中作出决
定。合营期限从合营企业营业执照签发之日起算。合营各方如同意延
长合营期限，应在合营期满前 6 个月，向审批机关报送由合营各方授
权代表签署的延长合营期限的申请书。审批机构应在接到申请书之日
起 1 个月内予以批复。合营企业经批准延长合营期限后，应按照
《中外合资经营企业登记管理办法》的规定，办理变更登记（第 101
条）。

五、外国投资的审查和批准

外国投资的审查、甄别（screening），是对国际资本自由流动的限制形式之一。对资本输入国来说，对外国投资的审查和批准，关系到引导及监督外国资本为本国经济发展的根本利益服务的问题。对外国投资者来说，关系到投资者本身的法律地位问题。外国投资者向某一国家输出其资本，事先要取得该国主管机构的审查和批准，其投资计划和项目经营才取得合法地位，并得到关于该投资的法律保护及各种法定的权利和优惠待遇，如税收、外汇优惠及其他保证。所以，资本输入国对外资的审查和批准，不仅在形式上有必要，而且在实质上也有必要[1]，无论对资本输入国或投资者本人，都同样有利。除了极少数国家外（如美国不采取一般审查批准制度），一般国家，包括发达的资本主义国家在内，都建立有一般的审查批准制度[2]，不过其掌握的尺度，有宽有严，审批的程序有繁有简而已。

关于外国投资审查的必要，其理由是：（1）首先是基于国家经济政策的考虑，特别是基于资本输入国国际收支平衡情况的考虑；（2）审查的目的还在于避免外国投资过分集中于少数经济部门，造成经济上的畸形发展，外资的过分集中，特别对经济发展较慢的资金短缺的国家，可能带来一系列困难问题，如不能改变某些发展中国家在殖民地时期遗留下来的单一经济结构，等等。一般说来，对引进外资及其投向的控制，是实行和贯彻国家经济发展规划的不可或缺的条件。（3）运用审查甄别制度，可以防止外资的膨胀，避免重复引进，既可充分发挥利用外国投资的经济效益，又能有计划，有目的，有重点地保护本国民族经济的发展和经济建设的总体目标[3]。

固然，在学说上也有人指责对外资的审查制度，不利于吸引外国

---

① 法托罗斯：《对外国投资者的政府保证》（1962），第38页。

② 经合组织（OECD）国家应承担"资本移动自由化法典"的义务，但其中有的成员国，如日本、法国等，仍保留审查批准制度。

③ 法托罗斯：《对外国投资者的政府保证》（1962），第38~39页。

投资。认为实行审批往往是出于极端民族主义的态度，单纯为了保护国内经济效益不高的企业；或者由于官僚主义作风，对外国投资采取对立态度，在审批中执行法规过于严格；特别是对投资资产，如机器设备、专利权等的估价不合理甚或出于主观武断，有损于投资者的利益。至于有的国家审批机构重叠，手续繁琐，行政效率低等，均不利于吸引外资①。但是，这些缺点，并非审批制度本身所固有的，是可以避免和逐步加以改善的，不能因为执行中有些缺点就否认审批制度的必要性，故大多数外资法，对审批制度都有详细规定。

根据各国立法例，对外国投资的审查和批准，可分为程序上的审查和实质上的审查。

1. 程序上的审查

程序上的审查，依各国立法，都规定通过有权审查和批准外国投资的特别政府机构（如外国投资委员会、外国投资审查局等）及其授权机关，接受投资申请后，对投资计划，方案、项目，投资者的资信，投资协议、合同、章程，可行性研究报告，工业产权证明文件及其他必要文件，以及申请是否具备法定程序，进行审查，在法定期限内，予以批准或不批准。举南斯拉夫为例，南斯拉夫联合劳动组织应在签订投资合同 30 天内向联邦劳动工业委员会提出申请，要求批准投资合同。申请时应提出下列文件和资料：投资合同、表明投资理由的经济技术方案、共和国和自治区主管机构对投资理由和必要性的意见书、联邦计划局关于外国投资是否与国家经济发展计划、社会计划等抵触的意见书、南斯拉夫经济联合会关于投资设备、再加工材料或原材料是否符合南斯拉夫生产所要求的质量和数量的意见书、外国投资者资信、贷款能力的意见书等。联邦动力及工业委员会接到申请后，应在 60 天内，经过审查，作出批准与否的决定。一经批准，应在批准生效之日起 15 天内，将投资合同进行注册登记。经注册登记的投资合同，从该合同签字之日起生效（1978 年 4 月 7 日法律第 40、

---

① 法托罗斯：《对外国投资者的政府保证》（1962），第 39 页。

45、46 条)。

我国《实施条例》规定,对外经济贸易部是主管外国投资的审批机关。但凡具备下列条件的,对外经济贸易部得委托有关省、自治区、直辖市人民政府或国务院有关部、局审批:(1) 投资总额在国务院规定的金额内,中国合营者的资金来源已落实的;(2) 不需要国家增拨原材料,不影响燃料、动力、交通运输、外贸出口配额等全国平衡的(第8条)。在广东省、福建省经济特区举办合营企业或独资企业,以各该省经济特区管理委员会为审批机关(以上概称审批机构)。

审批程序:在中国境内设立合营企业时,第一,由中国合营者向企业主管部门呈报拟与外国合营者设立合营企业的项目建议书和初步可行性研究报告,经企业主管部门审查同意并转报审批机构请求批准后,合营各方才能进行以可行性研究为中心的各项工作,在此基础上商签合营企业协议、合同、章程。第二,由中国合营者负责向审批机构报送下列正式文件:(1) 设立合营企业申请书;(2) 合营各方共同研制的可行性研究报告;(3) 由合营各方授权代表签署的合营企业协议、合同和章程;(4) 由合营各方委派的合营企业董事长、副董事长、董事人选名单;(5) 中国合营者的企业主管部门和合营企业所在地的省、自治区、直辖市人民政府对设立该合营企业签署的意见(第9条)。第三,审批机构自接到上述全部文件之日起,3 个月内决定批准或不批准。审批机构如发现前述文件有不当之处,应要求限期修改,否则不予批准(第10条)。由对外经济贸易部直接审批者,批准后,由对外经济贸易部发给批准证明;由对外经济贸易部授权的机构审批者,应报对外经济贸易部备案,并由对外经济贸易部发给批准证明(第8条)。在经济特区的外商投资,经广东省经济特区管理委员会批准者,由该委员会发给注册证书及土地使用证书(《广东省经济特区条例》第7条)。第四,申请者应在收到批准证书后1个月内,按照我国《中外合资经营企业登记管理办法》的规定,凭批准证书向合营企业所在地的省、自治区、直辖市工商行政管理局办理登记手续。合营企业的营业执照签发日期，即为该合营企业的成立日期（第 11 条）。

2. 实质上的审查

实质上的审查，指审查投资的经济效益对东道国经济发展目标和国家利益的关系。审查引进的外国资本和技术，是否有损于国家主权，是否有利于国家经济和技术的发展，是否有利于改善国际收支平衡，是否符合于国家目前和长远的经济规划，这是外资审查的关键和主要内容。审查标准，各国立法不一，大体上可分为积极标准与消极标准。

（一）积极标准，指可予批准的条件。如墨西哥规定，外国投资审查批准时，应符合下列条件：（1）外国投资应是国内投资的补充；（2）外国投资不应取代经营良好的民族企业，不应进入民族企业可以全部胜任的部门；（3）外国投资对收支平衡，特别是对扩大墨西哥的出口起积极作用；（4）应促进就业，增加就业机会和支付的工资；（5）应招聘和训练墨西哥的技术人员和管理人员；（6）制造的产品应考虑到国内的进口和需求情况；（7）生产所需要的国外资金来源的程度；（8）投资来源多元化，并促进拉丁美洲地区及其部分地区的一体化；（9）应促进经济不发达地区和地方的发展；（10）外国投资不应垄断国内市场；（11）外国投资所投入的经济部门的资本构成状况；（12）外国投资应提供技术，并促进墨西哥技术的研究和发展；（13）应对价格标准及产品质量起积极作用；（14）应尊重墨西哥的社会和文化准则；（15）该项投资在墨西哥经济体系中的重要性；（16）外国投资人与墨西哥间、及其与对外经济决策中心间利益一致的程度；（17）应考虑外国投资对国家发展政策目标的符合程度与贡献大小如何（第 13 条）。

南斯拉夫规定，投资合同符合下列标准者，予以批准：（1）符合外国投资法及其他法令规定的条款。（2）通过这种业务合作，能保证扩大生产，提高劳动生产率，增加出口，或在现代化工艺和业务活动经济性基础上建设新的能力；保证在本国联合劳动组织中引进和采用现代化技术、现代化工业、现代化生产管理和业务管理；保证保护人类环境，或促进本国联合劳动组织的科研工作。（3）投资总额能够保证实现前项条件。（4）其所规定的业务合作的条件，应符合于该合作在国际经济关系中正常情况下实现的条件。（5）对外国人作为投资的专利权、特许权、技术等，已作现实的估价。（6）已经确定的外国人，其投资额不少于联邦委员会规定的数额或价值。（7）符合于南斯拉夫对外经济关系政策和南斯拉夫国际收支平衡政策（第42条）。

我国《实施条例》第4条规定，申请设立的合营企业应注重经济效益，符合下列一项或数项要求：（1）采用先进技术设备和科学管理方法。能增加产品品种，提高产品质量和产量，节约能源；（2）有利于企业技术改造，能做到投资少、见效快、收益大；（3）能扩大出口产品，增加外汇收入；（4）能培训技术人员和经营管理人员。

（二）消极标准，指不予批准的条件。如菲律宾规定，外国投资企业有下列情况之一者，不予批准：（1）与现行宪法条款以及规定菲律宾籍人在该企业中应当拥有的所有权比例的法律相抵触者；（2）将产生明显而现实的导致垄断或合并，以致妨碍贸易的危险者；（3）系在菲律宾籍人有足够能力加以开发的某一领域的某一企业投资者；（4）与在谋求投资时已生效的优先投资计划相抵触或不一致者；（5）不利于国民经济在自主基础上的健康而均衡的发展者（第3条）。

南斯拉夫规定，合营合同有下列情况之一者，不予批准：（1）投资关系和合同严重损害本国联合劳动组织同外国人间平等关系者；（2）合营合同规定产品出口受到限制者，而且其限制不符合南斯拉夫对外经济关系政策和制度者；（3）合同条款与国防和安全利益相抵触者（第42条）。

我国《条例》第5条规定，申请设立合营企业有下列情况之一的，不予批准：（1）有损中国主权的；（2）违反中国法律的；（3）不符合中国国民经济发展要求的；（4）造成环境污染的；（5）签订的协议、合同、章程显属不公平，损害合营一方权益的。

至于发达的资本主义国家，除美国不采取一般审批制度外①，其他大多数国家的外资立法都有关于审批机构和程序的规定。但各国法律的规定不尽相同，如日本外资法原规定有严格的审批制度及积极和消极的标准，但自实行资本移动自由化后，审批制度，逐渐有所放宽。原则上对外国直接投资中属于第一、二类自由化产业，实行自动许可制，只对少数非自由化产业，才实行个别审批制。但无论哪种情况，外资进入日本仍须符合外资法第 8 条规定的积极与消极标准。②

澳大利亚在 1972 年以前，对外国投资比较开放，凡从英镑区来的国外投资，一般不以政府批准为必要，但从非英镑区来的投资，则要求经过政府的正式审批程序。不过，事实上多少年来，都是实行自动认可制，毋需个别审批。1973 年保守党政府曾意图制订新法，建立负责对外资接管国内企业进行审批的专门权力机构，以代替旧法。但工党政府对外资的限制及审查制度，在实行上仍具有较大弹性。根据澳大利亚的外资政策，评审外国投资的主要标准是"考虑这种外资对国内企业的接管是否足以提高有效的技术，扩大有效的生产规模，降低价格，提高质量，增进研究，有助于工业关系，减少进口，扩大出口，增强竞争力，扩大就业机会，或有利于原有企业的规模及其经营管理"③。法国在战后较长期间内，直到 60 年代中期，外国投资尚未受到限制（除对采矿工业、公用事业及国防有关的重要工业），一般外国投资均可享受概括的批准（blanket authorization），其他一些特定投资项目则需个别审批。直到 1962 年，这种审批制度，还仅仅停留在形式上。1963—1964 年，外资政策开始有了较大改变。到 1964 年，针对美国投资大量涌入法国，财政部长坚持对所有投资项目的申请，须亲自审查。1965 年 1 月至 9 月，在 133 项外国投资申

---

① 参阅姚梅镇：《美国外资政策和外资立法》，载《法学评论》1983 年第 2 期，本章第二节之一。

② 参阅姚梅镇：《日本外资政策和外资立法》，载《国外法学》1983 年，本章第二节之三。

③ 美国国会图书馆研究服务中心，《外国直接投资法规》，第 185 页。

请中，即否决了 47 件。在政府报告中曾提出法国新的外资政策，即"法国不再允许外国投资的范围，直到可以对一个企业拥有绝对的控制权，甚至也不允许一个大的法国公司可以在外国资本控制之下。政府必须对外国投资者进行监督，只限于在外国投资有助于完成法国经济任务，并刺激法国经济发展这一条件下，才允许新的外国投资"。1966—1967 年，法国的外资政策披上了新的法律外衣，1966 年 12 月 28 日 66—1008 号法律，虽然规定了"法国与外国的金融关系是自由的"，但仍授权政府对法国同外国的"外汇业务、资本流动及各种支付"以及"外国在法国投资的结构和清算"，"事先进行审批，并加以控制"。1967 年 1 月 27 日法律（67—68 号），又强调了政府这一权利。1971 年修正案，虽然大部分在表面上承认了欧洲共同市场成员国相互间实行自由化，但仍维持上述关于政府审批权的法律效力。法国对外国投资审查的标准，除了要求具备形式上的资料（如公司名称、国籍等）外，在实质上主要审查外国投资者作为主要股份持有者其所持股份的百分比及其地位（当然包含其国籍）、申请投资的性质、目的、动机，以及其对法国经济的作用，特别是其所预期的利益，如增加出口，增加就业机会，发展新的研究技术，对法国国际收支平衡的作用，对促进法国经济计划的实现，加强某些经济部门或开发不发达地区的经济，等等①。事实上，作为外国投资者的大型多国公司（企业）想进入法国而欲达到足以支配控制法国某一经济部门的情况，通常是得不到法国政府批准的。所以，作为经合组织成员国的法国对外资所实行控制和审批制度的现行外资法规定，与法国承担"资本府动自由化法典"义务和欧洲共同体法规的义务，尚存在一定矛盾。

六、外资原本和利润的汇出

保证外国投资原本、利润及其他合法收益的自由汇出，是国际投

---

① 斯坦纳与瓦茨（Henry J. Steiner and Detlev F. Vagts）：《跨国法律问题》（Transnational Legal Problems）（1976），第 83 页。

资法律保护的重要内容之一，也是各国投资保证制度中政治风险之一。这是历来国际立法，包括多边条约（如国际货币基金协定、波哥大协定等）以及双边条约（友好、通商、航海条约，投资保护协定等）以及国内外资立法所确认的原则①。因为海外投资的目的，在于谋取海外利润，外国投资者在东道国因投资所得合法利润、其他合法收益以及其回收的本金，如不能兑换成国际通用货币或其本国货币，自由汇回本国，关系到投资者的根本利益，虽有收益，但无实惠，则将视海外投资为畏途；同时，也关系到投资政策有无吸引力和国际资金的自由流动问题。所以，在国际投资关系上，原则上应允许投资者原本及利润等可以自由汇出，这才有利于调整投资环境，吸引外国投资。

但是，在另一方面，接受投资国基于国家利益、货币政策的需要，特别是基于国际收支平衡的理由，在承认自由汇出的原则下，对投资者原本和利润的汇出，又常加以一定的合理的限制，实行外汇管制（exchange control），以防止外汇资金大量外流，这也不能否认其合理性和合法性。特别对发展中国家来说，这种措施已成为维护国家经济发展政策的重要手段②。首先，从经济上看，任何国家在国际经济交往中都要求尽力保证国际收支的平衡，特别是发展中国家的主要产品是初级产品，其价格在国际市场上极不稳定，往往成为其国际收支不稳定的主要原因。而工业化计划的进展，又在很大程度上决定于国际收支的平衡。加上发展中国家外汇储备不足，承受不住国际资金完全自由流动的不利影响。尤其在国内财政困难时期，其情况更为严

---

① 如《国际货币基金协定》第8条规定，成员国不得对国际资金的移动加以限制。1948年《波哥大经济协定》第22条规定，美洲国家不得对外资原本及其收益的移转，课以不正当的限制。其他如美国同其他国家所订立的航海、通商、友好条约等，均有关于外资原本及利润自由汇出的条款。参见法托罗斯：《对外国投资者的政府保证》（1962），第47～49，153～155页。

② 密克塞尔（Raymond F. Mikesell）：《战后世界的外汇问题》（Foreign Exchange in the Postwar Wrold），第444～449页；法托罗斯：《对外国投资者的政府保证》（1962），第48页。

重。利用外资的重要效益之一，本在于赚取外汇，谋求国际收支平衡，如外资原本及利润完全任其来去自由，在一定情况下，实难收引进外资的实益①。其次，从法理上讲，传统国际法从未确定关于外汇管制的任何规则。一般原则是，关于商事的法规和制度完全属于一个国家不受外来干预的国内管辖事务（unfettered domestic jurisdiction of states）②。任何一个国家确定其货币政策，有绝对的自主权限。所以，一个国家基于公共利益的需要，一般实行货币贬值或对外汇实行限制和管制，纵使外国投资者受到损失，在国际法上并不构成不法行为。正如迈恩（F. A. Mann）所指出的："国家除非其行为包含权利滥用，或违反条约义务，决不因其实行货币政策而引起国际责任。"③即令国际货币基金协定肯定国际资金自由移动的原则，但也不能不承认国家有权加以必要的限制。从而，要求一个国家，特别是发展中国家无条件地遵循汇出自由原则，保证在任何情况不实行外汇限制，是不可能的，也是不合理的。历来在学说上、判例上也不否认对外汇限制的必要性和合法性，如针对 1932 年美国国务院抗议智利政府实行外汇限制事件，美国国际法学理论界就曾作过下述评论："这种外汇限制是国家对外国商业交往所适用的一般立法行为，并未考虑该外国人权益的国籍关系，只要对有关外国人没有实行歧视待遇，这种立法

① 密克塞尔：《战后世界的外汇问题》，第 441 ~ 444 页；法托罗斯：《对外国投资者的政府保证》（1962），第 48 页；联合国经济事务部：《低开发国家出口市场的不稳定》（Instability in Exort Markets of Under—developed Countries）（1952）。

② 库齐德：《国际法上的平等待遇和商业上的区别对待问题》（Equality of Treatment and Trade Discrimination in International Law）（1968），第 20 页。

③ 沃特雷（B. A. Wortley）：《国际公法上的征用问题》（Expropriation in Public International Law）（1959），第 108 页；克伦福尔：《外国投资的保护》（1972），第 62 页。

行为就不能作为外国政府提出任何抗辩的依据。"① 再如瓦格与科伊公司（re Helbert Wagg and Coy Ltd.）一案，英国法院判决表明只不承认非出于善意（bona fide），而其目的实际上又不符合国际法原则所通过的外汇管制法。② 因而，基于善意，并为了公共利益的货币政策，尽管对外国投资者由于外汇限制的结果致以某种损失，但在国际法上仍是无可非议的。只有外汇管制法在实行上是出于武断或带有没收性的目的，在国际法上才能认为没有正当理由。③ 可见，在外汇问题上，一方面有基于经济需要实行外汇限制的国家利益，另一方面是国际投资者要求自由汇出的个人利益的对立，必须调剂两者之间的矛盾，调整国际投资环境，保护海外投资的安全与利益，才有利于国际资金的流动。④ 这种协调，一方面表现在国内法的措施，如资本输出国的海外投资保险制度，资本输入国的外资法关于自由汇出的保证；另一方面表现为国际法制上的措施，如国际货币基金协定第 6 条第 3 项规定，在承认国际资金移动自由的原则下，授权成员国在外汇储备不足及财政困难的必要情况下，可对资本的国际流动给予必要的限制。此外，在各国关于友好、通商、航海条约及投资保护与鼓励协定等双边条约中，也都明确规定在承认汇兑自由的原则下，容许特殊情况的例外，东道国可根据"合理的规定"（reasonable provision），实行外汇限制。也就是说，自由汇转，必须服从于"基于合理的国际收支平衡的理由实行外汇限制的可能性，必须服从于同资本输入国政府关于资本抽回比例及利润汇出限制的协议"。⑤

当然，关于投资原本及利润汇出的保证，主要是依靠资本输入国

---

① 柯林与艾特拉（Lawrance A. Collin and Aoron Etra）：《政策、政治、国际法与美国投资保证制度》（Policy, Politics, International Law and the United States Investment Guaranty Program），载《哥伦比亚国际法杂志》（Columbia Journal of International Law）第 4 卷（1966），第 265 页。

② 《全英法律报导》（All England Law Report）第 1 卷（1956），第 142 页。

③ 克伦福尔：《外国投资的保护》（1972），第 63 页。

④ 法托罗斯：《对外国投资者的政府保证》（1962），第 50 页。

⑤ 法托罗斯：《对外国投资者的政府保证》（1962），第 155 页。

的外资政策及外资立法。根据各国外资立法以及外汇管理法的规定，投资者原本及利润的汇出，原则上是自由的，但基于各国政治及经济情况的不同，也允许在立法上予以一定限制。大体上不外下列几种情况：一是受国内法规定的年限和汇出限额的限制，二是必须在履行法定义务（如纳税）之后，三是必须在履行其他支付之后。一般说来，其限制在发展中国家较严，在发达国家较宽。

1. 关于利润、股息等的汇出

一种情况是，有的国家外资法对投资者原本及利润等收益的汇出，未作限制规定。如阿富汗（1954年4月19日法律）规定，外国投资者在交付所得税后，可将其从原本增殖的利润的全部或任何部分汇往国外。土耳其规定，外资本金自然增殖的净利润，依法出售全部外资所得的金额……等，经财政部批准，可按官方汇率，用外资本金来源国的货币汇往国外。菲律宾规定，外国人投资所得的收益和利润全部，在纳税后，可用原来投资的货币，按当时的汇价汇出国外。其他如新加坡、印度尼西亚、印度、泰国①、哥伦比亚、智利、尼加拉瓜、波兰、罗马尼亚等国，原则上对汇出的利润不加限制。

另一种情况是，有少数国家外资法，在允许自由汇出的原则下，又规定有汇出的限额，通常是利润按投资原本数额的一定比例准许汇出，比例大小，则各国规定不一。如安第斯共同外资法规定，外资企业每年汇出利润的数额，限制在注册资本的20%以内，但成员国可批准各自的最高或最低限额。如玻利维亚则规定利润每年汇出额，不得超过原投资额的15%。有的分别投资资本的不同形式，规定利润汇出的不同限额。如希腊规定，股份资本的利润及其他收益的汇出，不得超过股份资本总额的12%，贷款资本的利润汇出，不得超过该贷款投资总额的10%。也有的按投资产业部门的不同性质，分别规定利润汇出的比例。如巴西规定，奢侈品部门的外国投资，其收益和

---

① 泰国法律未限制利润汇出，但如国际收支情况不良，泰国银行可实行限制，但相当于已缴资本的15%的利润，每年仍允许汇出。

利润的汇出额，只能相当于注册资本的 8%，非奢侈品部门的外国投资，其利润和收益的汇出，则无限制，但如 3 年中每年平均利润汇出额超过注册资本的 12%者，须补交所得税。专利费汇出不得超过每年所得额的 5%。阿根廷外资法规定，允许外国投资人将其利润汇往国外，其比例须在投资合同及其修正条款中规定。转移的数额不得超过利润的 12.5%，或甲级银行中 180 天内定期存款所付利息的 4 点。转移的利润限于由他们自己的流动资金所取得的，用外国或本国贷款所产生的利润不得转移。（第 13 条）

意大利外资法规定，生产部门的外国投资，可自由汇出其实际所得的股息和红利，非产品性部门外国投资的利润和收益的汇出，每年最高不得超过资本总额的 8%。①

葡萄牙外资法规定，外资股息和利润，在扣除法定摊还额和应交税款后，可汇出国外，但年汇出额应经批准。如汇出数额，显然有使国际收支情况恶化的可能性，则应在不超过 1 年的时间内分批汇出（第 13 条）。

南斯拉夫规定，外国人有权将参加分配的共同业务中得到的资金，根据外汇管理法和贷款关系法及外资法的规定，向国外转移（第 23 条）。但实际上仍有限制，以企业出口赚汇为基准，利润的汇出额，纳税后，不得超过企业出口获汇的 50%。

2. 投资原本（本金）的汇出

投资本金是投资企业维持与发展的基础，无论是分期摊还、依法转让或企业清算所得的回收资本金额，特别是资本抽回等，一般是在较为严格的条件下，才允许汇出的。但各国立法也不尽相同。

一种情况是，原则上可以自由汇出，如土耳其规定，凡外资本金因企业实行部分或全部停业清算而以合理价格出售资产所得收入中占有的份额，以合理价格出售企业部分或全部外资本金所得收入，以及外国贷款按贷款协议条件到期应予偿还的本息，均可自由汇出，不加

---

① 法托罗斯：《对外国投资者的政府保证》（1962），第 159～160 页。

限制(《鼓励外国投资法》第 4 条)。

南斯拉夫规定，外国投资者在合营期间内，可部分撤回其投资，或合同期满，或完成业务目标所回收的投资资金或投资余额，均有权转移，可按外汇管理法及国外贷款关系法，汇往国外（第 34 条）。

另外一些情况是，大多数外资法对抽回投资本金规定有期限（如分期摊还或须经过一定期限后才许抽回本金）限额及其他条件的限制。如伊朗 1955 年 11 月 28 日法律规定，原则上允许投资资本的全部可汇出国外，如其汇出足以恶化本国国际收支平衡者，只允许其部分汇出，但其汇出额不得少于应汇出额的 30%。葡萄牙规定，外国直接投资因出卖和清算所得的收入（包括资本得利在内），可以准许汇出，但须符合下列条件：应全部付清税款，而且从资金进口之日起已满 5 年。如果这种汇转足以使国际收支趋于恶化者，应分批汇出，但每年汇出数额不得少于可汇出总额的 20%（同前法第 14 条）。希腊也规定了两重限制，即"在投资之日起未经过 1 年，而且在企业开始生产前，不得抽回资本，对偿还的资本本金部分的汇出额，每年不得超过投资总额的 10%。

阿根廷外资法所规定的提汇资本的条件，更加详尽，提汇资本本金必须：（1）保证公司能继续经营，并按规定条件提供服务；（2）每年抽回资本额同保证公司延续其正常经营的原则相符，每年抽回的数额不得超过可抽回资本的 20%；（3）从投资开始之日起头 5 年内，不得抽回任何资本（第 12 条）。

菲律宾规定，为出口服务的公司，外资每年收回的资本不得超过该公司纯外汇收入。在投资委员会注册的从事出口交替商品的产业公司，只能在经营开始 1 年后，从每年纯外汇收入中提汇资本；其他公司只能在累计 5 年到 9 年的分期摊还中，提汇资本。智利、埃及有同样规定。

意大利规定，企业结算后的投资原本，可以汇转出国，但必须从最初投资之日起算经过两年后，而且每两年汇出额，不得超过其可汇出总额的 50%。日本规定，从最初投资之日起两年后，才能抽回资本，其汇出最高额每年不得超过其可汇出总额的 20%。

此外，有的国家关于投资原本抽汇的规定，富有弹性，如玻利维亚规定，原本汇出每年不得超过 20%，在特殊情况下，也不得超过 30%。缅甸未规定具体年限和比例，只规定"经过一定合理期限后，可提汇投资本金"。印度尼西亚外资法则明确规定，具有抽回资本性质的向国外汇款，是允许的。其实施细则，由政府另行规定。

3. 外籍职工工资的汇出

关于外籍职工工资的汇出，有的只作原则规定，允许自由汇出。如土耳其规定，受雇的外国人经财政部事先同意，可按官方汇率，用各自国家的货币，将本人雇用合同上规定的部分工资汇往国外，以维持其家属生活和正常储蓄。罗马尼亚规定，混合公司的外国人员有权通过罗方外贸银行将其工资汇往国外，工资可汇出的额度由公司管理机构确定。有的则在法律上明确规定限额，如阿富汗规定，外资企业或阿富汗企业中外籍职工工薪汇出的比例，限于其工资的70%。埃及、匈牙利、波兰外国投资法均规定外籍职工工资的50%，可允许汇往国外。

我国为保护外国投资者的合法权益，在外汇收支平衡的原则下，允许外国投资者依法纳税后的纯利润和其他合法收益，均可汇出。《中外合资经营企业法》规定，"外国合营者在履行法律和协议、合同规定的义务后分得的净利润，在合营企业期满或者中止时所分得的资金以及其他资金，可按合营企业合同规定的货币，通过中国银行按外汇管理条例汇往国外"（第 10 条）。即无论利润及资本依法回收金，均可自由汇出，无期限及比例的限制。

关于外籍职工工资的汇出，也放宽政策，依《实施条例》的规定，"合营企业的外籍职工和港澳职工的工资和其他正当收益，依法纳税后，减去在中国境内使用的花费，其剩余部分，可以向中国银行申请全部汇出"（第 79 条）。这是根据我国的实际情况，由于合营企业中外籍职工情况不尽相同：有的来我国工作不带眷属；有的长期在企业驻外机构工作；有的参加海上石油勘探，在海上平台工作，住宿、伙食均由企业供应，在中国花费不多，以不规定限额为宜①。

七、外资股份的转让

私人直接投资，特别是采取合资经营，合作经营，合作生产等形式，经营双方共担风险，共同经营，共负盈亏，这种投资关系始终是建立在平等互利、相互信赖的基础上的。因此，从原则上讲，除法律另有规定或契约另有约定者外，一般不允许单方片面地中止投资契约，或任意退股，俾有利于维持投资项目的继续经营，共同完成项目。至于外国投资者或合营者在企业经营有效期间，能否自由转让其股份的全部或一部，为了贯彻平等互利及相互信任的原则，各国立法大多有明文规定，既保证外国投资者有权转让其股份，又附加同意条件，保证新的受让者取代原投资者的地位，继续保持合营关系及投资关系的和谐互信，共同经营。

南斯拉夫规定，外国投资者可将其投资合同中享有的权益转让与其他外国人，但必须得到联邦动力和工业委员会的批准，而且必须事先通知南方合营者，并不得以优于南方合营者的条件转让与他人或组织。如外国投资者违反这一转让优先权的规定，南方合营者可向法院起诉，要求宣布无效，并将该转让的权益以同样条件转让与南方合营者（第29—30条）。罗马尼亚规定，股票和资本额，只有根据公司合同及章程的规定，经各方面组成的大会批准，方可转让（第13条）。波兰规定，合营企业的股份为记名股票，没有其他股东的同意，不得转让与第三者；波兰股东有购买外国股份的优先权（第3条）。

我国《合资法》及《实施条例》规定，"合营一方如向第三者转让其全部或部分出资额，须经合营他方同意，并经审查批准。合营一方转让其全部或部分出资额时，合营他方有优先购买权。合营一方向

---

① 我国《外汇管理暂行条例》第25条规定，侨资、外资、企业、中外合资经营企业中的外籍职工和港澳职工依法纳税后，汇出的工资等正当净收益以50％为限，现已根据《实施条例》加以修正。

第三者转让其出资的条件，不得比向合营他方转让的条件优惠。违反上述规定的，其转让无效"（第 23 条）。至于转让的程序，须经董事会批准，并报审批机关批准后，再向原登记管理机构办理变更登记手续（第 24 条）。

八、税收及税收优惠

在国际投资关系中，税收问题是调整投资环境的一个重要因素，并具有其本身的特点：

第一，税收直接影响外国投资者的利益。税率的高低，优惠的多少，关系到投资利润率的高低，关系到海外投资者获利的多少。一切外国私人投资的目的都是为了牟取利润，而税收，尤其是所得税，则恰恰是利润的对立面，税轻利厚，税重利薄，税收对外国投资既可构成障碍，也可成为刺激和鼓励。所以在涉外税收政策上，为了达到吸引外国投资的目的，一般国家，特别是发展中国家，原则上采取税负从轻，优惠从宽的方针，并构成外资立法的重要内容。

第二，如何确定合理的税负，不仅主要考虑国内条件，还须考虑国外因素。因为涉外税收，涉及两国征税权及双重课税（double taxation）问题，不单纯是一个与投资者之间的收入分配问题，而且关系到国家之间的权益划分问题。特别是所得税，如果外国投资者在东道国取得的利润等投资所得，东道国不征税，或过少征税，除了投资者来自"自由港"或"避税港"外，都须按其本国法律计算纳税或补税。这实际上是在不同程度上把东道国应征收的税让给外国政府去收，结果是使国家权益外溢。所以，单方面地减低税率，减免税收，只是形成国家间国库收入的转移，投资者本人收不到低税、免税的实惠，从而也不能真正收到鼓励外国投资的实际效果。为鼓励外国投资，在涉外税务方面，实行税收抵免，已成世界各国所普遍承认的国际税收惯例（见本书第三章第一节）。即外国投资者可从其国内应纳税额中扣除在国外已纳的税款。有的国家（如美、日、英等）都在其国内法上列有自动给予税收抵免的规定，我国合营企业所得税法也有这一规定。而最普遍的作法，是通过双边税收协定，实行税收抵免或豁免，解决双重课税问题①，这样，才能在涉外税收政策上收到鼓励外国投资的实效。所以，税负合理的问题，应当是按国际一般水平，实行税负从轻，在维持国家权益的原则下，实行优惠从宽，而且还要注重减免税收的实际效果。

第三，对税收优惠的作用，要作适当的估量。构成投资环境的因素很多，税收不过是其中的一个重要因素而已。外国投资者选择投资环境，也不仅仅是看税收而已，还要着重考虑其他问题。一般说来，可概括为下列四个方面：一是投资的法律保障和政策的稳定性问题；二是市场、物价和原材料供应问题；三是劳动力供应、经营管理和经济效益问题；四是有没有高征税的风险问题。外国投资者是为了追求利润，前三个问题关系到有利无利的根本问题，税收问题只是利多利少问题。前三个问题解决不好，税负再低，优惠再多，外国投资者仍担心有利难图，不敢贸然投资。所以，对税收优惠的作用，不能孤立地、片面地理解，而应从全局观点，作适当的分析和估量。

利用外资，引进技术，涉及多种对象和多方面的内容，需要解决的税收问题及确定合理的优惠措施，是相当复杂的。各国外资立法都包含有较大篇幅的税收措施，归纳起来，不外两个方面，一是税率问题，一是税收优惠问题。总的看来，发展中国家比之发达国家，税负从轻，优惠从宽。

1. 税率问题

对外国投资者税收及税收优惠政策的核心问题，是所得税率问题，所得税率的高低，决定外国投资利润率的高低。发达国家主要是鼓励向海外投资，故外国在本国的投资，所得税率一般偏高。如英国

①　法托罗斯：《对外国投资者的政府保证》（1962），第 55～56 页。关于废止双重课税，早已引起国际上的重视，如 1948 年波哥大经济协定（Economic Agreement of Bogota）要求签字国放宽税收，废止双重课税。又国际商会（ICC）关于外国投资者公正待遇法典，要求订立双边条约解决双重课税问题。1958 年欧洲经济合作联盟（European League of Economic Cooperation）建议在草拟中的国际投资公平待遇宪章中，列入"废止双重课税"一项。

为 52%，联邦德国为 51%，法国为 50%，美国联邦所得税法规定为 46%，日本法人税为 42%，加上都、道、府、市、町、村居民税，合计达 53%。发展中国家和地区，主要是吸引外国投资，所得税一般偏低。如菲律宾为 35%，印度尼西亚为 20% ~ 45%，马来西亚，新加坡为 40%，泰国为 30%（但在 1980—1982 年间，公司资本达到 100 万美元者，则按 35% 纳税），巴基斯坦、缅甸、波兰规定为 50%，罗马尼亚为 30%，匈牙利规定，合营企业利润不超过合营企业资本的 20% 者，利润税税率为利润的 40%，如利润超过资本的 20% 者，超过部分的税率为利润的 60%，南斯拉夫为 35%，一般都在 35% ~ 40% 之间。至于在避税地（tax heaven）、自由港，如香港①、百慕大、巴哈马群岛等地，有的低税，有的则不收税。

2. 税收优惠

为鼓励外国投资，对特定税收，实行减免。主要表现在两个方面。

一是所得税的减免。如利比亚规定，对国家经济发展有贡献的投资项目和企业，经财政部和经济部长批准，在指定期间内，对至少占资本总额 51% 的项目，可减免所得税、进口关税及其他税收。黎巴嫩规定，内外合营企业，从创办之日起，可减免为期 6 年的所得税。印度规定，外资参与的公司利润可减免所得税，直到其所用资本的 6%。埃塞俄比亚规定，按资本数额确定减免所得税的期间，公司资本总额达到 200000 埃元者，可减免所得税 5 年，资本超过上述数额一倍者，可再延长 3 年②。新加坡规定，如属新兴工业和出口工业，从生产之日起算，免征所得税 5—10 年，在此期间内，所得股息亦予免税。凡产品外销的企业，其产值占该厂产品销售总值 20% 以上，或出口超过 10 万新元者，经财政部批准，其收益所得税可从 40% 减

---

① 设在香港的公司只纳净利润的 16.5% 的统一税，在海外获得的利润不在香港纳税。

② 联合国：《非洲外资法规汇篇》（Investment Law and Regulation in Africa），第 45、33、35 页；克伦福尔：《外国投资的保护》（1972），第 52 页。

至 4%，优惠期为 5—15 年。泰国规定，"奖励"产业可免征 5 年所得税和 1 年进口税和消费税；纺线、纸张、罐头、电工产品企业及装配企业，减半收税；矿山开采，橡胶、原木加工和轻工等企业，可减税 1/3。

罗马尼亚规定，合资公司在开始获得征税利润年度内，部长会议可批准免征所得税，免税的时间到年底为止，随后两个日历年的税收减半。如果合资公司从该年度下半年开始获取利益，则对下一年度上半年获取的收益亦予免税。征税部分的利润，再投资于本公司或有罗方入股的其他合资公司，为期 5 年以上者，其税收可减少 20%。波兰规定，合营企业如符合部长会议规定的条件，从开办之日或投产之日起 3 年内，可全部或部分免征利润税。南斯拉夫规定，外国企业如把 25% 以下的利润用于再投资（或存款），可减税 15%，25% 以上用于再投资（或存款），可减税 30%，50% 以上用于再投资（或存款），可减税 50%。

此外，还有的外资法为了减少税收负担的不稳定，对被批准外国投资的所得税率，规定在一定期间内予以"冻结"（freeging）。如希腊规定，从投资之日起 10 年内，批准投资当时的所得税率确定不变。智利规定，如系从事自然资源开发，如矿业、农业、林业、渔业及其他关于海洋、海底、水流、空间等开发的外国投资企业，可以在合同中订入保证条款，确定合同中所定的税收和特别免税政策不变，但须经代表政府机构的全体成员同意。但应指出，这种条款，并不是对外国投资者承认一种优惠和特权地位，只是担保外国投资者不受未来税收政策变化的影响而已①。

税收优惠也适用于外籍职工及雇员。大多数外资法对外资参与的企业中外籍经理人员、技术人员或其他雇员的工资收入，允许在一定期间内，全部或部分地减免其应负的所得税。如印度规定，根据政府批准的雇用契约的外籍技术人员，在东道国雇用的头 3 年内，减免其

---

① 法托罗斯：《对外国投资者的政府保证》（1962），第 176～178 页。

工资所得税，但减免规定严格地适用于技术人员，不适用于经理及其他雇员。外国企业的雇员虽非从事印度商业活动，对其在印度所赚的工资，也适用减免规定，但其滞留期未超过 3 个月者除外①。巴基斯坦也有类似规定，根据政府批准的雇用契约进行服务的外国技术人员，允许在两年内免征一切税收。南斯拉夫规定，外国人收入的70% 纳税，其余免税。

二是进口关税等的减免。如利比亚规定，任何新建外国企业生产所需的进口必要物资及机器零部件（资本货物），而为当地不能供应者，免征进口关税，免税期为 5 年，免征财产税期间为 10 年。印度尼西亚规定，企业提出经财政部批准的在总清单中具体说明的设备和零件，减免进口税和进口销售税；企业用并列入清单中的所有车辆（轿车和当地装配的车辆除外）可减免进口税；企业还可要求财政部批准免除办公室设备、家具和建筑材料的进口税。菲律宾规定，企业登记后 7 年内进口的资本货物，可免征进口税 50%。如属先进企业、出口企业、服务性出口企业，可全部免除进口税。新加坡规定，工业企业和制造业企业的进口设备，免征进口税，免税期先进企业为 5—10 年，扩建企业最多免 5 年。泰国规定，公司进口机器可免税或减税 50%，免税期为 3—8 年，但以当地买不到同样机器为条件。智利规定，凡外资超过企业资本 20% 的企业为发展营业而进口固定资产，可批准全部或部分免除其进口税。

3. 我国税则

我国为了吸引和利用外国投资，加速社会主义现代化的建设，在税收政策上，在维护国家权益的前提下，采取并具体贯彻"税负从轻、优惠从宽、手续从简"的原则。对中外合营企业及其他形式的外国投资，在税率从低的基础上，采取了三十多项减免税收的优惠措施。最近又进一步放宽政策，增加了减免税项目，并延长了所得税免

---

① 《世界税务丛书》（World Tax Series）（印度税收）（Taxation in India）(1960)，第 149 页；法托罗斯：《对外国投资者的政府保证》（1962），第 179页。

税期。

在所得税率方面，我国《中外合资经营企业所得税法》采取固定的比例税率，合营企业所得税率为30%，另按应纳税额附征10%的地方所得税，两项合计为33%，同其他国家比较，我国的税率是适中偏低的。广东、福建两省经济特区，为鼓励外国公民，特别是华侨、港澳同胞及其公司、企业投资，企业所得税率更低，为15%。外国企业①所得税率，采取累进税率，按应纳税的所得额超额累进计算，其税率最低为20%（全年所得额不超过25万元的），最高为40%（全年所得额超过100万元的），另按各应纳税的所得额缴纳10%的地方所得税。至于外国公司、企业和其他经济组织在中国境内没有设立机构而有来源于中国的股息、利息、租金，特许权使用费和其他所得，则按固定利率征税，应缴纳20%的所得税，税款由支付单位在每次支付的款项中扣缴（《外国企业所得税法》第3条、第11条）。

外国合营者从合营企业分得的利润汇出国外时，按汇出额缴纳10%的所得税，不汇出的不纳税（《中外合资经营企业所得税法施行细则》第4条），也比其他许多国家的汇出利润税为低，如泰国为25%，印度尼西亚为20%。

在税收优惠措施方面，我国在税率从低的基础上从宽作出了一些减税、免税的规定。

（一）所得税的减免

1. 对新办的合营企业，合营期在10年以上的，经企业申请，税务机关批准，从开始获利的年度起，头2年免征所得税，第3—5年减半征收所得税。这样，头5年的所得税平均负担率只有9.9%。如果外国合营者把分得的利润全部汇出，连同汇出利润的所得税在内，平均负担率也只有18.91%。这就是说，外国合营者在头5年获得的

---

① 外国企业，一般指在中华人民共和国境内设立机构，独立经营或者同中国企业合作生产、合作经营的外国公司、企业及其他经济组织（《外国企业所得税法》第1条）。

每 100 元利润,可以实际拿走 81.09 元。

2. 对农业、林业等利润较低的合营企业和在经济不发达的边远地区开办的合营企业,除头 5 年减免所得税外,还可在以后 10 年内继续减征所得税 15% ~30%。

3. 关于港澳同胞和华侨投资的优惠,我们认为对港澳同胞和华侨在内地举办合营企业,为期在 10 年以上的,特别是投资兴办农业、林业等利润较低的合营企业,或在经济不发达的边远地区开办合营企业;或在内地独资经营企业,或同内地企业合作经营农业、林业、牧业等利润低的企业,都可根据我国外资立法精神,参照税法有关优惠规定,分别情况,经申请批准,给予更多优惠,俾有利于鼓励海外爱国侨胞到国内投资,为祖国社会主义建设作出积极贡献。

4. 外国合营者从合营企业分得的利润不汇出的,不纳税;利润用于在中国境内再投资,为期超过 5 年的,可申请退回再投资部分已纳所得税款的 40%。经济特区客商将所得利润用于在特区内进行再投资为期 5 年以上者,可申请减免用于再投资部分的所得税(《广东省经济特区条例》第 16 条)。

5. 对外商在农牧业、科研、能源、交通运输以及开发重要技术领域等方面提供专有技术所收取的使用费,可以减按 10% 的税率征收所得税。其中技术先进、条件优惠的,可以免征、减征所得税(《关于对专有技术使用费减征、免征所得税的暂行规定》)。这一优惠办法,有利于引进先进技术。

6. 在中国境内投资从事农业、林业、牧业,包括深井开采能矿资源等利润低的外国企业,经营期在 10 年以上的,从开始获得的年度起,第一年免征所得税,第二和第三年减半征收所得税。减免期满后,还可在 10 年内继续减征 15% ~30% 的所得税(《外国企业所得税法》第 5 条,同法《施行细则》第 7 条)。

对生产规模小、年利润率低(年所得额在 100 万元以下)的外国企业,需要减征或免征地方所得税的,由企业所在的省、自治区、直辖市人民政府决定(同上法第 4 条)。

（二）关税和工商税的减免

合营企业进口下列物资免征关税和工商统一税（《实施条例》第71条）：

1. 按照合同规定作为外国合营者出资的机器设备、零部件和其他物料（指合营企业建厂（场）以及安装、加固机器所需材料，下同）；

2. 合营企业以投资总额内的资金进口的机器设备、零部件和其他物料；

3. 经审批机构批准，合营企业以增加资本所进口的国内不能保证生产供应的机器设备、零部件和其他物料；

4. 合营企业为生产出口产品，从国外进口的原材料、辅料、元器件、零部件和包装物料。

如上述免税进口物资，经批准在中国境内转卖或转用于中国国内销售的产品，则应照章纳税或补税。

合营企业生产的出口产品，除国家限制出口者外，经我国财政部批准，可免征工商统一税。

合营企业生产的内销产品，在开办初期纳税有困难的，可以申请在一定期限内减征或免征工商统一税（同上法第72条）。

特区企业进口生产所必要的机器设备、零配件、原材料、运输工具和其他生产资料，免征进口税。对必需的生活用品，可以根据具体情况，分别征税或减免进口税（《广东省特区条例》第13条）。

此外，关于中外合作开发海洋石油进口勘探、开发、开采石油所需用的机器、设备、材料等货物为在国内制造供海洋开采石油作业（包括勘探、钻井、固井、采油等）用的机器、设备，经核准需要进口的零部件和材料；可免征进口税；外国合同者按合同规定所得的原油装运出口时，可免征出口税。外商、侨商、港澳工商业者来料加工、来件装配和中、小型补偿贸易，根据合同规定生产上所需进口的原材料、零部件和设备，经申请核准，可免征进口环节的工商统一税。

（三）关于外籍职工或雇员的税收优惠

关于外籍职工或雇员的税收优惠，一般情况是，在中国境内工作，提供劳务，但在中国境内连续居住不超过 90 天的个人，从中国境外雇主取得的报酬，免予征税。不过，对在中外合营企业、合作生产等企业中工作的外籍人员，以及外国公司、企业和其他经济组织在华机构中工作的外籍人员，如果只是为了执行任务，从事业务工作，虽在华常驻 1 年以上或超过 5 年，但不准备在中国境内定居，其在中国境外取的所得，仍可免予申报个人所得税。

我国在涉外税法上贯彻税率低，优惠多这一方针，是完全符合于我国外资政策的基本精神和我国根本利益的。首先，我国对外国投资实行税收优惠，不是无原则地给外国投资者好处，而是从国家利益出发。确定减免税收的标准，主要是从外资投向及其对我国经济发展，国际收支平衡，技术发展等方面来加以衡量的。证之其他国家立法例，也是如此，凡投资于新兴企业、优先发展项目、出口创汇多的企业，则优惠较多。其次，从一时一事看，税率低，优惠多，国家在国库收入上似乎承受了一定牺牲，但从总的方面和长远看，税收优惠政策本身，实际上是扩大税源的有效措施。因为税率低，优惠多，对外国投资就具有较大的吸引力，外国投资多，则国家税收总额也相应增多。特别是在我国，能吸收更多的国外资金和先进技术，就更有利于在自力更生基础上，加速步伐，推动社会主义现代化建设。

九、经营管理与劳动雇用关系

对接受投资国，特别是发展中国家来说，在引进外国投资，由外国人参与本国企业经营的情况下，坚持本国对企业的经营管理决定权，是关系到防止外国经济势力控制，维护本国经济自主发展的根本问题。劳动雇用问题，又关系到本国劳动情况、劳动政策和立法、劳动就业和技术培育问题。因而，大多数外资法都有规定，并给以一定合理的限制。基于国家经济政策和劳动政策的要求，对外国人进入国境，从事特定经济活动的规定和限制，原是国家主权权力和行政权的行使，其合法性在国际法上是无可争辩的，只要没有歧视待遇，他国是不能干预的①。

发展中国家重视企业的经营管理权，防止企业权限为外资所控制，通常规定在允许外国投资者参与经营管理的条件下，坚持本国人有进行管理的决定性的权限。在合营企业中，关于经营管理权有两个主要问题，一是董事会的组成及其权限，一是董事、经理及其他高级职员的任命及其权限范围。外国合营者在企业中的地位，其参与管理权限的大小，主要是依靠其在合营企业中所占股份比例的大小来决定的②。通常董事长或总经理等企业最高决策人由本国人担任，外国合营者只能担任副职或技术经理。但具体规定，各国立法不尽相同。有的确定作为企业决定机关的董事会成员人数，必须本国董事占最大多数。如埃及规定，埃及公民在公司董事会的代表人数，应占最多数。伊朗规定，公司董事会成员必须全部是在本国的永久居民，但不一定是本国公民。墨西哥也有同样规定，外国投资者对企业行政管理的参与，不能超过其资本参与的比例。按一般发展中国家的通例，外资参与额通常是 49% 以下，这样，就可以保证本国投资者对企业参与管理的决定权。南斯拉夫不仅在法律上明确规定，外国人在共同业务机构中的代表人数，不能多于本国联合劳动组织的名额，而且在体制上，南斯拉夫的工人自治原则是一切工人组织的基础，同样适用于合营企业的管理体制和管理原则。因而，作为企业最高权力机关的业务委员会或执行委员会（Management Committee）或共同业务委员会（Joint Operating Board），相当于其他国家的董事会，对企业的管理，如批准投资计划、方案，决定业务经营计划，董事和经理的任免，章程的修改，确定利润分配，雇用人员，确定财务制度和计划，等等，具有最后决定权。而这些权限是工人不能让与的权利，应保留给工人自治机构行使。所以，从其管理体制及其立法上来讲，在南斯拉夫具有企业管理决定权的机构中是基本上排除外来力量的控制的，当然，

---

①　法托罗斯：《对外国投资者的政府保证》（1962），第 44~45 页。

②　斯克里芬：《东西贸易的合作——股份式合营企业》，载《国际商业法律家》，第 10 卷（1982）第 4 期，第 107 页。

这并不是指排除外国投资者对经营的共同参与权①。其他发展中国家的立法虽未明确这一条件，但也坚持同样要求，不过，不完全是出于立法规定，而是基于政策上的考虑，根据主管行政机构长期实践的结果②。波兰规定，坚持波兰公民在合营企业管委会中担任领导的原则。

关于职工雇用问题，一般有两种情况，一是非技术人员的一般职工的雇用，一是技术人员、经理人员的雇用。关于前者在雇用上的限制，问题不大。因为在大多数情况下，雇用当地劳动力，对资本输入国来说，为了劳动政策及社会经济的理由，以及扩大本国劳动就业机会和范围，一般有必要在法律上作出要求，限定尽可能雇用当地职工。对外国投资者来说，利用当地廉价劳动力（特别在发展中国家），在实际上方便，在经济上有利。

比较重要的问题是关于在技术上、经营管理上有一定专业能力的熟练人员（Skilled Personal）雇用上的限制。外国投资者一般考虑的是，在高级职员中出现无经验及不称职的人员，将造成经营管理上效率的低下，对企业不利。因而强调为保证企业经营的效率，尽可能雇用外国技术和管理人员。这种疑虑和要求在一定程度上是不可否认的；但是，投资者一方单纯的方便，究竟不能优先于资本输入国经济上的需要③。因为从资本输入国，特别是发展中国家来说，既要一般限制外国人员的雇用，以提高本国就业水平，又要通过利用外资，引进技术和管理经验，有助于推动本国工业化，提高本国企业的经营管理效率，培育国内的技术力量和管理人才。故对外国专业人员雇用的限制，不能不富有弹性，以弥补本国技术劳动力的不足④。基于这种需要，大多数外资立法对雇用外国职工问题，区别不同情况，作出适

---

① 梅斯曼:《合营企业结构上的冲突》,载《国际商业法律家》,第 10 卷（1982）第 4 期，第 120 页。
② 法托罗斯:《对外国投资者的政府保证》（1962）,第 47 页。
③ 法托罗斯:《对外国投资者的政府保证》（1962）,第 45 页。
④ 法托罗斯:《对外国投资者的政府保证》（1962）,第 44 页。

当的限制规定。一般说来，对高级技术和管理人员、熟练劳动者，规定一定比例，不同于非技术专业人员的比例。如缅甸规定，技术人员中必须有 25％为缅甸人。巴基斯坦规定，必须有 50％为巴基斯坦人。其他国家，如智利、墨西哥、乌拉圭、斯里兰卡、印度等国的劳动立法，也承认这一例外，规定在企业中雇用有特别技术能力的外国人，其工作非本国国民所能胜任者，也须保留本国国民的一定比例。菲律宾规定，享有优惠的公司，除头 5 年外，不得雇用任何身份的外国雇员。在头 5 年中，从事监督、技术和咨询工作的外国雇员数额，不得超过公司中雇员总数的 5％。外资拥有大部分股本的公司，可以保留董事长、司库和总经理的职位。新加坡规定，可雇用外国侨民从事技术和专业工作，但须保证本国工人受到培训。印度尼西亚规定，外资企业中只有印尼国民胜任不了的管理职务和专业职务，才能聘请或雇用外国人担任；并规定外资企业有义务逐步地用印尼国民代替外国职工，并应以印尼国民为对象，在国内或国外进行定期培训（外资法第 10—12 条）。巴西规定，合营企业职工应以当地职工为主，其人数应占企业职工总数的 2/3 以上，工资应占职工工资总数的 2/3 以上。波兰规定，除高级熟练的外国人员外，合营企业应主要雇用波兰人员（1979 年第 24 号命令附件，第 39 条）。

我国中外合资经营企业法规定，合营企业的经营管理，不设股东大会，而是采取董事会制。董事会是合营企业的最高权力机构，决定合营企业的一切重大问题：如企业发展规划、生产经营活动方案、收支预算、利润分配、劳动工资计划、停业以及正、副总经理、总工程师、总会计师等高级职员的任命或聘请及其职权、待遇等。董事会成员不得少于三人。董事名额的分配由合营各方参照出资比例协商确定后分别委派，但董事长一定由中国合营者担任和委派，副董事长可由外国合营者担任，由外国合营者委派董事长是合营企业的法定代表。董事长不能履行职责时，应授权副董事长或其他董事代表合营企业。董事会关于修改合营企业章程，合营企业的中止，解散，合营企业注册资本的增加、转让，合营企业与其他经济组织的合并等重大事项，须经出席董事会会议董事全体通过，才能作出决定。其他事项，可以根据合营企业章程载明的议事规则作出决议（或过半数或三分之二）。

合营企业在董事会领导下，设立经营管理机构，负责企业的日常管理工作。经营管理机构设总经理一人，副总经理若干人，协助总经理工作。总经理执行董事会会议的各项决议，组织领导合营企业的日常经营管理工作。在董事会授权范围内，总经理对外代表合营企业，对内任免下属人员，行使董事会授予的其他职权。总经理、副总经理由合营企业董事会聘请，可以由中国公民担任，也可以由外国公民担任。同时，为了保证合营企业的正常经营，还规定总经理或副总经理不得兼任其他经济组织的总经理或副总经理，并不得参与其他经济组织对本企业的商业竞争。总经理、副总经理及其他高级管理人员有营私舞弊或严重失职行为的，经董事会决议可以随时解聘。关于合营企业的经营管理权，我国虽不像其他国家立法作硬性规定，但上述规定，既贯彻了平等互利、协商一致的原则，中外双方"合资"、"合营"，发挥外国投资者参与经营的积极性；又能保证我方合营者在经营管理上享有一定程度的决定权，以防止外国资本对合营企业的控制。特别是在合营企业中的工会组织是职工利益的代表，在合营企业董事会会议讨论合营企业的发展规划、生产经营活动等重大事项时，工会代表有权列席会议，反映职工意见和要求，这也有助于合营企业的经营活动符合我国利益和全体职工的利益。

关于合营企业职工，包括技术人员及管理人员的雇用问题，我国法律未明确规定中外人员的比例，其雇用、解雇、辞退、工资、劳保等事项，按照我国《中外合资经营企业劳动管理规定》，通过订立劳动合同加以规定，并规定合营企业应加强对职工业务、技术的培训，建立严格的考核制度，使他们在生产技术、管理知识方面能够适应现代化企业的要求。

十、国有化、征用与外国投资保护

对外国投资的国有化问题，向来是国际投资争议中最突出的问题，也是国际投资保护问题的核心。因为国有化问题，既关系到资本

输入国的主权问题，又关系到外国投资者的投资安全与利益乃至资本
输出国对海外投资的保护问题。因而，不仅引起东道国同外国投资者
间利益的对立，也引起资本输入国同资本输出国政府间权益的矛盾。
在实践上和理论上，都存在不少争议，往往形成国际投资的一大障
碍①，并引起学说上和立法上的深切注意（关于国有化理论之争见本
书第五章）。为了正确解决国有化及其赔偿问题，以利于维护国际投
资的安全与利益，调整投资环境，在国际及各国立法上作出了种种努
力和措施。在国际法领域内，有多边条约的调整，如各种关于保护国
际投资的多国间条约的倡议。特别是联合国大会历次通过的关于
《建立国际经济新秩序宣言》及《行动纲领》和《国家对自然资源永
久主权的决议》等规定，还有政府间关于保护和鼓励投资的双边协
定。在国内立法领域内，有资本输出国关于海外投资保险的法律，有
资本输入国外国投资法中关于国有化的规定。

关于国有化问题，各国外资立法规定不尽相同。有的未作明确规
定，委之于友好、通商、航海条约或双边投资保护协定解决。也有的
外资法作了一般保护规定，如希腊规定，"对由于引进外资所建立或
由外资资助建立的企业所属的一切资产，不得进行任何强制征收"。
泰国规定，"政府不得将私人工业设施强制转让与国家"。加纳规定，
"根据外资法所批准的任何投资，均不得由政府加以征用；但在特殊
情况下，被批准投资项目，基于国家的公共利益可以征用，政府须按
原投资货币支付公正补偿"②。埃及规定，除非通过合法程序，投资
项目不得收归国有或加以征用，投资资产也不得加以没收、扣押或查
封。印度尼西亚规定，"除非国家利益确实需要，并且合于法律规
定，政府不得全面地取消外资企业的所有权，不得采取国有化和限制
该企业经营管理权的措施"（第21条）。也有少数外资法规定，在一
定期限内，对外资不实行国有化，如缅甸规定，对一切新企业，保证

---

① 法托罗斯：《对外国投资者的政府保证》（1962），第50~54页。
② 克伦福尔：《外国投资的保护》（1972），第56页；美国国际开发署：
《私营企业的经营问题》（Working with Private Enterprises）（1968），第25页。

在双方约定期限内，至少 10 年内，不实行国有化。南朝鲜、印度也有类似规定①。

至于拉丁美洲国家，如前述安第斯条约国共同外资法所采用的渐次征用方式，收买外资股份，其他国家也采用类似规定。如阿根廷外资法第 22 条，第 33 条规定，可以在投资协定中包含有根据具体情况，将外国资本转移到阿根廷国公司或外国和阿根廷混合资本公司中的安排，以保证本国投资的不断增长。实际上都可同样达到有偿征用的目的。

除外资法关于国有化问题的规定外，有的资本输入国还用政策声明（Policy Statement），甚或列入宪法条文中，明确对国有化的态度。如利比里亚政府申明：对现有企业不实行国有化。尼日利亚政府申明："除基于公共利益已实行国有化者外，不计划实行国有化。如实行国有化，应依仲裁裁决的评价，给予公正补偿。"② 印度宪法规定，"除非根据规定对取得资产给予赔偿外，对任何财产不得进行强制取得或收用"。埃塞俄比亚宪法规定，除非基于政府根据特别征用法所定条件发布的命令，并通过司法程序协商，确定支付公正补偿，对任何人的财产不得进行剥夺。其他发达国家如英、法等国宪法，也有类似的原则规定。③

南斯拉夫规定，国家根据整体利益决定，可征用外国人投入本国联合劳动组织的资金所购买的部分或全部不动产，但该决定应同时规定按投资合同对外国人承担的责任，并进行数量相等的补偿（第 37 条）。

发达国家一般不采取国有化措施，但也有少数国家规定，必要时可实行征用或改变外国投资的所有权。如日本外资法规定，收用或收购外国投资合法财产的全部或一部时，应按等价报酬付给适当金额（第 17 条）。

---

① 法托罗斯：《对外国投资者的政府保证》（1962），第 174 页。
② 法托罗斯：《对外国投资者的政府保证》（1962），第 174 页。
③ 联合国：《非洲外资法规汇编》（1954），第 9 页。

我国宪法第 18 条明确规定，中国允许外国企业或其他经济组织或者个人依中国法律规定在中国投资及其他经济活动，它们的合法利益和权利受中华人民共和国法律保护。《中外合资经营企业法》及《广东省经济特区条例》等，均明确规定对外国投资者的投资资产及其他合法权益，依法予以保护。所以外国投资在中国是受到法律保护的，在正常情况下，中国政府一般不会对外国投资的资产采取征用或国有化措施。但这并不排除由于公共利益的需要，或基于某种不可抗力的原因实行征用的可能。如我国《对外合作开采海洋石油资源条例》第 26 条规定："在战争、战争危险或其他紧急状态下，中国政府有权征购、征用外国合同者所得的和所购买的石油的一部或全部。"

此外，为保护和促进外国投资，中国政府同美国政府关于保护与鼓励投资协议与换文，同瑞典、罗马尼亚签订的相互促进和保护投资协定，都就国有化问题，设有专条，规定"缔约任何一方对缔约另一方投资者在其领土内的投资，只有为了公共利益，按照法律程序，并给予补偿，方可施行征收或采取效果相同的措施。

十一、投资争议的解决

投资争议的处理，在体制上、理论上，向有争论。本书第六章有详细论述。解决投资争议的法律依据，有国内法，也有国际法（如双边投资保护协定、处理投资争议国际公约），本小节仅就国内法（外资立法）的规定，加以说明。

关于投资争议解决程序的选择，实质上关系到国家主权管辖问题。拉丁美洲国家一向坚持卡尔沃主义和卡尔沃条款，绝对地、排他地适用国内法程序解决，固不用说；其他发展中国家原则上也都一致主张国内法解决优先。外资法上一般的规定是，先由当事人双方协商调解，调解不成立，则采用本国仲裁机构和仲裁程序解决。如双方协商同意，也可由第三国进行仲裁。仲裁裁决具有终局效力，对双方当事人均有拘束力。如投资协议或契约未规定仲裁解决，当事人任何一方，可向所在国法院起诉，要求诉讼解决。如罗马尼亚合营法规定，混合公司与罗方法人在合同方面所生的争议，如双方同意，亦可进行仲裁解决。双方可以确定罗马尼亚社会主义共和国商会仲裁会的权限（第38条）。南斯拉夫投资法规定，如果投资合同中未规定本国联合劳动组织和外国人之间出现的争议由南斯拉夫经济联合委员会或某个其他本国或外国仲裁机构来解决，则均由南斯拉夫授权法院审理（第52条）。希腊规定，希腊政府同外国投资者间因解释及适用本法所发给的批准书引起的争议，依仲裁程序解决，由当事人推选仲裁人及共同推选的第三仲裁人（可以是外国人）共同组成的仲裁庭进行裁决。裁决有终局效力，不能上诉，对政府和投资者双方均有拘束力。在中东、北非国家关于开发自然资源的特许协议或石油法中，关于仲裁程序，有多种选择（国内仲裁、第三国仲裁、国际仲裁等）（见本书第五章）。如埃及外资法规定，投资争议，按照埃及与投资者间协议所定的方式解决，或按照埃及同投资者本国的投资协定解决，或按照埃及参加的"解决国家与他国国民间投资争议公约"解决（第8条）。

依我国《中外合资经营企业法》及《实施条例》规定，采取国内仲裁解决。投资争议先经过双方协商或调解解决，调解无效，则提请仲裁或司法解决。仲裁可以在中国国际贸易促进委员会对外经济贸易仲裁委员会，依该会仲裁程序规则进行仲裁，也可以在被诉一方所在国或第三国的仲裁机构，依该机构的仲裁程序规则进行仲裁。如合营各方之间没有仲裁的书面协议，发生争议的任何一方都可依法向中国人民法院起诉。

第六节　合营企业

一、合营企业是国际投资的重要形式

合营企业在我国称为中外合资经营企业，是当前国际私人直接投资中最常用的一种利用外资的形式。它是指两个以上的法人、自然人共同投资，共同经营，共担风险，共负盈亏的一种企业形式。在外资关系上，是一个或多个外国投资者（法人或自然人）同东道国政府、法人、自然人，按规定的形式，基于规定或约定的比例，共同出资，包括现金、设备、工业产权、专有技术、土地、厂房、劳务等，共同经营特定事、企业，共同分享利润，共同承担亏损。因而，这种投资形式，无论是资本输出国、外国投资者或资本输入国都是乐于采用的。

从资本输出国及海外投资者来看，海外私人直接投资，不仅有商业风险，而且有政治风险，利用合营企业形式有下列优点：（1）可能减少或避免政治风险。合营企业不仅有来自各国的商业经营者、金融业者共同参与经营，而且内外合营，可减少东道国政策的变化或征用等风险[1]；（2）由于外国投资者同当地投资者合资合营，共负盈亏，外国投资者除可享受特别优惠外，还可获得东道国对本国企业的优惠待遇；（3）同当地企业举办合营，不仅可通过当地合营者及从业人员了解东道国政治、社会、经济、文化等情况，有利于增长商业及经营知识，提高商业信誉；而且，还可通过当地渠道，取得财政信贷，资金融通，物资供应，产品销售等方便，有利于增进企业经济效益[2]。

对资本输入国来说，特别在发展中国家，利用合营企业吸收外国私人直接投资，较之其他利用外资的形式，有利的方面更多。如：

（1）既利用外资，弥补了国内建设资金的不足，又不增加国家债务负担。因为外国投资不仅带来现金，而且还带来技术和设备。通过合营形式作为投资内容引进的技术和设备等，与技术贸易和购买成套设备不同，无需动用国家外汇，实际上也部分地解决了国内资金不足的问题。更主要的是，合营企业是共同投资。共同经营，共负盈

---

[1] 斯坦纳与瓦茨：《跨国法律问题》（1976），第 1227～1228 页；《美国商业》，1978 年 7 月 17 日，第 9，11 页。

[2] 法托罗斯：《对外国投资者的政府保证》（1962），第 43～44 页；坪田润二郎：《国际交易实务讲座》（Ⅰ）《合营企业·技术契约》（1981 年），第 13 页。

亏，外资能否回收、增殖，取决于双方共同经营的成果，故又不同于外国政府或国际金融组织的贷款，毋需国家还本付息，不致形成国家债务。

（2）引进先进技术和设备，填补国内一些技术空白，发展新技术，并促进企业的技术改造和产品的升级换代。特别是在引进对东道国经济技术具有重要作用，而外商以其他方式又不肯转让的技术秘密和生产诀窍方面，合营企业还有不可取代的特殊作用。引进外资，从长远看，从根本上看，应以引进先进技术，发展本国技术力量为主。通过合营形式引进技术，更能发挥引进技术的经济效益。因为共同经营，企业的成败，对双方都是利害攸关，盈亏与共，外国投资者同单纯技术贸易的技术输出方不同，对技术和设备的具体经济效果承担直接责任，出于其本身利益的考虑，也迫使其能不断提供真正先进、并适用于东道国需要的技术和设备；并能在生产规划、设备安装、技术和工艺改革乃至人员培训及生产指导等方面，能同东道国合营者一方密切合作，从而，可使引进的技术迅速有效地形成生产力。这样，通过合营企业，不仅可利用先进技术填补东道国国内急需发展的技术空白，发展短缺产业部门。如东盟国家利用合营，优先发展了"先驱工业"，发展造船、电子、炼油等工业。又如我国利用合营发展了光导通讯设备等国际先进技术，以及长期依赖进口的自动化仪表工业，使我国在较短时间内，提前掌握了国际先进技术。而且，还利用外资或技术，对原有企业实行了技术改造，加速产品的不断更新、升级和换代。我国不少工业合营项目，都是利用原有企业改建的，通过合营显著提高技术水平，产品质量已普遍高于国内同类企业，有的已跃居国际水平行列。如福日电视机、湖北派克密封件等。除此以外，利用合营引进外资和先进工艺，还可搞活一个行业，如杭州西湖藤器公司，由于举办合营，产品畅销国外，带动了浙江全省的藤器行业由衰落转为复兴。

（3）可利用外国投资者的国际销售网，开拓国际市场，扩大出口收汇。合营企业出口产品，能否在国际畅销，能否增加外汇，直接关系到外国合营者本身利益，关系到外资本息的外汇支付。因而，外国合营者不仅有承担及保证产品外销的责任，而且也将尽力利用自己的销售渠道推销产品，换取外汇。所以，合营企业在出口产品，广开销售渠道，利用外国合营者的销售网，使产品容易进入国际市场这一点来说，比之单纯利用国外贷款引进技术设备，自产自销，又是其一大优点，如我国天津中法合营葡萄酒酿酒公司生产的"中国王朝牌"葡萄酒，一方面由于利用新工艺，保证质量优良；另一方面，利用法方合营者国际闻名的大酿酒企业雷米·马丁财团在十几个国家和地区庞大的国际销售网，进入国际市场，成为国际上的畅销产品，90% 用于外销，供不应求。三年中创汇 51 万元（外汇人民币），企业纯利润收入达 15.53 万元。

（4）吸收国外经验，改善经营管理，提高企业的经济效益。投资能否回收，资本能否增殖获利，关键在于利用科学管理方法，提高设备的有效使用率，提高生产效率，增大资金利润率，合营企业是解决这一问题的有效方法。外国合营者由于直接参加经营，必积极提供科学管理方法，故通过合营可吸收国外先进经验，不断改善经营管理，增加企业利润。如我国北京航空食品公司同香港中国航空食品公司合营，借鉴了香港的经营管理方法，制订了一系列规章制度，实行科学管理，在配餐技术、餐食品种质量、服务质量等方面，显著提高。业务量同合营前相比，增加三倍多，订餐的外航班机，由合营前的 3 家增加到 13 个国家的班机。第一年即获纯利 105 万元，国家各种税、费收入达 284 万元。

（5）合资合营，能做到双方紧密结合，利用各方所长，共同办好企业。合营企业一般是较长期的合作关系，从举办合营起整个过程中，无论是可行性研究、商情预测、乃至经营计划等方面，外国合营者对国际市场行情，特别是世界工艺技术进展，较为熟悉，而国内合营者对国内市场，原料供应及销售情况，比较了解。双方紧密协作，各发挥所长，共同规划，就能达到计划落实，经营可靠，有利于企业的发展，维持稳定的合作关系。

（6）有利于培训技术人员和管理干部。举办合营企业通常都是在 15 年或 20 年左右，合营者及从业人员在较长的经营管理期间，不仅通过工作实践，可以增长国际经济知识，而且可以逐步得到技术和管理的知识，故合营企业等于一个经济和技术的训练班。在不少发展中国家的外资立法及合营协议，都规定有培训义务，并通过合营企业的实践，提高本国技术和管理力量。

此外，举办合营企业，还有利于扩大劳动就业，并在一定程度上改善人民生活水平。

从我国实际情况来看，自实行开放政策以来，利用外资，引进技术，包括举办中外合资经营企业，促进了我国经济发展，提高了国内生产技术和管理水平，同时也使我们的干部学到了不少对外经济活动的知识，开阔了眼界，增长了才干，积累了不少有益经验，并在实践中检验了我国各项政策的适应情况，为改进工作找出了正确途径，为进一步完善外资立法打下了良好基础。目前根据国际和国内经济形势发展的要求，我国政府正积极创造条件，进一步放宽政策，完善立法，开创利用外资的新局面。1983 年 9 月 20 日我国颁布施行了《中外合资经营企业法实施条例》，它不仅进一步完善了中外合资经营企业的法规，关于企业的法律性质，投资范围、审批标准、企业自主权、产品销售、物资购买，争议处理等方面，作了明确具体的规定。而且，主要在税收、国内销售、价格等方面，进一步放宽了政策，以利于加速利用外资的步伐。当然，我们积极利用外资，适当放宽政策，实行优惠措施，办好中外合营企业，是有原则的。必须是在独立自主、自力更生的总的政策方针指导下，贯彻平等互利的原则，对外资既有鼓励，也有引导，始终将其纳入国民经济发展的轨道，使之有利于我国四化建设的总目标。

二、合营企业的法律性质

合营企业一词，在英、美法上通称为 joint venture（adventure），按词义原是"共同冒险"或"共担风险"的意思。合营契约本是指多数个人或公司、社团以经营特定事、企业为目的的契约，并根据该契约，为经营共同事业而设立的公司或其他经济组织形式。所以合营契约实际上包含设立公司（法人设立契约）以及为经营管理共同事业的目的，合营者间成立的协议（shareholders' agreement）。从这一意义上来说，合营契约同本来意义上的 joint venture，在法律性质上并不完全相同。即本来意义上的 joint venture，是指一人或数人共同承担并完成特定事业（如工事、建筑等）而进行活动的特定形式，通常见于进行并完成某种风险较大的土木建筑等工事，为了分散该工事可能发生的风险，由多数建筑业者（个人或公司）共同承包，分担风险的情况。所以，joint venture 的典型形式，发端于风险较大的土木工事的共同承包契约，相当于民法上的承揽契约。其特点是在特定工事完成的同时，joint venture 即告解散。因此，凡不是以特定工事完成为目的，不是以提供劳务的结果为目的，而是采取在一定期限内，以事业的持续（perpetual）经营管理为目的的契约形式或组织形式，并不属于本来意义的 joint venture①。但现时一般把合营企业概称为 joint venture，不过是一种转借的用法，取其共担风险的意思而已。

关于合营企业的法律性质，各国立法和司法实践不一，学说上也有争论。在英、美普通法（Common Law）上虽认为合营企业与合伙（partnership）在性质上有所不同，但一般办合营企业，仍是采取合伙形式，认为合营者间的关系，实际上是一种人合关系（或称人合公司），是一种基于合营者间信任关系（fidulciary relation）的法律形式，而不是物合关系（或物合公司）。在某种意义上，每一合营者都是其他合营者的代表，每一合营者对其他合营者或其雇用人员的过失行为所致第三者的损害，都应负责（凯斯韦特诉鲁宾斯坦案 Keiswetter v. Rubenstein, 1926）。因而，在英、美法上，对合营企业及合营契约的解释，是基于组合论（agregate, theory），而不是基于实体论（entity theory），否认合营企业的法人性质（denial of corporate insulation）②，认为合营企业不是法律实体（legal entity），而是类似

---

① 坪田润二郎：《国际交易实务讲座》（I）《合营企业·技术契约》（1981年），第38页。

② 克莱恩与布隆伯（Crame and Bromberg）:《合伙法》（Law of Partnership），第175页。

于合伙契约的一种法律行为①。在理论上适用代理（agency）与合伙的法理，属于合伙关系的一种，毋需另列一类（霍鲁贝诉基纳德案Hourouebie v. Girard）②，其权利与义务关系，适用或类推适用关于合伙的规定③。在英、美合伙法教材中，都把合伙、合营企业、商业信托公司（business trust）、有限责任合伙（limited partnership）、股份商社（joint stock association）及联合企业（joint enterprise）等，并列为非法人性质的商业组织形式④。

在日本法制上，合营企业与 joint venture 一词，已逐渐作为同义语来使用。至于合营企业是法人性质，还是合伙性质；是纳入公司法范畴，还是适用民法关于合伙的规定（日本民法第 667 条或 688条）；如果可以准用合伙的规定，其适用的范围与程度又如何？在理论上及实践上尚有分歧。但一般认为，如果合营契约的目的是以设立公司的形式经营共同事业，在法律上，合营企业属于法人，不是合伙，通常是利用股份公司（joint stock company）的形式。如果仅仅是合营协议（joint venture agreement），即合营者间的协议（shareholders' agreement），则属于合伙性质的 joint venture。但一般在学说上倾向于主张把合营企业的法律形式尽量纳入公司法体系，作为法人来对待较好⑤。

合营企业除了上述各种名称外，在各国立法上还使用过其他名

---

① 坪田润二郎：《国际交易实务讲座》（I）《合营企业·技术契约》（1981 年），第 4 页。

② 梅切姆（Mechem）：《合营企业法》（The Law of Joint Venture）《明尼苏达法学评论》（Minn. Law Review）（1931），第 15 卷，第 644 页。

③ 如 1809 年英国《合伙法》（Partnership Act），1914 年美国《统一合伙法》（Uniform Partnership Act）及《统一有限责任合伙法》（Uniform Limited Partnership Act）；斯蒂芬（Roscoe T. Steffen）：《代理·合伙》（Agency—Partnership）（1977），第 210，212～214 页。

④ 斯蒂芬：《代理合伙》，1977 年版，第 206，210，214，239，241 页。

⑤ 坪田润二郎：《国际交易实务讲座》（I）《合营企业·技术契约》（1981 年），第 41～42，84 页。

词，如合作生产企业（coproduction venture）、合有分公司（jointly owned subsidiary）、五十对五十公司（fifty-fifty corporation）、商业合作社（business coorperate）或合伙公司（corporate partnership）等等。但从基本法律性质来说，合营企业不外两种形式。

1. 股份式合营企业（Equity Joint Venture）

股份式合营企业是由合营者相互协商为经营共同事业所组成的法律实体，具有法律上的独立人格，即法人（jurisdical person）资格，能独立以自己名义享受权利，承担义务，能起诉和被诉。合营者的出资分成股份，各方按自己出资的比例，对企业行使一定权利，承担一定义务。企业有一定的管理机构，作为法人的代表，如董事会、合营者大会、股东大会、业务委员会（南斯拉夫）[①]。罗马尼亚的合资公司、波兰的股份有限公司（匈牙利同），均属此类型。

股份式合营企业中，合营者股权的分配，即参与权的比例，依据国际惯例及各国立法，可大致分为三种类型：

（1）对等型（equal pantner）。即在资本出资、经营参与、经营贡献、责任分担等方面，各方合营者均处于对等地位。在这种形式下，各合营者的经营参与权与企业控制权（control）都处于平等地位，如有的国家采取50%对50%型的合营企业（如日本第一类自由化产业）。如一方要坚持过半数参与权时，则只有通过协商解决。

（2）参与型（associate）。指合营一方对企业有积极的经营支配权，他方参与经营，但居于从属地位。有积极经营支配权的一方，对企业负主要责任（key responsibility），属于子公司的性质。在美国，享有50%以下股份的一方，称为附属公司（affiliate），享有50%以上股份的一方，称为子公司（subsidiary）。在联邦税法上，对享有股份50%以上的外国法人，称为控股外国公司（Controlled Foreign Corporation）。但从法律上讲，并不意味着享有51%股份的合营一方

---

① 梅斯曼：《合营企业结构的冲突》，载《国际商业法律家》，第10卷（1982）第4期，第118~121页。

就当然有积极经营支配权，有时根据章程另有规定，加重股东大会的表决条件者，如 2/3 的多数表决，尽管享有公司股份 51%，甚或 60% 的，也只有消极的经营支配权，即否决权而已。如日本规定特定产业，限制外资取得过半数股份，而日本一方享有 51% 的股份，并担任企业的行政指导权，但如章程另有规定，不论 51% 股份或 49% 的股份，也可平等享有经营支配权。所以，51% 这一持股标准，并不是决定经营支配权的绝对标准①。现在大多数发展中国家的外资法关于合营企业的持股比例，都规定本国一方必须在 51% 以上，从法律上确定本国合营者一方的经营支配权，防止外国资本对本国企业的控制。这种参与型合营企业的特点是一方积极支配，一方参与经营，比之平等型双方都有否决权，企业经营比较安定，特别是由于当地一方有积极支配权并负主要责任，则使合营企业在取得当地资金融通、物资供应、顾客关系、劳动管理等方面，将获得更多方便。

（3）联合型（participation）。这可以关于自然资源开发的联合企业（consortium）为典型，通常是由几个公司或社团共同参加开发事业，在共同承担开发风险及开发费用的同时，对将来开发的矿产、石油等资源，按各方参加的比例共同参与产品分配。这种合营型的企业，主要目的是风险分担。风险分担的范围，除项目风险外，还包含其他政治风险（如征用、国有化等）。项目风险可分为项目本身的经济风险与开发风险。前者是合营项目的可行性的风险，是通过合营者分担产品或制造品的交易义务或销售义务而分散的，对每一合营者来说，既是权利，也是义务。后者是指围绕开发本身所带来的风险，专指开发成功与否的风险。由于这种合营型的重点在于开发，各合营者的权利与义务是按其分担开发费用的比例来决定的，并据此来承担风险的，通常虽允许合营者可以退股，但退股者必须放弃其以前支出开发费用的偿还请求权，这与其他合营型退股及股份转让的法律效果不

---

① 坪田润二郎：《国际交易实务讲座》（I）《合营企业·技术契约》（1981 年），第 12 页。

同，在合营协议中往往须明确加以规定①。

我国中外合资经营企业是股份式的合营企业。依《中外合资经营企业法实施条例》第 2 条规定，经批准在中国境内设立的中外合资经营企业（以下简称合营企业）是中国的法人，受中国法律的管辖和保护。违反中国法律的合营企业的申请，不予批准（第 5 条）。我国合营企业能独立以自己的名义享有权利能力和行为能力，行使权利并承担义务。依《经济合同法》规定，法人是经济合同的主体，故合营企业有订立契约及履行契约的能力。同时合营企业又是民事诉讼的主体，能独立以自己的名义起诉和被诉。企业的一切活动及其合法利益，受中国法律保护，并须遵守中国法律。关于合营契约的订立、效力，解释及其执行和争议的处理，均适用中国法律，属中国法院管辖。所以，中外合营企业不是外国企业，也不是外国人的企业。

我国中外合营企业的形式是有限责任公司，合营各方对合营企业的责任以各自认缴的出资额为限（第 19 条），基本上属于上述第二类合营形式。关于中外出资比例问题，如前所述，基于我国实际情况，对外资金额，只规定下限，未规定上限。但实际上中外合资经营企业中，外资出资一般都在 49% 以下。

至于我国对外合作开发海洋石油资源的项目，基本上接近于上述第三类型的合营形式（见本章第七节）。

2. 契约式合营企业（Contractual Joint Venture）

契约式合营企业指合营各方根据合营契约经营共同事、企业，但各方出资，不采取股份形式。承担风险，共负盈亏，也不是按股份分担，而是根据合营契约中约定的分成比例，享受权利，承担义务。这种形式的合营，可以组成法律实体，设立法人，也可以不组成法律实体，单纯基于契约而活动，常见于范围小，投资少，周期短，见效快的小型合作项目。我国现时举办的中外合作经营项目。属于此类（见本章第六节）。

---

① 坪田润二郎：《国际交易实务讲座》（I）《合营企业·技术契约》（1981 年），第 14～15 页。

三、我国中外合资经营企业的法律特点

自 1979 年颁布实行《中外合资经营企业法》以来，经过四年，在实施法律及举办合营企业实践的基础上，总结经验，进一步放宽政策，于 1983 年又颁布施行《中外合资经营企业法实施条例》，标志着我国关于中外合营企业的立法更为具体，更为完备，对鼓励和促进中外合资经营企业的发展，将起着重要作用。以下根据两法的基本精神和具体规定，简述我国中外合资经营企业几个重要的法律特点。

（一）合营契约的效力

中外合资经营契约（以下简称合营契约）是一种涉外经济契约，它的特点是具有涉外因素的经济契约。即契约当事人（自然人或法人）具有不同国籍，双方各处在不同国家司法、行政管辖之下（即不同国家主权管辖之下）、营业地点也设在不同国家境内，因而，这种契约在签订、执行其法律关系及有关契约的效力等方面，具有不同于国内经济契约的特点。

合营契约指合营双方为设立合营企业，规定企业权责，调整合营者间相互权利义务关系达成一致意见的法律文件。契约一经成立生效，对当事人均有拘束力，任何一方违反契约，均应承担法律责任。因而，合营契约最根本条件，必须具备合法性。《经济合同法》规定，"订立经济合同必须遵守国家法律"，"违反国家利益或社会公共利益的经济合同为无效"（第 4 章第 7 条）。《实施条例》明确规定，"违反中国法律，有损中国主权的合营企业，不予批准"（第 5 条 2 项）。所以，合营契约中不应包含违法条款。如违反税法规定，擅自约定减免税收，违反外汇管理法，约定外方收入人民币自由兑换汇出，乃至其他用契约条款代替法律规定，等等，均属违法，契约应归无效。

合营契约是合营各方共同依据的具体法律准则，与协议不同，合营协议是指各方对共同投资设立合营企业的某些要点和原则，达成一致意见的文件，但必须通过合营契约及合营企业章程，加以具体化，才能明确权利与义务关系。契约与章程是合营企业最根本的法律依

据。合营协议可有可无，而契约与章程则非有不可。合营协议同合营契约及章程有抵触时，则以契约和章程为准。合营章程是以合营契约为依据，重点是按合营契约规定的原则，规定合营宗旨，组织原则及经营管理等事项为主，也是合营企业的必要文件。

合营契约的主要内容，包括下列事项（第 14 条）：

（1）合营各方的名称、注册国家、法定地址和法定代表姓名、职务、国籍；

（2）合营企业名称、法定地址、宗旨、经营范围和规模；

（3）合营企业的投资总额、注册资本、合营各方的出资额、出资比例、出资方式、出资的缴付期限以及出资额欠缴、转让的规定；

（4）合营各方利润分配和亏损分担的比例；

（5）合营董事会的组成、董事名额的分配以及总经理、副总经理及其他高级管理人员的职责、权限和聘用方法；

（6）采用的主要生产设备、生产技术及其来源；

（7）原材料购买和产品销售方式、产品在中国境内和境外销售的比例；

（8）外汇资金收入的安排；

（9）财务、会计、审计的处理原则；

（10）有关劳动管理、工资、福利、劳动保险等事项的规定；

（11）合营企业期限、解散及清算程序；

（12）违反合同的责任；

（13）解决合营各方之间争议的方式和程序；

（14）合同文本采用的文字和合同生效的条件。

合营关系的建立，除了基本的合营契约外，还有其他各种专项合同和必要附件，如专利技术、专有知识、商标协议、场地要求、机器设备标准、出口销售目标计划、批发经销要求等协议，都是补充及履行合营契约具体条件的必要的法律文件，主件与附件合为一体，都是构成合营关系这一整体的组成部分，都具有同等法律效力。因而，签订合营契约时，不可重主件，轻附件，必须全面细致考虑，相互衔接，构成一个整体的法律关系。

关于合营契约的法律适用问题，在实践上是向有争议的一个问题，有种种选择，我国《实施条例》明确规定，"合营企业合同的订立、效力、解释、执行及其争议的解决，均适用中国的法律"（第15条）。合营争议，原则上由中国仲裁机构或中国法院解决（第109—110条）。因为中外合营企业是依中国法律规定，在中国境内设立的中国法人，企业的主要营业所及其经营活动在中国境内，一切活动和权益受中国法律保护，并应遵守中国法律，故中国法律是中外合营契约的准据法。

（二）合营企业中的平等互利原则

平等互利是我国开展对外经济技术交流，举办中外合资经营企业的一项基本原则。平等是互利的基础，没有平等，谈不上互利，互利是平等的核心，没有互利，就谈不上平等。坚持平等互利的原则，固然首先必须对我国经济技术发展有利，在合作条件上我方利益不应受到损害。但是要对外资有吸引力，使外资为我所用，也必须使外国投资者有利可图，保证他们取得正当的利益，而且不低于国际平均利润率。当然也必须防止外国投资者片面地追求利润的奢望。我国《经济合同法》第5条规定，"订立经济合同，必须贯彻平等互利，协商一致，等价有偿的原则。任何一方不得把自己的意志强加给对方，任何单位和个人不得非法干预"。《中外合资经营企业法》及《实施条例》具体贯彻了这一原则。

1. 在签订合营协议、合同、章程时，要在平等的基础上同时兼顾双方权益，要使中外双方都有利可图。平等就是双方权利义务必须对等，在合营契约中不得有片面性条款，只规定对方权利和我方义务，或我方权利和对方义务。《实施条例》规定，合营双方签订的协议、合同、章程，显属不公平，损害合营一方权益的，政府不予批准（第5条）。

2. 合营各方对合营企业有对等权利，平等共事，共同参与经营管理，共同决策筹划，共同承担义务，有职有权，不能只有合资，而无合营。如董事会决定重大问题，由合营双方根据平等互利的原则协商决定（《合资法》第6条）。

3. 合营各方的正当权益同等受中国法律保护，均有遵守中国法律的义务，并服从中国法律管辖。

但是，对平等互利原则，不能作片面的、绝对的理解。譬如我国为了进一步打开利用外资的新局面，适当放宽政策，特别是对一些国家急需的可以取得现代新技术的重要合营项目，给予较多的优惠（如减免税收），我国作出这一让步，正如列宁所说的必须给外国资本家以一定"贡税"，因为从全局看，从长远看，利用了外资和技术，终究有利于四化建设，仍然是符合平等互利这一基本原则的。

（三）合营企业的自主权

中外合资经营企业是我国一种新生的特殊经济组织形式，既不同于我国国营企业和集体事业，也不同于其他引进外资的方法（如贷款、补偿贸易等）。其特点是在共同投资的基础上实行共同经营，共担风险，共负盈亏。再者，合营企业在产、供、销各个方面，都同国际市场有着紧密的联系，必须具有充分的自主权，实行灵活多样的经营方式，才能充分发挥其经营的积极性，适应国际市场激烈竞争的需要。因此，在法律上必须允许合营企业按照自己的特点，独立自主地进行经营，不得任意加以限制，凡经批准的合营合同所确定的经营范围和经营方式，均受到法律保护。《实施条例》第 7 条明确规定，"在中国法律、法规和合营企业协议、合同、章程规定范围内，合营企业有权自主地进行经营管理。各有关部门应给予支持和帮助"，以保证合资经营企业的正常营业条件。主管部门对合营企业是指导、帮助和监督的关系，而不是领导关系（第 6 条第 3 项），以便于合营企业有效地行使自主权。因而，不能完全用管理国营企业的方法来管理合营企业。

合营企业的自主权，包括人、财、物、供、产、销各个方面。

1. 合营企业有按照合营合同、章程规定经营范围和生产规模，决定本企业的发展规划和生产经营计划的自主权（由董事会批准执行，报企业主管部门备案）；可同国外公司、企业签订经济合同，实现自己的计划。企业主管部门及计划管理部门以之纳入本行业计划，但不对合营企业下达指令性的生产经营计划（《条例》第 56 条）。

2. 合营企业在批准经营范围内所需的机器设备、原材料、燃料、配套件、运输工具和办公用品等（以下简称物资），有权自行决定在国内外市场直接购买（但在同等条件下，应尽先在中国购买）（《条例》第 57 条）。

3. 合营企业按合同规定比例，有权在国内外市场销售其产品。合营企业的进出口，在服从我国对外贸易政策的前提下，可以自主经营。合营企业有权自行出口其产品，也可以委托外国合营者的销售机构或中国外贸公司代销或经销，并有权自行决定出口产品的数额和价格（《条例》第 62、66 条）。合营企业可以在中国销售的商品，凡属于国家计划分配的物资及属于物资与商业部门经营的物资的计划收购外的部分，以及不属于上述两类的物资，均有权自行销售或委托有关单位代销（《条例》第 64 条）。此外，在扩大企业自主权基础上，还允许合营企业参加国内举办的各种出口商品交易会（如广交会等），并有权成交，在配额方面享受国营企业同等待遇。

4. 合营企业有权建立本企业的财务管理制度，及其他经营管理制度，决定本企业的利润分配方案和财务收支预算、决算（《条例》第 14、15 条）。

5. 合营企业在其经营活动中，有权向国外金融机构筹措资金，用于生产经营活动。并可在中国银行或其同意的其他银行开立人民币或外币账户，自由存取，自筹自用资金。

6. 在《中外合资经营企业劳动管理规定》许可的范围内，有权决定招聘、解雇职工，决定采用适合于本企业的工资标准、工资形式、奖励、津贴制度，确定劳动纪律，实行奖惩、考核制度及技术培训等（《条例》第 91—92 条）。

7. 合营企业根据合同、章程的规定，有权采取必要措施，进行生产技术的革新和改革、提高产量和质量，并可用本企业积累的资金添置固定资产，扩大生产和经营规模。

8. 合营企业由于业务的需要，可以邀请外商来华，也可派人员到国外洽谈业务。

9. 经报有关主管部门批准，合营企业董事会有权修改本企业章程、决定企业的中止和解散、资本的增加、转让，以及与其他经济组织的合并(《条例》第 36 条)。

(四) 合营企业的计划性原则

我国经济是建立在社会主义公有制基础上的计划经济，作为我国一种经济形式的合营企业，也属于我国计划经济的范围，其生存和发展始终受我国社会主义公有制计划经济的制约。因此，合营企业的一切经营活动都必须纳入国家经济计划轨道，与国民经济计划紧密衔接。而且只有在国家计划保证下，才能保持合营企业的正常经营条件，并有效地实现及完成其经营自主权，又不致冲击国民经济计划。《实施条例》第 5 条第 3 项规定，合营企业 "不符合中国国民经济发展要求的"，不予批准，其中主要包括了合营企业不得与国民经济计划相抵触，影响我国社会主义经济有计划的发展。《条例》对合营企业的计划性作了下述规定和要求：

1. 在基本建设方面，合营企业的基本建设计划 (包括施工力量、建筑材料、水、电、气等)，应根据批准的可行性研究报告编制，并纳入主管部门的基本建设计划，企业部门应优先予以安排和保证实施，以保证按时按质建成投产 (第 54 条)。

2. 在生产经营方面，合营企业按合同规定的经营范围和生产规模制定的生产经营计划，由董事会批准执行，报企业主管部门备案 (第 56 条)。

3. 在物资购买方面，合营企业应制订购买物资计划。属于国家计划分配的物资，纳入企业主管部门计划，由物资、商业部门或生产企业按合同保证供应 (第 58 条)。至于在中国购置办公、生活用品，则按需要量购买，不受控制集团购买力的限制 (第 59 条)。

4. 在进出口方面，合营企业在合营合同规定的经营范围内，进口生产所需的机器设备、零配件、原材料、燃料，如属国家规定需要领取进口许可证的，每年编制一次计划，每半年申领一次 (第 63 条)。合营企业生产的出口产品，如属国家规定需要领取出口许可证的，按本企业年度出口计划，每半年申请一次 (第 63 条)。

5. 国内销售方面，合营企业在中国销售商品，如属于计划分配的物资，应通过企业主管部门列入物资管理部门的分配计划，按计划销售给指定的用户（第64条）。

（五）合营企业的产品销售

外国投资者最关心的问题，一是产品销售市场，一是投资的利润率，而两者又是紧密相关的。影响利润率的因素很多，而销售是最主要的因素，也是合营企业的生命。举办合营企业的主要目的，是为了扩大出口收汇，这是外资政策的重要方针。《实施条例》第60条规定，中国政策鼓励合营企业向国际市场销售其产品。并给予税收优惠，免征工商统一税（第72条）。合营企业固然是面向出口，但不应作绝对的理解，要求合营企业在任何情况下，必须将其产品全部出口。因为我国市场广阔，潜力很大，对外国投资者具有极大吸引力，如果合营企业的产品是国内急需或需要进口的，可以根据情况适当增加内销比例，甚至可以内销为主（第61条）。对合营企业产品内销，不能理解为国内产品向外国产品让出市场，也不构成对国内市场的冲击，反而在一定条件下填补了国内市场的空白，解决某些产品进出口不合理的现象，节约了外汇支出。而且，还可促进原来某些不适销产品的升级换代，使落后产品向先进产品让出市场，这实质上等于以市场换取先进技术和新产品。对经批准以内销为主而外汇不能平衡的企业，我国《实施条例》第75条还规定了外汇补贴。即由有关省、自治区、直辖市人民政府或国务院主管部门在留成外汇中调剂解决，不能解决的，由对外经济贸易部会同中华人民共和国国家计划委员会审批后，纳入计划解决。

（六）合营企业与技术引进

合资经营企业是引进技术的最好方式，可以引进用其他方式所不容易得到的技术，不仅可引进生产工艺技术，还可引进先进的管理技术。有的国家在同中国进行国际技术交流时，就表示只有采用合资经营或合作生产方式，才愿意转让某些先进技术。技术转让问题，在技术上和法律关系上，都比较复杂，为此，《实施条例》就合营企业引进技术，设立专章，作了原则规定。

1. 技术引进的意义

所谓引进技术，是指合营企业通过技术转让的方式，从第三者或合营者获得所需要的技术（第43条）。技术转让有非商业的（如政府间技术援助），有商业性的。这里所讲的技术转让，是指商业性的技术转让。技术可包括两类，一是有工业产权的技术，如专利权、商标权等，一是无工业产权的技术，如技术秘诀，图纸，设计方案，技术指导、技术示范等。

引进技术的规格，依我国法律的规定，必须是适用的、先进的，使其产品在国内具有显著的社会经济效益或在国际市场上具有竞争力（第44条）。

2. 技术转让协议的效力

技术转让协议是转让者与受让者（合资经营企业）双方就技术转让有关的权利与义务表示意思一致的主要法律文件，对双方均有拘束力。在订立技术转让协议时，必须维护合营企业独立进行经营管理的权利，即转让方不能附加条件妨碍企业的自主权。此外还须按照《实施条例》第29条的规定，技术转让方应提交该工业产权或专有技术的有关资料，包括专利证书或商标注册证书的复制件、有效状况及其技术特性、实用价值、作价的计算根据等。如转让方为他方合营者，还必须提交与中国合营者签订的作价协议等有关文件，作为附件，以便作为技术诊断的参考和依据。

合营企业订立的技术转让协议，在内容上必须符合下列条件（第46条）：

（1）技术使用费必须公平合理，一般应采取提成方式支付技术使用费，提成率不得高于国际上通常的水平。提成率应按该技术所生产产品的净销售额或双方协议的其他合理方式计算。

（2）除双方另有协议外，技术输出方不得限制技术输入方出口其产品的地区、数量和价格。

（3）技术转让协议的期限一般不超过10年。

（4）技术转让协议期满后，技术输入方有权继续使用该项技术。

（5）订立技术转让协议双方，相互交换改进技术的条件应对等。

（6）技术输入方有权按自己认为合适的来源购买需要的机器设

备、零部件和原材料。

（7）不得含有为中国的法律、法规所禁止的不合理的限制性条款。

合营企业订立的技术转让协议，应经企业主管部门审查同意，并报审批机构批准（第46条）。

现我国已经公布了《专利法》，这对今后引进技术提供了方便和法律保障。

（七）合营企业的场地使用权及其费用

合营企业在经营范围内，可以取得所需场地的使用权。依《实施条例》的规定：

1. 场地使用权的取得及其条件

合营企业取得土地使用权，有两种方式。一是合营企业所需场地，由合营企业向所在地的市（县）级土地主管部门提出申请，经审查批准后，通过签订合同取得场地使用权。合同应订明场地面积、地点、用途、合同期限、场地使用的费用（以下简称场地使用费）、双方的权利与义务、违反合同的罚则等（第47条）。二是作出资形式的场地使用权。如合营企业的场地使用权已为中国合营者拥有，则中国合营者可将其作为对合营企业的出资。其作价金额应与取得同类场地使用权所应缴纳的使用费相同（第48条）。

关于场地使用权的条件。

（1）合营企业使用场地，必须贯彻执行节约用地的原则（第47条）。

（2）合营企业对于准予使用的场地，只有使用权，没有所有权，其使用权不得转让（第53条）。我国关于合营企业使用土地的政策，与其他一些国家有着根本的区别。在实行土地私有制的国家，土地可以由私人、企业私有，并在法律许可的范围内，外国投资的企业，包括合资企业、外资企业也可取得所有权，并有权处分其土地所有权，当然也可以转让其其土地的占有权、使用权。而我国是实行社会主义公有制，土地属于国家所有（少数经法律允许，可属于集体所有），个人或企业不能享有土地所有权。合营企业不能取得土地所有权，从而也不能享有处分权，不能自行转让其土地使用权。当合营企业扩大使用面积，须申请土地管理部门审查批准，缩小使用面积，其缩小部分不能自行转让和处分，须交还土地管理部门重新安排使用。如企业要求迁址、停产、终止合营等情况，场地使用合同归于终止时，均不得自行转让或处分其场地使用权，应由土地管理部门收回处理。

2. 场地使用费

合营企业经批准使用的场地，应缴纳场地使用费。目前，世界各国城市地价昂贵，每亩折合人民币，高的达五六百万元，低的也有五六十万元，差距极大①。如参照国外水平计收，不利于吸引外资；收费太低，合营企业将占用土地太多，既浪费土地，不符合我国节约用地的原则，又需增加大笔拆迁补偿和交通、市政等配套建设费用。故我国采取区别情况，适中收费，并给予一定优惠。

（1）确定场地使用费的标准，应根据场地的用途、地理环境、征地拆迁安置费用和合营企业对基础设施的要求等因素，由所在地的省、自治区、直辖市人民政府规定，并向对外经济贸易部和国家土地主管部门备案（第49条）。场地使用费的高低，要同土地的使用价值相一致。外国投资者举办合营需用土地，目的在于办好企业，因而要求场地具有较好的基础设施，有一定的社会公共设施。如场地原有住户或单位，尚须征用补偿，拆迁安置，以上种种费用，均需我国负担。此外还须考虑场地使用价值的大小、场地的地理位置和环境。因此，确定场地的使用费，必须包括上述费用及场地的使用价值，进行综合平衡，区别对待。如沿海地区应高于内地，大中城市应高于中小县城，城市中心、繁华地区应高于郊区。

至于从事农业、畜牧业的合营企业，经所在地的省、自治区、直辖市人民政府同意，可按合营企业收入的百分比向所在地主管部门缴

---

① 如按15年折算成每亩地租人民币，高的如英国伦敦为565万元至645万元，日本东京为403万元至759万元，低的如菲律宾马尼拉为81万元至112万元。香港按1977年计算，每亩地平均售价为260万元。按18.5年折合每平方米地租，1977年为211元。

纳场地使用费（第50条）。

（2）场地使用费的优惠。在经济不发达地区从事开发性项目，场地使用费经所在地人民政府同意，可以给予特别优惠（第50条）。如在工业比较落后的边远地区，或投资行业利润率较低的投资项目，场地使用费也可适当降低。至于在新辟工业区投资办厂，其场地使用费，也可酌情适当低于条件较好的原工业区。新建厂的场地使用费也可适当低于利用外资进行改造的原有企业。

（3）场地使用费的缴纳。合营企业经批准取得的场地使用权，其场地使用费应按合同的用地时间从开始时起按年缴纳，第一个日历年用地时间超过半年的按半年计算；不足半年的免缴。在合同期间内，场地使用费如有调整，应自调整的年度起，按新的费用标准缴纳（第52条）。

3. 场地使用费的调整

根据经济发展情况的需要，在一定年限内可以对场地使用费进行调整，但在开始用地5年内不调整。以后随着经济的发展、供需情况的变化或地理环境条件的变化需要调整时，调整的间隔期，应不少于3年。作为中国合营者投资的场地使用费，在该合同期间内不得调整（第51条）。因为这种情况的场地使用费已经作为出资，成为合营企业的资本。

（八）合营关系的终止

合营的法律关系，因企业的解散、清算而终止。合营企业由于不能继续存在的事实出现而终止其事业活动，合营契约即告终结，称为解散。但依法人理论，法人解散，还须清理其财产关系，法人资格尚须继续到清算终了时为止。

合营企业基于下列事由之一，即告解散：

1. 合营期限届满；

2. 企业发生严重亏损，无力继续经营；

3. 合营一方不履行合营企业协议、合同、章程规定的义务，致使企业无法继续经营；

4. 因自然灾害、战争等不可抗力遭受严重损失，无法继续经营；

5. 合营企业未达到其经营目的，同时又无发展前途；

6. 合营合同、章程所规定的其他解散原因已经出现。

在上述情况发生时应由董事会提出解散申请书，报审批机构批准（条例第 102 条）。董事会关于合营企业的中止、解散，须经出席董事会会议董事一致通过，方可作出决议（条例第 36 条）。

至于有 3 项情况，不履行合营企业协议、合同、章程规定义务的一方，应对合营企业由此造成的损失负赔偿责任。

清算是指企业解散时，整理企业财产关系的程序。合营企业宣告解散时，董事会应提出清算程序、原则和清算委员会人选，报企业主管部门审核并监督清算（条例第 101 条）。

清算应组成清算委员会，成员一般应在合营企业的董事中选任，董事不能担任或不适于担任清算委员会成员时，可聘请在中国注册的会计师、律师担任。审批机构认为有必要时，可派人进行监督。

清算费用及清算委员会成员的酬劳，应从合营企业现存财产中优先支付（条例第 104 条）。

清算委员会的任务是对合营企业的财产、债权、债务进行全面清查，编制资产负债和财产目录，提出财产作价和计算依据，制定清算方案，提请董事会会议通过后执行。

在清算期间，清算委员会代表合营企业起诉和应诉（条例第 105 条）。在清算期间内，清算委员会是合营企业法人的法定代表，实际上是企业法人资格在清算期间内和清算事务权限内的继续，直到清算终了为止。在国外法制中，这种清算委员会称为清算法人，但清算法人并不是与原来法人不同的一种特别法人，而是原来法人在清算范围内的继续，与原来法人具有同一性质①。这在我国法律上亦应作同样理解。

清算的内容主要是合营企业债务的清偿与剩余财产的分配。合营企业以其全部资产对其债务承担责任。如财产不敷清偿，原则上按债

① 我妻荣：《（新订）民法总则》（1965），第 185 页。

务额比例清偿。合营企业清偿债务后的剩余财产按照合营各方的出资比例进行分配，但合营企业协议、合同、章程另有规定的除外。

合营企业解散时，其资产净额或剩余财产超过注册资本的增殖部分视同利润，应依法缴纳所得税。外国合营者分得的资产净额或剩余财产超过其出资额的部分，在汇往国外时，应依法缴纳所得税（条例第 106 条）。

合营企业清算工作结束后，由清算委员会提出清算结束报告，提请董事会会议通过后，报告原审批机构，并向原登记管理机构办理注销登记手续，缴销营业执照（条例第 107 条）。至此，企业的法人资格即归于丧失。

第七节 合作经营

一、合作经营是一种简便有利的利用外资形式

合作经营又称合作生产（co-production venture）。这种中外合作形式的特点是，由外国投资者提供资金、技术、设备，而东道国合作者——企业或个人一方，提供基础条件，如场地、现有厂房以及劳务等，双方进行合作从事特定项目的经营，在平等互利的原则下，双方按约定的分成比例，分配收益，分担亏损，较之举办合资经营企业，灵活简便，投资少，周期短，见效快，故深为双方合作者所欢迎。我国自实行开放政策，利用多种形式吸收外资以来，中外合作经营项目发展较快，到 1983 年底止，已签中外合作经营项目共 1047 项，占外国直接投资项目的 45%，协议金额达 29 亿多美元，占吸收外商直接投资协议金额的 45%。特别是广东省有地利之便，临近港澳，采取中外合作经营方式，更便于大量吸收港澳外商及侨胞投资。

中外合作经营形式之所以发展迅速，除了一般合资形式的经济效益外，还有其本身的特点：

（1）合作经营项目，不受国内配套投资的制约，有利于扩大吸收外资：采取来料加工、补偿贸易，合营企业等形式，都需要有国内

配套投资，引进 1 美元设备，平均需要 4 元人民币的国内配套投资
（少则 2.5 元，多则 7 元不等）。往往因国内一方资金不够，难于配
套，终至影响外商投资项目。而合作经营大多是外商提供资金、设
备、技术，我方提供场地、现有厂房、劳力等作为出资，可摆脱内外
资配套的约束，解除我方在引进外资过程中国内配套投资的负担，为
吸引外资，广开门路。

（2）外商能保本，我方也有利，能更好地贯彻平等互利的原则，
增加外国投资者的安全感。合作经营一般是实行比例分成，外商可逐
年按约定数额回收投资，期满可全部回收投资，外商投资原本和利润
均有保证。而我方除得到分成利润外，还可获得劳务工资、原料及物
资供应所应得的外汇收入；特别是期满合同终止后，项目财产在清算
后不再作价交付中国所有。实际上对双方都极少风险。

（3）灵活简便，适应性强。合作经营采用利润分成或实物分成，
分成比例，不按股份计算，而由双方协商，或对开，或四六开或三七
开不等，比较灵活，既适于大型项目，也适于中小型项目；既适于生
产性项目，也适于非生产性项目，既适于城市，也适于农村，资金多
少咸宜，形式大小不拘，可因时、因事、因地制宜，易于发展。

（4）有利于引进技术和设备，不管项目大小，都随国外合作者
带来技术设备，并共同关心，办好项目，能保证技术的先进性，有效
性，培养我国技术力量。

我国正起草中外合作经营法，以下根据几年来我国举办合作经营
项目的作法和经验，简述其性质和特点。

二、中外合作经营的性质

从法律上讲，中外合作经营的性质，属于契约式合营项目，合作
双方的权利和义务，包括投资的构成、利益的分配等，由合作双方签
订的合同规定，但并不排除其组成法律实体。即合作经营的形式可基
于双方的意思，组成法人，也可不组成法人。组成法人的合作经营，
应组成共同财产，能成为法律行为的主体及诉讼行为的主体，可以自
己的名义起诉或被诉。并应设立董事会为其权力机关，作为法人的代

表，其权限范围可参照中外合资经营企业法关于董事会的有关规定。

不组成法人的中外合作经营，无法律实体，不具有法人资格，应由合作各方的代表组成联合机构，可以联合机构的名义参加活动，进行经营管理，也可以由合作各方协商，委托一方管理，故联合机构并非中外合作经营的法定代表，与组成法人的董事会不同。合作各方可分别拥有参加合作经营项目的各自财产，但联合机构仍须有共同的财务账簿，以便确定经营项目的全部财产状况，作为分成计算的标准。从法理上讲，不组成法人的中外合作经营关系，是一种合伙关系，合作各方的权利与义务，依合伙的法理确定，每一合作者均为其他合作者的代表，每一合作者对经营项目的债务负连带责任。

三、中外合作经营的法律特点

合作经营同样是中外合营项目的一种形式，在计划性、物资购买、产品销售、外汇管理、经营自主权等方面，基本上可准用或适用中外合资经营法及其实施条例的有关规定。兹简述其法律关系的几个特点。

1. 合作经营的收益分配

合作经营的收益分配的特点，主要表现为下列三点：

（1）收益分成问题。合作经营项目，各方投资不按股份计股，一般也不按股份分配收益，而是采取利润分成或产品分成的分配方式。利润分成或产品分成比例，由合作双方协商，在合同中加以规定。如中外合作兴办某一旅游餐厅，港商投资 100 万港元，我方提供土地两亩及劳动力 10 名作为投资，约定合作经营期限为 5 年，利润分成，我方为 52%，外商为 48%，或三七、四六开等均可。合作项目发生年度亏损，可从下一年度利润中提取相应数额进行弥补，下一年度利润不足弥补的，可逐年从次年度利润中进行弥补，但最长不得超过 5 年，故利润必须在弥补项目年度亏损后的余额中，按约定比例分成。

产品分成，又称实物分成。如我方提供建筑用地，外商负责提供全部建房资金，双方合作建成商品住房，约定实行产品分成，我方分得房屋占 2/3，外商分得房屋占 1/3。我方分得的房屋，其计算分成依据，包括负责原住户的拆迁安置费和征用补偿费和水、电等基础设施费用在内。外商分得房屋的分成折算标准，包括全部投资额的本息和取得的一定利润在内。房屋建成发售完毕，合作经营项目即告结束。采用产品分成，应按产品的实际价格或同类产品的平均价格计算，作为收入的依据。

（2）外商资本回收问题。这是中外合作经营不同于中外合资经营之处，合作各方或一方约定在合作项目投产或开业后一定期间内，逐年回收其资本本金，到期满为止，全部回收其资本。故外商投资兴举合作经营项目，至少可以保本，能有效地实现平等互利的原则。回收年限、方式，应在合营合同中明确规定。一般合作经营项目是由外商提供资金、设备、技术、原材料，我方提供场地、现有厂房及劳务。外商投资本金，通常按双方商定的设备折旧年限，从提取的折旧费中按约定数额偿还外商当年应回收的投资本金，并列入成本摊还。项目利润也只在偿付当年约定的回收本金部分后，才进行按成分配。但这种摊还的投资，只限于投资本金，不包括利息和流动资金。如包括利息，则外商投资实际上就会等于贷款；而且客商要获得利息和利润，必须由项目经营所得的利润来决定。只有经营获利，外商才能真正获利，这才可促使外商关心项目的经营和盈亏，按合同规定责任履行契约。如以流动资金偿还回收本金，势将影响项目的正常经营，对合作双方均不利。按期回收投资本金，使外国投资者能增强投资的安全感，有利于吸引外资。

（3）合作期满后资产归属问题。一般情况是合作经营项目期满后，在保持正常生产和经营的情况下，全部资产不再作价，归中国合作者所有，这对我方既有利，也有理。因为外商投资本金已在合作期间内逐年摊还，到期满已全部回收，并已从项目经营中获得应得的利润，所以，我方收回全部资产，实际上是平等互利原则的具体化。至于外国合作者不回收本金的合作项目，清算后剩余财产的归属，则按合同规定另行处理。

2. 合作经营的债务承担问题

合作经营项目的全部财产，对债务负责，不足清偿债务时，其不足部分，由合作各方按合同规定的分成比例承担责任。债务清偿后的剩余财产，原则上按合同规定的比例分配。如果外商投资资本已按约定期满全部回收，则按前述办法，剩余财产则归还我方合作者。但如合作经营项目未组成法人的，则各方应负连带责任。

3. 合作经营的税收问题

合作经营的税收问题，一是所得税率，一是税收优惠。中外合作经营项目一般多适于投资少、周期短、见效快的中、小型项目，遍及工、农、牧、副、渔、交通、旅游、服务、住宅、文教、卫生等行业，为了广泛吸收外资，税率不宜偏高。目前有几种设想。一是采取偏低的固定税率；一是采取外国企业的累进税率，外国合作者按《外国企业所得税法》征税，中国合作者按《个人所得税法》征税。将来究竟如何确定，尚须根据实践的结果决定。

至于减免税收优惠，根据目前我国对外资放宽政策的精神，也应优惠从宽，可参照《中外合资经营企业法实施条例》的规定，适当给以优惠待遇。

4. 合作经营项目的经营管理问题

根据广东省已开办中外合作经营项目的经验，合作经营项目既可双方共同经营管理，也可由一方经营。也有不少项目委托我方一方经营，因为有的外商为节省开支，不愿在外雇聘人员参加管理，特别是一些小型项目，投资额小，合同期间短，由我方经营较为有利。还有极少数项目，可委托外商单独经营。至于组成法人或成立联合机构的，通常由董事会或联合机构管理，也可由双方共同选派董事长或总经理管理。总之，须从具体情况和实际需要出发，可以形式多样，采取灵活方法，这是与中外合资经营企业不同的又一特点。

5. 中外合作经营的法律适用问题

中外合作经营是依我国法律举办，经中国主管部门批准，在中国境内经营并进行活动，故关于合作经营合同的签订、效力、解释、执行及争议的解决，均应适用中国法律，受中国法律保护及中国法院管辖。争议的处理，也由中国仲裁机构，按其仲裁程序规则进行仲裁解决。如当事人各方同意，也可在被诉一方或第三国进行仲裁解决。

第八节 合 作 开 发

一、概说

合作开发是属于合作生产的范畴，其特点是资源国利用外国投资共同开发自然资源的一种国际合作形式。通常由资源国政府或国家企业同外国投资者间，签订协议、合同，在资源国指定的开发区，在一定年限内，允许外国投资者同资源国合作，进行勘探、开发自然资源，并进行共同生产项目，按约定比例，承担风险，分享利润。这属于前述第三类型的合营企业。由于国家对自然资源享有永久主权，开发自然资源是国家专属的权利，允许外资合作进行开发，与一般利用外资的合营方式不同，通常须经资源国批准，给予特许权。外国投资者享受较大的优惠和特权，承担更多的风险（主要是勘探风险）。缔约当事人大多一方为东道国政府（或国家经济机构或国营企业），另一方为外国私人企业或多国企业集团。在学说上通称为特许契约（或特许权协议 concession）或经济特许协议（economic concession），查的甚至称为国家契约、国际契约，或准国际协议等（详见本书第五章第三节）。这种合作开发的形式，适合于自然资源（如石油、天然气、煤炭、森林等）大型开发及生产项目。第二次世界大战后，在中东、北非、南亚、拉美等发展中国家，多利用这种形式开发自然资源，如印度与美孚石油公司、伊朗同英国石油公司签订的石油开发协议，又苏联与日本合作开发西伯利亚木材、煤炭、石油、天然气等协议，均属此类。

特别是海洋石油（气）开采，风险大，投资多，技术要求高，建设投产周期长，单靠一国的资金、技术，往往无济于事，现在世界上，几乎没有一个国家不是利用外资这一途径，并采取国际合作的办法来进行勘探、开发海上石油的。譬如在欧洲北海油田参与合作开发的外国石油公司，英国海域有 200 多家，挪威海域有 45 家之多。

1982 年南斯拉夫的《伊拉》石油天然气公司与意大利、美国、西班牙等国的公司签订协议，合作勘探亚德里亚海南部及中部的石油、天然气。我国经过几次招标，同外国企业合作开发我国海上石油资源协议，也属于合作开发项目，但由于我国社会主义经济的特点及利用外资政策的根本精神，我国海上石油开发的中外合作项目，具有不同于一般特许协议的特点。

二、我国关于中外合作开采海洋石油资源项目的法律特点

我国海域辽阔，其中水深 200 米范围内的大陆架面积就有 100 多万平方公里，油、气资源丰富，具有良好的含油、气远景。据估计，我国海洋石油储量接近世界上最大石油输出国沙特阿拉伯的储油量。

为了开发海洋石油资源，加速四化建设的步伐，我国采取了利用外资合作开发海上石油资源的方式，于 1982 年 1 月 12 日制定颁布了《中华人民共和国对外合作开采海洋石油资源条例》（以下简称《条例》），并设立中国海洋石油总公司。在维护我国国家主权和经济利益的前提下，允许外国企业参与合作开发我国海洋石油资源，并扩大国际经济协作。利用外资合作开发海洋石油资源，是取得最大经济效益的捷径。第一，海上勘探及开采石油，比陆上勘探、开采风险大，由外商承担勘探风险，如勘探失败，我方也无需偿付勘探费用，比一般投资企业共同承担风险的情况，我方较为有利；第二，外方既承担勘探风险，必然尽力寻找油田，有利于加快我国海上石油开发；第三，海上石油勘探，费用大，技术要求高，可利用外方充足的资金或先进技术、设备，外商投资与油田建设的成败，利害攸关，为提高油田开发建设的经济效益，外商必尽量提供最先进的技术、设备，有利于我国学到先进技术和管理经验；第四，外商利润分成，是从总产值中扣除投资和操作费用后的剩余值中提取，可促使外商对投资效果和生产项目发展的关心；第五，随着海上石油资源的开发和利用，将带动我国机械、交通运输、造船等工业的发展。

1982 年我国成立中国海洋石油总公司，进行第一轮招标，该公司已先后同日本、美国、法国等石油公司分别签订了合作勘探、开发渤海、南海北部湾等 4 个油田及南海莺歌海油田的协议，到 1983 年 12 月止，我国已同 9 个国家的 27 家外国公司组成的 6 个投标集团或公司签署了 18 个合同，有的已开始海上作业。

1. 合作开采海洋石油资源与我国主权原则

国家对自然资源享有永久主权，是现代国际法公认的原则。《条例》明确规定：“中华人民共和国的内海、领海、大陆架以及其他属于中华人民共和国海洋资源管辖海域的石油资源，都属于中华人民共和国国家所有。”在上述海域内，“为开采石油而设置的建筑物、构筑物、作业船舶，以及相应的陆岸油（气）集输终端和基地，都受中华人民共和国管辖”（第 2 条）。合作区海域和面积的大小及合作对象的选择，均由我国决定。石油基地设在我国境内，对外合作开采海洋石油资源的我国政府主管部门为我国石油工业部，其职权是决定合作方式，划分合作区块，制订同外国企业合作开采海洋石油资源的规划、业务政策和审批海上油（气）田总体开发方案（第 4 条）。关于海上石油合作开采石油的合同，须经我国主管外国投资审批机构的批准，方能有效（第 6 条）。

中国政府依法保护参与合作开采海洋石油资源的外国企业投资、应得利润和其他合法权益，依法保护外国企业的合作开采活动，合作开采海洋石油资源的一切活动，都应当遵守中华人民共和国的法律、法令和国家有关规定。参与实施石油作业的企业和个人，都应当受中国法律的约束，接受中国政府有关主管部门的检查和监督（第 3 条）。

油田建成投资回收后，固定资产均归我国所有，以及在战争等情况下，我国有权实行征用。

由上可见，关于开采我国海洋石油资源的对外合作协议及其一切活动，都是在坚持我国主权原则指导下以及在我国法律管辖下进行的，不会影响我国的权益。

2. 中外合作开采海洋石油资源协议的效力

（1）石油开采协议的性质

中外合作开采海洋石油资源的协议，我国《条例》上，简称为"石油合同"，指中国海洋石油总公司一方，同外国企业一方，为合作开采中国海洋石油资源，依中国法律订立的，包括石油勘探、开发和生产的合同，并经中国主管机构批准，才能有效成立。我国对外合作开采海洋石油资源的业务，统一由中国海洋石油总公司全面负责。中国海洋石油总公司是具有法人资格、负有限责任的国家公司，享有在对外合作海区内进行石油勘探、开采、生产和销售的专营权，就对外合作开采石油的海区、面积、区块，通过组织招标，采取签订石油合同的方式，同外国企业合作开采石油资源（第56条）。公司是业务机构，不是政权机关，因此，公司同外国企业所签订的任何契约、协议，与一方为政府，他方为外国私人投资者（个人、企业）的投资协议不同，不属于所谓"国家契约"的概念，当然更不是政府间协议。在法律性质上，属于国内法上的契约，关于契约的订立、解释、效力及有关契约的争议，适用中国法律，并受中国法院及仲裁程序管辖。他方为外国合同者，可以是公司，也可以是公司集团。

（2）关于合同各方的权利与义务

外国合同者的权利与义务主要是：

a. 外国合同者在合同区内的投资、应得的利润和其他合法权益均受到我国法律的保护（第3条）。

b. 外国合同者可以按照石油合同的规定，从生产的石油中回收其投资和费用，并取得报酬（第7条）。

c. 外国合同者可以将其应得的石油和购买的石油运往国外，也可以依法将其回收的投资、利润和其他正当收益汇往国外（第8条）。

d. 除我国石油工业部或石油合同另有规定外，外国企业一方投资进行勘探，应负责勘探作业，并承担全部勘探风险。如未发现油田或其他原因勘探失败，应自负一切勘探费用，中国一方不承担任何损失及费用。发现商业性油（气）田后，由外国合同者同中国海洋石油总公司双方投资合作开采。外国合同者并应负责开发作业和生产作业①，直至中国海洋石油总公司按照石油合同规定在条件具备的情况下接替生产作业为止（第 7 条）。

e. 外国企业及其雇员均应遵守中国法律、法令和国家有关规定，接受中国主管部门的检查和监督，并依法纳税，缴纳矿区使用费、个人所得税（第 9 条）。

为了鼓励中外合作开采海洋石油资源，还规定了税收优惠办法，对为执行石油合同中所进口的设备和材料，按照国家规定给予减、免税收，或给予税收方面的其他优惠（第 10 条）。

f. 外国合同者在执行石油合同中应使用适用而先进的技术和经营管理经验，并有义务向中国一方执行合同的有关人员转让技术，传授经验；在石油作业中，必须优先雇用中方人员，逐步扩大中方人员比例，并对中方人员有计划地进行培训（第 12 条）。

g. 外国合同者在执行合同中，必须及时地、准确地向中国海洋石油总公司报告作业情况；完整地、准确地取得各项石油作业的数据、记录、样品、凭证和其他原始资料，并定期向中国海洋石油总公司提交必要的资料和样品及技术、经济、财会、行政方面的各种报告（第 13 条）。

h. 外国合同者为执行合同应当在中国境内设立分支机构或代表机构，并依法履行登记手续。该机构的住所地应当同中国海洋石油总公司共同商定（第 14 条）。

i. 外国合同者为执行石油合同，应当使用中国境内现有的基地，如需设立新基地，必须位于中国境内，其具体地点都必须经中国海洋石油总公司书面同意（第 17 条）。

---

① "开发作业"指从石油工业部批准油（气）田总体开发方案之日起，为石油生产所进行的设计、建造、安装、钻井工程等及其相应的研究工作，并包括商业性生产开始之前的生产活动。"生产作业"指一个油（气）田从开始商业性生产之日起，为生产石油所进行的全部作业以及其有关的活动，诸如开采、注入，增产、处理，贮运和提取等作业。

j. 外国合同者应当按照《中华人民共和国外汇管理暂行条例》的规定，开设银行账户（第11条）。

中国合同者的权利与义务主要是：

a. 中国海洋石油总公司按合同规定，在条件具备的情况下，有权接替生产作业。

b. 中国海洋石油总公司有权派人参加外国作业者为执行石油合同而进行总体设计和工程设计（第18条）。

c. 外国合同者为执行石油合同，除租用第三方的设备外，按计划和预算所购置和建造的全部资产，当外国合同者的投资按照规定得到补偿后，其所有权属于中国海洋石油总公司，但在合同期内，外国合同者仍然可以依据合同的规定使用这些资产（第22条）。

d. 参加合作开发的中国企业，应依法纳税及矿区使用费。

以上规定，既确定了双方的义务，也保护了双方的权益，是完全符合平等互利的原则的。

3. 石油作业与环境保护

石油作业容易产生环境污染，影响生态平衡，《条例》第24条规定，作业者和承包者在实施石油作业中，应当遵守中华人民共和国有关环境保护和安全方面的法律规定，并参照国际惯例进行作业，保护渔业资源和其他自然资源，防止对大气、海洋、河流、湖泊和陆地等环境的污染和损害。

4. 征购和征用

石油资源是重要的战略物资，我国保留在特别情况下的征购权和征用权。《条例》（第26条）规定，在战争、战争危险或其他紧急状态下，中国政府有权征购或征用外国合同者所得或所购买石油的一部或全部。至于征购的价格，征用的补偿，我国法律无明文规定，可以参照国际惯例，在不损害我国主权和国家利益的前提下，根据平等互利的原则，双方商定合理的价格或适当的补偿。

5. 仲裁和罚则

（1）在合作开采海洋石油资源活动中，外国企业和中国企业间发生的争执，应当通过友好协商解决。通过协商不能解决的，由中国仲裁机构进行调解、仲裁，也可由合同双方协议在其他仲裁机构仲裁（第 27 条）。

（2）作业者、承包者违反本条例规定实施石油作业，石油工业部有权提出警告，并限期纠正。如未能在限定期限内纠正，石油工业部有权采取措施，直至停止其实施石油作业。由此造成的一切经济损失，由责任方承担。对严重违反本条例的责任者，石油工业部可处以罚款，直至向司法机关提起诉讼（第 28 条）。

第九节　外　资　企　业

一、外资企业是国际投资的通行有效形式

外资企业是国际投资的一种传统形式，也是一种常用的有效形式。各国跨国公司在东道国设立子公司，独资经营企业，就是一种常见的外资企业。由于外资企业形式比其他投资形式（如合资经营、合作经营）有许多优点，如外国投资者自己提供全部资本，自主独立经营管理，自己承担风险，无论在资金运用上及采用先进技术和科学管理方法，都能充分发挥其积极性。对东道国来说，既不出资，也不承担风险，又能通过外资企业引进资金，特别是先进技术和科学管理经验，促进本国企业和经济的发展，而且还能通过征收税款及其他费用，增加国家财政收入和外汇收入。所以，不论在发达国家，或在亚、非、拉美等发展中国家，外资企业都得到很大的发展。有的发展中国家，外资企业的数目，大大超过合营企业（如巴西）。

我国实行对外开放政策，是通过多种渠道，采取各种形式，利用外资。宪法第 18 条规定的同国外进行"各种形式的经济合作"，就包括同外国投资者举办中外合资经营企业、中外合作经营企业、外资企业以及其他形式的经济合作。为了进一步扩大对外经济合作与技术交流，我国政府允许外国的企业和其他经济组织或者个人在中国境内设立全部资本由外国投资者投资的外资企业。实践证明，设立外资企业是我国引进外资、引进技术的一种可行的方式。自 1980 年开始试

行批准设立外资企业以来，逐步有所发展，到 1985 年底，全国批准设立的外资企业已有 120 家，到 1986 年底，又增到 138 家。为了保护外资企业的合法权益，为外资企业在我国境内的经营活动提供法律依据，并便于我国政府对外资企业进行管理和监督，我国于 1986 年 4 月 12 日制订并公布了《外资企业法》（以下所引条文，均指本法）。这标志着我国引进外资工作进入一个新的阶段，外资立法进一步完善。

二、我国外资企业法的基本内容

（一）外资企业的法律地位

本法所称外资企业是指依照中国法律，在中国境内设立的全部资本由外国投资者投资的企业，不包括外国的企业和其他经济组织在中国境内的分支机构（第 2 条）。外资企业凡是符合中国法律关于法人条件的规定的，都依法取得中国法人资格（第 8 条）。所以，外资企业不是外国的企业，外国法人，而是中国的企业和中国法人。我国法律规定外资企业的法人资格，在于明确外资企业在我国从事民事活动的法律地位，有利于它开展经营活动，也有便于我国对它进行监督和管理。

（二）外资企业设立的条件和程序

1. 设立的条件。"设立外资企业，必须有利于中国国民经济的发展，并且采用先进的技术和设备，或者产品全部出口或大部分出口"（第 3 条）。由于外资企业与中外合资经营企业及中外合作经营企业不同，没有我国资本参加，又没有中方参与经营管理，故对它的要求，也应有所区别。只限于先进技术企业或产品出口企业，才允许举办外资企业。但我国法律的规定是比较灵活的，并不要求每一外资企业的设立，都必须具备上述两个条件，两者择一即可。至于我国禁止或限制设立外资企业的行业，则由国务院另行规定。

2. 设立的程序。"设立外资企业的申请，由国务院对外经济贸易主管部门或者国务院授权的机关审查批准。审查批准机关应当在接到申请之日起 90 天内决定批准或者不批准"（第 6 条）。申请经批准后，"外国投资者应当在接到批准证书之日起 30 天内向工商行政管理机关申请登记，领取营业执照。外资企业的营业执照签发日期，为该企业成立日期"（第 7 条）。

"外资企业应当在审查批准机关核准的期限内在中国境内投资；逾期不投资的，工商行政管理机关有权吊销营业执照"（第 9 条）。

（三）外资企业的经营管理及其监督

1. 外资企业由于是外国投资者全部投资，独立经营，为有利于发挥企业的效益及增强其活力，本法规定，"外资企业依照经批准的章程进行经营管理活动，不受干涉"（第 11 条 2 项）。这就保证了外资企业在经营管理方面，享有充分的自主权。同样，也适用国务院《二十二条》的有关规定。

2. 我国法律在设置关于吸引及保护外国投资的同时，还设置关于国家对外资企业实施监督管理的规定，这是维护国家主权和国家利益所必要的。主要是：（1）外资企业必须遵守中国的法律、法规，不得损害中国的社会公共利益（第 4 条 2 项）；（2）外资企业的生产经营计划应当报其主管部门备案（第 11 条）；（3）工商行政管理机关对外资企业的投资情况进行检查和监督（第 9 条 2 项）；（4）外资企业的分立、合并或其他重要事项的变更，都应当依法报国家有关主管机关批准，并向工商行政管理机关办理变更登记手续（第 10 条）；（5）外资企业必须在中国境内设置会计账簿，进行独立核算，按照规定报送报表，并接受财政税务机关的监督，否则，可以责令停止营业或吊销营业执照（第 14 条）。

（四）对外资企业合法利益的保护与优惠待遇

为了有利于吸引外资在国内举办外资企业，我国法律规定了关于外资企业合法利益的保护与税收优惠待遇。

1. 外国投资者在中国境内的投资、获得的利润和其他合法权益，受中国法律保护（第 4 条）。

2. 外汇保证。外资企业的合法利润、其他合法收入和清算后的资金，可以汇往国外。外资企业的外籍职工的工资收入和其他正当收入，依法缴纳个人所得税后，可以汇往国外（第 19 条）。外资企业的外汇事宜，依照国家外汇管理规定办理。除我国外汇管理暂行条例等外，1983 年，经国务院批准，制订公布了《对侨资企业、外资企业、中外合资经营企业外汇管理施行细则》，有详细规定。

外资企业的外汇收支平衡问题，是外国投资者最关心的问题。依我国法律规定，外资企业一般应当通过产品出口收汇，自行解决外汇收支平衡。如果外资企业生产的优质产品能够替代进口，经主管机关批准在中国市场销售，因而造成企业外汇收支不平衡的，由批准其在中国市场销售的机关负责解决（第 18 条）。

3. 关于国有化、征收的规定。我国法律规定，"国家对外资企业不实行国有化和征收；在特殊情况下，根据社会公共利益的需要，对外资企业可以依照法律程序实行征收，并给予相应补偿"（第 5 条）。国有化、征收是外国投资者最关心的政治风险之一，我国这一规定，是鉴于外资企业的特点，一般不进行国有化和征收，以保证外国投资者的安全感。但在必要情况下，仍可进行征用，这又维护了国家主权。这是一种灵活性的规定，并未表明放弃国有化和征收的权力。

4. 税收优惠。外资企业依照国家有关税收的规定纳税，并可以享受减税、免税的优惠待遇。外资企业将缴纳所得税后的利润在中国境内再投资的，可以依照国家规定申请退还再投资部分已缴纳的部分所得税款"（第 17 条）。本条所说的"国家有关税收的规定"，包括外国企业所得税法和国务院关于经济特区和沿海十四个港口城市减征、免征所得税和工商统一税的暂行规定以及其他有关税收的规定。

（五）劳动雇用与工会组织问题

外资企业雇用中国职工应当依法签订合同，并在合同中订明雇用、解雇、报酬、福利、劳动保护、劳动保险等事项（第 12 条）。

我国是社会主义国家，必须在法律上对维护外资企业职工的合法权益和外资企业对工会活动承担一定义务，作出规定。第 13 条规定，"外资企业的职工依法建立工会组织，开展工会活动，维护职工的合法权益。外资企业应当为本企业工会提供必要的活动条件"，体现了这一精神。

（六）外资企业的终止和清算

外资企业一般是因期限届满而终止。但我国法律关于外资企业的经营期限，未作具体规定，而是由外国投资者申报，经审查批准机关批准。期满需要延长的，也须在法定日期内申请批准（第20条）。

外资企业终止，应当及时公告，按法定程序进行清算。

在清算完结前，除为了执行清算外，外国投资者对企业财产不得处理（第21条）。

外资企业终止，应当向工商行政管理机关办理注销登记手续，缴销营业执照（第22条）。

第十节　经济特区

一、概说

在一个国家或地区内，划出一定范围，在对外经济活动中采取更加开放的特殊政策，用减、免税收等优惠办法，吸引外资，扩大外贸，以达到发展经济的目的，这种特定范围或区域，称为特区。在全世界范围内，特区的设立，由来已久，它是随着商品经济的发展，资本主义经济的发展，国际贸易的发展而发展起来的。其端倪早见于资本主义初期16世纪意大利的自由港，17世纪以后，在德、法、意、丹麦、葡萄牙的一些著名城市，相继出现自由贸易区。当时建立自由贸易区，主要是以国际贸易为中心，采取免除进口税，吸引外国商品，扩大转口贸易，发挥商品集散中心的作用，包括仓储、运输等，以加速当地经济的发展。到帝国主义时期，帝国主义国家进一步在海外殖民地、附属国建立各种形式的特区，强迫有关国家给予各种优惠，以利于输出本国的商品和资本，获取更大的海外经济收益。第二次世界大战后，新独立的发展中国家，以及社会主义国家，为了发展本国经济，纷纷建立利用外资的特区，这时特区已由自由贸易为主发展到以出口加工为主。典型的出口加工区诞生于亚洲的发展中国家和地区，如菲律宾的巴丹、南朝鲜的马山、马来西亚的艾尔克罗赫、新加坡的裕廊、斯里兰卡的卡图纳亚克"投资促进区",我国台湾省的高雄出口加工区,其他如南斯拉夫贝尔格莱德等十一个港口的自由关税区,罗马尼亚苏利纳自由区等。到1980年止,世界各类特区已发展到350多个,遍及75个国家,名目繁多,有自由贸易区、自由工业区、自由关税区,促进投资区、对外贸易区,自由港,加工出口区、科学工业园区,自由边境区、边境区等,实质上都可概称之为"经济特区"。

发展中国家和地区的出口加工区,由于实行优惠,采取灵活的政策措施,普遍在引进外资、技术,扩大出口,增加外汇收入,安排就业、培训人才,促进本国经济发展等方面,取得了明显的效果,并刺激一些发达的工业国家也仿效建立出口加工区(如加拿大)。

各国建立出口加工区,固因各国政治、经济具体情况和条件的不同而异,综合起来,不外下列四种类型:一是摆脱过去殖民地的单一经济结构,由替代进口转到面向出口的高度技术水平的加工工业(如新加坡、马来西亚);二是由于内部资源有限,依靠出口贸易发展自身经济,以技术密集型为主,以劳动密集型为辅,生产最高产值的产品,以赚取外汇(如南朝鲜);三是纯粹为开发本国落后地区经济,把出口加工区作为开发基地(如菲律宾、巴西);四是专业技术加工区(如爱尔兰香农出口加工区,主要引进美资建立并发展电子工业为中心的专业技术)①。

各国出口加工区虽然其发展目标各有其重点,但一般都有下列几个基本特点。

(1)多数是引进外资划区设厂,集中管理,避免机构重叠,多头率制,建立有职、有权、行政效率高的管理机构,简化手续,建立简易的审批制度,以方便外商投资。但在企业的经营管理上,坚持经营管理权的本国化,防止外资控制。

---

① 《世界经济导报》1982年2月15日,第71期,《出口加工区盛行第三世界》。

（2）有目的地引导外资进入优先部门及重点发展项目，产品面向出口。通过利用外资设厂，引进先进技术和设备，同当地廉价劳动力相结合，主要经营投资少，见效快的劳动密集型的轻工业。既使外国投资者有利可图，又符合所在国解决资金、技术、就业等问题的需要，能较好地贯彻平等互利的原则。

（3）健全法制，实行优惠，吸引外国投资。如对外国投资企业给予减、免税收，（如所得税率低，进口原料、出口产品减、免进出口税），减、免税期较长；对投资股份不加限制，既可合资经营，也可外资独资经营；股份转让，不收转让税；原本和利润自由汇出，不加限制；保证不实行征用、国有化；提供场地方便，甚至由所在国或当地提供一定资助，等等，增加外国投资者的安全感。

（4）提供基础设施，创造有利的投资环境。如搞好水、电、道路、港口、仓储等设施。出口加工区，一般都选择在港口附近兴建，交通运输方便，有利于货物流转，节省费用，降低成本。

二、我国经济特区立法

我国为了进一步利用外资，发展对外经济关系，借鉴世界各国自由贸易区和出口加工区的经验，结合我国国情和需要，经批准于1980年在广东、福建两省划定深圳、珠海、汕头、厦门四个经济特区，并在深圳特区内，由招商局全权经营蛇口工业区。继1980年2月制定及颁布施行《广东省经济特区条例》之后，又由广东省制定并施行了五个地方法规：《广东省经济特区入境出境人员管理暂行规定》、《广东省经济特区企业登记管理暂行规定》、《广东省经济特区劳动工资管理暂行规定》、《深圳经济特区土地管理暂行规定》及《广东省关于香港招商局蛇口工业区海关边防管理试行办法》。三年多来，由于我国正确地执行了特区政策，在特区的建设规模，吸引外商，特别是华侨、港澳同胞投资，兴办企业，引进技术、设备，发展特区经济，扩大出口，乃至扩大就业，培训人才，以及通过特区把外资、技术、管理经验转引到内地办好新企业等方面，都取得了显著成绩。

1. 我国经济特区的性质和法律地位

同是运用出口加工区，但在发达国家同发展中国家，其本质不同，目的各异。在发达的资本主义国家，由于资金、技术、设备过剩，寻找出路，需要在国外建立新的生产基地，扩大争夺国际市场的能力。而在发展中国家和地区是为了引进外资和先进技术、设备，以发展民族经济。我国是在社会主义制度下建立经济特区，同建立在资本主义体制基础上的出口加工区或自由贸易区，形式似同，而实质却异。特区经济是在我国政府管理下，作为社会主义经济的一种特殊补充形式而存在的，其实质是："我国能够加以限制，能够规定其活动范围的资本主义"，即国家资本主义。它不仅仅是在我国社会主义经济领导之下，为我国社会主义建设服务的，而且终究将转化为社会主义经济。我国关于经济特区的法律，正是从这一特点出发，并反映这一特点。

首先，尽管由于政策放宽，措施灵活，形式多样，便于大幅度地吸收外资，引进技术和设备。外资、侨资不仅可举办中外合营企业，中外合作经营，还允许独资经营，外资活动余地大，经营范围广。但都是在我国政权管理和政策制约之下，并在划定的地区内进行活动，客观上是与我国现代化建设目标联系的。在我国政策和法律制约之下，不允许无限制地追求利润，损害我国主权和国家经济利益。特区内外资、侨资的资产及其投资应得利润和其他合法权益，均受我国法律保护（《广东省经济特区条例》（以下简称《条例》）第1条），企业和个人必须遵守中国法律、法令和有关规定（《条例》第2条）。

其次，我国设有专门政府机关，如广东省经济特区管理委员会，代表广东省人民政府对特区实行统一管理（《条例》第3条）。客商在特区内投资设厂，兴办企业，应向我国有关主管机关申请，经审查、批准及注册后，才能经营（《条例》第7条）。特区企业应依法纳税，其他如产品销售，外汇管理，使用土地，出入境，劳动工资等方面，均须依我国法律规定办理。

以上立法，充分体现了我国主权原则。特区是在我国主权统治之下，我国法律管辖之下，在指定地区内按照我国特殊政策而进行经营活动的。经济特区不是政治特区，不是租界或殖民地。特区与内地的分界线，只是政策适用的界线，决不是国境线。

2. 经济特区法律的特点

作为上层建筑的法律，始终是反映、巩固、保护经济基础，并积极地促进其发展。作为经济特区的法律，正是反映我国在经济特区内实行不同于内地的外资政策的特点，即反映在我国主权原则及平等互利基础上，实行特殊政策，采取灵活措施，提供较多优惠，更有效地利用外资为我国四化建设服务这一特点。既要使外商有利可图，有所鼓励；又要防止资本的贪婪性，有所引导，有所限制。基于这一原则方针，我国特区立法有如下特点。

（1）为了更广泛地利用外资和技术，允许客商以较为广泛的投资范围，为客商提供广泛的经营范围，创造良好的经营条件，保证稳定的经营场所。一切在国际经济合作和技术交流中具有积极意义的工业、农业、畜牧业、养殖业、旅游业、住宅和建筑业、高级技术研究制造业，以及客商与我方共同感兴趣的其他行业，都可以投资兴办，或与我方合资兴办（《条例》第 4 条），为外资进入，广开门路。

（2）在贯彻平等互利原则的基础上，对外商提供投资方便，给予较多优惠。

①提供土地使用的优惠。特区土地为中国国家所有，客商需用土地，按实际需要提供，其使用年限，使用费数额和缴纳办法，根据不同行业和用途，给予优惠（《条例》第 12 条）。优惠具体办法，根据土地具体情况，参照国际惯例，另行规定。这样，客商来特区投资，不必花大笔资金购买土地，而只付土地使用费，达到同样用地的效果。我国土地使用费一般比国外地租低（见《深圳经济特区土地管理暂行规定》第 16 条）。经批准使用土地的单位和个人，对其所使用的土地只有使用权，没有所有权；禁止买卖和变相买卖土地，禁止出租及擅自转租土地；不得开采、动用或破坏地下资源或其他资源（《深圳经济特区土地管理暂行规定》第 5 条）。

②税收优惠。（甲）特区企业所得税率比内地中外合资经营企业低，为 15%，对《广东省经济特区条例》公布后头两年内投资兴办

的企业，或者投资额达 500 万美元以上的企业，或者技术性较高、资金周转期较长的企业，还给予特别优惠待遇(《条例》第 14 条)。

（乙）客商所得利润用于在特区内进行投资为期 5 年以上者，可申请减免再投资部分的所得税(《条例》第 16 条)。（丙）特区进口生产所必需的机器设备、零配件、原材料、运输工具和其他生产资料，免征进口税；对必需的生活用品，可以根据具体情况，分别征税或减免进口税(《条例》第 13 条)。

③价格优惠。鼓励特区企业采用我国生产的机器设备、原材料和其他物资，其价格可按我国当时同类商品的出口价格给予优惠，以外汇结算，同时可凭我国销售单位的销售凭证直接运往特区(《条例》第 17 条)。

④外汇自由。客商在缴纳利润所得税后所得的合法利润，以及在企业中外籍职工、港澳职工、华侨职工的工资收入和其他正当收入，在缴纳所得税后，可通过特区的中国银行或其他银行汇出(《条例》第 15 条)。企业停业清算后，客商所得的资金，可以汇出(《条例》第 11 条)。

⑤简化出入境手续。凡来往特区的外籍人员、华侨和港澳同胞，出入境简化手续，给予方便(《条例》第 18 条)。广东省颁布了《经济特区入境出境人员管理暂行规定》，根据不同情况可办理多次往返有效的入境出境签证及当天出入境的证明等。

⑥提供公共基础设施，创造良好的投资环境。特区的土地平整工程和供水、排水、供电、道路、码头、通讯、仓储等各项公共设施，由广东省经济特区管理委员会及各区管理委员会（如珠海、深圳等）负责兴办，必要时也可以吸收外资参与兴建(《条例》第 5 条)。

（3）特区企业的经营管理及有关商业活动，必须遵守经济特区条例和有关具体规定，签订并遵守双方合同。

①客商在特区投资设厂，兴办各种经济事务，不论是独资经营（外资企业）、合资经营、合作经营，应向广东省经济特区管理委员会提出申请，经审查批准后，并应向特区工商行政管理机关申请登记，领取注册证书或营业执照；如经营中华人民共和国规定的特种行

业，应领取特种注册证书或营业执照。未经登记领取注册证书或营业
执照者，不准开业（《广东省经济特区登记管理暂行规定》第 2 条）。

②企业自用的机器设备、零配件、原材料、运输工具进入特区，
或制成品输出时，均应向海关办理申请手续。

③特区客商兴办企业、事业所需雇用的职员和工人，由特区劳动
服务公司介绍，或经批准后自行招聘，但均需通过考核录用，签订合
同及管理委员会同意；如需增减、解聘，须按录用职工合同办理。特
区企业中的职工的工资、奖励、劳保和补贴福利，按特区劳动工资管
理法规（如《广东省经济特区劳动工资管理暂行规定》），由企业同
职工签订合同确定。特区企业应有必要的劳动保护措施，保证职工在
安全、卫生的条件下进行工作（《条例》第 19—22 条）。

客商经批准在特区独立经营自己的企业者，可雇用外籍人员担任
技术和管理工作（《条例》第 10 条）。

④客商须在特区内的中国银行或其他经我方批准设立的银行开
户，按照特区外汇管理办法，办理有关外汇事宜。客商的各项保险须
向特区的中国人民保险公司或其他经我方批准设立的国外保险公司投
保（《条例》第 8 条）。

⑤客商在特区所办的企业中途停业，应向经济特区管理委员会申
报理由，办理停业手续，清理债权债务；停业后，其资产可转让，资
金可汇出（《条例》第 11 条）。

3. 经济特区的组织与管理

特区经济活动的特点是外向型的，与国际经济紧密相联，而国际
市场又瞬息万变，因而在管理体制上，必须灵活有效，把握时机，防
止分权领导，层层审批，才能适应国际经济变化的需要。必须把高度
集中的单一领导同当地领导的自主权有机结合起来，使经济特区在中
央国务院领导下，享有较大的自主权，加强管理效能，充分发挥经济
特区的优势，有利于更大幅度、更高效率地利用外资。

基于这一特点和需要出发，我国法律规定：

（1）设立特区管理委员会，作为管理经济特区外资工作的权力
机关，如广东省经济特区委员会代表广东省人民政府对各特区实行统

一管理(《条例》第3条),独立行使下列职权:制定并组织实施特区发展规划;审核、批准客商在特区内的投资项目;办理工商登记和土地核配;协调特区内银行、保险、税务、海关、边检、邮电等机构的工作关系;为特区企业所需的职工提供来源,并保护职工正当权益;举办特区教育、文化、卫生和各项公益事业;维护特区治安、依法保护特区内人身和财产不受侵犯(《条例》第23条)。

(2) 加强特区立法,健全法制。关于特区的立法,除中央制定《广东省经济特区条例》外,经全国人民代表大会常务委员会决定,为了使广东、福建两省所属经济特区的建设顺利进行,使特区的经济管理充分适应工作需要,更加有效地发挥经济特区的作用,授权广东、福建省人民代表大会及其常务委员会,根据有关的法律、法令、政策规定的原则,按照各该省经济特区的具体情况和实际需要,制定经济特区各项单行经济法规,报全国人民代表大会常务委员会备案(1981年11月26日第五届人大常委会第21次会议通过)。

第三章 国际投资与资本输出国法制

第一节 投资鼓励与投资保证

海外私人直接投资与国内投资不同,利益既大,风险也多。现代国际私人资本的流动,主要是发达国家私人资本向发展中国家投资,从资本输出国方面来看,如何鼓励私人海外投资,并保证其投资的安全与利益,关系到本国国家的海外利润问题,这就有必要采取一系列的政策措施和法律保护手段。资本输出国关于国际投资的法制,概括起来,可大别为两个主要方面,一是投资鼓励,一是投资保证,并重在后者。

一、海外投资的鼓励措施

资本输出国关于海外私人投资所实行的鼓励措施与法制,因国别而不尽相同,特别是鼓励措施适用的范围及其实施年限,更不一样。如美国、联邦德国、日本,对本国海外投资者在一个相当长的时间内,提供比较广泛的方便与奖励。其他多数国家以前尚未一般地积极支持向发展中国家投资,也少相应的鼓励措施与法制。如英、法两国虽然在长时间内对外资本流动量较大,但其范围主要是在英联邦各国或法兰西共同体内部各国间进行投资。在传统上向来对发展中国家投资量不太大的国家,直到 60 年代以后,随着海外投资发展的需要,才开始采取种种奖励措施和立法(如澳大利亚、加拿大、丹麦、挪威、荷兰、瑞典等国)①。

但应指出,从资本输出国方面所采取的对海外投资的奖励措施,只有相对的效力。譬如东道国政府通过外汇管制较易对海外投资加以限制,在这点上,资本输出国方面的奖励措施,对投资者就很难产生任何直接效果。不管资本输出国采取的鼓励措施是多么细致,但改善投资环境的主要责任仍然是依赖资本输入国。所以,资本输出国除采取各种奖励措施外,还须实行投资保证制度。

现在资本输出国所采取的鼓励措施,大致有下列几个方面:(1)对从发展中国家的投资收益的税制上的措施;(2)关于投资情报及促进投资活动,特别是投资前调查的资金补助;(3)政府援助机关同投资者的合作;(4)政府出资设立投资公司,等等。

1. 税制的奖励与保护措施

税收问题直接涉及海外投资者的利润,关系国际资金的流动。由于每一个主权国家基于不同原则,对同一纳税人都有征税的权力,如东道国基于属地原则,对外国投资者在本国境内的收入有权征税,资本输出国基于属人原则,对本国海外投资者在海外收入也有权征税。这样,一个海外投资者就负担了双重纳税的义务②,即令他在东道国享受了低税率及减、免税收的优惠,但仍须向本国纳税,故无实惠可言。对东道国来说,不足以吸引外国投资,对资本输出国来说,也不足以鼓励海外投资。为了解决这一矛盾,避免双重课税,依各国及国际实践,有两种办法,一是税收抵免(tax credit),即海外投资者在东道国已纳的税款,可以在本国应纳税额中相抵扣减。一是税收饶让(tax sparing)或税收豁免(tax exemption),即只承认税源国的征税权,本国放弃征税权,海外投资者的所得在东道国已纳税款者,视同在本国已履行纳税义务,不再另征或补税。显然后者对海外投资者更

---

① 樱井雅夫:《国际经济法研究——以海外投资为中心》(1977),第157~158页。

② 法托罗斯:《对外国投资者的政府保证》(1962),第55,57页。

有实益，但一般多采用抵免办法①。

资本输出国为了鼓励海外投资，都以不同形式，采取了防止双重课税的措施。一种情况是，由资本输出国单方面地用国内立法规定外国税收抵免，如 1970 年 12 月 31 日美国《岁入法》（Revenue Law）规定，允许纳税人从其在美国应纳税款中扣除外国对该海外企业收入已征收的税额②。日本从 1962 年后，开始对海外投资收入，实行税收抵免，并逐步扩大作为税收抵免对象的收入的种类（1964 年《税收特别措施法》及《施行细则》）③。

另一种最通行的办法是通过资本输出国同资本输入国间订立避免双重课税的双边协定。其中采取税收抵免方法的有：日本、美国、英国、意大利、加拿大、丹麦、澳大利亚、新西兰、奥地利、罗马尼亚等国。日本自 1960 年以来，已同印度、巴基斯坦、泰国、巴西、斯里兰卡、埃及、新加坡、马来西亚、赞比亚等国签订了税收抵免协定。采取税收饶让方法的有：瑞典、挪威、荷兰、芬兰、法国、联邦德国、比利时、波兰、捷克、匈牙利等国④。

此外，还有关于避免双重课税的国际协定，如 1977 年《经合组织》（OECD）公布的《关于所得及资本避免双重课税的示范公约》（Model Convention for Avoidance of Double Taxation with Respect to Taxes on Income and Capital）及 1978 年联合国经济及社会理事会（ECOSOC）公布的《发达国家同发展中国家间关于双重课税示范公约》（United Nations Model Double Taxation Convention Between Developed and Developing Countries）。前者提供税收抵免和税收饶让两种方法，由缔约国选择；后者比较倾向于发展中国家的利益，重视

---

①　小松芳明：《租税条约的研究》（新版，1981 年），第 110～112 页。

②　格林沃尔德（D. Greenwald）：《现代经济辞典》（1981 年中译本），第 433 页。

③　樱井雅夫：《国际经济法研究——以海外投资为中心》（1977），第 185 页。

④　小松芳明：《租税条约的研究》（新版，1981 年），第 111～113 页；樱井雅夫：《国际经济法研究——以海外投资为中心》（1977），第 185 页。

发展中国家的征税权，如关于红利、股息、专利权使用费及技术援助费等投资收益，只承认发展中国家有征税权①。

2. 投资情报及投资促进活动

为了鼓励海外投资，充分利用发展中国家的投资机会，有必要对未来的潜在投资者提供可靠而有益的投资情报。资本输出国政府极其重视提供东道国经济情况和投资机会的情报，使投资者得到较为全面的了解，以便进行投资的抉择。现在无论资本输出国或资本输入国都在进行种种情报活动。政府对投资者提供情报的基础服务，是通过国家行政机关或国内特别机关及驻外使领馆所设的经济、商业情报中心进行的。以往长期是由民间咨询公司或非营利团体提供情报，自 20世纪 50 年代后，为收集及提供经济、商业情报的联合国开发计划署（United Nations Development Program—UNDP）成立以来，该署已成为向世界上低收入国家提供多边技术援助和投资援助的最大渠道。其任务是在于为确定低收入国家自然资源的可用性和经济价值，如估计增加物资和劳务的产出及更广泛分配的其他潜力，进行调查和作可行性研究（feasibility study），对全面发展规划和其他政府活动提供咨询、业务和培训等工作。此后，大多数开发援助委员会（DAC）成员国先后设立提供服务的机关，关于投资情报的活动，更进一步有所发展。现在发达国家对投资者所提供的服务，主要是提供发展中国家的投资机会，并对与投资计划有关的暂定的技术或资金资料所进行的可行性研究或"投资前调查"所需资金，予以全部或一部资助。政府所资助的调查资金，通常为调查费用的 50%。该未来投资者，在投资项目实现后，应偿还政府资助的费用。不少国家并将这项资金列入国家预算，从财政上予以保证（如澳大利亚、荷兰、新西兰、挪威、英国、美国等）。在日本关于提供投资情报和促进投资活动的机构，是根据特别法所设立的通商产业省所属的亚洲经济研究所经济调查

① 小松芳明：《租税条约的研究》（新版，1981 年），第 7 ~ 12，244 ~ 249页；樱井雅夫：《国际经济法研究——以海外投资为中心》（1977），第 167 页。

部、日本输出人银行的海外投资研究所等①。在美国，主要是海外私人投资公司（Overseas Private Investment Corporation—OPIC）。公司除主要承担海外投资保险外，还对美国公司在海外投资提供种种方便，以帮助其开辟海外市场，特别对中、小企业的海外投资进行资助；通过公司的定期发刊的新闻通讯"专题报导"（Topics），提供投资情报，报导投资机会及动向，交流海外投资经验；协助投资家进行投资前分析并负责咨询；协助并组织美国投资者代表团到发展中国家调查，同当地企业界，银行界及政府官员进行接触，研究联合投资项目等工作②。

3. 政府机关同投资者的协作

大多数发达国家，主要是开发援助委员会成员国对本国私人在发展中国家的投资企业，无论是在东道国独资经营，保持本国法人地位，或同东道国企业合资经营，成为外国法人，都给以资金援助（贷款）或技术援助，积极支持并鼓励其投资事业。在资金援助方面，有的国家设立特别金融机构，对本国私人投资者在国外建立合营企业，用出资或贷款的方式，作为资本参加，也有的国家建立特别制度或设立特别基金，进行资助。如澳大利亚（资助特定投资项目）、法国（对工业的"第二种贷款"，对海外军区或海外领土投资的设备补助金）、日本（日本输出入银行、海外经济协力事业团、海外贸易开发协会、石油开发公团、金融矿业事业团的贷款及认购股份）及美国（海外私人投资公司的资助项目）。在设备输出的资金援助上，有的国家实行政府基准的定期支付信用制度等。

在技术援助方面的协作，如开发援助委员会成员国为海外投资企业培训技术人员的目的，可接受从发展中国家派来的政府后备练习生，其居留期间的费用及旅费，由技术供应国负担，并对训练发展中

---

① 櫻井雅夫：《国际经济法研究——以海外投资为中心》（1977），第167页。

② 《海外投资是开辟新市场的关键》（Overseas Investment, Key to New Market），载《美国商业》（Business America），1978年2月18日，第3~6页。

国家技术人员的培训机构，也提供政府津贴。此外，为发展中国家培训经营技术人员，在开发援助委员会成员国中，由政府协助成立民间非营利团体，进行咨询服务工作。如美国企业团为了推广其企业经营技术，在国际开发署（Agency for International Development—AID）援助下，成立了"国际经营服务队"（International Executive Service Corps）；又加拿大也设立了"加拿大海外经营服务机构"（Canadean Executive Service Overseas）；日本也设立了"世界经营协议会"等等①。

4. 政府资助下的投资公司等机构

除上述形式的投资援助措施外，在一些开发援助委员会成员国及世界银行集团国家曾先后设立了政府基准的开发金融公司等机构。这种公司的特点是运用政府资金的营利机构（不包括民间的多国投资公司，也不包括国内的民间投资公司）。如英联邦开发公司（CDC）、联邦德国开发公司（DEG）、丹麦工业化基金（IFU）、发展中国家金融公司（FMO）、美国海外私人投资公司（OPIC）、比利时国际投资公司（SBI）、世界银行集团的国际金融公司（IFC）。其他如日本的海外经济协力基金（OECF）、国际协力事业团（JICA）、法国的经济合作中央金库（CCCE）、欧洲共同体的投资银行（EIB）等，也在一定程度上有类似作用。此外，加拿大、挪威也有类似这种政府资助的公司。这种机构资助的特点，主要是对在东道国的投资项目（通常是在当地举办的合营企业）直接扩大资助措施，其所提供的是属于"风险基金"的性质，大多数是对贷款或出资两方面进行投资，是对民间投资的资金融通活动，既不需要当地政府的保证，也不需要对贷款提供担保，只要求该资助的投资项目须经东道国承认。其次，这种机构能利用政府有限资金，达到刺激及促进民间投资更大的流动，特别是促进及援助在经营上有前途，在开发上有优先性的民间投资。无

---

① 樱井雅夫：《国际经济法研究——以海外投资为中心》（1977），第169~170页；经合组织（OECD）：《民间企业扩大技术援助调查指南》（Pilot Survey on Technical Assistance Extended by Private Enterprises）（1967）。

论在技术援助方面，资金融通方面，以及对投资项目的评价和总投资额的决定方面，作为有效的投资媒介，其作用和效果比银行大。像多国机构的世界银行所属的国际金融公司、英联邦开发公司、德国开发公司等机构，国际信誉较高，对投资项目的资金审查，向有严格标准，并有长期经验，得到这些机构的资助与参与，事实上对投资项目给与了有益的保证，不仅表现在投资者可获得有益的资金和专门技术的源泉，而且可增加企业在当地银行界的资金周转，改善当地投资者同外国投资者的关系①。

二、海外投资保证制度

海外投资保证制度（investment guaranty program）一般又称海外投资保险制度（investment insurance scheme）②，是国际投资保护的重要法制之一，也是资本输出国保护与鼓励本国私人海外投资的国内法制度。私人海外投资有一定的特别风险，如东道国（资本输入国）基于国家及社会公共利益的需要，对外国投资企业实行征用、没收或国有化；或因国际收支陷于困难，实行外汇管制，禁止或限制外国投资者原本、利润及其他合法权益，汇回本国；或因东道国发生革命，

---

① 樱井雅夫:《国际经济法研究——以海外投资为中心》(1977)，第 171 ~ 172 页。

② 从法律严格意义上讲，投资保证与投资保险属于不同范畴的概念，投资保证应指对所受损失，进行全部补偿，即投资价额的百分之百，而投资保险则只按投资的一定比例进行补偿，而且必须基于一定条件。现在各国所实行的投资保证，实质上是投资保险，但学说上、国际文件中，多数国家用语，都相沿成习，通称投资保证。美国自 1948 年以后，在著作，政府文件、立法行文及同他国签订的双边投资保证协定中，均用投资保证一语。但自 1969 年修订《对外援助法》以后，在立法上及投资保证协定中，已将投资保证与投资保险并列，分别加以规定。投资保险与投资保证，基本相同，只不过因投资保证尚包括商业风险在内，故在适用范围上，比投资保险较为严格而已。参看罗文费德: 国际经济法（International Economic Law）第 2 卷《海外私人投资》（International Private Investment）(1976)，第 93，417，420 页。

战争、内乱等，使外国投资企业或资产遭受重大损失，以致不能继续经营，等等。这类特别风险，称为政治风险（political risks），即与东道国政治、社会、法律有关的人为风险，而非投资者所能制止者。当然不包括自然灾害或一般商业风险（ordinary business risks）（如货币贬值，或因经营不善，估计错误等所致商业上的损失等）。针对这种风险发生的可能性，为解决海外投资者的顾虑，鼓励其对外投资，并保证其安全与利益，依各国法制及国际实践，有种种保护措施。资本输出国所实行的海外投资保证制度以及基于国内法上的投资保证制度所签订的两国间投资保证协定，是当前促进和保护国际投资普遍行之有效的重要制度。

海外投资保证制度，始于第二次世界大战后，1948 年美国实施马歇尔援欧计划中所实行的投资保证方案。自 60 年代以来，由于国际投资大量涌入发展中国家，以及国际投资市场新的发展需要，海外投资保证（保险）制度已为大多数资本输出国所广泛采用。发达国家先后仿美制实行投资保险制度者，有 1956 年的日本，1960 年的法国、联邦德国，1968 年的丹麦、澳大利亚，1969 年的荷兰、加拿大，1970 年的瑞士，1971 年的比利时，1972 年的英国①。

关于投资保证制度，各国法律规定不尽相同，但综合起来，其主要特征可归纳如下。

首先，投资保证制度的任务，从表面看来，近似一般民间保险制度，即投资者与国内主管保险的专设机构订立保险契约，约定由投资者承担支付保险费的义务，承保机关承担关于政治风险的保险责任。当约定的保险事故发生时，承保机关依契约规定，向被保险的投资者赔偿因事故所受的损失。但进一步考察，这一制度具有明显的公的性质，不仅由国家特设机构执行，而且还常常与政府间协定有密切关

---

① 经合组织（OECD）：《在发展中国家投资》（Investing in Developing Countries），1975 年资料；樱井雅夫：《国际经济法研究——以海外投资为中心》（1977），第 163～165 页；姚梅镇：《国际投资的法律保护》，载《中国国际法年刊》（1982），第 121 页（注）13。

系，互为补充（如双边或多边投资保证协定或公约）。故在学说上称这种保证制度为"国家保证"（state guarantee）或"政府保证"（government guarantee）①，以区别于私人保险（private insurance）。其特点为：（1）只限于海外私人直接投资，即投资者可以直接参与经营管理和支配的海外企业的投资（不包括间接投资）；（2）保证对象只限于政治风险，不包括一般商业风险；（3）一般民间保险的任务，只在于进行事后补偿，而政府保证的任务，不仅填补于事后，而更重要的是防患于未然，尽可能保证事故不致发生。当然，这一任务，一般是结合两国间投资保证协定来完成的②。至于国内法上的投资保证制度与国际法上的投资保证协定的关系，各国立法不一。如美国法律规定，双边投资保证协定是国内法上实行投资保证的法定前提，即美国只对同美国订有投资保证协定的国家进行投资，才承担保证（保险）责任。联邦德国、丹麦也要求在一定情况下，须两国间订有投资保证协定，才实行国内保证，实际上与美国制度相同。至于日本、澳大利亚、挪威等国在法律上实行单边投资保险制度，不要求本国政府同东道国政府订立双边投资保证协定为前提③。但近时倾向，也积极利用投资保证协定，作为调整投资环境的重要手段，并确保国内投资保证制度的效力。故事实上国内法上的保证制度与国际法上的保证协定，是相互为用的④。

其次，担保的风险范围，各国法制基本相同，都是对外汇险、征用险、战争险三种政治风险进行保险，但各国在立法上、解释上则不一致。又承保风险的范围也不尽相同，如美国，投资者可就三种风险

---

① 法托罗斯：《对外国投资者的政府保证》（1962），第62~64页。

② 法托罗斯：《对外国投资者的政府保证》（1962），第62~64页；克伦福尔（Z. A. Kronfol）：《外国投资的保护》（Protection of Foreign Investment）（1972），第37页。

③ 克伦福尔：《外国投资的保护》（1972），第37页。

④ 法托罗斯：《对外国投资者的政府保证》（1962），第64~65页；佐藤和男：《国际投资的法律保护》，1968年版，第10~11页。

全部进行综合保险，也可只择其中一种或两种申请分别保险。而其他各国一般要对三种风险进行综合保险①。

关于保险费，各国立法也不一致，以综合保险为例，美国为承保金额的 1.5%，日本为 0.55%，联邦德国为 0.5%，荷兰为 0.8%，英国为 1%，加拿大为 0.3%，法国为 0.8%，澳大利亚、比利时为 0.75%，挪威、丹麦为 0.5%，瑞典为 0.7%，在瑞士，原本为 1.25%，利润为预期利润的 4%②。

再次，关于损失补偿，在美国除了扩大风险的保证外，一般规定为补偿投资者所受的全部损失额，直到所承保的账面价值。但实际上，保险契约中通常约定保险人只承担补偿损失的 90%，被保险投资者自负损失的 10%。其他国家也都有类似规定，被保险投资者自己承担部分损失，如挪威、荷兰、英国、联邦德国，日本规定为 10%，瑞士为 30%，加拿大、丹麦为 15%，等等不一。

保险期间，各国制度大多规定最长期限为 15 年，例外可延长到 20 年（如挪威、美国）。

最后，关于具有申请投资保险资格的投资者，只限于实行保险（保证）国的本国国民，但在某些特殊情况下，如在保险国内的外国企业所进行的海外投资，而该投资明显地有利于保险国者，该外国企业者也可申请海外投资保险。③

投资保险制度，除国内法上的投资保险制度及双边投资保证协定外，国际间还有关于多国间投资保险制度的倡议和设想，容于第四章论述，以下三节分别介绍美国、日本、联邦德国海外投资保险（保证）制度的基本内容。

---

① 克伦福尔：《外国投资的保护》（1972），第 37 页。

② 樱井雅夫：《国际经济法研究——以海外投资为中心》（1977），第 160～163 页；克伦福尔：《外国投资的保护》（1972），第 37 页。

③ 克伦福尔：《外国投资的保护》（1972），第 38 页。

第二节　美国海外投资保证制度

一、美国私人海外投资与投资保证制度的发展

美国是当代世界最大的资本输出国，也是世界上最早最广泛实行投资保证制度的国家。到 1981 年年底，美国海外私人直接投资总额已达 2273 亿美元。战后美国海外私人直接投资所汇回美国的利润，已远远超过其对外净投资总额。1966 年到 1977 年十年中，海外私人投资利润总额已达 1448 亿美元，年利润率平均为 14%，比国内平均利润率高出一倍。1979 年一年，从海外投资所获利润就有 378 亿美元，比 1978 年增长 0.5%，总利润率为 21%。特别在发展中国家所获利润更高，年利润率达 28.9%。至于石油投资利润之高，更是惊人。1979 年海外石油投资利润已达 123 亿美元，总利润率为 35.1%，其中在发展中国家石油投资收入，年平均利润达到 106%，有的地区甚至高达 307%[1]。这一事实，充分证明了列宁的科学论断：资本输出是"帝国主义压迫和剥削世界上大多数民族和国家的坚实基础"。

海外投资，特别在发展中国家投资，利润越高，风险也越多，除了一般商业风险外，还有政治风险。因而，随着垄断资本的对外扩张，垄断组织也就愈来愈需要借助国家权力直接干预经济生活，以保证攫取最大限度的垄断利润。战后美国政府针对这些政治风险，运用国内法制实行投资保险和保证，就是为了调整并维持有利的投资环境，鼓励并保护美国私人海外投资，以利于攫取海外巨额利润。这种政府保证制度，实质上正是垄断组织与国家政权相结合的具体表现[2]。

---

[1]　《现代商业概览》（Survey of Current Business），1980 年 8 月，第 60 卷第 8 期，第 22，24，25 页。

[2]　姚梅镇：《美国海外投资保证制度》，载《武汉大学学报》（社会科学版），1981 年第 6 期，第 3 页。

美国海外投资保证制度，始于 1948 年，是战后实施复兴欧洲经济的马歇尔计划（Marshal Plan）的产物，随同美国对外援助体制的扩大而发展起来的。自 1948 年以来，美国对外援助法多次修订，外援机构几经更替，援助地区也从欧洲发达国家向发展中国家和地区逐步推移。不过，在其整个发展过程中，奖励、促进和保护私人海外投资的安全与利益，是美国政府始终一贯的基本政策态度①。

1948 年 4 月 3 日，美国根据《对外援助法》，制定了《经济合作法》（Economic Coorperation Act），实施马歇尔计划，并设立"经济合作署"（Economic Coorperation Agency—ECA），管理援外事务及海外投资，开始创设投资保险制度。当时适用地区，只限于欧洲发达国家，保证范围，也只限于"当地货币不能自由兑换为外汇"的风险。

1951 年 10 月，美国国会通过了《共同安全法》（Mutual Security Act），于 1952 年 1 月设立"共同安全署"（Mutual Security Agency—MSA），管理投资保证业务。适用地区已开始转向欧洲以外的少数发展中国家和地区（如菲律宾等）。

1953 年，"共同安全署"改组为"海外事务管理局"（Foreign Operation Administration—FOA），接管投资保险业务，保证地区，继续向发展中国家扩大，包括中、南美 6 个国家，中、近东 4 个国家。

1955 年，设立直属国务院的"国际合作署"（International Coorperation Administration—ICA），主管海外投资保证业务。根据 1955 年《共同安全法》修订案，保证范围再扩大到包括战争、革命、内乱等风险在内，至此已形成一个完整的投资保证体系，称为 ICA 投资保证方案。保证地区，迅速向发展中国家和地区发展，从 1960

---

① 怀特曼（M. Whiteman）:《外国投资的政府分担风险问题》（Government Risk-sharing in Foreign Investment）(1965)，第 66、69 页；李列奇（R. Lillich）:《外国投资的保护》（The Protection of Foreign Investment）(1965)，第 147、148 页。

年起，除希腊、葡萄牙、南斯拉夫外，一般不适用于西欧发达国家，承保总额已突破 10 亿大关。

1961 年 8 月，美国国会通过了新的《对外援助法》（Foreign Assistance Act）修正案，同年，设立"国际开发署"（Agency For International Development—AID），接管投资保证业务。这一阶段的特点是：从 60 年代后半期到 70 年代初期，美国私人海外投资源源涌进发展中国家和地区（主要是拉丁美洲地区），而发展中国家在大量引进外资的同时，特别警惕外国资本的渗透和控制。为维护国家主权及民族经济的发展，对美资企业不断采取征用、国有化等强制措施，而且往往采取集体行动①；再加上内部及外部的原因（其中主要是帝国主义的颠覆活动）所致政治上的不稳定（如革命、内乱等），美国投资者的安全受到挑战。美国政府针对这种情况，为保护海外投资的利益，进一步加强并广泛利用投资保证制度。这时，美国投资保证制度，比前 10 年更加迅速发展，从 1961 年起，规定投资保证制度仅适用于发展中国家和地区。1964 年底，已认可的海外投资保证总额增至 15 亿美元，其中发达国家只占 3 亿美元，而发展中国家占 12 亿美元。到 1967 年 5 月 10 日止，同美国订立投资保证协定的国家已增至 79 个②。

1969 年，由于国际投资市场新的变化，美国再次修订《对外援助法》，设立"海外私人投资公司"，直属国务院领导，承担"国际开发署"对外投资活动的大部分业务，现已成为主管美国私人海外投资保证和保险的专门机构。到 1974 年底，海外私人投资

---

①　费德曼（G. F. Feldman）:《应付海外投资事业面临的新的挑战》（Coping with New Challenges to the Investment Venture Abroad），载《美国商业》（Commerce America），1978 年 7 月 30 日，第 4～5 页。

②　樱井雅夫:《国际经济法研究——以海外投资为中心》（1977），第 56 页；佐藤和男:《国际投资的法律保护》（1968），第 78～100 页所引美国国际开发署开发资金与私人企业管理局特别风险保证处（U. S. AID, Office of Development Finance and Private Enterprise, Special Risks Guaranty Division）资料。

公司所承保在发展中国家的投资保险累积总额已近 30 亿美元①。
美国的投资保证（保险）制度已成为其他主要资本输出国投资保证
制度的范本。到目前为止，美国已同 100 多个发展中国家和地区签
订了双边投资保证协定，由海外私人投资公司承担政治风险的保
证。1980 年 10 月，中国同美国投资鼓励与保证协定换文正式生
效，由海外私人投资公司对美国私人在中国的直接投资，承担政治
风险的保险和保证。

美国投资保证制度的特点：（1）以美国同东道国订立双边投资
保证协定，为国内法上投资保证制度适用的法定前提，即美国私人海
外投资者只有在同美国订有投资保证协定的国家投资，才能在美国国
内申请投资保证和保险。这就是把私人对外投资关系，提高到两国政
府间关系的高度，即提高到国际法保护的高度，作为有利于美国政府
行使代位权及其他索赔权的国际法依据。所以，学说上有人主张，美
国投资保证制度虽是国内法制度，但以国际保证协定为前提，并藉此
完成其作用，在这一意义上，可说是具有国际性或准国际性（quasi-
international character）。（2）美国投资保证，自始即属于美国援外体
制的一个组成部分，规定在历次对外援助法中，藉以利用援外手段，
贯彻投资保证制度的实施。从 1971 年到 1975 年间，《对外援助法》
曾经多次修订，有关保险及保证的内容、条件、范围，随国际投资情
况的变化，也有所改变。以下根据 1975 年《对外援助法》修正案的
规定，简介美国投资保证制度的基本内容。

---

① 关于美国投资保证制度的沿革，参看密克塞尔（R. F. Mikesell）：《美
国私人与政府海外投资》（U. S. Private and Government Investment Abroad）
（1962），第 21 页；佐藤和男：《国际投资的法律保护》（1968），第 90～95
页；姚梅镇：《美国海外投资保证制度及其实施中的法律问题》，载《武汉大
学哲学社会科学论丛》（法学专辑）（1979），第 31～32 页。

二、海外投资保证制度的基本内容

美国海外投资保证制度，并不限于政治风险的保证①，但以此为主体，一般所称投资保证，主要是指政治风险的保证，以下介绍的内容，只限于此。

（一）投资保证（保险）的范围

根据 1975 年《对外援助法》第 234 条（a）（1）规定，保险（保证）的范围限于下列三种政治风险。凡经海外私人投资公司（以下简称公司）认可的投资项目，就下列风险之一或其全部，根据公司的章程规定，对合格投资者承担保险或保证责任。

1. 外汇险，又称不能自由汇兑的风险（inconvertibility）

这是指作为被批准投资项目的利润或其他收益，或作为偿付、回收，出卖或处分投资本金全部或部分的代价，或投资所取得的当地货币或其他外币或该货币的存款等，不能在东道国兑换为美元汇回美国而言。这种情况的发生，或由于东道国实行外汇管制，停止或限制外汇，或由于其他突发事变，如革命、战争、内乱，致无法在一定期间内进行外汇业务，等等。公司在批准这种政治风险保险前，必须从东

---

① 根据 1969 年《对外援助法》第 221～224 条规定，美国海外投资保证有三种制度：(1) 政治风险的保证。(2) 扩大风险保证（extended risks guaranties）或全风险保证（all risks guaranties），其保证范围包括政治风险和商业风险，主要是对海外投资企业长期贷款所发生的损失（政治的及商业的），负责补偿其 75%，其余 25%，依投资者的选择，可另投政治风险的保险。(3) 中、南美住宅投资保证（housing investment guaranties），主要是对中、南美洲各国实行中、下层住宅建设计划进行长期贷款的保证，对有关住宅建设计划中的一切损失，保证补偿到 100%。美国投资保证制度以政治风险为主体。参阅，佐藤和男：《国际投资的法律保护》（1968），第 105～115 页所引 AID 政府报告《对私人投资项目贷款的扩大风险保证》（Extended Risks Guaranties of Loan for Private Project, Dec. 1964）；AID 公告：《住宅投资保证计划报告》（Report of Housing Guaranty program, April, 1964）；姚梅镇：《美国海外投资保证制度及其实施中的法律问题》，载《武汉大学哲学社会科学论丛》（法学专辑）（1979），第 36～37 页。

道国获得关于原本及利润等自由汇出的保证。投资者也必须在公司承保外汇风险前，确切证明东道国政府原已同意并允许自由汇出的事实。至于投资因汇价变动所受的影响，或在订立保险契约当时，东道国政府已实行或可能实行外汇管制者，均不在外汇风险之列①。在出现外汇保险事故时，公司应接受该不能兑换的外国货币或相当于该数量的汇票，并向该被保险投资者按价折合为美元予以支付。如果该东道国禁止外汇的措施构成歧视行为者，公司可行使求偿权②。

2. 征用（expropriation）险

征用险指该被批准投资项目，由于东道国政府实行征用、没收（confiscation）或国有化（nationalization），致其投资财产的全部或一部归于丧失者而言。根据《对外援助法》第238条（b）规定，"征用"一词，还包括（但不限于）外国政府废弃（abrogation）、拒绝履行（rejection）及违反（impairment）投资契约等情况在内。但必须这种废约、拒不履行或违反契约的行为是由不可归责于投资者本人的过失（fault）或不当行为（misconduct）所引起③，并且在事实上不利于投资项目的继续进行者，才属征用险（22 U. S. C. A—美国法令汇编，§. 2198（b））。

关于征用行为，立法上并未指明何种行为构成征用，公司可在保

---

① 美国国会图书馆编：《海外私人投资公司剖析》（The Overseas Private Investment Corporation；A Critial Analysis, Washington, 1973），第18页。

② 威尔逊：《国际商业交往》（1981），第269页。

③ 罗文费德：《国际私人投资》，1976年版，第426页。在学说上有人主张：凡是东道国合法行为所造成的损失，或该损失是由于投资者一方违反东道国法律或出于其他挑衅行为所引起者，除非东道国采取这种行为或措施的主要目的，是有意专为剥夺投资者的财产，一般不在保险之列。又自1978年以后，如投资者、持股者或其代理人的行为违反1977年《海外腐蚀行为法》（Foreign Corrupt Practice Act）的规定，构成损失的主要原因者，公司有权否认其求偿权。再如1971年智利政府征用美资企业事件，公司认为该征用行为是由于美国国际电话电报公司（ITT）干预智利内政所引起的，故不负赔偿责任。威尔逊：《国际商业交往》（1981），第280~281页。

险契约中明确列举其标准和种类。但在美国司法实践上尚存在争议。如 1974 年至 1975 年里维尔铜矿子公司（Revere Copper's Subsidiary Company）一案，在牙买加投资设立的里维尔铜矿子公司，由于牙买加政府不断增收地方税的结果，使该公司经济上负担过重，被迫停业。因原来投资契约中是约定不对该公司增加税收的，故公司根据保险契约所定，要求海外私人投资公司予以赔偿。其理由是牙买加政府违反投资契约，致该公司停业，应视为征用行为。但海外私人投资公司认为牙买加政府的行为不属于征用，否定其索赔要求。而法庭终局裁决则认为牙买加政府的增税行为，已构成违反契约，根据里维尔公司同国际开发署的投资保证契约第 1 条第 15 项的规定，应构成征用行为。该条款规定："所谓'征用行为'是指在保证期间内，东道国所采取、授权、批准或容许的某种行为，不管有无补偿，在一年期间内直接产生的结果，使……外国公司已不能有效控制其财产主要部分的使用或处分，或不能从事该投资项目的建设或经营者而言。"①故认为海外私人投资公司应履行其保证义务，按征用险予以赔偿。

一旦东道国对投资者采取征用行动，投资者必须立即用书面将所察知的正在进行的征用行为，或有理由相信可能变为征用行为的事实情况，详细向公司报告。公司在支付赔偿前，有权要求投资者采取一切必要行动，向东道国政府寻求合理和有效的手段，包括诉诸东道国司法及行政渠道，防止或抗议东道的征用行动。投资者所采取的行动纵归无效，仍无碍其向公司索赔。公司的保险契约中还规定投资者有义务本着诚实信用的态度，就该被征用资产的赔偿问题，同东道国进行协商。

公司根据保险契约向投资者支付保险金后，有权继承该投资者对被保险项目所享有的一切权益，代位向东道国政府进行索赔，一般称为代位求偿权（sabrogation）。从而，投资者在接受公司赔偿前，有义务将自己就该投资项目对东道国所享有的一切权益，转移于公司。

---

① 《国际法律资料》（International Legal Materials），第 17 期，第 1321 页。

如果投资是股份资本（equity share）形式，须将全部被保险股份资本（如股票）转移于公司；如投资是债权或债权担保形式，须将证明该债权或债权担保的有价证券，转移于公司，如投资是属于企业分支机构业务，则与被保险投资有关的该分支机构的财产及关于该财产的一切索赔权，也须转移于公司。又如东道国的征用行为是旨在阻止投资者行使有效控制权，或东道国撤销投资者从海外企业中作为资本红利、股息或其他收益所得全部金额的权利，投资者应将与该资金有关的权益，转移于公司。同时，在事件进行过程中，投资者始终有义务协助美国政府向东道国行使索赔权①。

3. 战争险

战争险包括革命（revolution）、战争（war）、内乱（insurrection）及暴动（riot）等所致投资财产的损失。"战争"、"革命"、"内乱"这些词，不能从法律上来下定义。通常在公司章程中所规定的战争险，是指由于战争（不问是否正式宣战）、革命或内乱的结果，致被保险财产客观上遭受损失、破坏、丧失或被夺取或留置，或者为了对付紧急的或预期的敌对行动，所采取阻止、抗击或防御行动的直接结果，在客观上被保险财产遭受损失、破坏、丧失或被夺取或留置等情况而言（公司章程第1.07条）。至于一般恐怖活动或国内轻微骚乱所致的损失，则不属战争险，除非这些行动是出于国内或国际有组织的武装力量（organized forces）所造成的敌对行动。这种敌对行动，包括革命的或叛乱的有组织武装力量，对该财产的蓄意破坏②。

因战争险所受的损失，仅限于投资财产的有形资产（tangible property）的损失，而证券（securities）、档案文件（records）、债券以及现金的损失，则不在保险之列。又损失只限于投资者所受的直接损失，不包括间接损失。战争险所致的损失，至少其中10%，由投

---

① 《海外私人投资公司投资保险手册》（OPIC Handbook-Investment Insurance）（1971），第12页。

② 美国国会图书馆编：《海外私人投资公司剖析》（1973），第19页。

资者本人负担，公司只填补 90%①。

以上三种风险，可同时一并付保，也可分险别单独付保。以前征用险和战争险可用同一保单，合并保险，自 1970 年后，已停止使用同一保单合并保险。根据《经合组织》开发援助委员会关于成员国向发展中国家投资保险的统计，1974 年底，美国承保各项风险的投资金额分别于下，外汇险为 29.591 亿美元，征用险为 33.04 亿美元，战争险为 29.018 亿美元②。

（二）保险人——美国海外私人投资公司

承担保险责任者，现为海外私人投资公司。公司是根据 1964 年美国《对外援助法》修订案——公法 91—175 号（Public law 91—175）规定设立的，是直属国务院领导下的独立的政府公司（22U. S. C. A. §2191）。于 1971 年正式开业，承担了原来国际开发署的投资保险业务③。公司的管理机构为董事会，由 13 名董事组成，其中 7 名为私方董事，是具有国际事务经验，包括在小企业经营及劳动与合作方面，具有丰富经验的企业代表，6 名为政府代表，其中 3 名由商务部、国务院及财政部选派。董事均由总统取得参议院同意后任命，定期担任。美国国际开发署署长任公司董事长，为公司的法定代表，商务部代表为法定副董事长。总经理及公司主要执行机构负责人（Chief Executive Office）须为董事会成员。

公司具有法人资格，可以用自己的名义起诉或被诉，在法律上或仲裁程序中代表自己。公司的主要职责是协助实施联邦政府对外投资政策，特别是主管美国私人海外投资保险及保证业务。公司在经济自主的基础上，对美国私人海外投资在经济上及金融上可靠的项目，予以资助，并承担政治风险的保险、再保险及保证，并资助美国企业在

---

①　法托罗斯：《对外国投资者的政府保证》（1962），第 109 页；威尔逊：《国际商业交往》（1981），第 271 页。

②　樱井雅夫：《国际经济法研究——以海外投资为中心》（1977），第 164 页。

③　关于海外私人投资公司的立法沿革，参阅美国国会图书馆编：《海外私人投资公司剖析》（1973），第 1~25 页。

发展中国家和地区开辟新的投资市场，特别鼓励及资助中、小企业向发展中国家进行投资。

作为政治风险的保险者，从保险经历之长，业务范围之广，保险费率之低以及具有吸引力的措施等方面来看，海外私人投资公司在美国占有重要地位①。1974—1976 年间，公司已在 55 个国家，参加 425 个投资项目的保险，1974 年底在发展中国家承保金额已近 30 亿美元。根据 1979 年 6 月 15 日《国际商业》（Business International）报导，1977 年 7 月到 1978 年 9 月，公司在世界各国又承保了 86 个追加项目。1981 年 9 月 30 日，国会授权公司承担了 75 亿美元的新保险，7.5 亿美元的债务保证，并有权支配 4000 万美元的直接贷款基金②。但公司对每一投资者所发出的保险总额，不得超过公司总保险授权额的 10%。

根据《对外援助法》第 231 条及公司保险守则（Guildline）的规定，公司职权的特点是面向低收入发展中国家，面向美国中、小企业的私人海外投资。表现在：

1. 鼓励中、小企业海外直接投资。即对资产净值不超过 250 万美元或其资产总值不超过 750 万美元的企业所经营的海外投资项目，在保险、再保险方面，可予以优惠考虑。又公司对不属于"幸福"（Fortune）1000 家名单中的企业，即令其优惠条件超出公司在经济自立的基础上的经营守则的规定，也仍予以优惠待遇③。

2. 鼓励向比较不发达国家的投资。即对 1973 年人平均收入为

---

① 美国海外投资者对其他风险，如吊销特许权，禁运（embargos），政治上强制转移投资资产（如由于劫持 hijakings）及东道国武断地撤销信用证等风险，也可在国内向其他保险机构，如美国保险集团（American Insurance Group）、北美保险公司（Insurance Corporation of North America）及海外信贷保险公司（Foreign Insurance Association）美国进出口银行分支机构等单位申请保险。还可在海外申请劳伊兹公司集团（Lloyds Group of Company）保险，但都远不如海外私人投资公司具有吸引力。威尔逊：《国际商业交往》（1981），第 265 页。

② 威尔逊：《国际商业交往》（1981），第 266 页。

③ 威尔逊：《国际商业交往》（1981），第 273 页。

520 美元或不到 520 美元国家的投资项目，在保险、再保险及其他资助方面，尽最大可能予以优惠考虑。以后，国会要求公司的保险限于人平均收入为 1000 美元以上的国家，但属于矿业开发项目（铜矿除外），小企业投资项目及具有较重要意义的开发项目等，仍不受此限制①。

3. 公司除提供保险外，还对美国企业在海外享有股权与参与经营管理的投资项目，提供资金帮助。1978 年立法及 1978 年公司章程修正条款，也相应地规定了公司采取优惠措施，鼓励美国中、小企业向发展中国家投资，以开发正在成长的市场潜力。其具体办法是，对不包括在"幸福" 1000 家大公司名单中的中小型企业在海外投资，给予直接贷款（长期或中期）。贷款只凭该新的投资企业的资信，并不要求其国内公司或东道国政府提供偿付的担保。公司本身也可参与由其贷款所资助的美国中、小型企业创设的海外投资项目。此外，还采取降低保险登记手续费，代小公司垫付保险经纪人代办费，对投资项目进行调查旅差费的补助，并承担为建立或执行投资项目所需的法律顾问及其他咨询费用等。可见公司不仅仅是一个保险机构，而且是美国政府用来开辟海外投资市场，扩大商品、资金、技术、劳务等出口的有力手段。如美国在印度尼西亚、利比里亚、卢旺达、塞拉利昂、马来西亚、博兹瓦纳等国所进行私人直接投资、举办各种联合企业等，主要是由海外私人投资公司资助并参与经营的②。

（三）被保险人

美国法上所称合格的投资者（eligible investor），指依法有申请投资保险资格的投资者，即被保险人。根据《对外援助法》第 238 条（c）的规定，合格投资者包括下列三种情况之一。

---

① 威尔逊：《国际商业交往》（1981），第 266、273 页；罗文费德：《国际私人投资》（1976），第 414～415 页。
② 《美国商业》，1978 年 12 月 18 日，第 3～6 页；威尔逊：《国际商业交往》（1981），第 278 页；海外投资公司：《小公司业务指南》（A Guide for Executive of Smaller Corporation），1978 年 10 月，第 1～9 页。

（1）美国公民，指具有美国国籍者。

（2）美国公司、合伙或其他社团，指依美国联邦、州或属地法律所设立的公司、合伙、其他社团（包括非营利社团），其资产"主要"属于美国公民、公司、合伙或社团所有者。所谓"主要"，指拥有财产的全部或至少51%者。

（3）外国公司、合伙、社团（指依外国法所设立的），其资产的全部或至少95%为美国公民、公司、合伙或社团所有者，但被保险投资所参与经营的项目，则不必要求其全部或大部分为上述投资者所有或为其所控制①。

在贷款投资情况下，外国公司、合伙、社团的合格性，在公司发出保险单时加以认定；在其他情况下，投资者不仅在发出保单时，而且在索赔当时，必须具有合格性。

此外，公司还规定为了确定其合格性，凡一个公司的股票是公开发行，而由受托人（trustee）或记名指定人（nominee）（包括股票经理公司）所持有，而持有人在美国有住所（addresses）者，除非有反证，则该股份可认为是属于美国公民所有。即令符合上述合格条件，但如该公司对非美国公民负有重大债务（一般指超过该公司资产净值的200%），或从所有情况来看，显然该外国债权人对该公司能行使有效控制者，则该公司仍不能认为是合格投资者。又如一个投资者仅仅是通过另一名不合格投资者的渠道而活动的，对该投资者也不能认为合格者而给与保险。

依美国联邦或州或属地法律设立的美国公司，其财产的全部或一部分为另一公司所有的，则该公司是否具有投资者的合格性，应依前述条款规定，检验其是否属于最后受益人而定②。

（四）保险对象的投资合格性

美国法上所称投资的合格性（eligibility）指可作为保险对象的合

---

① 《美国商业》，1978年12月18日，第4页。

② 《海外私人投资公司投资保险手册》（1971），第3~4页，威尔逊：《国际商业交往》（1981），第268页。

格投资（eligible investment），其基本前提必须是：（1）限于新投资项目，但在一定条件下，也可包括"现有企业的扩大、现代化及其发展"的投资，即现有企业毋需是新建企业，但其发展项目必须是新项目；（2）只限于经美国总统同意实行保险、再保险、保证的在不发达国家和地区的投资，并经公司认可的项目；（3）必须是经外国政府批准的项目，投资者有义务取得外国主管机关的批准，公司也可协助其取得东道国的批准；（4）只限于在同美国订有投资保证协定的国家和地区的投资项目。

合格的投资包括两个方面，一是合格投资的项目，二是合格投资的内容。

（1）合格投资的内容，包括有形资产与无形资产（第 238 条（a））。即 a. 现金投资：美元或用美元购入并可兑换为美元的外币其中包括常规股份投资（equity investment）与贷款。b. 现物投资：包括商品、设备及原料等。c. 基于契约安排（contractual arrangement）的权益投资：如劳务（service）、专利权（patent）、利润（profits）、收益（earnings）、专利使用费（royalties）、制造方法（processes）、技术（technique）及能源开发中关于产品分配安排应得的权益等①。

但须注意，对合格投资者在外国银行、金融公司或其他信贷机构的保险、再保险或保证，其效力只及于该贷款或股份投资本身，不扩大适用于该外国银行、金融公司或信贷机构对他人的贷款或股份投资（第 237 条（h））。

（2）合格投资项目。除前述基本条件外，公司在承保及发出保单之前，根据《对外援助法》第 231 条及公司守则所定标准，还必须考虑该项投资项目最终是否有利于美国经济，包括对美国工人就业的效果、国际收支的平衡及美国经济发展目标。因此，在下列企业中的投资，因不能维持美国商品的市场利益，特别是不能保持美国国内

---

① 姚梅镇：《美国海外投资保证制度》，载《武汉大学学报》（社会科学版）1981 年第 6 期，第 6 页。

就业水平的，如海外投资的产品实际上同美国产品在同一市场上属于同类产品，并用来代替美国产品者，经公司认定，这种投资明显地将使投资者减少其在美国国内雇员数目者，可拒绝签订保险、再保险或保证契约及提供资助。其具体行业如下：

a. 纺织及农业生产的投资（特别是棕榈油、食糖、柑橘等作物），以向美国出口为目标者；

b. 1981 年 1 月 1 日以前的铜矿开采投资，以后将有害于美国铜矿工业者；

c. 某项目的投资企业非美国所能控制，或其目的在于代替美国国内从事同类企业活动的设备者；

d. 从事军事生产产品的投资；

e. 投资目的在于设立不动产买卖企业者；

f. 关于旅店及赌博设施的投资；

g. 从事酒精饮料生产的投资，但在一定条件下，从事啤酒生产的投资，不在此限；

h. 从事娱乐设施的投资（如运动场、高尔夫球场及其他娱乐场所等）；

i. 从事商业投机事业的投资①。

（五）投资保险的申请及其程序

投资者向公司申请保险或保证时，应按公司规定的格式，用书面提出"政治风险投资保险申请书"及必要资料。公司收到申请书及必要资料后，除非关于投资者或其项目的合格性存在问题，公司申请部（Application staff）应立即发出登记函，除非有理由否定投资者的申请。最初发出的第一函件在 6 个月内有效，如有必要，可以展期。在此期间内，公司可要求投资者补交有关该项目的情况报告。

如一项投资中外国政府享有最大部分所有权或控制权者，公司尚须进行细致的审查，包含该新建企业中美国参加者长期经营的安排，

① 威尔逊：《国际商业交往》（1981），第 273～274 页。

参加的范围，该项目的批准是否有助于东道国私方的发展等。至于外国政府提供的贷款、物资与劳务，则不在保险之列，除非是属于投资开创契约（Construction contract）的一部。因为公司并未经国会授权可对外国政府的信贷或其偿付能力进行保险。

公司还须审查该投资项目是否已经东道国政府批准。对于大型的或具有吸引力的投资项目，公司还要求某些东道国提供保证。

投资者在申请过程中，须承担下列义务：

（1）必须在投资过程中取得决定性行动（irrevocable committed）之前，向公司提出申请。如果在投资生效之后或承担投资义务并受拘束之后，再行申请，公司可以其投资非新投资为理由，拒绝承保，尽管其投资在各方面按保险条件是合格的。所谓"决定性行动"，指投资者在法律上其行动已受投资的约束或已经开始现实投资；

（2）弄清东道国关于审批外国投资程序的法令；

（3）向东道国提供关于投资的详细情况和资料，包括专利权使用费及技术援助费等收益的汇出，并提供关于美国公民权及所有权的详细情况；

（4）须符合东道国政府关于审批的必要条件；

（5）要求政府将该作为保险标的的投资项目的批准，通知美国国际开发署驻外代表机构（或美国大使馆）或传递给海外私人投资公司（除非公司有反对意见）①。

（六）保险期限

保险期限根据投资种类、性质及承保险别的不同而具体确定，一般说来，股份投资保险法定最高期限，自承保之日起，不得超过20年。

（七）保险费

投资者有义务缴纳一定保险费，保险费的数额由公司决定（第237条d），依承保行业、险别及范围而不同。一般保险费年率，中、

①　威尔逊：《国际商业交往》（1981），第274～276页。

小型企业，外汇险为承保金额的 0.3%，征用险为 0.4% ~0.8%，战争险为 0.6%。三者同时付保，合计年率为 1.3% ~1.7%。至于特别的保险年率，则可低于或高于此比率。如有吸引力的大型项目综合保险，其保险费年率可高达 3%①。

（八）保险金

保险金指保险事故发生时，保险人应向被保险人实际支付的补偿金额。公司承保的保险金额（包括再保险和保证），不得超过投资当时公司批准项目中被保险投资美元票面价值加保险契约所定限度内该投资实际上应得的利息、利润或其他收益。但公司可限制其承保的直接保险及再保险金额，自己只按投资总额的 90% 承担责任，被保险人至少应按投资总额的 10%，分担风险责任（但依州法规定所不允许者，不在此限）。所以，事实上保险金额等于最初投资的 90%，直到包括相当于上述数额两倍的该被保险投资自然增殖的应得利益，即最高保险金额可达到最初投资额的 270%②。

但如损失是由可归责于要求保险金当事人一方的诈欺或虚伪行为所致者，则丧失索赔权，公司不负支付保险金的义务。

（九）共同保险与风险分担

鉴于在发展中国家和地区的大多数外国私人直接投资，大多是包括以美国私人投资为主的多国参与的企业投资，公司可同外国政府（包括其代表机构或下属机关）或多国组织及团体，进行协商，约定共同分担对该投资项目的风险，实行共同保险。但公司分担责任的最高额，不得超过合格投资者在整个投资项目资金中的比例参加额。至于公司同其他保险公司、多国组织或其他机构之间的分担比例，依承保险别及保险契约的年别，而另行约定。如公司曾同劳伊兹公司鉴订关于共同保险的协定，又 1975 年以来，由 13 个私人保险公司所组成的海外投资保险集团，也曾协助公司关于外汇险及征用险，实行共同

① 威尔逊：《国际商业交往》（1981），第 273 页。
② 海外私人投资公司：《小公司业务指南》，第 7 页；罗文费德：《国际私人投资》（1976），第 425 页。

保险，先后在牙买加、多米尼加及埃塞俄比亚等国进行投资保险①。

（十）投资保证

美国以前立法，通用投资保证一词，实际上包含投资保险在内，而且主要是指投资保险。自 1969 年修订《对外援助法》以后，才将投资保险与投资保证并列，分别加以规定。

公司除承担保险外，还经国会授权对在美国国内贷款及与海外投资有关的贷款，承担保证责任。公司在提供海外投资贷款担保时，特别注意下列事项的审核，即：投资者可获利润的潜在力，投资者在建议项目中有无成功的纪录，投资项目在东道国的发展规划中有无适当的优惠地位，公司的参与是否为该项投资项目成功的关键，等等。

根据公司章程条款，公司对贷款的政府风险的保证责任，一般不超过该投资项目总值的 50%，其金额从 25 万美元到 5000 万美元为限。对贷款以外的其他投资的保证责任，一般不超过所担保投资总额的 75%②。

其他关于投资保证的条件，与投资保险同，只不过因投资保证尚包括商业风险在内，故在特别情况下，在适用上比投资保险较为严格而已。

（十一）投资保险（保证）的争议

基于保险、再保险及保证契约的索赔要求及因此所产生的争议，依公司所定条款，并根据当事人双方协议，用仲裁方法解决（22 U. S. C. A. § 2197（i））。公司保险契约第 11.01 条规定："从契约所产生的争议，或关于契约的违反等，可根据当时有效的美国仲裁协会商事仲裁规则（Commercial Arbitration Rules of the American Arbitration Association）仲裁解决。仲裁在华盛顿特区（Washington D. C.）进行，仲裁裁定是终局决定，不管有无其他法律规定，对当事人双方均有拘束力。

---

① 威尔逊:《国际商业交往》（1981），第 278 页；罗文费德:《国际私人投资》，1976 年版，第 420 页。

② 威尔逊:《国际商业交往》（1981），第 277 页。

自 1966 年 6 月"国际开发署"办理保险索赔案件以来,直到 1978 年 9 月 30 日止,"国际开发署"及公司先后办理了 70 件保险索赔案件,合计已支付的补偿及已约定应予补偿的金额,已超过 3 亿 5 千万美元①,其中也有拒绝补偿的案件,1969 年前,"国际开发署"曾拒绝支付征用险索赔 6 件,外汇险索赔 1 件。公司接管保险业务后,也拒绝了征用险索赔 8 件,外汇险索赔 2 件。其理由或是根据投资者未履行对公司的义务,或是保险契约在征用当时已经失效,或是由于当事人的不当行为所引起的损失等。如 1972 年华盛顿国际银行诉公司(International Bank of Washington v. OPIC)一案。银行因多米尼加政府征用其投资的木材开发项目,向公司索赔 31.8 万美元,经美国仲裁协会裁定,公司胜诉,不予赔偿。又 1973 年 5 月因智利政府征用美国国际电话电报公司(ITT)子公司,该公司向海外私人投资公司索赔 9500 万美元。公司拒绝美国国际电报电话公司的要求。其理由是该公司没有履行基于协议条款所定的义务,提供有关索赔的资料,特别是智利的征用是由于该公司干预智利内政所导致的后果,故不应补偿其因征用所产生的损失。但仲裁协会仍肯定美国国际电话电报公司未违反书面协议的义务,主张公司应赔偿保险金。1971 年智利政府征用美资企业阿拉康达(Anaconda)铜矿公司,阿拉康达公司要求公司赔偿 1.54 亿美元,公司拒绝其索赔。其理由是该征用实际上发生于 1969 年,当时阿拉康达公司已与智利弗雷(Frei)政府达成协议,出卖其所有资产的 51% 予智利政府,此时阿拉康达公司的保险契约已经失效,故无权索赔,但仲裁法院则否认公司的主张,认为应负赔偿责任。再一例是 1974—1975 年牙买加政府征用里维尔公司案,如前所述,在赔偿问题上公司与仲裁意见也有分歧②。

---

① 《美国商业》,1978 年 12 月 18 日,第 4 页。

② 樱井雅夫:《国际经济法研究——以海外投资为中心》(1977),第 242~243 页:威尔逊:《国际商业交往》(1981),第 281~283 页;斯坦纳与瓦茨:《跨国法律问题》(1976),第 478~481 页。

（十二）投资保证协定

如前所述，美国海外投资保证制度的适用，以国际法上的双边投资保证协定为其法定的前提，是把国内法制度与国际法制度结为一体，以实现其投资保证制度的实效，两者属于一种制度的两个不同侧面。关于投资保证协定，容于第四章论述。

第三节　日本海外投资保险制度

一、日本私人海外投资与投资保险制度

战后日本大力引进外资和技术（特别是美援和美国私人投资），并重新改组垄断资本，经济从恢复到飞跃发展，已成为世界主要资本主义国家中仅次于美国的第二号经济大国。与此同时，日本垄断资本迅速向外扩张，在国际投资市场上，日本对外投资的总的趋向是，南北兼程，东西并进，远之如美国，近之如东盟五国，发展速度惊人。私人对外投资的年平均增长率在资本输出国中最高，已远远超过美、英、法、联邦德国等国。1970 年，日本各大公司的对外投资总额，尚仅 36 亿美元。到 1978 年，仅大藏省批准的国外投资项目其总额高达 46 亿美元，八年间增加了 10 亿美元。日本大藏省统计数字表明：日本在北美（主要是美国）的投资份额，已由 1977 年的 26% 增至 1979 年的 37%，仅两年就增长了 10% 以上①。至于日本在东盟五国的投资，占日本对外投资总额的 18%，占东盟五国外资总额的 45%，已超过美国而居于首位。据日本贸易振兴会 1981 年统计，到 1981 年 3 月底止，日本向东盟五国投资累计约为 78 亿美元，仅次于日本对美国投资的 88 亿美元，预计到 1990 年，日本对外投资还将大幅度增长。总之，今天日本已名列世界主要投资国之一，其对外投资热的高

---

①　美国《商业周刊》，1980 年 6 月 16 日，《日本跨国公司投资遍布全球》（译文见《外国经济参考资料》1980 年第 9 号）。

涨，已普遍引起西方国家的密切注意。

日本对外投资的迅速发展及其优势，首先，固然有其作为基础的经济原因，即日本经济迅速发展，技术与管理先进，大量资金、设备、技术过剩，急于谋求出路，寻找新的海外市场，获取海外巨额利润。尤其是作为国策来推行的所谓"太平洋经济圈设想"，已成为发展对外投资的重要步骤和战略。但同时也不可忽视其政治上及政策策略上的措施，即日本政府对私人海外投资的积极鼓励、资助与保护。如日本进出口银行对私人投资提供优惠利率的贷款；根据《自由汇兑法》（1979 年 12 月）给与外汇优惠措施；海外经济协力基金组织对东南亚发展投资的资助及其他协作措施；日本驻外机构对日本海外投资企业的关注及采取种种防止政治风险的有效措施，特别是国内实施较为完备的投资保险制度，作为鼓励和保护私人海外投资的重大而有实效的法律措施，起了更为重大的作用，符合海外私人投资者的需要①。

日本海外投资保险制度，是 1950 年以来所实行的输出信用保险制度的扩大②。根据《输出保险法》，原分为两种保险制度；最初创立的是 1956 年所实行的"海外投资原本保险"，以后于 1957 年，又增加"海外投资利润保险"。但由于日本的投资形态长期来以现物投资者居多，企业的进出，也大多从商品输出的角度出发，海外投资者与其说是作为一个企业股东的地位，谋取投资利润，毋宁说是作为货主地位，力求收回价金及其利润，因而利用输出保险制度中的价金（贷款）保险（直到包括对方的破产在内），基本上可达到保证的目的，所以，最初日本海外投资者对投资保险的要求并不感迫切，投资保险制度利用率不高③。但到 60 年代末期，由于对发展中国家，特

---

① 姚梅镇：《日本海外投资保险制度》，载《武汉大学学报》（社会科学版）1981 年第 4 期，第 93 页。
② 法托罗斯：《对外国投资者的政府保证》（1962），第 111 页。
③ 佐藤和男：《国际投资的法律保护》（1968），第 169 页；樱井雅夫：《国际经济法研究——以海外投资为中心》（1977），第 184 页。

别是东南亚国家的投资剧增，日本政府于 1970 年把两种制度一元化之后，投资保险制度进一步得到充实，利用率也大幅度增长①。从 1956 年到 1970 年 14 年中，在旧制下承保的投资保险，仅 441 件，保险金总额合计也只 6860 万美元，但从 1970 年 5 月以后到 1974 年 3 月，仅仅 4 年，在新制下申请投资保险的件数已达 2388 件，承保的投资总额已达 11733 亿日元。从 1970 年 12 月到 1976 年 10 月，已支付保险金的件数为 14 件，金额达 39000 万日元（约 131 万美元）②。

日本海外投资保险制度，是仿美国、联邦德国的制度，但与美国不同，采取单边的（unilateral）保证制，只根据国内法的规定，即可适用保险制度，不以日本同东道国订立双边投资保证协定为法定前提，即不要求接受投资国作出保证。但近来为促进以东南亚为中心的民间海外投资，也倾向于美国、联邦德国制度，以订立政府间双边投资保证协定，作为调整投资环境的一种手段，积极加以利用，但不以此为国内法上实施保险制度的法定条件。

以下就日本《输出保险法》（昭和 53 年—1978 年修订）第五章的规定，简要介绍日本海外投资保险制度的基本内容③。

二、海外投资保险制度的基本内容

（一）投资保险的范围

政府承保的风险范围，限于下列三种政治风险（保险事故）。

1. 外汇险

日本海外投资者的原本及利润有下列情况之一，两个月以上不能兑换为外币汇回日本者：a. 东道国政府实行外汇管制或禁止外汇；b. 因东道国发生战争、革命或内乱，无法实行外汇交易；c. 东道国

---

① 樱井雅夫：《国际经济法研究——以海外投资为中心》（1977），第 184 页。

② 樱井雅夫：《国际经济法研究——以海外投资为中心》（1977），第 227 页。

③ 《最新外汇管理法规全集》（昭和 54 年），第 272~273 页。

政府对日本投资者各项应得的金额（如因丧失原本所得的金额、股息、红利、债权的利息等）实行管制（如冻结）；d. 东道国政府取消对各项应得金额汇回日本的许可；e. 东道国政府对各项所得金额予以没收等，均属外汇险。

2. 征用险

依日本《输出保险法》规定（第14条之二），凡日本在外国投资的资产为国外政府（包括地方公共团体）所"夺取"者，均属此类风险。资产指股份、股本、公司债、贷款债权或公债等原本；股份、股本的红利支付请求权或贷款债权、公司债、公债等的利息请求权；或关于不动产的权利等。所谓"夺取"，指东道国政府对日本投资者的上述资产实行征用，没收或国有化，剥夺其所有权而言。至于东道国政府对此有无补偿，或补偿金额是否合理，并不影响保险事故的成立。如1974年3—4月扎伊尔政府商业部命令由扎伊尔公司接管日资企业两公司，关于补偿金额，虽然根据扎伊尔政府命令，于10年内，按扎伊尔接管公司后经营的情况而予以支付。其受让价额也经日方企业者和受让该企业的扎伊尔公司双方多次商定，并取得同意。但由于该数额扎伊尔政府是否承认不明，又在10年期间内应补偿的价额能否得到完全支付，须依据受让方今后营业状况而定。从这点看，可以判定日本投资者未得到确切的保证，故日本政府仍确认为征用险，按输出保险法的规定，以最初取得股份的对价额的90%，同保险金额两者相比，取其最少额，作为实际损失额，向被保险的日方两公司支付保险金1.2890亿日元①。

不过，因征用、没收、国有化等所受的损失，投资者已从东道国政府得到全部或一部补偿者，在计算实际支付的保险金额时，应扣除其已受补偿的部分。

3. 战争险

---

① 樱井雅夫：《国际经济法研究——以海外投资为中心》（1977），第230页。事实上，到1975年年底，扎伊尔政府发表公告，对扎伊尔企业股份的原所有者，只补偿40%。

日方在海外投资的外国企业，因战争、革命、内乱、暴动等遭受损失，或企业经营上特别重要的不动产、原材料、设备等有形资产，或矿业权、工业产权等无形资产的权益，因外国政府的侵害而受损失（指战争风险），致有下列情况之一者：(1)事业不能继续经营；（2）破产或类似情况；（3）银行对该企业停止交易或类似事态；（4）停业在六个月以上者，均属此保险事故。

关于资源开发的投资，除上述三项政治风险外，如由于不可归责于投资者的事由，投资对方破产或其债务在六个月以上迟延履行等信用风险，也属保险范围之内①。

从立法理由及实际效果来看，以上这些事故之所以成为保险事故，主要是由于遭受各种政治风险的结果，致日本海外投资者丧失其在所投资的法人或企业中的股东或出资者的地位。至于因战争等所致股票下跌，或仅因营业上估计错误，致营业恶化。但投资事业并未解散或终止，投资者仍继续持有股份者，则不属保险事故②。

（二）保险对象的投资合格性

作为保险标的投资，无论在投资内容，投资形态及投资项目等方面，都要求具备法定的合格条件。

投资内容：海外投资内容包括：（1）证券取得，如关于证明现金出资、现物出资、矿业权及工业产权、专有技术出资等权利的股票、公司债券、股份证书、抵押证书、利润证书等日方海外投资者出资份额及其权利的一切证券。（2）债权取得，包括现金贷款的现金返还请求权，现物返还请求权，提供矿业权，工业产权，技术秘诀等的债权请求权。（3）海外直接事业，指根据资本输入国公司法，在当地设立法人，从该国取得采矿权，土地所有权等权利，而从日本输出资金、材料所经营的事业（基本上属于不动产取得的范畴）。（4）支店，指日本法人的商社、制造所等企业的海外机构，因其非所在国

①　樱井雅夫：《国际经济法研究——以海外投资为中心》（1977），第221页。

②　佐藤和男：《国际投资的法律保护》，1968年版，第171页。

的法人，故与上述证券的出资不同，而与海外直接事业相近。属于以上出资内容之一的，均可申请投资保险①。

投资项目：（1）投资项目必须旨在促进日本对外经济交往的健康发展。至于向外国投机色彩较浓的事业，或仅以武器制造、赌博设施、娱乐等为目的的事业投资，则不属保险对象。（2）限于新投资。认购外国法人或企业发行的新股，当然属于新投资；但受让已发行的股份或用作偿付当地企业债款的投资，则不属保险对象。（3）日本海外投资的地区，不像美国保险制度一样，只限于订有双边投资保证协定的国家和地区，故无特别限制。但在实行上则要求：a. 投资接受国（东道国）的外资保护政策较为完备；b. 如该投资项目须经投资接受国政府允许或批准者，须有许可或批准的书面证明；c. 投资接受国的政治、经济等状况须足以认为显然无大问题，比较安定。因而，如向正在进行国有化的社会主义国家或内乱正在继续的国家投资，日本政府不承担保险责任。

投资形态：作为保险对象的投资形态，必须属于下列情况之一：

（1）投向外国法人或社团的股份、股本（指合伙组织）等，以参加事业经营为目的者为限。至于向完全以"利殖"② 为目的的外国事业或社团投资所取得的股份、股本等，不属保险对象。

（2）对合营公司（外国法人）的当地股东向该合营公司出资用资金的长期贷款，其清偿期在 5 年以上者，但以该股东同该合营公司具有同一国籍者为限。

（3）对日方投资者能实际支配经营的外国法人的长期贷款。所谓实际支配经营，依日方的出资比例，事业经营上的发言权，雇用企业从业人员的人数及其他条件具体判断。

（4）为进行"海外直接事业"，直接以日本人名义取得的不动产

---

① 樱井雅夫：《国际经济法研究——以海外投资为中心》（1977），第 181～183 页。

② "利殖"指非经营正当事业，而以敛财为目的，具有投机性质或赌博设施或娱乐（如游艺场）等行业而言。

或其他权利。类似于"海外直接事业"的海外建设工程的承包工程，关于工程中建设用机械设备等的政治风险，依海外建设工程保险约款，也可包括在海外投资保险范围之内。

（5）基于长期契约，对以开发输入资源为目的的外国法人（非日方经营支配的）为期 5 年以上的长期贷款。从 1972 年 1 月起，加上贷款买矿投资保险。1974 年 5 月，开发输入资源中，又加入木材开发等项目①。

（三）保险人与被保险人

申请投资保险的合格投资者，为被保险人，限于向海外投资的日本人或日本法人。但被保险人与保险契约者不必为同一人，被保险人限于投资者，而保险契约者，则不限于投资者，只要经被保险人认可，任何人均可成为保险契约者。

保险人为日本通商产业省大臣，具体保险业务由通商产业省企业局长期输出保险课承办。

海外投资者在海外投资计划确定后，应提出海外投资保险申请书、外币证券取得许可书，东道国外资引进许可证，海外投资计划详细说明书等必要书证，向通商产业省申请海外投资保险。

通商产业省主管部门接到申请后，应审查：海外投资内容和形态及项目是否合格，是否有利于发展日本国际经济交往，是否有利于改善国际收支，取得外国法人股份的时间、价额、种类等是否合适，等等。经审查确认申请合格，即将保险证券，随同第一年度保险费缴纳通知书发给保险申请人（保险契约者），保险契约从支付保险费之日起生效。

（四）保险契约的效力

1. 保险契约的期间，从 5 年到 10 年。在约定保险期间内，由于

---

① 樱井雅夫：《国际经济法研究——以海外投资为中心》（1977），第 219 页。

保险事故所引起的损失，由保险人负赔偿责任。但关于贷款债权或公司债等的保险，从第一次汇回之日起到最后偿还期日止，其期间在 5 年以上者，保险期间可约定在 5 年以下。如果被投资企业因建设需要，须经过一定期间才能开业者，则可加上必需的建设期间，以确定保险期间。在这种情况下，保险期间可超过 15 年。除此以外，原则上不允许保险期间的延长。

2. 保险人与被保险人的权利义务

（1）保险事故发生时，被保险人或保险契约者有请求支付保险金的权利，可在损失发生后两个月内，行使请求权。保险人（日本政府）有支付保险金的义务，原则上必须从接受请求之日起两个月内支付保险金。

（2）被保险人（或保险契约者）应承担下列义务：（甲）报告义务。如关于投资原本的取得、丧失、被保险投资的变更、红利的取得、风险或损失的发生等情况，应及时以书面向政府报告，以便确定政府保险责任的时限。（乙）应向政府提出被保险企业的资产负债表、损益计算书、剩余金处分计算书等决算书类。（丙）有尽力采取防止或减轻损失措施的义务，并及时向日本政府报告。（丁）在停止外汇时，应负妥善保管不能汇出金额的义务。（戊）应受保险金支付的被保险人，在保险事故发生后，有努力回收其股份等价金或当地政府补偿金的义务。被保险投资者在请求支付保险金后已从东道国回收金额者，应将该回收金额乘以保险金损失额的比率所得金额向日本政府（保险人）交纳（如其数额超过所受支付的保险金额者，应将其超过部分的金额交纳政府）。

（3）保险人的代位权。作为保险人的日本政府在向被保险人支付保险金后，可代位取得被保险人基于保险事故对东道国所享有的索赔权及其他权益（求偿代位权），向东道国进行索赔。但日本政府行使代位权的法律依据，与美国制度不同。在美国是基于同东道国所订立的双边投资保证协定，行使代位权。而日本制度则否，只有当投资者在东道国用尽国内救济手段之后，才能依国际法上关于外交保护权的一般原则行使代位权①。

（五）保险费与保险金

1. 保险费

保险费率按保险契约期间内年保险金额每 100 日元为 55 钱计算。② 保险费在保险契约第一年度，于订约时缴纳；第二年度以后，于每年度保险期间开始前缴纳。如属资源开发投资，保险费年率，按保险金 100 日元为 70 钱计算。

2. 保险金

分为契约保险金与实际支付保险金。依《输出保险法》第 14 条之三规定，其计算方法如下③：

（1）契约保险金额。指依保险契约所定，政府对被保险人所受损失应填补原本及利润的最高额。契约保险金额可依保险契约订立时预先约定在整个保险期间内各年应支付的金额。

投资原本的契约保险金额，为股份或贷款债权额（外币汇出时金额×汇出当时汇率。现物投资，另有规定。）乘 90% 以内所得的金额。④

利息、红利等的契约保险金额，为各年可产生的预期额乘 90% 以内所得的金额（兑换率按原本汇出时的汇率计算）。但是，红利、利息的保险金额，必须为每年可产生的预期额的 90% 以内的数额，同时还必须在每年原本的 10% 以内。即是说，整个保险期间合计，其总额必须在原本的 100% 以内。故每年的保险金额，其计算如下式：

---

① 樱井雅夫：《国际投资法研究》（1968），第 18 ~ 20、68 ~ 72 页；姚梅镇：《武汉大学学报》（社会科学版）1981 年，第 4 期，第 93 页。

② 日币制，每 1 日元等于 100 钱。

③ 参阅樱井雅夫：《国际经济法研究》（1968），第 222 ~ 223 页所引算式。

④ 依日本《输出保险法》第 14 条之二规定，所谓"乘 90% 以内"，指依各政令所规定的比例乘各该数所得的金额，以 90% 为最高限度比率。

（原本部分）　　　　　　（红利 利息部分）

原本×0.9 以内+每年可生产的预期利润额×0.9 以内（而且，其数必须在原本×0.1 以内）

（2）支付保险金额。指损失发生时实际支付的保险金额。依下式计算，把实损额乘填补率（90%）所得的金额同契约保险金额相比，取其较低额为实际支付的保险金额。即

$$支付保险金 = 损失额 \times \frac{90}{100} \leqslant 契约保险金额$$

所以，实际支付保险金总是低于、至多等于契约保险金额，不能超过契约保险金额。至于实际损失额，则依被投资外国法人的资产负债表及其他决算关系书等核算之。

根据日本《输出保险法》第 14 条之三的规定，依风险种类及保险事故发生的次数，有四种计算方法，兹举其基本算式如下：

〔由征用或战争所引起的损失〕

损失额 = A-（B+C+D）

A = 原本——损失发生前的评价额同取得该原本当时的金额（原投资额）相比，取其中的较低金额，作为原本金额、如为利润，则按损失发生前的评价额。

B = 保险事故发生后的评价额（指残余价额）

C = 由于保险事故发生已取得或可取得的金额（如当地政府的补偿金等）

D = 由于采取减轻损失的必要措施所回收的金额。

〔由外汇险所引起的损失〕

损失额 = A-（B+C+D）

A = 原本——不能汇出的金额同取得该原本的对价额相比，取其中较低金额作为原本金额；如属利润，则为不能汇

出的金额。

B＝由于保险事故发生毋需支出的金额（如外汇手续费、汇兑税等）。

C＝从该不能汇出的金额中所支出的金额（如本国派驻当地人员挪用作当地费用等）。

D＝由于采取减轻损失的必要措施所回收的金额。

〔计算例〕

如以 100 万日元投资，取得外国法人的股份，订立 90 万日元的保险契约。几年后，该股份全部被东道国征用，从当地政府得到补偿金 30 万日元。在征用前，该股份的评价额为 120 万日元。

本件损失额及支付保险金，采用上述算式，因该股份在征用前评价额为 120 万日元，同原投资 100 万日元相比，应取其较低额，即 100 万日元计算。则

（A）　　（B）　　（C）　　（D）

损失额＝100－（0+30+0）＝70（万日元）

支付保险金额＝70（损失额）$\times \dfrac{90}{100}$（填补率）＝63

$$\leqslant 90（契约保险金额）$$

所以，上例应实际支付保险金额为 63 万日元，而不是契约保险金额的 90 万日元。

第四节　联邦德国海外投资保险制度

一、联邦德国私人海外投资与投资保险制度

战后，联邦德国由于大量利用美援，引进外资和先进技术，以及国家对经济的支持和积极干预，经济得到迅速恢复和发展。对外资本输出，从 50 年代末到 60 年代开始有所发展，70 年代以后逐步加速。

1961 年私人海外直接投资尚仅 10 亿马克，到 70 年代已增至 35 亿马克。1978 年，再增至 61 亿马克，到 1978 年底，私人对外直接投资累计共达 550 亿马克。私人直接投资主要是买受股票，或在国外投资设厂、合办企业。这样既可越过别国的关税和非关税壁垒，扩大出口，而且又带来比国内更高的利息和利润率。

为了鼓励私人对外直接投资，并保障其利益，联邦德国政府采取了种种措施，除预算法、低开发国援助法案，马歇尔援助中担保基金低开发国援助法、复兴金融金库法及德国经济合作公司等，对联邦德国私人向发展中国家投资予以鼓励、优惠和保证外①，并于 1959 年，仿美制创设海外投资保证制度。

联邦德国的输出保险制度，始于 1949 年，由国营"黑姆斯信用保险公司"（Herms Kreditversicherung Aktiengesellshaft）和"德国信托与监察公司"（Deutsch Revision-und Treuhand-Aktiengesellshaft）经营。10 年后，由于向发展中国家投资的需要，于 1959 年正式建立海外投资保险制度，仍由上述两公司经营，承担海外投资政治风险的保险。基本上是仿照美国投资保险制度，但其保险的范围较宽，在适用上也较有弹性。

联邦德国投资保险制度，原不以两国政府间的投资保证协定为法定条件，但事实上联邦德国政府对双边协定采取积极态度，向发展中国家投资，一般都订有关于保护及鼓励投资的双边协定，但非绝对原则，如该资本输入国的法律秩序或其他措施（如特许协议）足以证明其对外资能充分提供保证者，纵无协定，也可适用保险制度②。但为了加强国内保险制度的效力，仍要求订立双边投资保证协定，故基本上与美制相同③。

---

① 联邦德国其他关于鼓励及保证海外投资的法制中，大多有关于政治风险的保证，见佐藤和男：《国际投资的法律保护》，1968 年版，第 137～142 页。

② 法托罗斯：《对外国投资者的政府保证》（1962），第 113 页；佐藤和男：《国际投资的法律保护》，1968 年版，第 143 页。

③ 克伦福尔：《外国投资的保护》（1972），第 37 页。

二、投资保险制度的基本内容

（一）投资保险的范围

投资保险的范围，包括下列五种风险。

1. 外汇险

指海外投资者应得的金额，在当地主管机关不能兑换为外币，自由汇回联邦德国。其范围包括由资本参加所产生的到期债权、作为资本参加的贷款所产生的到期债权、应得利润所产生的到期债权等，被保证人受到支付后，在两个月内，不能兑换汇回联邦德国，均属外汇风险。分店、营业所解散时的清算金，亦同。

2. 征用险

指国有化，征收及其他由最高权力机关采取与征用具有同样效果的措施。其范围包括债权化的资本参加，作为资本参加的贷款债权，对应得利润的债权全部或一部被征用、国有化。分店、营业所解散时的清算金亦同。

3. 战争险

指战争、革命、武装暴动、内乱等情况。投资企业或其分店、营业所的全部财产被征用或被破坏（如战争）者，属于全损，投资企业或其分店、营业所的财产的主要部分被征用或被破坏，致其事业不能继续经营，结果或者是资本参加或创业资金归于丧失，或者是以资本参加形式的债权，作为资本参加的贷款债权，或利润请求权，完全得不到保证或根本不可能有所收益者，也属保险之列。

4. 迟延支付

包括停止支付或迟延支付。凡投资者资本参加所产生的到期债权，资本债权的贷款所产生的债权，应得利润所生的到期债权的全部或一部，因停止支付或迟延支付的结果，致完全不能受到保证或完全不能收益者，均属此风险。

5. 因停止支付或迟延支付或不能自由兑换等措施所致货币贬值所受损失，亦属保险之列。又分店、营业所解散时的清算金亦同。

（二）保险对象的投资合格性

保险对象为在外国的投资及其所产生的利润。所谓在外国的投资，指资本参加，向支店投资及类似资本参加的贷款。

1. 资本参加。指对外国企业以资本、商品或提供劳务的形式投资，并对企业享有投票权、控制权、同意权或关于利润处分权等而言。

2. 向支店投资。指对本店在联邦德国的企业的国外支店或营业所，提供类似于资本金的创业资金而言。关于支店或营业所的投资，应指明该创业资金是作为资本金看待，并列入年度决算中。

3. 贷款。其目的与范围，必须具有资本参加的性质，才能认为是资本参加。

总之，作为保险对象投资的合格性，必须具备下列条件即：第一，保险对象只限资本参加的形式，第二，作为保险对象的利润，必须是从资本参加或作为资本参加的贷款，在一定期间内，应得的利息、红利及其他收益。反之，其他权利或债权（如先买权、迟延金、违约金、损害赔偿请求权、赔偿金、出卖资本设备于第三者所产生的债权等），纵在投资契约中有明文规定，也不能作为保险对象。又在保险契约订立前，已经进行投资者，其投资也不在保险之列①。

（三）保险人与被保险人

被保险人是合格的投资者，必须在联邦德国有住所或居所。进行海外投资的企业，主要是与产品生产、采购、销售及运输有关的企业。合格投资者要取得政府的保险，必须按照法定程序，提供必要资料，向主管部门申请。

主管审查及批准保险的机关，为经济部、财政部及外交部代表所组成的有决议权的委员会及由会计审核院和联邦银行代表所组成的咨询委员会。主要审查该投资项目是否 "值得鼓励"（worthy of

---

① 佐藤和男：《国际投资的法律保护》（1968），第 144 页。

promotion）及对加强联邦德国同发展中国家经济关系有无积极贡献①。实际上只有经财政部同意批准，才能承担保险责任。至于保险的具体业务，则在财政部长同意下，委托上述德国信托监察公司及黑姆斯信用保险公司执行。联邦德国政府是法定的保险人。批准保险与否，完全由政府决定，不能成为法律上请求的对象②。

保险人在保险事故发生时，除依契约支付保险金外，还可依双方投资保证协定，行使代位权③。

被保险人除在保险事故发生时有权要求政府根据契约规定进行补偿外，还基于保险契约承担一定的义务：首先，对有关的法令（包括联邦德国及东道国法令）有注意的义务。其次，每一营业年度开始后 6 个月内，须将资本设备及投资企业的状况和营业状况，向主管机关（保险机关）提出书面报告，包括资产负债表、损益计算书、营业报告及会计等报告。特别负有关于投资详细情况及与之有关的交易情况等报告的义务。再次，有下列情况之一，被保险人应立即进行报告：a. 补偿开始的条件已完全具备及投资范围已经明确者；b. 以债权形式作为资本参加的支店、营业所解散者；c. 转让资本设备或对投资实行偿还者；d. 与投资有关契约的变更、补充或废止者；e. 在取得投资保证的同时，对同一企业又进行保证以外的投资者。

除此以外，法律上对被保险人还课以下列的特别义务：

（1）保险事故有发生之虞或已经发生者，被保险人应以善良商人的注意义务而行动，特别应采取避免或减轻损害的必要手段，并要求其必须遵守政府的指示而行动。

（2）被保险人已知危险状态，特别是已知有保险事故的事件或措施，或类似事件或措施者，有立即报告的义务④。

（四）保险费

被保险人有缴纳保险费的义务。保险费必须在每年规定支付期限

① 法托罗斯：《对外国投资者的政府保证》（1962），第 112 页。
② 佐藤和男：《国际投资的法律保护》（1968），第 143 页。
③ 佐藤和男：《国际投资的法律保护》（1968），第 148 页。
④ 佐藤和男：《国际投资的法律保护》（1968），第 148 页。

前缴纳。逾期后三周内尚未缴纳者，保险人有权解除保险契约。

保险费率依各州规定不一，又按保险期限的长短，其比率也不相同，如保险期限在 5 年以内者，年纳保险费率为 0.6%，5—10 年者，为 0.5%，10—15 年者为 1.0%，15—20 年者为 1.5%，但一般实行三种风险综合保险者，其年率为 0.5% 或 0.8%①。

（五）保险期限

原则上为 15 年，但关于生产设备的制造需要较长时间者，可延长到 20 年。

（六）保险事故与赔偿责任

保险事故发生时，保险人依法律规定及契约条款，应负补偿损失的责任。关于补偿损失的范围及保证的限度等，依联邦德国法律规定如下。

1. 损失的范围及其评价

关于投资的损失，资本参加、创业资金全部损失者，以取得价格为限度，以事故发生时资本设备的时价为其对象。

如属部分损失，则以事故发生时资本参加的时价（仅以取得价格为限度）同因事故发生后资本参加的残存额的差额为补偿对象，即以价值减少额为损失额。事故发生后，清算或残余额转让者，则仅在可认为同事故有因果关系者，该清算剩余金或转让的利润，才可认为是属于资本设备的残存价额。

采取债权形式的资本参加或作为资本参加的贷款，以债权不能回收的部分，直到取得资本设备的最高金额为损失额。支店或营业所清算情况，亦同。

其次，关于利润的损失，指在保证期间内应得利润的债权不能回收的部分，为利润的损失。

2. 保证的限度

---

① 佐藤和男：《国际投资的法律保护》，1968 年版，第 161 页；樱井雅夫：《国际经济法研究——以海外投资为中心》（1977），第 160 页；克伦福尔：《外国投资的保护》（1972），第 38 页。

保险金额的赔偿，以联邦德国马克为支付手段。

保险人应负担的部分：关于资本的保证，其最高额为资本设备的取得价额。但最高额中，还须减去资本回收、资本设备损耗的部分。故资本填补额，仅仅是按各年具体情况，从确定金额中扣减后的部分。

关于利润的保证，可在保险期限内约定一定期间，承保金额可到资本设备取得价格的 24%。这一比率，在保证期间内各年加以等分，但每年不得超过 8%。

依联邦德国法律规定，在最高保证限度额内，保险人承担损失的补偿为 80%～95%，其余 20%～5% 的损失，由被保险人自己承担，政府可免补偿义务。

关于赔偿的支付，必须在事故发生后不迟延地提出保险金补偿请求，被保险人必须证明事故发生的一切前提，损害的事由及损失的金额。提出证明损失的必要资料后，须在适当时期内，确定其损害。在不可能加以确定的情况下，可依被保险人的申请，也可认定暂时的损失支付。损失的补偿，须在收到损失额或临时损失估计额通知后 3 个月内或事故发生后 6 个月内进行支付。

（七）双边投资保证协定

联邦德国与美国一样，国内法的保险制度的适用，必须结合联邦德国同东道国订有双边投资保证协定。

联邦德国关于海外投资的保护，积极运用国际协定，调整投资环境，除防止双重课税协定、经济、技术协定、通商航海协定等外，还极为重视投资促进和保护协定，同美国比，其内容更为详尽具体。（详见本书第四章）。

综上所述，海外私人直接投资保险（保证）制度，自第二次世界大战后美国实行以来，已成为大多数资本输出国鼓励及保护本国私人海外投资普遍行之有效的制度，但其效用如何，前景如何，在理论上及企业界，见仁见智，各有评论。早在美国实行投资保证制度之初（包括在日本等国情况），利用率不高。根据美国商务部及哈佛商学院的调查，50 年代初期，美国海外投资企业中参加保险者，也只半数。1957—1958 年调查，海外企业 55 个公司中，也只有 20% 参加了海外投资保险。50 年代末，商务部调查，海外企业自愿参加保险的，仍只 50%。到 60 年代，这一比例，也才上升 2/3①。究其缘由，盖来自各个方面的不同看法和评论。

首先，从企业界来看：（1）认为投资者本国实行投资保证，是无异把资本输入国按契约本应承担的义务转嫁于资本输出国承担，不仅无助于抑止东道国对投资者的不公正待遇，反而将助长东道国对投资者的不友好行为。（2）实行保证制度的结果，海外事业的风险，事实上并未由投资者承担，反而使国内纳税人承担。（3）保证制度仅对新投资实行，在新旧海外投资之间，人为地造成不公正的差别待遇。（4）由于实行投资保证制度，海外投资的项目及计划，须经政府主管部门进行甄别、审查、批准等一系列政府行为，私人投资者并不愿意国家权力过多地干预私的经济活动。当然这些理由是从传统的自由资本主义时代私法自治的基本观点出发的。执行保险计划的机构对投资者的申请有一定限制及甄别，而且对投资者的政策也进行了干预，并不致使国内纳税人必须承担投资者的损失。至于新旧投资问题，东道国也不致因投资保证的有无而采取不同态度②。总之，这些考虑都是从投资者个人利益出发，而资本输出国则是从整体观点出发，为谋求海外巨额利益，是把投资保证作为有效保护手段而运用的。

其次，从资本输入国来看，有些发展中国家并不太愿意订立投资保证协定，认为协定往往规定双方直接的仲裁谈判，甚或交付国际仲

---

① 美国商务部国外商业局：《限制美国海外投资的因素》（Factors Limiting U. S. Investment Abroad）（1956），第 26～30 页；商务部：《关于私人海外投资对商界质询的回答》（Responses to Business Questionnaire Regarding Private Investment Abroad）（1959），第 9 页；怀特曼：《投资保证制度》（Investment Guaranty Program）（1965），第 107 页；佐藤和男：《国际投资的法律保护》，1968 年版，第 120 页。

② 法托罗斯：《对外国投资者的政府保证》（1962），第 117～118 页。佐藤和男：《国际投资的法律保护》，1968 年版，第 119 页。

238

裁，其结果是回避了国内救济原则，实际上是对国家主权的侵害。所以，资本输入国并不愿意把这些本来属于国内法管辖的问题，转而受他国的制约或国际的介入①。当然这些情况在旧的国际经济秩序下，特别是美国以往同发展中国家的投资关系上，是常见的现象。但是，在第三世界国家以集体力量争取政治和经济独立，建立国际经济新秩序的进程中，已逐渐在平等互利原则的基础上订立了双边投资保证协定，这也可避免不合理的，甚至侵犯国家主权的事态。

虽然对投资保证制度有上述种种疑虑和评论，但随着资本输出的需要，对海外投资的保护，日感必要，投资保证制度也因而在大多数资本输出国得到广泛的运用和发展。但与此同时，自60年代以来，由于第三世界集体力量和统一行动的形成和发展，急剧地改变了国际资本市场力量的对比，加强了第三世界国家同国际垄断资本作斗争的集体对抗力量。特别是第三世界国家为了维护民族经济的自主发展，对国际资本的渗透，也进一步提高了警惕，对外资既有鼓励，又有限制，尤其像石油输出国组织，铜输出国组织，拉丁美洲安第斯条约国组织等对外资企业所实行的大规模的全面国有化政策或所谓"逐步征用"，已使如美国和其他国家跨国垄断组织的国际投资，面临新的挑战，海外投资保证制度，已难于适应这种形势。又在第三世界集体力量的推动下，1974年联合国大会先后通过了《关于建立国际经济新秩序宣言》和《行动纲领》及《各国经济权利和义务宪章》等，为调整发达国家和不发达国家之间根深蒂固的经济上的不平衡状况，采取了种种措施，如限制跨国公司活动，消除限制性商业惯例，肯定发展中国家国有化的权利，投资争议由所在国法律管辖和司法处理，各国经济交往中坚持独立自主、平等互利的原则等。在资本输出国与资本输入国之间，围绕这些问题所形成的矛盾日益尖锐，这样，又使得投资者为确保其海外投资的安全和利益，不得不于投资保证制度之外寻求其他更为安全可靠之策，因为投资者已不完全满足于消极的保

① 法托罗斯：《对外国投资者的政府保证》（1962），第118～119页。

险制度和事后补偿。对垄断组织来说，它们所感到威胁的，并不是其最初的投资，而是其未来巨大营业利润的潜在利益。事实上他们的实际收益早已远远超过账面的投资额，至于事后补偿，区区之数，对大企业无补实益。它们所希冀的是从长远利益出发，谋求获得本国的政治保障，藉以维持一个稳定而长远有利的投资环境。如前所述，双边投资保证协定，因有利于确保东道国与资本输出国共同提供保证，为实现国内法上的投资保证制度创造了确切的有利条件，但其效力仍属有限，投资者所希冀的政治保障，也未必能如愿以偿（见第四章）。

针对这种新的情况，为适应新的投资环境，正如《美国商业》所指出的，垄断资本家是以"小心谨慎的乐观主义"（Cautious optimism）的态度，未雨绸缪，力图防患于未然，事前仔细分析投资风险的种种因素，如在美国有的公司聘请熟练的政策专家和经济学家，专门从事投资风险的分析和研究；有的公司还把特定国家的政治上、商业上的风险，承包给专家分析；有的公司甚至试图把投资风险作计量分析，采用电子计算机技术进行计量和估价，等等。另一方面，美国及其他国家跨国垄断组织，已感到在新的经济情势剧变下，独资跨国子公司的全盛时代已经过去了，以往海外生意经的老一套办法，已经不能再有效运用了，从而改弦易辙，同东道国建立"合营企业"，以及采取非股权形式（non—eguity）进行投资，如贷款、租金收入、专利权租让以及经营管理与劳务合同等形式。这些办法，在海外投资者看来，虽然不能完全控制股权，利润也较小，但可尽量避免东道国的征用或国有化等强制措施，减少投资风险，这可说是当前投资者一种新的态势①。

此外，如日本政府除采用各种优惠措施及完善投资保险制度外，其驻外机构对日本海外投资企业亦极其关注，并采取种种防止政治风

---

① 《美国商业》1978 年 7 月 17 日，第 9、11 页；姚梅镇：《美国海外投资保证制度》，载武汉大学《北美经济资料》1979 年第 4 期。

险的有效措施，以防患于未然①。

当然，以上这些动态，只是说明投资者如何力图采取适用新情况的手段，并不意味着因此即减低保证制度的作用和效能，在国际投资关系上，海外投资保险制度仍不失为保护国际投资的重要法律手段。诚如本书第一章所述，国际经济交往，错综复杂，既有个人和企业的跨国活动，也包括政府间的国际活动，从而国际经济关系中的法律体制和法律规范，不仅包括国内法制，也包括国际法制，而且往往又交织一起，相互为用。海外投资保险制度虽是国内法体制，但也必然要联系而且借助国际法制度才能完成其作用。在今天国际经济新秩序的要求下，在新的国际经济关系的前提下，国际经济交往，必须真正置于尊重主权、平等互利的基础上，才能实现真诚的经济合作。反映在国际投资保护上，也只有根据主权原则，平等协商、互利互惠的原则，才能减少或避免争端，投资保证制度也才能在投资者、资本输出国、资本输入国三方，收到实益②。美国长期来在运用投资保证制度上，同发展中国家，尤其同拉美诸国之间所产生的尖锐对立和严重争端，甚至导致外交干预，传为世界丑闻，其根本原因在此。

---

①　姚梅镇：《日本海外投资保险制度》，载《武汉大学学报》（社会科学版）1981 年第 4 期，第 95 页。

②　姚梅镇：《美国海外投资保证制度》，载《武汉大学学报》（社会科学版）1981 年第 6 期，第 9 页。

第四章　国际投资与国际法制

在国际投资保护问题上，由于各国之间，特别是发达国家和发展中国家之间经济地位的不同，贫富悬殊，利害对立，国内法制度，无论是资本输出国（如海外投资保证制度），或是资本输入国（如外资法），都有其一定的局限性。任何形式的政府保证，均不能全面保护外国投资的安全与利益，特别是有些共同的问题，如对待外国人的待遇标准、对征用、国有化的合法性及其补偿标准以及关于投资争议的处理和管辖权等一系列问题，往往不是一国国内法制所能单独圆满解决的。因此，为谋求共同的基础，取得共同的谅解，建立一种共同调整的体制，使东道国和资本输出国就有关国际投资保护问题，受到统一的法律约束，这就不得不诉诸国际法制度。

关于国际投资的国际法制度，包括两个方面，一是双边调整，即两国间的投资条约；二是多边调整，即多国间的投资保证公约。

第一节　双边投资条约

一、双边投资协定的形式

为了调整国家间关于国际私人投资关系，加强对外国投资的保护，维护健康的投资环境，在资本输出国同资本输入国间签订双边投资条约（bilateral investment treaty），即可补国内立法之不足，并保证国内立法的效力，又比多国间投资法典方案简易可行，是目前各国间保护私人外国投资普遍行之有效的国际法制的一个重要方面，是资本输出国保护海外私人投资的重要手段。关于保护国际投资的双边条约，可分为两大类型，一是美国型的"友好、通商、航海条约"
(Friendship，Commerce and Navigation Treaties)，一是双边投资协定
(Bilateral Investment Agreement)，其中又可分为美国式的"投资保证
协定"(Investment Guarantee Agreement)，和联邦德国式的"促进与保护
投资协定"(Agreement For Promotion and Protection of Investment)。

第二次世界大战以前，资本输出国同他国之间，通常是签订通商
航海条约，以解决两国间商务交往关系，其中虽有关于外国商人及其
资产和有关投资保护的条款，但其重点是保护商人（trader and
merchant），而不是保护工业投资者（industrial investors）。这种条约，
主要是限于一般规定，其内容大致可归纳下列几点：（1）入境、旅
行及住所；（2）个人基本自由权；（3）关于外国人的待遇标准；（4）
关于财产权的保护（包括外国人资产及既得权的保护，实行征用、
国有化的补偿等）；（5）商业企业的活动及其管理（包括设立公司、
企业经营活动，企业行为，人员雇用等）；（6）税收待遇（包括约定
范围内的最惠国待遇）；（7）外汇管制；（8）商品交易；（9）航海
及商品运输；（10）关于争议的处理和管辖[1]。除了上述基本内容外，
也有的在条约前言叙及条约的目的时，使用鼓励"互利的投资"
(mutually beneficial investment)（如美国同丹麦、伊朗、日本、联邦
德国、法国、荷兰等国间），或"投资资本的流动"(flow of investment
capital)（如美国同希腊间），或其他类似词句（如美国同阿曼、乌拉
圭间）[2]。但这不是以保护私人投资为重点，而是重在调整两国一般
通商关系，特别是两国友好关系，故政治性较强。

自第二次世界大战后，特别是 60 年代以来，由于国际资本流动

---

[1] 瓦尔克（Herman Walker）：《现代友好、通商、航海条约》（Modern
Treaties of Friendship，Commerce and Navigation），载《明尼苏达法学评论》
(Minnesota Law Review) 第 42 卷（1958），第 807 页；克伦福尔：《外国投资的
保护》（1972），第 35~36 页。

[2] 法托罗斯：《对外国投资者的政府保证》（1962），第 96 页。

剧增，发达国家私人资本大量流入发展中国家，资本输出国为保护其海外私人投资的安全与利益，从美国开始，各国相继在国内实行投资保证制度，鼓励海外私人投资，纷纷同资本输入国签订双边投资协定，把国际间私人投资保护，提到国际法高度，在国际法基准上，确立保护投资的共同准则，并借以增强国内投资保证制度的效力。这种双边投资协定，既独立于国内法体制之外，而又同国内法体制紧密联系。事实上，在国际投资的法律保护方面，国际法与国内法两种体制已结合成为不可分割的整体。相互补充，形成统一的法律秩序。

美国型的投资保证协定。美国自60年代后，随着私人资本大量涌入发展中国家，在进一步完善国内投资保证制度的同时，积极地同其他资本输入国签订双边投资保证协定，其特点是重在政治风险的保证，特别是着重关于求偿代位权及处理投资争议程序的规定。因为美国国内投资保险制度的实行，是以双边投资保证协定为前提，美国海外私人投资者只有在同美国订有双边投资保证协定的国家进行投资，美国海外私人投资公司才承担保证责任，故以政治风险的担保及代位权为协定的主要内容。美国型的投资保证协定，具有典型性，实际上是通商航海条约的扩大和补充。到1979年止，美国已同100多个发展中国家签订了双边投资保证协定（其中有4个尚未正式生效）。我国已于1980年10月同美国签订了关于投资保险和保证的鼓励投资协议及换文。美国是当代资本输出国中签订双边投资保证协定最多的国家。

联邦德国型的促进与保护投资协定。联邦德国型的双边投资协定的特点是，关于鼓励与保护外国投资的规定，除关于处理投资争议，求偿代位权等有关程序规定外，大多属于实体性的规定，并以政治风险的保证为主，规定的内容具体详尽。如关于差别待遇的条件，还列举可以视为差别待遇的种种措施，关于原本及利息汇回本国的具体保证措施，关于国有化补偿的具体标准和计算方法等。联邦德国的投资保证制度，原则亦与美制相同，以双边投资协定为法定前提（但对有些海外投资项目的保险,可不作此要求)①。可说是介乎美国型友好通商航海条约与投资保证协定之间的一种混合体制②,在运用上取两者之长。联邦德国自 19 世纪 20 年代以来,已同发展中国家签订了50 个促进与保护投资协定。联邦德国型投资协定因其对投资保护与鼓励方面,规定明确具体,有利于调整投资环境,保证投资安全,其他国家如法国、意大利、荷兰、瑞士、日本等国,都普遍倾向于采取这种形式的投资协定。

双边投资保护与鼓励协定,向来大多是发达国家同发展中国家签订的,随着国际投资的发展,最近倾向在不同体制的国家间,如社会主义国家同资本主义国家相互间(如南斯拉夫同荷兰,中国同瑞典王国),社会主义国家相互间(如罗马尼亚同南斯拉夫,中国同罗马尼亚),发展中国家相互间(如科威特同埃及)③,都已开始签订相互保护投资协定。

二、双边投资协定的基本内容

双边投资协定的具体规定,固因国别而异,但其基本内容,可概括为下列几个方面:

1. 关于外国投资者的待遇标准

关于外国投资者的待遇,一般在协定中通常有原则的规定,即缔约一方对他方投资者(法人或自然人)必须采取公平合理的对待(fair and equitable treatment),禁止实行差别对待(discriminatory treatment)。在具体运用上,包含两个方面,一是内、外国民之间(外国投资者同本国投资者间)平等待遇——国民待遇(national

---

① 经合组织(OECD):《在发展中国家投资》 (Investing in Developing Countries)(1975)第 3 版材料;法托罗斯:《对外国投资者的政府保证》(1962),第 113 页;佐藤和男:《国际投资的法律保护》(1968),第 157~160 页。

② 克伦福尔:《外国投资的保护》(1972),第 37 页。

③ 法托罗斯:《对外国投资者的政府保证》(1962),第 101 页。

treatment)，一是外国投资者同第三国投资者间平等待遇——最惠国待遇（most-favored-nation treatment）。前者多属于国内立法和外交实践，后者则专属于国际法及经济关系的范畴①。美国型的投资保证协定，一般未规定关于投资者的待遇问题，而是在友好通商航海条约中加以规定。依美国通商航海条约所下的定义。国民待遇是指："缔约一方的国民、公司、产品、船舶或其他客体，在缔约他方境内，享有不低于该方同样情况的待遇。"最惠国待遇是指"缔约一方的国民、公司、产品、船舶或其他客体在缔约国他方境内，享有不低于第三国同样情况的待遇"。② 具体到双边投资协定中，这两种待遇对外国投资者的适用，是指外国投资者在东道国关于投资财产及投资活动（包括投资范围、经济管理、税收、原材料供应和价格、产品销售、外汇措施）等方面的权益，应与东道国投资者或企业享受同等待遇，或与第三国在东道国的投资者或企业享受同等待遇。以往在资本主义国家相互间，普遍要求国民待遇，实际上由于国家经济发展程度不同，发展方针不同，特别是由于根本经济体制不同，不仅在发展中国家、社会主义国家不能完全实行对外国投资的国民待遇，即令在发达国家相互间也不能绝对要求实行国民待遇，一般都同时适用两种待遇标准，即原则上适用国民待遇，在不允许外国人享受国民待遇的范围内，适用最惠国待遇③。

国民待遇的主要精神是从国际法上平等的原则出发，一是反对对外国投资者的歧视，一是反对所谓国际标准主义，反对外国投资者在

---

① 法托罗斯：《对外国投资者的政府保证》（1962），第136页。

② 见美国同爱尔兰间友好通商航海条约第21条（1）、（2）。但在美国同希腊的通商航海条约中，对这一定义，加了但书规定，即国民待遇一词，是用来指缔约双方对他方公民、公司、财产等，相互保证非差别待遇（nondiscrimination）而言，但不包括一方法律所规定的豁免权，见法托罗斯：《对外国投资者的政府保证》（1962），第136页注34。

③ 法托罗斯：《对外国投资者的政府保证》（1962），第139页。

东道国享有优于本国国民的特权地位。只有在这一意义上来全面理解内、外国人平等待遇，外国投资者同东道国国民在法律上受到同等保护，才是正确的。在投资关系中，并不是，也不可能是外国投资者在各个具体方面都必须与东道国国民或东道国投资者享受同等待遇。譬如关于投资范围的限制，本国国民或企业可以投资的部门，未必也允许外国投资。因为任何国家在引进外资的同时，都有一个必须考虑本国关键经济部门的保护和发展问题，以及必须权衡外资竞争力对本国经济和企业发展的影响问题，不可能无条件地实行国民待遇。鼓励、允许还是限制、禁止外国投资者向哪些部门投资，投资接受国都是出于其基本经济政策的考虑，这既是国家经济主权的行使，又是各国外资政策和立法的共同点，而且也是历来国际法原则及国际惯例所公认的国民待遇的合理的例外。这种对国民待遇的限制，是合理的区别对待，不能视为歧视待遇，并不违反国际法原则，也正是一般通商航海条约及投资协定所谓公平合理待遇的体现。这种限制、无论是发展中国家，发达国家，甚至是采取最开放政策的美国，均莫能例外。其他关于合营企业中外资出资比例的限制，特定企业行为的限制等，同出一理。从另一方面看，发展中国家为了鼓励外国投资，立法上往往对外国投资企业，在税收方面实行种种优惠措施（如进口关税及企业所得税的减免等），外国投资者反而在一定范围内可享受优于东道国本国企业的待遇。可见，把国民待遇绝对化，一概要求对外国投资者无条件地实行国民待遇，既不可能，也不合理。在现代国际实践上，不仅发展中国家坚持主张对待外国投资者实行最惠国待遇及在一定范围内的国民待遇，发达国家也同样趋于这一倾向。

美国以前是比较坚持国民待遇的，在通商航海条约中，一般要求国民待遇，即美国投资者在东道国大部分经济领域内，享受东道国国民同等待遇，不得采取歧视性措施。如美国 1959 年同巴基斯坦的友好通商航海条约第 26 条规定，"缔约国任何一方不得采取不合理的或歧视性措施，以损害缔约国另一方国民或公司在其领土内设立企业所提供的资本、技能、工艺、技术等合法利益"①。但也承认，只在同资本输入国国家安全以及自然资源开发有密切关系的某些投资项目的范围内，对美国投资者给予最惠国待遇②。1980年10月中国和美国关于投资保险和投资保证的鼓励投资协定和换文，只提到"互惠"，未具体涉及对外国投资的待遇。而在1979年7月中美贸易关系协定中，确定了两国间"平等互利及非歧视性待遇的原则"，并在此原则基础上，"缔约双方对来自或输出至对方的产品应相互给予最惠国待遇"，又为了促进两国的经济贸易关系，"双方同意，向对方商号、公司和贸易组织提供的待遇不低于给予任何第三国或地区的待遇"（第1、2、3）。当然，这些原则可适用于投资协定。

其他国家间的双边投资协定均有明文规定，同时适用两种待遇。如联邦德国同印度尼西亚关于促进与相互保护投资协议（1970年）第3章规定：（1）缔约国任何一方国民或公司在他方境内的投资，应受到充分保护和保证；（2）缔约任何一方国民或公司，在他方境内投资因他方国内发生战争、其他武装冲突、革命、叛乱、紧急状态所受损失的补偿及其自由汇出，以及因他方实行征用所受的补偿及其自由汇出，应享受最惠国待遇；（3）除非协议另有规定，缔约任何一方对他方国民或公司在其境内所享有或控制的投资，不应给予低于本国国民或公司，或第三国国民或公司所拥有投资的待遇；（4）除非协议另有规定，缔约一方对他方国民或公司在其境内与投资有关的活动，不应给予低于其本国国民或公司，或第三国国民或公司投资活动的待遇；（5）缔约任何一方考虑他方给予同样条件的国民待遇，

---

① 弗里曼（W. Friedmann），里西梯金（Oliver J. Lissityzyn），皮尤（R. G. Pugh）：《国际法—案例与资料》（International Law：cases and Materials）（1969），第851页。

② 佐藤和男：《国际投资的法律保护》（1968），第228页；法托罗斯：《对外国投资者的政府保证》（1962），第136页。

应在本协定所定范围内，给予同样国民待遇①。在这一协定中同时分别情况，相互给予互惠的国民待遇及最惠国待遇。

1982 年 3 月，我国同瑞典王国关于相互保护投资的协定，1983 年 2 月，我国同罗马尼亚关于相互促进和保护投资的协定，都是采取最惠国待遇。如中国同罗马尼亚协定第 3 条规定："一、缔约任何一方在其领土内给予缔约另一方的投资者的投资的待遇，不应低于它给予第三国投资者的投资的待遇。"第 4 条（4）项："缔约一方的投资者在缔约另一方领土内的投资，如果由于战争、全国紧急状态或其他类似原因而遭受的损失，缔约另一方在采取补偿损失的措施方面，给予该投资者不低于第三国投资者的待遇。"

投资保护协定中，除最惠国待遇外，经缔约双方同意，在一定条件下，也可约定给予最优惠待遇的自由。如我国同瑞典王国的投资协定第 2 条第 3 项规定，"缔约一方如已同其他国家缔结关于组织关税同盟或自由贸易区的协定，则应有给予该协议参加国的投资者的投资以更优惠待遇的自由。缔约一方也有按在本协定签字前同其他国家缔结的双边协定规定，给予其他国家投资者的投资以更优惠待遇的自由"。我国同罗马尼亚的协定，也有类似规定（第 3 条第 2 项）。

2. 关于投资项目和内容

投资项目及种类，是缔约双方共同承认及保护的客体。故双边投资保护协定，关于投资的定义、内容、种类，都有明确的规定。确定投资项目及其内容，主要是依靠国内有关外资立法（包括缔约国双方各自的国内法规定）的规定，所承认的投资项目，也可参照国际惯例来加以规定。特别如美国同他国所签订的投资保证协定，是美国国内海外投资保险（保证）制度的法定前提，只限于缔约东道国一方所批准的投资项目和投资内容，并经缔约的美国一方所承认并订入投资保证协定者，美国一方的海外私人投资公司才承担保证责任，故双边投资协定中非明确规定投资项目及其内容不可。如中美双边投资

---

① 《世界投资法》（发展中国家：印度尼西亚）（Investment Law of the world. The Developing Nations, Indonesia）（1973），第 333 ~ 334 页。

保险和保证的鼓励投资协议及换文第 2 条明确规定，"本协定的规定只适用于经中华人民共和国政府批准的项目或活动有关的投资的承保范围"，指出了承保项目的法定条件。又根据换文（二）的解释，该须批准的投资，包括下列各项：（1）经外国投资管理委员会（现改为对外经济贸易部，以下同）批准的项目或活动中投资者的股份投资和贷款；（2）金融机构给外国投资管理委员会批准的项目或活动的贷款；（3）与外国投资管理委员会批准的项目或活动所达成的技术转让、服务和管理协议（根据中国立法，经有关省经济特区管理委员会批准的任何项目或活动，视中国政府批准）。

我国同罗马尼亚的协定，规定更为明确，依协定第 2 条规定："投资"，系指缔约各方根据各自法律规定的直接或间接的参股，或其他形式的出资，包括投资者作为投资的财产及其增值，尤其是：（甲）公司的股份或其他形式的参股；（乙）动产和不动产的所有权及其他物权；（丙）再投资的利润，金钱的请求权或具有经济价值的行为的权利；（丁）工业产权、工艺流程、专有技术、版权及其他类似的权利；（戊）根据法律授予的特许权，特别是勘探、开采和开发包括缔约各方管辖海域内的自然资源的特许权。"利润"指投资所产生的收益、红利或其他所得。"投资者"，系指缔约各方具有法人资格的，按照该方法律有权同外国进行经济合作的经济组织。所谓"直接参股"，系指缔约一方的投资者在缔约另一方从境内其他公司或其他经济组织中的参股。

关于动产、不动产，我国同瑞典王国相互保护投资协定的规定，还包括抵押权（mortgage）、留置权（lien）、质权（pledge）、用益权（usufruct）及类似权利（第 1 条）。关于无形资产的出资，该协定中还明确规定了"商名"（trade name）和"商誉"（good will）。又因我国同瑞典王国经济体制不同，为采取相应的对待，故协定中关于"投资者"的定义，包括双方自然人（在资本主义国家和一般发展中国家为通例）。依协定第 1 条第（2）项规定，"投资者"，在中华人民共和国方面，系指中国。政府核准进行投资的任何公司或中国公民。在瑞典方面，系指符合瑞典法律规定的瑞典公民及在瑞典境内或由瑞典公民或瑞典企业控制的任何法人。

3. 关于政治风险的保证

一般说来，关于政治风险的保证，是双边投资保证与鼓励协定的主要内容。如前所述，政治风险指东道国人为的风险，如征用、国有化、外汇管制或停止外汇、革命、战争、内乱等，这些风险属于非商业风险，直接关系到外国投资的安全与利益。为了促使投资者对海外投资的安全感，并保护其合法利益，除投资者本国（资本输出国）实行海外投资保证或保险制度，尚须藉两国间投资保证协定，以加强其保证的效力。美国、联邦德国的国内投资保证制度以双边投资保证协定为其法定前提，固不待言；即令不以协定为法定条件的其他国家（如日本），也同样重视通过双边协定，相互提供对政治风险的保证。条约不仅关于保证条件、补偿作了具体规定，以防止事故发生后不必要的争执，得到合理的救济；而且其意义和作用更在于尽可能防患于未然，避免事态的发生，有利于相互间创造良好的投资环境。

政治风险中，因战争非出于东道国直接对外国投资的行为或有意措施，故协定中一般都是专条重点规定征用、国有化及外汇管制等保证问题。

关于征用、国有化的规定双边投资协定中有关征用、国有化的规定，通常包含下列几点：

（1）关于国有化的条件。如美国通商航海条约（1966 年）第 4 条规定，"缔约国任何一方国民或公司在缔约国他方境内的财产，应受到公平合理的待遇"，除非基于"公共目的"（public purpose），并"即时给以合理补偿"（prom ptpayment of just compensation），不得加以征用①。有的双边协定规定，国有化、征用措施必须符合公共利益及国际法规定的合法程序（due process of law in accordance with international law），而且其措施不应是歧视性的（即非歧视性措施）或违

---

① 克伦福尔：《外国投资的保护》（1972），第 54 页。

反特别约定（special engagement）①。我国同瑞典、同罗马尼亚的相互保护投资协定都规定，"缔约国任何一方对缔约国另一方在其境内的投资，只有为了公共利益，按照适当的法律程序，并给予补偿，方可实行征收、国有化，或采取效果相同的其他措施"。

（2）关于国有化、征用的形式。关于国有化、征用，在投资协定中，一般没有下明确的定义，通常是依国内法及学说来解释的。概而言之，征用、国有化，包括阻止外国企业控制、支配其财产或阻止投资者控制或处分其投资的任何形式的政府行为。如果是贷款投资，仅仅是制止支付本金或利息的政府行为，才认为是征用行为②。根据英国伊朗 1959 年投资条约，对征用、国有化行为采取广义解释，即缔约国一方对他方国民或公司在其境内的财产或权利和其国民或公司享有权益的任何公司的财产、权利，所采取的任何非武力或武力的取得、处分、限制、约束或收用的措施，均属于征用行为（第 15 条）③。在学理上对这一条款的分析，认为包含两个主要内容：一是包括对私人财产取得的一切形式，特别是间接征用或逐渐征用（indirect or creeping expropriation）在内。二是双方所允许的保证，同样适用于在伊朗公司中英国人和英国公司的权益。这一规定特别有利于英国在伊朗的股份持有者，并符合于英国对在外国公司持有股份的英国国民行使外交保护权。因此，如伊朗政府对一个伊朗公司实行国有化，而该公司中英国国民享有股权者，则伊朗政府不能以该公司是伊朗公司为理由作为抗辩，主张可以不顾英国政府的反对，有权终止其公司的存在。所以该条约这一明示的规定，消除了英国政府能否对

---

① 比利时同印度尼西亚鼓励与相互保护协定，第 3 章，参见《世界投资法》，第 313 页。

② 如美国 1975 年《对外援助法》第 238 条（b）规定，征用行为包括东道国政府对投资契约的废止、拒绝履行及违反等情况在内，参阅本书第三章，第二节。

③ 美国国际法学会（The American Society of International Law）：《国际法律资料》（International Legal Materials）第 5 卷（1966），第 740 页。

一个在伊朗公司中享有股权的英国国民行使外交保护权的疑虑①。其他国家间的双边投资协定，也有不少规定征用或国有化，包括直接与间接措施（如印度尼西亚与丹麦、挪威、比利时间的双边保护投资协定）②。这在条约解释和适用上，尚不免发生争执。

（3）关于国有化的补偿标准。关于国有化的补偿标准，在双边投资协定中，有种种提法，但发达国家一般要求"充分"（adquate）、"及时"（prompt）、"有效"（effective）补偿。而美国对"充分"一词，又解释为"全部"、"完全"的意思。如美国多哥通商航海条约1966年第4条规定，"必须迅速及时地给以公正补偿，这种补偿又必须是以能有效而现实地兑换为现金的形式，并须完全符合于被征用资产的全部价值；而且必须在决定补偿和支付当时或其以前，应有完全提供支付的准备"③。英国伊朗投资协定1959年第15条，则简要规定必须进行"及时、充分、有效"的补偿④。其他如印度尼西亚同丹麦、挪威，马来西亚同联邦德国、荷兰间的保护投资协定等亦同⑤。关于这一补偿标准，一直为发展中国家所反对，美、英等发达国家同拉丁美洲、中东、北非国家间关于国有化补偿标准，长期有过尖锐的斗争，在学说上、理论上也存在严重对立。发展中国家一直坚持合理（reasonable）补偿或适当（appropriate）补偿。1974年12月联合国大会通过的《各国经济权利与义务宪章》的规定，也是实行适当赔偿。关于国有化补偿问题的评论，详见本书第五章第四节。

我国同瑞典王国的相互保护投资协定，关于国有化补偿标准的规定是"补偿的目的，应使该投资者处于未被征收或国有化相同的财政地位。征收或国有化不应是歧视性的"。"补偿不应无故迟延，而

① 克伦福尔：《外国投资的保护》（1972），第54页。

② 《世界投资法》（印度尼西亚），第304，313，344页。

③ 美国国际法学会：《国际法律资料》第5卷（1966），第740页。

④ 《英国关于国际法和国际关系的官方文件》（U. K. , Command Paper on International Law and Relations）第698号（1959），第12页。

⑤ 《世界投资法》（印度尼西亚），第305、344页；《世界投资法》（马来西亚），第131、140、7页。

且应是可兑换的，并且可在缔约国领土间自由转移"（第 3 条）①。
我国同罗马尼亚间相互保护投资协定，关于补偿标准的规定，基本相
同，即"补偿应能实现兑现和自由移转，并不得不适当地延迟"（第
4 条（1）项）。协定书第 4 条（1）款作了补充："补偿应相当于投
资被征收之日的实际价值。"但协定第 4 条（2）款又规定，"根据有
利害关系一方的请求，补偿的款额可以由投资所在国的法院或其他主
管机关予以重新估定"。这一规定，有利于从实际情况出发，斟酌双
方情况确定合理的具体赔偿数额。

（4）关于自由兑换和外汇限制问题。一般投资协定都作了明文
规定，原则上相互保证投资者原本、利润及其他合法收益等，可以自
由转换为外币（convertability），自由转移（free transfer），汇回本国。
禁止对外国投资实行歧视性的外汇限制。大多数美国与外国签订的通
商航海条约，都详细规定了关于外国投资者原本和利润汇出的模式。
即规定缔约国任何一方的国民及公司，关于财政金融交易，包括接受
支付、汇款、资金转移及汇率等方面，应享受国民待遇及最惠国待
遇②。又如印度尼西亚同荷兰间投资协定规定，缔约各方均应承认他
方国民在其境内所取得的下列各项收入，兑换为现金，向其自己住所
地国自由转移的原则（the principle of the freedom of transfer）：①纯利
润、利息、红利、专利使用费、资本资产折旧费、投资活动所产生的
任何已得或应得收益；②任何投资的全部或部分清算所得的收入，包
括投资的可能增值；③缔约一方国民经批准在缔约他方境内工作所得
收入的适当部分；④缔约双方认为属于投资的贷款清偿所得资金。缔
约双方必须按本国境内现行最优惠的有关规则，批准及实行该项转
移，不得加以不适当的限制及迟延（第三章）③。

但是，汇转自由原则，也不是绝对的。每一个主权国家基于本国

---

① 印度尼西亚同荷兰、联邦德国间的投资保护协定，关于赔偿标准也有
类似规定。见《世界投资法》（印度尼西亚），第 324、335 页。

② 克伦福尔：《外国投资的保护》（1972），第 50 页。

③ 《世界投资法》（印度尼西亚），第 323 页。

基本经济政策的考虑，特别是国际收支情况的理由，有权通过国内立法，加以适当的限制，这是各国，尤其是发展中国家的立法通例（详见本书第二章第三节），而且也是一般国际法原则、国际惯例、国际公约所允许的。国际货币基金协定第 8 条固然规定各成员国有保证对国际经常往来的付款和资金转移自由的义务，但同时也承认协议第 7 条第（3）节（b）及第 14 条第（2）节的例外，即成员国发生某种货币储备普遍不足，或根据本协定关于过渡办法的规定等情况，可以采取限制外汇自由的一定措施。所以，在有的双边投资协定中，也不得不承认限制外汇的例外措施，譬如为防止本国外汇储备继续下降到最低水平，或因一国外汇储备严重不足，为有效适当地调剂其增长，或出现严重的外汇收支逆差，或为确保资本输入国能支付"为人民健康和福利所必需的物资和劳务"，允许实行外汇限制。如 1956 年美国同南朝鲜的通商条约，美国同伊朗间的通商协定等，缔约双方同意在上述情况下，保留实行必要的外汇限制的权利[1]。同时，在协定中明确规定，必须保证在限制外汇方面，实行非歧视待遇（non discriminatory treatment）。如上述美国南朝鲜通商航海条约第 12 条（4）款规定："缔约任何一方，不得对他方国民及公司的要求，投资、运输、贸易及其利益，采取不必要的阻碍、任意歧视或妨碍其竞争地位的态度，实行外汇限制。"

关于外汇保证问题的基本态度，发达国家从资本输出国立场出发，强调对本国投资者的保护，往往是要求无限制地自由汇出。而发展中国家则坚持在保护外国投资者的同时，根据本国国际收支情况，并根据国际货币基金协定的精神，通过国内立法，对外汇实行一定的限制。譬如我国同罗马尼亚的相互保护投资协定第 5 条规定："一、缔约各方应根据各自的法律规定，保证缔约另一方的投资者转移下列与投资有关的款项：

---

① 克伦福尔：《外国投资的保护》（1972），第 50 页；美国：《条约和其他国际协定》（Treaties and Other International Agreement），第 8 卷，第 1 部，第 905 页。联合国《条约集》（Treaties series），第 302 卷，第 302 页。

（一）投入的资金、清算或全部或部分转让投资的所得；

（二）投资所产生的利润和其他日常收入；

（三）缔约双方都承认作为投资的贷款及利息的偿付款；

（四）被允许在缔约另一方领土内投资项目中工作的缔约一方公民的报酬。

一、本条第一款所述的转移，应在投资者履行完毕法定义务之后进行。"

我国同瑞典的相互保护投资协定第 4 条，也作了同样规定，明确规定外汇管理"根据各自的法律和规章"，主要是各国关于外汇管理的法律、法令，这是保证自由汇出的法定条件和根据。这一规定充分体现了相互尊重主权及国内立法的精神，并符合国际法上主权平等的原则和国际货币基金协定的立法精神。

4. 关于代位权的规定

代位权问题是投资协定中的主要问题之一，特别是美国型的投资保证协定，占有较为重要的地位。关于代位权问题，在国际法理论和国际投资实践上，争论甚多，美国同坚持卡尔沃主义的拉丁美洲国家长期以来的投资争议，就突出地表现在代位权问题上（参看本书第五章第二节）。但由于现时各资本输出国普遍实行了国内投资保证（保险）制度，故在平等互惠的基础上，在东道国法律规定的限度内，双边投资保证协定中规定代位权，也是符合缔约双方利益的。现时一般投资保护协定中，大多数有所规定。

兹举中美投资保证与投资保险的投资鼓励协议和换文为例，根据第 3、4、5 条的规定：

（一）代位权的范围和条件。如果美方承保者（指美国"海外私人投资公司"）根据承保范围向投资者支付赔偿款项（除依中国法律禁止或废止承保者在中国境内取得被保险投资者的任何财产利益外），中国政府应承认因上述支付而转移给承保者的任何货币、债权、资产或投资，并承认承保者所继承的任何现有或可能产生的权利、所有权、权利要求或诉讼权，但承保者应受投资者尚存法律义务的拘束。这是权利义务相应对等的原则。

（二）代位权的限度和限制。协议书规定有两个方面，一是代位权的权益限度，不能超过原投资者所享有的权益。即根据上述规定转移或继承的任何利益，承保者不应要求比作出转移的投资者可享有的更大权利。但美国政府保留以其主权地位按照国际法提出某项要求的权利。这一但书究何所指，协定未作例示。依据美国同印度尼西亚1967年8月生效的《关于私人投资保证协定》第五章关于代位权的规定，该但书部分明确指出"当发生拒绝司法或国际法规定的其他关于国家责任问题，承保政府（指美国政府）保留以其主权地位提出要求的权利"①。关于中美协议书这一但书，也可以作此理解。二是依中国法律禁止承保者代位取得的财产利益的安排。即按中国法律全部或部分禁止或废止承保者在中国境内取得被保险投资者的任何财产利益，中国政府应允许该投资者和承保者作出适当安排，将上述利益转移给中国法律所允许占有此项利益的实体。

（三）资金的转移问题。承保者根据其承保范围得到的中国法定货币的款项，包括债权，中国政府对其使用和兑换方面不应低于该资金在被保险投资者手中的待遇。这些货币和债权应由美国政府自由取得，以偿付其在中国境内的开支，或转移给中国政府所同意的任何个人或实体，在中国境内使用。

以上是美国式投资保证协定关于代位权规定的模式。如美国同印度尼西亚、马来西亚投资保证协定关于代位权的规定，基本相同②。至于其他国家间协定关于代位权的规定，比较简单、原则。如中国同罗马尼亚投资协定第6条规定："如果缔约一方根据其对在缔约另一方领土内的某项投资所作的保证向其投资者支付了款项，缔约另一方应承认缔约一方对该投资者的权利和义务的代位。缔约一方代位所取得的权利和承担的义务，不得超过被保证投资者的权利和义务。"我国同瑞典投资协定中关于代位权，又明确规定另一限制，即代位权的

① 《世界投资法》（印度尼西亚），第301页。
② 《世界投资法》（印度尼西亚），第300～301页；《世界投资法》（马来西亚），第126页。

承认,不应损害缔约一方根据协定规定所享有的关于解决投资争议要求谈判或申请仲裁等权利(第5、6条)。

5. 关于投资争议的解决

双边投资保护条约,一般不包括私人投资者进入国际司法或仲裁管辖的规定,不直接涉及投资者间(包括私人投资者对东道国基于投资协议的争议)的争议,而是规定缔约双方政府关于协定解释和适用所产生的争议的解决方法和程序。但也有少数例外,如有的涉及私人投资者间仲裁协议的效力和执行问题,如美国同荷兰间的友好通商航海条约规定(第5条),投资者间的仲裁协议,不能仅仅因为仲裁地进行的仲裁裁决是在缔约双方以外的国家所作,或仲裁人一人(或多人)不属于双方当事人的国籍,而否认其效力,拒不执行①。也有的规定投资者的争议,缔约双方同意基于一方国家的国民或法人的申请,可以根据1965年华盛顿公约(《解决国家与他国国民间投资争议公约》),提交"解决投资争议国际中心"(ICSID)解决。缔约双方的同意,即表示其已在国内用尽行政或司法救济手段。印度尼西亚同比利时间、同荷兰间的鼓励和相互保护投资协定,均有此规定②。

大多数双边投资协定争议的解决,是缔约双方政府关于协定本身解释和适用所产生争议,因争议双方当事人都是国际法上的主体,地位相等,论其性质,属于国际性争议。除美国友好通商航海条约在某些情况下,规定在两国政府间未达成或未同意采取其他和平解决办法时,可以诉诸国际法院外(如美国同荷兰间、美国同意大利间的通

---

① 克伦福尔:《外国投资的保护》(1972),第135~136页;法托罗斯:《对外国投资者的政府保证》(1962),第184页。美国伊朗间条约,也有类似规定。里克洛(Reklaw):《1946—1957年间美国关于商事仲裁的条约政策》(United States Treaty Policy on Commercial Arbitration, 1946—1957),载《国际贸易仲裁》(International Trade Arbitration)第49卷(1958)。

② 印度尼西亚、荷兰、比利时,都是1965年华盛顿公约的成员国,《世界投资法》(印度尼西亚),第314、324页。

商条约）①，一般都是由两国政府采取外交谈判或双方共同组成仲裁庭仲裁解决。美国同他国间的投资保证协定亦同，但其争议大多是在美国取得代位权之后所引起的争议。解决争议的程序，各种投资保护协定的规定大体相同。兹举我国同罗马尼亚关于相互保护投资协定为例，协定第 9 条规定：

（1）缔约双方对本协定的解释和适用发生争端，应尽可能通过双方谈判解决。如争端在谈判开始后 6 个月内未解决，经缔约任何一方要求，应将争端提交仲裁。

（2）仲裁庭按下列方式设立，缔约各方各任命一名仲裁员，经该两名仲裁员协商一致，向缔约双方推举一名第三国的公民为首席仲裁员，并由缔约双方任命。自缔约一方通知缔约另一方要求将争议提交仲裁之日起，应在 3 个月内任命仲裁员，5 个月内任命首席仲裁员。如在规定期限内未能任命仲裁员，未能任命其仲裁员的缔约一方同意由联合国秘书长任命之。如缔约双方未能就首席仲裁员的任命达成一致意见，缔约双方同意由联合国秘书长任命之。

（3）仲裁庭将根据本协定、缔约双方签订的其他类似协定进行裁决。仲裁庭的裁决由多数票作出，并且是终局的，具有拘束力。

（4）缔约双方各自承担其仲裁员及参加仲裁程序的代表的费用，首席仲裁员的费用和有关其他费用由双方平均负担。

（5）仲裁庭可制定自己的程序。

此外，关于对外国投资者的税收问题，因为征税权是完全属于各国国内立法的权力，双边投资协定中一般都不列为内容。税收问题涉及两国关系的大致是两个问题：一是对外国投资者税收待遇问题，有的通商条约和少数投资协定作了原则的规定。如美国友好通商航海条约通常规定，缔约双方对对方国民或公司的征税，实行最惠国待遇，但同时表明实行国民待遇应作为缔约双方的共同目标（如美德通商

---

① 克伦福尔：《外国投资的保护》（1972），第 136 页；法托罗斯：《对外国投资者的政府保证》（1962），第 185 页。

条约第 9 条（1）项)①。又印度尼西亚同荷兰间的经济合作协定，也规定缔约双方对另一方国民或公司的征税，实行非歧视的互惠原则（reciprocity）及最惠国待遇②。二是双重课税问题，通常是两国间订立专门协定，如防止双重课税条约等来加以解决③。

三、对双边投资协定的评价

双边投资保证协定是调整两国私人投资关系最有效的手段，其优点表现在：首先，其调整的关系限于两国之间，强调相互尊重彼此的法律权益，比较灵活，富有弹性，能在某些重要领域内，顾及双方国家各自的特殊利益，并能在互利的基础上，谋求协调一致的平衡，比之多边投资协定谋求多数国间的特殊利益的平衡，较少困难。其次，条约在国际法上对双方当事人是具有拘束力的法律手段，有利于落实及加强保证双方对投资保护的措施，故为资本输出国与资本输入国双方所乐于接受④。再次，对资本输出国来说，现时各国都普遍实行投资保险和保证制度，不论是否像美国、联邦德国一样以投资保证协定为国内保险制度的法定前提，但投资保证协定是保证及加强国内投资保证制度效力的主要手段，故都积极利用双边投资协定，以保护海外投资者的利益。对资本输入国来说，签订双边投资协定，可增进外国投资者的安全感，有利于吸引外资。

但是，双边投资协定仍有其局限性，在订立及实施效果上，存在不少问题，学说上也有种种评论。首先，由于发达国家同发展中国家利害的对立，观点不一，在谋求双方利益平衡方面，仍不能避免多边条约所遇到的困难，不可能期望用一种单一的法律程式即足以解决两国间围绕国际私人投资所产生的一切政治和经济问题。事实上，发展

---

① 克伦福尔：《外国投资的保护》（1972），第 51、64 页。
② 《世界投资法》（印度尼西亚），第 321 页。
③ 樱井雅夫：《国际经济法研究——以海外投资为中心》（1977），第 185 页。
④ 克伦福尔：《外国投资的保护》（1972），第 154，157 页。

中国家为了维护国家主权及其经济利益，不愿意国内经济政策及国家立法，受外国政府的干预和影响，对于签订双边投资协定，持极为慎重的态度，特别像实行以双边投资保证协定为前提的海外投资保证制度的美国，在对外谈判及签订双边投资保证协定时，作为提供保证国（granter state），往往自居于唯一裁判者的地位，按自己投资保险政策的立场和需要，对东道国政策的公正与否进行评断，诸如某些措施是否构成自由兑换不能等。这些做法无疑将引起资本输入国的反感，使之不愿进入协定关系①。再如拉丁美洲国家一向坚持卡尔沃主义，关于外国私人投资关系，坚持国内管辖，反对资本输出国政府的介入，反对投资者本国政府的代位权，反对处理投资争议的外交干涉和外交保护权及国际处理，甚至在某些国家主张在双边投资协定违反宪法时，宪法优先，否认条约的效力等②，这样，在资本输出国与输入国之间，更难以达成投资保证协议。根据现代国际法准则，双边协定一经签订生效，即产生国际法上的拘束力，既独立于国家主权之外，又对国家的行动和政策加以约束。发展中国家只有在认为特定具体投

① 克伦福尔：《外国投资的保护》（1972），第135页。

② 拉丁美洲国家围绕美国投资保证协定违反东道国宪法原则，是否有效这一问题，曾发生强烈争论。学说上一般倾向于主张协定条款违反宪法，宪法优先的原则。以1968年5月美国与巴西投资保证协定为例，巴西国际法学界（如皮内里亚 O. D. Pereria）一致认为宪法优先于条约，违宪条约应属无效。其理由是：1. 巴西1946年宪法第141条规定："不能把个人权利的任何侵害排除于巴西法律保护之外。"而投资保证协定则使在巴西的美国公民的权利保护不受巴西法律管辖，而由美国政府以代位权的形式，行使外交保护权，显然是通过外交干涉置巴西法律于不顾。2. 巴西1967年宪法第113条规定，关于外国人与联邦间的争议，以联邦最高法院为终审机关，而协定规定双方意见不一致时，以国际仲裁机构为终审机关，显然是置巴西司法权于不顾。其他拉美国家也坚持这一立场，因而常使美国在拉丁美洲国家签订的投资保证协定遭到拒绝适用。参见樱井雅夫：《国际经济法研究——以海外投资为中心》（1977），第259～264页。

资项目有利于其经济发展而又不损害其主权尊严时，才乐于签订协定①。可见双边协定是不容易订立的，订立之后，在实施上也存在不少问题②。

其次，条约用语一般化、抽象化，在具体适用上，由于双方利害不一，解释不一，也存在不少困难，如关于国有化的合法性，补偿标准，关于外汇限制的条件、原则与例外，关于外国人的国民待遇标准等③，向来争执最多。

再次，从资本输出国来看，双边投资保证协定针对资本输入国政府的某些措施，如国有化、强制征用等方面，能收到一定保证效果，防患于未然；但对其他事故，如战争、革命、内乱，或因国内经济陷入困境，外汇储备不足，而限制或停止外汇交易等情况，则未必能收协定所预期的效果。更何况外汇管制及征课税收，原是一个国家行使其主权权利的自由，在投资关系上，固因双边投资协定受到一定约束，但任何条约既不可能完全确定可能发生的一切具体条件和情况，又不可能有约束一个国家未来立法的绝对效力，因而，不能绝对排除在特殊情况下可能发生的必要改变的措施。正如法托罗斯所指出的，即令是对政治风险，今天利用双边投资保证协定，已不能完全实现其保证的效用了④。所以，双边投资协定，尚不能完全从法律上确保投资环境的稳定性⑤。

最后，证之以往事实，发达国家，特别如美国，往往要求在投资协定中订入国际仲裁甚至国际司法条款，把本来属于东道国国内管辖的投资争议上升为国际争议，回避东道国国内管辖和处理，接受这一

---

① 沃斯（Jürgen Voss）：《在发展中国家关于欧洲私人投资的保护和促进——德国对欧洲外国私人投资政策概念探索的贡献》，载《欧洲共同市场法律评论》（Common Market Law Review）第18卷（1981），第3期，第369~374页。

② 佐藤和男：《国际投资的法律保护》（1968），第231页。

③ 樱井雅夫：《国际经济法研究——以海外投资为中心》（1977），第206页。

④ 法托罗斯：《对外国投资者的政府保证》（1962），第361页。

⑤ 佐藤和男：《国际投资的法律保护》（1968），第231页。

条款，等于向主权尊严的挑战①，所以东道国往往也不愿订入协定。由于双边投资协定有上述种种不足，于是在国际上又先后提出了关于国际投资多国间保证制度的种种设想和方案。

总之，双边投资保护协定的根本问题，仍然是一个如何调剂及平衡缔约国双方，主要是发达国家和发展中国家的根本利害对立的问题。只有相互尊重主权，贯彻平等互利的原则，参照合理的国际惯例，求大同，存小异，签订好双边投资鼓励与促进协定，这将有利于调整两国间私人投资关系，有利于保证健康而稳定的投资环境，有利于促进国际私人投资的发展，从而也将有利于建立和发展国际投资的国际法体制。自60年代以来，随着国际私人投资的发展，特别是大量向发展中国家投资，世界主要资本输出国（如美国、联邦德国、日本等）同发展中国家签订的投资促进与保护及保证协定，为数日益增多。我国除同美国签订了关于投资保证与保险的鼓励投资协议书及换文，同瑞典、罗马尼亚签订了相互保护投资协定外，正同法国、联邦德国、日本等国商谈投资协定的签订。

第二节　多边投资条约

自第二次世界大战以后，特别是60年代以来，随着国际经济合作的发展，国际性经济组织的兴起，在国际上越来越感到有通过多数国间签订多边投资条约（Multilateral Investment Treaties），建立国际投资法典及多国投资保证制度的必要。先则是资本输出国（主要是美、英、联邦德国），继则是国际民间组织，再则是政府间国际组织，先后提出了多国间投资保证制度的设想、倡议和方案，希图在多数资本输出国同资本输入国间共同协商的基础上，通过多边国际公约，确立关于投资保护的国际统一的法律秩序，以调整国际的投资环境。关于建立国际间私人投资保护的统一制度的种种努力，概括起来不外乎三种方案，即（1）建立一部关于投资者公正待遇的统一的国

---

① 克伦福尔：《外国投资的保护》（1972），第159页。

际投资法典；（2）建立多国间投资保证（保险）体制；（3）建立关于解决国际投资争议的国际公约及机构。历来国际间各种提议、设想和方案，都是沿着这三个方面发展的，但都具有一个共同的目标。从本质上看，都是通过多边条约这一方法，来实现关于国际投资的多国间的政府保证。

一、国际投资法典（International Investment Code）

早在 1948 年 3 月 24 日在古巴哈瓦那签署的《国际贸易组织宪章（Charter of International Trade Organization—LTO），是第一次用多边条约形成的一个外国投资法典。宪章第三章（第 8—15 条）规定了经济发展并设置某些关于缔约国对外国投资的待遇和保护的一般规定。确认了国际投资的价值以及为一切外国投资提供机会并创设适当安全保障的必要性（第 12 条（1）（a）（b））。规定资本输入国，应基于宪章，避免采取有害于外国投资者利益的一切不合理或不公正的行动（第 11 条 Ⅱ（1）（b）），并应适当地注意避免对外国投资者间的差别对待（第 17 条 12（2）（a）（ii））。还要求缔约国就投资问题，在政府间进行谈判协商，达成多边或双边协定（第 12 条（a）（b））。

但是宪章关于外国投资本身规定很少，只作了关于外国投资应受保护的规定，但又设置了许多限制及例外。而关于资本输出国的义务，主要用依据于所谓"公正"、"适当"及"合理"等含混的词句，无具体标准和规定。而且宪章似乎特别重视防止差别待遇，但差别待遇也并不是对外国投资者有害的惟一因素。故资产阶级学者中，认为宪章规定发展中国家干涉外国投资的权利反而多于投资者本身的权利①。基于这一理由，宪章未得到美国商业界的赞同，也未得到美国国会的批准。

另一个多边国际文献是 1948 年 5 月 2 日波哥大经济协定

---

① 加勒（Richard N. Gardner）:《促进和保护外资的国际措施（International Measure for Promotion and Protection of Foreign Investment)》，载《公法杂志》（Journal of Public Law）1960 年第 9 卷，第 182 页。

（Economic Agreement of Bogota）。协定在关于公平待遇及差别待遇的有关规定方面，与国际贸易组织宪章的规定大体相似。但着重强调外国投资的重要性，并对"公平待遇"（equitable treatment），特别是"非歧视待遇"（nondiscrimination）规定了一般保证。缔约国有义务削减额外课税，对原本和利润的转移，不得课以不公正的限制。只有在无差别待遇的情况下，才允许征用，并明确规定：任何征用都必须以"即时、充分、有效"的方法支付赔偿（第 25 条）。但由于协定第 24 条规定，"外国资本必须服从东道国国内法"，资本输出国基于资产阶级法学观点，认为当地法律往往欠缺关于外国人及其财产的国际法待遇标准，对协定表示不满；投资者方面，也认为协定的规定不适当。就服从当地法律这一点，许多签字国作了保留。故波哥大协定同国际贸易组织宪章一样，也未成为一个生效的文件。

国际商会（International Chamber of Commerce—ICC）就国际投资问题也表现同样倾向。于 1949 年起草一个《关于外国投资公平待遇的国际法典》（International Code of Fair Treatment for Foreign Investment），这是多边投资公约的具体化[1]。法典规定禁止特别根据投资者的国籍以损害投资为目的所加的"歧视性的、政治的、法律的或行政上的措施"（第 3—4 条）。在征用时，必须"根据国际法"，支付"公正赔偿"（fair compensation）（第 11 条）。国家应遵守国际货币基金规定的义务，同意外国投资者将资本、利息、红利及其他与企业活动有关的收益和资金，自由转移（第 9—10 条）。

1960 年，国际商会在卡拉奇召开商人会议，会议的主要目的是根据来自发展中国家的个人意见，对法典进行审议[2]，但也未得到各国政府的正式承认。

1957 年，一个德国商人组织在科伦建立了德国促进外国投资保

---

① 国际商会（ICC）：《关于外国投资公正待遇的国际法典》（International Code of Fair Treatment for Foreign Investment）（1949），第 13~17 页。

② 墨梅里（David R Mummery）：《国际私人投资的保护》（The Protection of International Investment）（1968），第 52 页。

护协会，协会的主要活动是建议采用一个保护外国投资的"大宪章"（Magna Carta）。1957 年 11 月由协会公布一个法典草案，称为《相互保护在外国的私人财产权的国际公约》（International Convention for the Mutual Protection of Private Property Rights in Foreign Countries）。

公约的主要目的是向投资者提供"最大可能范围的保护"，对外国人保证其享受国民待遇，对外国人取得及享有财产权，除少数特别领域外，不受任何限制（第 4—5 条）。公约限制资本输入国对外国人财产的征用，并规定了赔偿的形式与范围。当征用时应给予即时和充分的补偿（第 7 条）。不仅公约的成员国，而且包括其国民，均有权根据公约的规定行使权利。公约还列举国家违反公约的各种制裁，并规定设立国际求偿法院（International Court of Claims）。①

1958 年 12 月，在日内瓦设立《促进和保护私人外国投资国际协会》（International Association for the Promotion and Protection of Private Foreign Investment—APPI），作为在投资保护范围内进行协调的一种非政府间的非营利性的国际组织。APPI 公约确认任何促进外国资本流动的努力，应当根据多边公约体现下列四个原则。

1. 国家必须适用"约定必须信守"（Pacta Sunt Servand）的原则以实现其特别约定（Special engagement）。

2. 直接或间接征用，必须进行即时、充分、有效补偿。

3. 对外国人及其财产必须实行无差别待遇。

4. 用中立仲裁（neutral arbitration）程序处理纠纷②。

在英国，由国会议员组织的《世界政府议会集团》曾发表一个题为《世界投资法典》（A World Investment Code）的报告，认为用多边协定具体制定对借贷双方相互有利的法典，愈来愈感到重要和必要。报告建议建立一种特别的国际机构，可能像世界银行（Worlod Bank）或关税及贸易总协定（GATT）等机构，来处理国际投资问

---

① 克伦福尔：《外国投资的保护》（1972），第 33 页。

② 《促进和保护私人投资国际协会》（APPI）（1964），第 4 页；克伦福尔：《外国投资的保护》（1972），第 33 页。

题，并进而提出建立仲裁法院（Arbitration Tribunal）。但不赞成对当事人不同意仲裁的案件用裁决予以制裁①。

1959 年，另一个通过多边条约协商来保护外国投资的重要的努力，表现为欧洲商人及法学家（律师）集团，在德意志银行阿布斯博士（Dr. Abs）和英国肖克罗斯爵士（Lord Shawcross 领导下所作出的努力。这一设想早发轫于 1957 年，当时德国促进外国投资保护协会曾公布一个公约草案，以后同肖克罗斯爵士提出的草案结合而形成阿布斯—肖克罗斯关于海外投资保护公约草案（Abs/Shawcross Draft Convention on Investment Abroad），于 1959 年公布②。

这一草案主要是重申国际法原则，并规定对外国人财产的公正与平等对待（第 1 条），及国家应严格遵守"同他国国民所订的投资契约"并履行契约义务（第 2 条），禁止对外国投资的一切歧视措施。对外国财产必须依据合法程序，不得有歧视待遇或违反现行契约义务，而且必须给予充分有效的补偿才能征用（第 3 条）。公约规定投资争议交付仲裁法院处理（第 7 条之（1）），缔约国一方的国民也有权提请仲裁（第 7 条之（3））。学说上对该公约草案的批评，主要是没有适当地注意接受投资国的利益③。

联合国经济合作与发展组织（Organization for Economic Cooperation and Development—OECD）研究了近年来国际投资法典设想中所包含的种种问题后，于 1962 年 7 月由经合组织的一个委员会提出了《保护外国人财产公约草案》(Draft Convention on the Protection of Foreign Property)，通称为 OECD 公约草案。公约草案公布时，经合组织理事会申明，并没有就草案的"原则及内容"作出任何决议，

---

① 克伦福尔：《外国投资的保护》（1972），第 33 页。

② 《海外投资公约草案》（Draft Convention on Investment Abroad）《公法杂志》，第 9 卷（1960），第 116～124 页。

③ 拉尔逊（Arthur Larson）：《国际投资法典中接受国的权利问题》（Recipients' Rights Under an International Investment Code），载《公法杂志》第 9 卷（1960），第 172 页。

只是授权成员国及联合国秘书长提交非成员国及其他利害关系团体进行评论、征求意见。

在以后几年，该委员会考虑草案可适用于无形贸易及经合组织支付委员会，并进而加以修订。1967 年 10 月 12 日，经合组织理事会通过决议，公布新公约草案。新公约草案包含 14 条，其主要内容是：公正及无差别待遇原则（第 1 条），遵守契约原则（第 2 条），直接及间接征用以不违反契约及条约，依正当法律手续并对被征用财产的真实价格进行有效、即时、补偿为条件（第 3 条）。关于上述各项原则的适用和解释所引起的争论，一方不能解决时，可经双方同意通过仲裁程序解决（第 7 条）等。其中着重一般待遇标准、征用外国财产的义务及遵守契约义务①。但由于公约草案的规定流于片面，只规定外国投资的权利与资本输入国的义务，未规定投资者的义务与资本输入国的权利，故未为大多数国家所接受，迄未生效②。

1969 年，根据经合组织理事会决议，制定了《资本移动自由化法典》（Code of Liberalization of Capital Movements）。法典规定，经合组织成员国应承担一般的和特别的义务，消除对资本移动的限制，以利于维持有效的必要的经济合作。所有成员国均应同意对非居民所有的资产，不问其取得的日期，基于平等的立场，予以对待，允许该资产的清算和转移。除此以外，还授权成员国可以批准法典所规定的关于商业交往的成立、执行及移转③。法典已为 OECD 成员国中大多数发达国家所接受。这是国际投资法典中最主要的一种。

此外，于 1961 年，哈佛大学法学院应联合国秘书长的要求，曾

---

① 樱井雅夫：《国际经济法研究——以海外投资为中心》（1977），第 250 ~ 251 页；克伦福尔：《外国投资的保护》（1972），第 34 页。

② 佐藤和男：《国际投资的法律保护》（1968），第 22 ~ 23 页；姚梅镇：《国际投资的法律保护》，载《中国国际法年刊》（1982），第 129 页。

③ 梭恩（Lousis B. Sohn）和巴格斯特（R. R. Baxter）：《国家侵害外国人经济利益的责任》（Responsibility of State for Injuries to the Economic Interests of Aliens），载《美国国际法杂志》第 55 卷（1961），第 545 页。

提出《关于侵害外国人经济利益的国家责任公约草案》
(Responsibility of States for Injuries to the Economic Interests of Aliens)。
草案规定，一个国家有意侵害外国财产权，除非其行为系根据公共秩
序（publie order）、公共健康或道德的理由，并经有管辖权的法院或
国家权力机关批准，则属于不法行为。即令在特殊情况下，也不得有
差别待遇或滥用公用征收权力（第9条）。对外国人财产基于公共目
的而征用时，也必须根据一定标准，即时支付补偿（第10条）①。

二、多国间投资保险方案和机构

这是在国内法投资保险制度及两国间投资保证协定之外，企图通
过多边条约，设立国际保险机构的一种设想和努力。主要方案有：

1.1962 年世界银行"多国间投资保险报告"

1962 年 3 月世界银行发表的《多国间投资保险——工作人员报
告》（Multilateral Investment Insurarnce—A Staff Report），对比分析了
各国投资保险制度对于政治风险的不同解释，试图提出了关于政治风
险的统一的理解，如把货币贬值排除在外汇风险之外，把自然灾害排
除在战争风险之外，特别是关于征用的定义及差别待遇等，企图通过
基本条约加以明确，避免各国在适用上及解释上的争议。同时，报告
还提出了关于资本输入国也共同参加分担风险的设想。这一方案，就
几个国家的投资者，可以在广泛范围内，共同分担风险这一点，有其
优点。但由于要求资本输入国参加分担风险，故要达成国际协议，是
有较大困难的。至于资本输出国，因各国私人对外投资极不平衡，利
害不一，也难于达成协议。而且，在多国间保险机构对投资者损失进
行补偿后，要从资本输入国收回其所支付的补偿金额，也有困难②。

2.1963 年"国际投资保证公司"方案

1963 年经合组织制订了关于建立"国际投资保证公司"

---

① 克伦福尔：《外国投资的保护》（1972），第 35 页。

② 佐藤和男：《国际投资的法律保护》（1968），第 42 页。

（International Investment Guaranties Corporation）的方案。该方案的重点是旨在统一关于政治风险的解释及其范围，并通过公司，在广泛范围内，包括资本输出国与资本输入国在内，共同分担保证责任。

关于政治风险的范围，大体上是基于世界银行及国际商会确认的标准，包括资本接受国直接或间接的征用、自由外汇的保证、战争、武力冲突，内乱及其他特定政治风险所致的损害。至因汇兑市场价格变动所受的损失，属于一般商业风险，不在保证之列。

关于参加公司的成员国及损失分担的标准，该方案规定，成员国可分为三类：第一类为同意分担投资风险损失的"出资国"（Contributing Countries），一般为资本输出国；第二类为接受外国投资国，即东道国（host countries），资本输入国；第三类为不参加分担损失，但参加计划的不发达国家以外的所谓"咨询国"（consulting countries），咨询国只参加关于计划意见的交换及提供咨询，一般不参加计划的执行。咨询国如表示愿意承担将来风险的损失者，也可自动地成为"出资国"（反之，如出资国由于分担损失的义务终了，也可退居于咨询国）。

分担损失的标准为：原则上由资本来源国同接受投资国双方分担，以资本输出国为主，接受投资国也个别地或集体地同公司约定分担部分损失，而在不能履行分担义务时，最后由出资国基于保证条款，承担责任。具体说来，当损失发生时，损失的 1/2，由出资国与资本接受国按出资比例承担，其余 1/2，由出资国中承认本国国民向该资本接受国投资取得保证的出资国间（即承担投资保证的资本输出国）按比例分担，如仅该国一国国民投资并取得国内保证者，则由该国单独承担该 1/2 的全部损失额①。

这一方案，是多国间投资保险制度中值得注意的一种，可说是向实现多国保险制度迈进了一大步。但从各国政府反映来看，大多数资本输出国尚未明确表态支持多国保险计划的设想，只有少数资本输出

---

① 佐藤和男：《国际投资的法律保护》（1968），第 48～49 页。

国及资本输入国支持这一方案①。

3. 1966 年 "国际投资保险机构协定草案"

世界银行于 1966 年提出了《国际投资保险机构协定草案》（Draft Articles of Agreement for International Investment Insurance Agency），又称 IIIA 案。以后于 1968 年修订，作成第二次草案，1972 年制定第三次修订案，有 14 个发展中国家，7 个发达国家参加。

根据草案规定：条约所承认的合格性投资，指向发展中国家的新投资，并有利于投资接受国的经济发展者，成员国才同意其付保（第 3 条第 2 项）。所谓新投资，还包含下列各项：（a）以现有企业的扩大、现代化或发展为目的所进行的投资；（b）利润再投资；（c）在资金补充时，从本机构对已付保的现有债务补充资金为目的的投资；（d）从国际金融公司（IFC）或其他国际发展金融机构中购入代表最初投资的证券；（e）购入同企业现代化、扩大及发展为目的的投资有关的现有企业证券。

合格投资可就下列风险之一或其全部所受的损失的一部或全部付保。即（a）征用、没收或其他类似的政府行为；（b）外汇风险；（c）战争或内乱；（d）理事会认为其他有害于投资的非商业风险（第 3 条第 1 项）。

关于损失分担的比例：损失的 25% 由实际投资的公约成员国负担，其余 75% 由全体成员国负担（第 4 条 6 项）②。

关于 IIIA 方案，各国态度不一。美国力主采用分散风险的多国间共同投资公司，认为如拉丁美洲大西洋共同体开发集团（Atlantic Community Development Group for Latin America——ADELA）、亚洲私人投资公司（Private Investment Corporation for Asia——PICA）等多国共同投资公司所实行的投资保险已取得实效。1971 年 9 月，日美合同委员会的共同声明及同年 11 月美国海外私人投资公司同日本通商

---

① 佐藤和男：《国际投资的法律保护》（1968），第 51~52 页。

② 樱井雅夫：《国际经济法研究——以海外投资为中心》（1977），第 246 页。

产业省长期输出保险课的定期协议提出的方案，均积极促进 IIIA 方案的实现。而联邦德国则完全采否定态度。英国原则上赞成，但也未明确表态。其他发达国家态度不明，似乎只有比利时等 9 国赞成，澳大利亚等 4 国反对。发展中国家中坚持卡尔沃主义的拉丁美洲国家，当然反对。亚洲各国如缅甸、菲律宾、泰国等未参加该草约的拟定。此外，葡萄牙、西班牙、伊拉克、赞比亚、阿尔及利亚、多哥、埃及等对此案不感兴趣。所以，这一方案，尽管美国出于最大资本输出国的立场及其海外投资的利益，竭力推行，但由于各国利害不一，实际上难以实现①。

4. 1972 年美国通过海外私人投资公司向各国提出倡议，就各种投资保险设立国际投资再保险机构（International Investment Reinsurance Association），简称 IIRA 草案。根据第二次草案规定，该机构是由对政治风险实施投资保险的各国保险机构参加所组成的非营利法人，本部设在伦敦、巴黎或日内瓦。草案的主要内容是：（1）再保险机构对成员国保险机构已承保的征用险承担再保险责任；（2）对东道国政府的征用行为，同有关成员国保险机构一道，共同进行交涉、谈判；（3）各成员国保险机构，每年应按前年保险责任金余额乘 0.0003 的数额，向再保险机构支付再保险资金；（4）再保险机构对各成员国应支付的最高保险金额是，按该成员国保险机构已支付的再保险出资金对全部成员国保险机构支付的再保险出资金总额的比例，乘以该成员国已支付保险金的 1/10 所得的数额，但不能超过全部再保险出资金总额的 1/2。美国提出这一方案的背景，一是 IIRA 案因大多数国家的消极态度未能实现，二是草案的特点是对既存投资可承担保险，而美国是既存投资最多，投资风险最大的国家，故极力推行这一方案，以达到分散风险，分担责任的目的；三是对拉丁美洲

---

① 樱井雅夫：《国际经济法研究——以海外投资为中心》（1977），第 247~248 页。

国家施加压力①。对这一方案，除荷兰、日本、意大利因受美国的压力表示支持外，其他国家无反应，故也未实现。

三、解决国际投资争议公约

多国间投资保证方案中，惟一实现的是由世界银行提出，并于 1966 年 10 月正式生效的《解决国家和他国国民间投资争议公约》（Convention on the Settlement of Investment Disputes between States and Nationals of other States），又简称《1965 年华盛顿公约》（Washington Convention 1965），以及基于公约成立的《解决投资争议国际中心》（International Center for Settlement of Investment Disputs）——简称 ICSID。到目前为止，已有 89 个国家参加了公约。这是关于国际投资的国际法制度中目前已见诸实效的一种。容于本书第六章详细论述。

四、区域经济协作及区域性投资法典与投资公约

近时国际间由于区域性经济交往的发展，特别是南南合作的发展，出现了另一种新的趋向，即发展中国家间以及其他国家相互间，在一定区域内实行区域性的经济合作和经济一体化，在这一新的形势下，以前以国家为单位的投资政策必然趋向于以区域为单位实行多边调整的投资政策②，以解决区域内、外国家间，或区域内国家间关于外国投资的保护问题。概括起来，有几种情况：一是联合国贸易与发展会议（UNCTAD）的贸易发展理事会（TDB）为调整区域内各国对外国投资保护所提出的"区域投资法典"方案。这一提案以区域为标准，规定区域投资法典中应包含下列事项：（1）国内资本参加的最低限度；（2）关于在特定部门排除外国人所有权的标准；（3）利润、利息、专利权使用费及技术援助费汇出的保证；（4）纳税及免

---

① 樱井雅夫：《国际经济法研究——以海外投资为中心》（1977），第 249～250 页。

② 樱井雅夫：《国际经济法研究——以海外投资为中心》（1977），第 93 页。

税进口的优惠；（5）根据税法的目的对企业资产的评价；（6）投资保证；（7）本国国民参加经营的规定。以上都包括了外国投资的几个主要的共同问题。在讨论提案中遇到不少困难。

二是联合国区域经济委员会，如亚洲太平洋经济社会委员会（ESCAP，其前身为 ECAFE），拉丁美洲经济委员会（ECLA）等同其他区域国际组织，如阿拉伯联盟（Arab League），非洲统一组织（OAU），美洲国家组织（OAS）等协商有关外国投资的共同措施。其中拉丁美洲经济委员会同美洲国家组织共同协商调查提出的"拉丁美洲自由贸易区关于对外国资本的共同措施"，主要研究对下列各项在区域内采取共同措施的可能性：（1）资本转移及利润、利息、专利权使用费、技术援助费的自由外汇；（2）为税收及其他目的对资产的再评价；（3）税收及外汇的优惠措施；（4）加速资产折旧及对增税、差别征税和税制变更等的保护；（5）关于双重课税、仲裁及自由兑换的协定等。这也是为建立区域投资法典的一种设想。

除此以外，联合国贸易与发展会议的贸易与发展理事会为了补充区域投资法典的效力，提议在区域内签订"关于商事仲裁的区域条约"（Regional Convention on Commercial Arbitration），并设立"区域仲裁法院"（Regional Court of Arbitration），处理地区内多国间的投资争议，比之单纯国内仲裁程序，更有利于解决投资争议①。

三是在一定国家范围内或区域内签订或提议的多边公约。这类情况有：（1）1969 年 12 月法国在巴库会议上建议成员国间签订多边条约（1972 年底正式提案），在共同市场体制内建立向第三世界国家跨国投资的共同保证制度，以补充各国现行国内投资保证之不足。（2）1960 年，法国同中非共和国、乍得、刚果（布），加蓬、马达加斯加、塞内加尔等签订多国间《关于各国国民基本权利条约》（Convention on the Fundamental Rights of Nationals）②，建立相互保证

---

① 樱井雅夫：《国际经济法研究——以海外投资为中心》（1977），第95～96 页。

② 经合组织：《向发展中国家投资》，第 44、104 页。

外国投资制度。（3）发展中国家间多边投资保证条约。发展中国家基于南南合作及集体自力更生的原则，实行以区域为基准的保证制度，有达荷美、上沃尔特、尼日尔、多哥、象牙海岸间签订的《协商会议援助保证基金》（Fonds d'entraide et de garantie des emprunts du conseil de l'Entente)、《阿拉伯区域内投资保证公司》以及 1965 年喀麦隆、中非共和国、刚果、加蓬、乍得五国签订的《中非洲经济和关税同盟国家投资公约》等等①。又安第斯条约国 1970 年的共同外资法，实际上也属于区域性的外国投资公约。此外，美国对拉丁美洲国家曾提出建议，签订《美洲保证条约》，但拉丁美洲国家对此均无反应，故未实现②。

五、国际投资指南

国际投资指南（international investment guildline)，又称投资行动准则（code of behavior）或跨国公司行动守则（code of conduct）。其目的在于向跨越两国以上经营业务的企业提供一定的行动准则，以避免企业活动同所在国发生纠纷。具体内容包括企业活动与所在国政策的关系，企业的所有与经营支配权、情报公开、资金周转、课税、劳动、技术转让等有关规则。第二次世界大战后，从民间企业团体到各国政府以及国际组织，先后作出了种种努力，希图建立共同遵守的国际投资行动准则。如 1966 年加拿大政府发表的为控制美资企业活动的外国投资行动准则，1972 年太平洋地区经济理事会（PBEC）通过的"关于国际投资的太平洋地区宪章"，国际商会（ICC）发表的"国际投资指南"，1974 年美洲国家组织（OAS）向成员国提出的为制定管理跨国公司行动的原则建立政府间工作组的意见。接着，这一倾向和要求引起了政府间国际组织的注意，开始认真地探讨关于行动

---

① 《国际法律资料》（1968）第 7 卷，第 2 号，第 221～232 页；《国际条约集》（1963—1965），第 505～518 页。

② 樱井雅夫：《国际经济法研究——以海外投资为中心》（1977），第 252 页。

守则的问题。联合国于 1974 年设立了"跨国公司委员会"（CTC），同年 12 月通过了《各国经济权利与义务宪章》之后，联合国贸易和发展会议又根据 77 国集团的要求，讨论了制定"技术转让行动准则"的可能性，主要目的是制定向发展中国家海外投资有关的技术援助契约与限制性商业惯例（RBP）的准则。1975 年 1 月经济合作与发展组织设立了"国际投资和多国企业委员会"（CIIME）（Committee for International Investment and Multinational Enterprises），并于 1976 年 6 月通过了《国际投资及多国企业宣言》，这可认为是经济合作与发展组织成员国的共同守则①。

从以上发展史来看，国际投资指南和行动准则，其对象地区，从政府间到地区间，一直发展到世界范围；其调整范围，从调整发达国家间的投资关系，发展到调整向发展中国家投资的关系，内容多种多样；其制定主体，从民间企业组织发展到政府和国际组织；其性质和效力，从一般理论纲领到国际宣言、决议和政策声明，包括甚广。虽然守则本身还只具有规约性、不具有严格的法律拘束力，但一般认为至少通过政府间国际组织所决定的守则，应保持法律上的拘束力，成为国家共同遵守的行为规范。可以断言，随着国际经济新秩序的形成和发展，国际投资行动守则在调整各国间私人投资关系上，将起着愈来愈现实而具体的作用，也将逐步发展为国际投资法的重要法源之一。

六、多边投资条约的评价

多边投资条约的效用问题，值得商榷。尽管各种方案的倡议者强调，国际投资法典是保证国际间私人外国投资最简单最有效的手段，但也不能不承认，通过多边国际公约的形式，在大多数情况下，固然足以阻止国家对法典规定的违反，不过，要真正保证国家完全遵守法

---

① 樱井雅夫：《国际经济法研究——以海外投资为中心》（1977），第 211～213 页。

典的规定，是极为困难的。也有人设想，可以通过有关国家直接和间接的行动，对违反法典的国家，实行一定制裁，但是这种制裁的效力，须依据资本输入国是否有可能采取协作行动等事实确定；更何况没有超越于国家之上的权力机关，故言制裁，并非易事。

从倡议的出发点来看，关于国际投资法典方案的设想，大多是从假定资本输出国和资本输入国之间在经济和财政利益方面，大部分是具有共同性这一点出发的。但是，事实又并非如此。在现代国际社会中，既有南北间贫富之差，又有东西间体制之异，不仅各国的直接的目前利益各不相同，甚至在根本利益方面，也大相径庭，在某些重大问题上，往往难求一致，不少国际会议中也充分暴露了不同国家和国家集团之间利害的对立，终至无法达成协议。在目前情况下，这一假定是难于成立的。

再从具体问题上来看，要建立一部世界性的国际投资法典，在现在条件下，确有种种困难。其理由是：

第一，在处理某些属于特别情况或例外情况的重要问题上，多国公约是有困难的，由于各国政治和经济结构的不同，任何国际投资公约只可能作一般的规定，不可能包括一切具体问题。而种种具体条件的变化、限制和例外情况又是不断增加的，而这些变化以及随之而来的种种限制，对有关国家都是十分必要的，因而随着变化及各种条件限制的出现，其结果将使法典关于投资的规定，变成一纸空文，事实上无法实现。国际贸易宪章及波哥大经济协定，就是最好的例证。

第二，国际投资法典关于保护外国投资的种种规定，实际上是对参加公约的成员国主权的一定限制，大多数国家，包括少数资本输出国在内，都无意承担长远的保证义务，以致影响其国内的经济政策。特别是大多数发展中国家，经过长期斗争取得政治独立后，更担心由于承担广泛的长远的保证义务，有可能使外国投资损害其政治独立和经济自主，一般只愿意承担具体的特定的有限度的保证，而不愿受一

277

般的广泛的保证义务的约束①。如发达国家的日本对经合组织"资本移动自由化法典"承担义务的态度，就远不如其他经合组织成员国。又如发展中国家集团以保护资本输入国利益为主的共同外资法典，如安第斯共同外资法典，虽然法典允许成员国对外资的措施有较大的自由裁量权，但有的国家仍不愿受共同法典的约束，妨碍其外资政策的自由决定权，如智利退出安第斯条约组织即其一例。何况以保护外围投资及资本输出国为核心的国际投资保证公约和国际投资法典，这就更难于要求所有国家承担一般保证义务了。

第三，大多数建议中的国际投资法典和公约草案，其规定的主要内容，都是片面地保护外国投资者的利益，而不是保护东道国的利益②，一般是不符合发展中国家的期望和要求的，当然也不可能为他们乐意接受。公约倡导者之一，英国的肖克罗斯爵士一语道破了这一真谛。他说他在建议草案中对遵守国际投资法典的资本输入国所提供的对等报酬（quid pro quo），可以具体化为下列公式，只有承担即时、充分、有效补偿的义务，才能取得更多的外国私人投资③。任何一个关于国际投资的公约，如果得不到东道国和资本输出国的一致同意，显然是毫无意义的。

总之，关于设想中的国际投资公约，问题的核心是在当前情况下，资本输出国和资本输入国双方有无参加这一方案的基调。不仅大多数资本输入国基于上述种种理由，不愿参加公约，即令是向来热衷于国际投资公约的美国，也发现当前提倡国际投资公约尚不现实。美国官方对此也公开表明其消极态度。如1957年美国国务院指出：

"多边谈判已表明其不能产生满意的结果，其理由也不难看出，各国尽管在事实上已提供公平待遇，但在准备把自己从法律上受到约

---

① 克伦福尔：《外国投资的保护》（1972），第152页。

② 拉尔逊：《国际投资法典中接受国的权利问题》，载《公法杂志》第9卷（1960），第172页。

③ 墨梅里：《国际私人投资的保护》（1968），第52页；克伦福尔：《外国投资的保护》（1972），第153页。

束以提供公平待遇这一点上，各国之间仍存在很大差异。特别是某些实行联邦制的国家，包括澳大利亚、加拿大和美国在内，在限制他们承担保证义务的方面，更存在特别问题。谋求一般的统一的协定和安排的种种努力，是有利于消除各国之间及其不同法律制度和经济之间差异的。

法律制度、国内政策的差异以及在各个具体情况下，经济利益的差异，对建立适用于大多数国家的统一原则将产生不可克服的障碍。过去几年来，联合国在通过旨在鼓励私人投资的决议的同时，又立即引起对公开宣示的原则的强烈反对，这一经验，进一步指明了在现在条件下，多边努力是无济于事的。"①

由此可知，国际投资法典等种种设想和方案，在理论上似乎可行，但实际上尚难期实现。在目前国际条件下，关于国际私人投资关系的国际法体制的建立，正处在发展进程中，只能在进一步完善双边调整的基础上，通过区域性多边调整，逐步过渡到实现世界性的多边调整。

---

① 梅兹格（Stanley M. Metzger）：《国际法上的所有权》（Property in International Law），载《弗吉尼亚法律评论》（Virginia Law Review），第 1 卷（1954），第 612 页。

第五章 国际投资的法律问题

概　说

在现代国际关系中，由于东西方之间经济体制的对立，南北之间的贫富悬殊，新旧国际经济秩序的抗衡和斗争，新旧国际法律秩序观念的矛盾，反映在国际投资关系上，带来一系列尖锐对立的法律问题。究其根源，不外来自两个方面。

一方面是作为世界资本主义体制主导力量的工业发达国家的资本输出国，从谋求本国海外巨额利润的目的出发，片面追求本国投资者的保护，力图维护建立在殖民主义体制上的旧的国际经济秩序和法律秩序，使广大发展中国家长期处于依赖关系，以维持其对世界经济的继续垄断，甚至不惜违反现代国际法平等互利的原则，挟经济大国的优势，把自己的观点乃至本国法制规定、强加于人，滥用外交保护权。尤其是垄断资本的跨国公司作为当代发达国家海外私人投资的主要工具，在所在国为所欲为，俨似"国中之国"，从经济控制到政治干预，严重侵犯所在国的主权，使接受投资国常处于无法容忍的地步，从而不断激起广大第三世界国家人民普遍的不满和对抗。

另一方面是作为资本输入国的发展中国家，由于长期在殖民主义统治下，独立后，为了改变殖民地时代所遗留下来的落后经济面貌，既要引进外资和技术，更要防止重受新殖民主义的控制和剥削，对外国经济势力，一直保持高度警惕，在引进外资的同时，为维护本国主权的尊严及经济的自主发展，对国外投资加以一定限制。特别自60年代以后，拉丁美洲、中东、北非等国家，基于社会及经济改革的必要，对外资企业实行国有化，不断引起同资本输出国之间的投资纠纷。随着国际经济关系的发展，发展中国家在强烈反对旧的国际经济秩序，积极谋求建立国际经济新秩序的同时，要求建立真正平等互利的国际法律秩序。这种新旧国际法律秩序观念和要求的对立，实质上反映了在国际范围内，意识形态和利害的对立，阶级之间、体制之间、民族之间、国家之间的矛盾。这些对立和矛盾导致在现代国际法律秩序中，还没有出现真正普遍性的规范对国际经济关系予以调整。所以，发达国家以为当然者（如外交保护权），而发展中国家却不以为然；反之，发展中国家以为当然者（如国有化），而发达国家又不以为然，这就是现代国际投资关系中法律问题之所由来。

综合目前国际投资关系中比较突出的法律问题，主要有关于外国投资者的待遇和国家责任、国际投资与外交保护、经济特许协议（国家契约）的性质与效力、国有化及其赔偿等问题。分别评述于次。

第一节　对外国投资者的待遇标准问题

关于对外国投资者待遇的标准问题，直接涉及国际投资中有关外交保护权、国有化及国家责任等一系列问题，是国际投资关系中的先决条件问题。

在现代国际交往中，由于交通和通信的发达及经济发展的需要，各国政府和人民间关于贸易、投资、技术、劳务交往等跨国活动，日益频繁。这固然有利于发展国际经济协作，但也带来不少矛盾。譬如一个外国人或公司被允许进入另一国境内进行投资，贸易活动，就与两个国家发生一定关系，一是其本国，即以国民身份同本国发生法律关系，本国政府对自己在国外的国民（自然人和法人），有属人优越权（personal supremacy），作为国民（自然人和法人）应受本国的管辖，本国有权保护其在海外国民（自然人和法人）的权益。一是其所在国，所在国对其境内的一切外国人（除依国际法享有治外法权者外）有属地优越权（territorial supremacy），外国自然人和法人应受所在国法律的管辖。如何解决这两种管辖权的冲突，这就要确立对待外国人的待遇标准问题。

关于外国人待遇的标准，国际法上并无具体规定，一般是基于国内法规定及国际条约规定。在学说上有种种分类，但主要不外三种，即国民待遇标准（standard of national treatment）、最惠国待遇标准（standard of most-favored-nation treatment）及国际标准（international standard）。在国际投资关系上，前两种标准通常是两者并用的，在理论上、实践上虽有争论，但争论的焦点，则是国民待遇与国际标准两者间的问题，并直接关系到国家责任问题。

一、国民待遇标准问题

国民待遇标准指外国人同本国国民在享受权利和承担义务方面，有同等地位，即授予外国人所享有的权利，不得低于本国国民所享有的同等权利。按美国友好、通商、航海条约所下的定义是："缔约国一方对在其境内的他方国民、公司、产品、船舶及其他客体，在同样条件下，不低于本国国民同等待遇。"①

依国际法关于国家间主权平等原则及国家属地优越权原则，外国人在所在国应当服从该国的法律管辖，在法律上与本国国民享受同等待遇和同等保护，承担同等义务和责任，不能要求不同于或更多于所在国国民所享有的权利，更不能处于特权地位（基于平等互惠原则，依条约给予外国人以优惠待遇者，又当别论），也不承担更多的义务。再者，外国人在所在国所取得的一切权利，是根据所在国的法律所赋予，而不是直接依据国际法所产生的（尽管在国际法上对条约国课以承担及履行条约的一定义务）。所以，又称为国内标准主义。

国民待遇标准，不仅符合国家主权原则，公平合理，而且直接一套明确而详尽的国内法规则，在具体问题的适用上，有确切的标准可循，容易决定对外国人的待遇是否符合国内法准则，这是一般公认的

---

① 克伦福尔：《外国投资的保护》（1972），第15页。

优点，故为一般国家，特别是广大发展中国家所普遍采用。拉丁美洲国家一向主张国家的义务是基本上按照其对待本国国民财产的同样态度对待外国人的财产。国民待遇实质上是待遇平等（equality of treatment）原则，国家只有在对本国国民负责的情况下，才对外国人负责①。拉丁美洲国家历来所坚持的卡尔沃主义，反对外国的外交保护权，就是以国民待遇标准为其理论依据的。1933 年《美洲国家关于国家权利与义务公约》（蒙得维的亚 Montevideo 公约），已宣示这一标准。国际商会（International Chamler of Commerce—ICC）倡议的《公正待遇法典》（Code of Fair Treatment），1957 年《相互保护在外国私人财产权公约草案》（Draft Convention for Mutual Protection of Private Property Rights in Foreign Countries）等，也都明确提出对外国投资者采用国民待遇②。

因此，资本输入国政府基于公共利益的需要，依据法律规定及法律程序，对外国投资者的资产实行征用、国有化，只要对外国人没有明显歧视或其他显不公平的措施，与本国国民或第三国国民同等待遇者，资本输入国即不承担任何国际责任，该外国投资者本国政府即无理由行使外交保护权。

但是，资产阶级国际法学家则反对这一标准，并指责其在适用上会存在困难和问题。其主要理由是：（1）尽管国家所采取的是一般性措施，但事实上是专对或者主要对外国人的措施，而不是对本国国民的措施者，如东道国对其境内唯一的外国人所有的石油开发公司实行征用，就不能说这一行为是符合国民待遇标准的所谓"一般"行为；（2）适用于本国国民的规则，未必能满意地适用于外国人，如东道国政治不善、行政效率低，现行法制不健全等，均不能对外国人

---

① 弗里曼等：《国际法——案例与资料》（1969），第 759 页。

② 促进外国投资保护协会（Society to Advance the Protection of Foreign Investments）：《相互保护在外国私人财产权国际公约》（International Convention for the Mutual Protection of Private Property Rights in Foreign Countries）（1959），第 44～51 页。

提供足够的保护，或很少保护。因此，外国人在东道国所投资经营的事业就得不到正当的政治和法律的保护。故国民待遇往往不足以保护外国投资者的合法权益。①

　　显然，这一反对论是不能成立的。第一，国民待遇从总体来看，所谓内、外国人法律地位平等，主要是指不允许对外国人实行差别和歧视待遇而言，并不意味着内、外国人在政治、经济社会等各个方面，各个具体问题上，都画等号。证之各国立法，无论发达国家和发展中国家，在某些商业活动中，都是内外有别的。如国防，武器，通信事业及某些关键企业等，只许本国政府或个人经营，不许或限制外国人投资，这是各国通例，也为国际法公认。故对国民待遇标准，不能作绝对的理解。对外国企业的国有化是否违反国民待遇，主要看是否在同样情况下同本国国民比，有无歧视，而不能以该外国人是否为唯一经营者作为依据。上述论点，实质上是机械的推论、虚拟、设想，不足为据。第二，国民待遇又是指反对外国人在所在国享有特权地位而言。所谓东道国政治不良、法制不健全等托词，实质上无非是蔑视所在国主权和法制，维护外国人特权的借口而已，与所谓"国际标准"，同属于帝国主义、殖民主义的逻辑。

　　至于最惠国待遇，是基于条约，缔约国一方有义务使另一方国民享受该国对第三国国民所允许的同等权利，其特点是创造同第三国国民间平等待遇，同国民待遇往往是相互为用，相互补充，亦常见于国际通商及投资协定中。特别是现代由于民族自决及国家主权平等原则的发展，除少数例外，最惠国待遇已经倾向于国民待遇的原则，并在国民待遇的基础土实行最惠国待遇，两者结合使用。联邦德国、美国等国的对外投资保护协定中，均有此倾向，外国投资者在一定限度内，取得、处分财产以及关于纳税义务等方面，均同时实行两种待遇

---

　　①　法托罗斯：《对外国投资者的政府保证》（1962），第214～215页；克伦福尔：《外国投资的保护》（1972），第59页。

标准①。我国1982年同瑞典王国签订的相互保护投资协定，其第一条规定，"缔约双方应始终保证公平合理地对待缔约另一方投资者的投资"；"缔约任何一方的投资者在缔约的另一方境内的投资所享受的待遇，不应低于第三国投资者所享受的待遇"，即其一例。

二、国际标准问题

针对国民待遇标准，英、美等发达国家则主张"国际标准"②，认为国家对外国投资，不仅予以本国国民同等待遇，即可免除国家在国际法上的责任，还必须符合"国际标准"，否则，投资者本国仍有理由行使外交保护权。在他们看来，"国际标准"符合国际法的基本原则，在条约中可预先确定，有明确准则可循，故有人称之为"绝对标准"或"确实标准"③。他们认为国民待遇标准的内外国人同等待遇的原则，在表面上看来，似乎公正，但如果低于国际文明标准，实际上并不公平。美国墨西哥共同求偿委员会（United States-Mexico General Claim Commission）在1926年罗伯特求偿案（Robert Claim Case）中就持这一论点："关于外国人同本国国民待遇平等这一事实，在决定一个外国人受到歧视对待的申诉理由时，固然重要，但是，根据国际法，平等并不是对外国政府行为属性的检验。从广义来说，最终的检验是外国人受到的待遇是否符合普遍的文明标准④。

很明显，所谓"国际标准"这一论点，实质上是帝国主义、殖民主义的理论，不符合现代国际法准则。因为：（1）他们使用的"国际标准"一词，所说不一，但不论称为"最低国际标准"（minimun international standard）或"国际文明标准"或"国际文明

---

① 法托罗斯：《对外国投资者的政府保证》（1962），第139页；克伦福尔：《外国投资的保护》（1972），第60页。

② 奥康内尔：《国际法》（学生用书）（1971），第379～380页。

③ 法托罗斯：《对外国投资者的政府保证》（1962），第135～141页。

④ 《美国—墨西哥共同求偿委员会》（United States-Mexico General Claim Commission）（1926），第100页；克伦福尔：《外国投资的保护》（1972），第18页。

司法标准"（international standard of civilized justice）或"国际司法标准（international standard of justice），甚或把条约上使用的"公平"（just），"合理"（reasonable）或"平等"（equitable）等词汇理解为国际标准等，其内容抽象、含义模糊，无客观标准可循，而且是以资产阶级西方文明为依据①，实则是以欧美现代资产阶级国家的法制思想及其准则强加于人而已。第二次世界大战以后，由于社会主义国家的建立及广大第三世界发展中国家的崛起，世界政治起了根本变化，形成了三个世界、两种体制的对立。现代国际法的领域已经远远超越了欧洲的范围，它的原则已远非以世界资本主义体制为基础的传统的国际法所能概括，所能替代了，应当适用于包括全世界不同政治体制，不同文化，不同种族，不同意识形态的一切国家。显然，不能再要求今天的国际法去迎合所谓欧美文明，更不能用资产阶级所谓国际法标准来衡量各国对外国投资者的待遇，并据此来论证国家的责任。各主权国家应按本国法制来确定外国人的法律地位及待遇标准和国家责任的依据，不应也不能用抽象的国际标准强加于他国②。如前所述，外国人在所在国享有的权利，本来不是依据国际法，而是直接来源于所在国的国内法，只要国家没有违背条约具体义务，没有理由用国际标准来取代国内法上的标准。1933 年《美洲国家权利与义务公约》第 9 条指出："国家在本国领土范围内的管辖权适用于一切居民与本国国民受到法律和本国当局的同样保护，外国人不得要求不同于或更多于本国国民所享受的权利。"1974 年 12 月《各国经济权利与义务宪章》第 2 章第 2 条规定："每个国家有权按照其法律和规章并依照其国家目标和优先次序，对在其国家管辖内的外国投资加以管理和行使权力，任何国家不得被迫对外国投资者给予优惠待遇。"可见，"国际标准"已不符合现代国际法的基本原则。就连许多资产阶级学者今天也不能不承认"国际标准"，在具有不同评价标准，不同

---

① 阿库斯特：《现代国际法导论》（1977），第 88 页。
② 姚梅镇：《国际投资的法律保护》，载《中国国际法年刊》（1982），第 134 页。

文化和法律背景的国家之间，实难求同，达成协议①。

（2）所谓"国际标准"，对发展中国家来说，无异给外国人以特权地位，实质上是给经济强国对经济弱国滥用外交保护权，进行不当干涉的口实。连资产阶级国际法学者如博查德（Borchard）也承认这一标准是强国对世界上弱国剥削的实践②。过去帝国主义国家强迫弱小国家与之缔结不平等条约，设置领事裁判权，强迫弱小国家承认外国人的特权地位，就是这一理论的实践。所以，"国际标准"已为今天发展中国家所普遍反对。

（3）也有学说从国际经济开发的角度出发，来论证国际标准对保护外国投资，开发自然资源有利，如弗里曼曾经指出：国际法规范的目的，在于保证世界自然资源最适当地得到开发，是符合自然资源所在国或地区的最大利益的，采用传统的国际标准，将有利于西方私人资本向发展中国家投资，并促进自然资源的开发。接管外国人资产必须给予充分赔偿，才足以限制所在国自由采取不利于其经济发展的措施，反之，用国家标准或平等待遇标准，是不够的，将使东道国行动更富有伸缩性，不能保证外国投资的稳定与安全，不利于外国资本向发展中国家投资③。但应该指出，国际法并不考虑一个国家内财产权的性质，也从不规定国内财产关系。根据国际法的原则，国家是主权国家，仅仅是国内法，而不是国际法，才能规定国内财产的得丧与变更，包括在实行国有化条件下财产的丧失，这都不是第三国所能讨论的问题。决定从私人手中取得财产，特别是对谁适用该有关法律，乃至是否给与补偿等条件和标准，是实行国有化国家的法律，而不是国际法。这一原则，同样适用于外国人的财产关系④，因而，谈不上国际标准问题。中东、北非国家的石油特许开发协议，都是依据各该

---

①　克伦福尔：《外国投资的保护》（1972），第 60 页。

②　周鲠生：《国际法》，商务印书馆 1976 年版，第 289 页。

③　弗里曼等：《国际法——案例与资料》（1969），第 760 页。

④　维可夫（Vilkov）：《国有化与国际法》（Nationalization and International Law），载《苏维埃国际法年刊》（Soviet Year Book of International Law）（1960），第 58、78 页；见弗里曼等：《国际法——案例与资料》（1969），第 759 页所引。

国的国内法，如石油法等，适用内外国民同等待遇的原则，同样吸收了大量外资。故不能认为不适用"国际标准"就不足以吸引外资，不利于自然资源的开发。

总之，所谓"国际标准"从其所据的理论基础来看，仍然是基于资产阶级法制的主要原则——"私有权神圣不可侵犯性"出发。这点，弗里曼在分析三种待遇标准时，也曾这样分析过："三种标准和原则的对立，是由不同评价而来。""如果把尊重私人财产作为主要价值来评价，则传统国际法上的国际标准待遇，是正确的；如果把主权原则及国家独立原则作为最高价值来评价，无疑，国内待遇标准，又是妥当的"①。既然两种待遇的对立，在实质上是私人财产权利益同国家主权利益的对立，那么，根据现代国际法的基本原则，私人利益是绝对不能超越国家公共利益之上，这是国际社会公认之理。可见"国际标准"这一原则，在理论及实践上，都是不能接受的。弗里曼的说法，从不同角度，作不同肯定，貌似公正，实际上是典型的调和论者，而且是从维护所谓国际标准的立场出发的。

三、差别待遇问题

什么叫做差别待遇（discrimination）？是否因此引起国家责任？其标准又如何确定？特别在国际投资上，如国有化等措施，究应如何认定有无差别待遇，在国际法学界及司法实践上，长期存在争论。

差别待遇，又称歧视，包含种种含义，尚无定论。但从国际惯例、国内立法及一般学说来看，差别待遇可以理解为在不同国籍个人和实体间，包括外国国民和实体同本国国民和实体间，外国国民和实体同第三国国民和实体间的不平等关系，譬如给与优惠，课以义务或限制一定范围内的权利等，使外国国民同本国国民或在该国内的第三国国民比，显有差别及不利待遇。但应指出，对于差别待遇不能作形式的理解。如对于具有不同国籍的人，本来没有正当理由必须加以差

---

① 弗里曼等：《国际法——案例与资料》（1969），第 759 页。

别对待，而仅仅因为是外国人而实行区别对待者，这当然属于差别待遇①。但是，如果有正当理由，如各国外资法规定禁止外国投资者进入某些经营范围（国防、通讯等），或规定某些企业只许本国国民经营，不许外国投资者经营，或基于公共利益，对外国投资企业收归国有，乃至关于外资出资比例的限制，特定经济活动的限制等，尽管是针对外国投资者的限制，同本国国民比，有一定程度的差别。但这是出于国家利益和经济发展的需要，完全有正当理由，不能认为差别待遇，而引起国家责任。所以差别待遇应分为合理的差别待遇与不合理的差别待遇，不可一概而论。合理的差别对待是国际法所允许的，不合理的差别待遇，才是违法的，如出于种族歧视所特别设置的差别对待属此，一般所谓差别待遇，仅指此而言。故不能单纯认为国家某种措施的效力是仅仅及于外国人，即认为是差别待遇。譬如伊朗征收英伊石油公司，埃及收回苏伊士运河公司，尽管该国国有化措施的效力，仅及于各该国唯一的外国公司（有人认为这是专对外国投资者实行的差别待遇），但在国际法上并不能认为是差别待遇，而使国家承担法律责任。因为在这种情况下，外国人与本国国民之间并没有实际的差别待遇，说有差别待遇，也完全是出于虚构的推想。在没有反证的情况下，完全有理由推定在同样情况下，基于国有化同一目的，也会对本国国民财产采取同等待遇，同样措施。②

　　差别待遇的反面，意味着平等待遇，但平等也不能作抽象理解，在不平等地位者之间，是谈不上真正的平等的。如1960年印度尼西亚政府征用德国企业时，关于其征用行为是否合法问题，德国法院在判决中认为前殖民地的现政府对前殖民统治者的国民的差别对待，并不构成违反平等的原则，因为"所谓平等的概念，仅仅意味着平等地位的人应平等对待，故不平等地位者之间的区别对待，是完全许可的。……因而，前殖民地人民对前殖民统治者的态度，自然会区别于

---

① 弗里曼等：《国际法——案例与资料》（1969），第777页。
② 法托罗斯：《对外国投资者的政府保证》（1962），第251页。

对其他外国人，这也是完全有充分理由的"①。又国际法院在"阿尔巴尼亚少数民族学校一案"（Minority School of Albanian Case）的咨询意见中，讨论平等与差别待遇的关系时指出，实质上平等的概念，应排除单纯形式平等的概念。"法律上的平等，排除一切形式上的差别待遇。而实际上的平等，为了达到不同情况之间的平等关系，可以包含必要的区别对待。"这说明差别待遇原则，须就具体问题作具体判断②，所以，合理的差别待遇与不合理的差别待遇的界限不能以国籍为唯一标准③。

但是，在国外判例上，认为专对或主要对外国人有区别对待的措施也属于不合理差别待遇者，亦不乏其例。如美国政府评论危地马拉政府实行土地国有化的法令，就认为是"一个对外国人实行差别待遇的严重问题"。其理由是，危地马拉政府征用土地的总亩数中，有三分之二是属于美国公司所有④。事实上，既然其余三分之一的土地已在国有化之内，作为征用的对象，并未区别内外国民之所有，被征用土地的数额之差，不能作为差别待遇的依据，危地马拉的征用土地，根本谈不上对美国国民是实行差别待遇。又 1964 年美国对古巴国有化案——古巴国民银行诉萨巴迪罗案（Banco National de Cuba v. Sabbatino Case），也属此。由于美国修改 1948 年砂糖法，削减古巴糖进口配额，使古巴出口砂糖遭受损失，古巴政府于 1960 年 8 月 6 日颁布第 851 号法令，授权总统及总理征收在古巴的美资企业 26 家。

---

① 多姆克（Domke）：《在外国法庭前印度尼西亚国有化措施问题》（Indonesian Nationalization Measures before Foreign Court），载《美国国际法杂志》（1960），第 305、315 页；法托罗斯：《对外国投资者的政府保证》（1962），第 25 页所引。

② 克伦福尔：《外国投资的保护》（1972），第 61 页。

③ 法托罗斯：《对外国投资者的政府保证》（1962），第 250 页。

④ 托马斯（Thomas）：《海外公民财产的保护》（Protection of Property of Citizen Abroad），载《私人海外投资协会会刊》（Proceedings of the Institute on private Investment Abroad）（1959），第 417 页；法托罗斯：《对外国投资者的政府保证》（1962），第 251 页所引。

同年 10 月 13 日，对古巴国民所有的砂糖企业也实行了国有化。但美国上诉法院认为古巴征用美资企业是实行差别待遇，违反国际法。其理由是，除了古巴未进行补偿外，还认为古巴政府的目的是针对美国削减古巴糖进口配额实行报复。特别指出古巴征用美资砂糖公司同征用古巴国民所有砂糖公司的时间，相差 10 个多星期。在此间隔期间内，古巴砂糖业者得以将砂糖运销国外获利，而美国的砂糖企业因已被征用，丧失了这一销售营利的机会。相比之下，显然这一措施是出于报复的目的，对古巴国民有利，对美国国民不利，是在古巴境内对美国国民实行差别待遇①。但美国最高法院否决了这一判决，并不认为古巴政府有差别待遇，古巴征用行为是出于国家行为（act of state），不违反国际法。围绕这一案件，在美国国内引起司法权和行政权之争。最后，美国国会通过萨巴迪罗修正案（Sabbatino Amendment），又否决了最高法院的判决，认为法院对当事人提出违反国际法的国有化申诉案件，有权审理②。实际上是支持了上诉法院的判决。应该指出，该上诉法院所持差别待遇的理由，完全是根据时间前后的或然性而推论的，在法理上是不能成立的，数量的多少，时间的先后，都不能作为差别待遇的论据。

第二节　国际投资与外交保护权

在国家责任问题上，历来争论较多的一个问题，是外交保护权（right of diplomatic protection）问题。依国际法一般原则，一国的国民在他国领域内，原则上应服从该所在国管辖、受所在国国内法的适用，其生命、财产应由所在国给予一定保护，受到不法侵害或不当待遇时，也应依所在国国内法请求行政或司法救济。但是，另一方面，如外国人在所在国受到不法侵害或不公正待遇，得不到合理救济时，

---

① 弗里曼等：《国际法——案例与资料》（1969），第 809 ~ 811 页。
② 斯坦纳与瓦茨：《跨国法律问题》（1976），第 173、683、691 页。

其本国政府为了寻求对本国国民的适当救济，通过正当的外交途径，对所在国提出要求，行使外交保护权，这也是属人优越权的当然结论，在国际法上是不能予以否认的①。问题是联系到国际投资关系，为了保护本国海外投资者的利益，是否可行使外交保护权。历史事实表明，往往由于行使外交保护权的结果，导致在国家权力庇护下，以达到私人资本海外进出的目的，并借此使私人投资者居于特权地位之例，更是屡见不鲜②。这就是把本来属于国内法的请求，无端上升为国际求偿，借以追究国家责任，置所在国法权于不顾，强行外交干预。因而，在国际投资关系上关于外交保护权问题，存在不少争议，特别是卡尔沃主义与外交保护权之争。

一、外交保护权与卡尔沃主义

一般说来，外国人因契约关系所产生的要求，原则上属于国内契约关系，应通过所在国国内法解决，除非所在国显然有拒绝司法（denial of jnstice）或执法不公，或有歧视待遇，否则，并不因此引起国家责任，从而，也谈不上外交保护问题，即令是国家同外国私人间的契约（所谓国家契约），亦然③。但自19世纪以来，帝国主义及殖民主义者为保护本国国民在外国投资的利益，对发展中国家，往往利用其政治和经济优势，强行外交干预，或迫使其签订片面利益的双边

---

① 在正常情况下行使外交保护权，必须具备下列两个条件，其一是国籍继续原则，即仅仅是受害者本人，而且受害者在受害事件的始终，必须具有同一国籍，其所属本国才能行使外交保护权。对无国籍者，任何国家不得行使外交保护权，双重国籍者，限于其所受害的所在国是该两国籍以外的第三国，并由其常住国行使外交保护权。其二是国内救济原则，必须用尽当地救济手段，与此有关的是卡尔沃主义的限制。杉山茂雄：《国际法纲要》上卷（1981），第187~190页；经塚作太郎等：《（新版）国际法讲义》（1981），第136页。

② 樱井雅夫：《国际经济法研究——以海外投资为中心》（1977），第64页；同著者《国际投资法研究》（1978），第18~19页。

③ 奥康内尔：《国际法》（1978），第987页；1932年国际法院关于塞尔维亚贷款案（Serbian Loan Case）判决。

协定，使外交保护权在处理投资关系上合法化。甚至借口护侨，滥用外交保护权，施加压力，藉以排斥国内法管辖权。在国际事件中也有不少案例，如1964年国际法院在"巴塞罗那牵引、电灯、电力公司案"（Barcelona Traction, Light and Power Company）的判决中，法官顾（Koo）认为："外国投资是构成财产和权益的一种形式，因而，在原则上有权要求国际法上的保护。因为投资的种类和方法多种多样，而且还在不断发展和扩大中。根据其发展的现状来看，尽管在国际范围内对这种权益的保护会遇到种种新的情况和从所未见的特点，但实质上，仍然属于国际法上外交和司法保护的范围之内"①。显然，这是把本来属于国内法上的关系，不适当地提到外交保护和国际保护的高度了。

关于投资关系上的外交保护权，引起了广大发展中国家的强烈反感和对抗，首先对此提出严峻挑战的是拉丁美洲国家坚持卡尔沃主义（Calvo Doctrine），反对外交保护权。早在1868年南美著名国际法学家卡尔沃（曾任阿根廷外长）在其所著《国际法的理论和实践》（Le Droit International, Theoretique et Practique）一书中，强调内外国人平等待遇的原则，认为："……在今天，自由独立的国家，作为主权国家都有处于同一关系的权利。这些国家的国内公法关于外国人的问题，不承认任何种类的干涉……属于一国领域内的外国人同该国国民有同等受到保护的权利，不应要求更大的保护。当受到任何侵害时，应依赖所在国政府来解决，不应由外国人的本国出面要求任何金钱上的补偿……如果在这一问题上承认国家责任或补偿原则，事实上无异为外国人创造过分的决定性的特权。这基本上是有利于强国，有害于弱国。其结果是使国家同外国人间处于不平等的关系……政府对外国

---

①　克伦福尔：《外国投资的保护》（1972），第158页；入江启太郎：《国际法上的赔偿补偿处理》（1974），第117～124页；国际法院：《判决报告、咨询意见和命令》（Report of Judgement, Advisory Opinion and Orders）（1964），第55页。

人的责任，不能超过其对本国国民的责任。"① 卡尔沃这一论述可归纳为两点，（1）主权国家，基于平等的原则，可以自由地独立地享有不受任何外国干涉的权利；（2）外国人一经被允许进入所在国，视为已默认作为该国国民看待，不能享受不同于该国国民的权利和特权，只能享受无差别待遇的权利。如受损失，只能依靠当地国内权力的救济②。通称为卡尔沃主义。

卡尔沃主义的精神为广大发展中国家和资本输入国所支持。特别是拉丁美洲国家不仅把这一主义的精神具体订入宪法及法律中，如秘鲁宪法第 33 条规定："外国人在财产关系上，同秘鲁国民处于同等地位；在任何情况下，既不能居于例外地位，也不能诉诸外交要求。"③ 其他如墨西哥 1917 年宪法第 27 条、委内瑞拉 1903 年法律第 11 条均类此。而且，还坚持它是美洲国际法原则。自 19 世纪中叶以来，拉丁美洲各国同外国投资者订立契约及同欧美各国签订双边投资保证协定时，均订入一个卡尔沃条款。该条款包含两个基本内容：（1）规定关于因契约条款所引起的一切争议，如契约条款的解释及关于履行、不履行的事实等，均由所在国法院判定，以所在国国内法为准据法（Proper Law）。即关于外国人的个人请求，坚持国内司法手续优先的原则，受所在国法院管辖，反对国际仲裁或国际司法解决。（2）规定外国人因契约或其他原因所引起的要求，不能成为国际求偿（international claims），外国人须放弃诉求本国政府的外交保护。即反对外国政府的求偿代位权，反对投资争议的外交干预④。拉美国家宪法中也有不少规定了卡尔沃条款。如秘鲁宪法第 17 条规定："在一切同外国人订立的国家契约或对外国人允许优惠的经济特许协议中，必须有明确的条款，规定外国人应服从共和国法律及法院的管

---

① 卡尔沃:《卡尔沃条款》（Calvo Clause），雪亚（Donald shea）英译本（1955），第 18、19 页。

② 弗里曼等:《国际法——案例与资料》（1969），第 836 页。

③ 弗里曼等:《国际法——案例与资料》（1969），第 836 页。

④ 奥康内尔:《国际法》（1978），第 1059～1060 页；斯坦纳与瓦茨:《跨国法律问题》（1976），第 522～530 页。

辖，放弃一切外交要求。"其他如玻利维亚、厄瓜多尔、危地马拉、洪都拉斯、尼加拉瓜等国宪法中，均有类似规定，只承认在拒绝司法情况下，才有例外①。

此外，在投资协议或契约中，订入卡尔沃条款之例更多。举其著者，如 1926 年北美疏浚公司（North American Dredging Company）同墨西哥政府间的协议第 18 条规定："在墨西哥境内，为履行契约的一切有关事项，契约当事人，其雇员或其他职务的所有人员，直接或间接按契约而工作者，都视为墨西哥人。除墨西哥共和国法律赋予墨西哥国民同等权利外，他们就契约有关的权益或工作，不得要求享有任何特殊权利。因而，他们被剥夺了作为外国人可享有的任何权利；而且，无论在任何条件下，亦不允许外交代表机构或外交人员干涉与本契约有关的事项。"② 显然，这一条款明确规定了外国投资者有遵守东道国法律的义务，受东道国国内法院管辖，排除国际仲裁和司法管辖，更排除外交保护权。

卡尔沃条款的效力问题，国际法学界向有争论。一般说来，英、美等发达国家学说及判例，采取否定态度。如英国奥本海（L. Oppenheim）虽不能不承认在用尽国内救济手段之前，这一条款有排除国际法管辖的法律效力，但仍基于欧、美传统理论，认为外交保护权是国际法赋予国家本身的基本权利，个人可以放弃属于他自己的权利，但不能放弃本国政府所固有的权利，国家也不因其国民放弃本来不属于他的权利而受拘束，因而，认为这一条款是违反国际法原则的③。

在国际仲裁上，虽无定论，但大多数案例，倾向于否定卡尔沃条款的效力，认为对国家不发生拘束力。但也有少数案例采取肯定态

① 弗里曼等：《国际法——案例与资料》（1969），第 836 页。

② 斯塔克：《国际法导论》（1984），第 269 页；斯坦纳与瓦茨：《跨国法律问题》（1976），第 523～526 页。

③ 奥本海：《国际法》（劳特派特编），第 312 页，中译本，上卷，第 275～276 页；阿库斯特：《现代国际法导论》（1977），第 102 页。

度。如1926年北美疏浚公司案，美墨赔偿委员会先是肯定墨西哥政府援引上述1926年协议第18条的效力，拒绝公司的索赔要求。裁定理由是：卡尔沃条款的目的，在于拘束契约当事人的权利，要求其服从当地法律管辖，应根据当地法律寻求救济。而该公司在事件发生后，并未遵守协议中卡尔沃条款所规定的义务，先根据墨西哥法律，在当地请求救济。但又指出，卡尔沃条款的效力，只限于当事人有义务放弃其就契约所产生的权利，自行要求本国政府行使外交保护权，并不能阻止其本国政府根据东道国政府违反国际法义务的理由提出权利要求，也不剥夺自己因墨西哥法院拒绝司法或迟延执法等理由而诉诸本国政府保护的权利。但是，此案到1942年重审时，于1947年又否定了卡尔沃条款的效力①。

又英国埃阿罗煤矿、铁路公司案（El Oro Mining and Railway Company Case），尽管公司同墨西哥政府的协议中有卡尔沃条款，但英墨赔偿委员会则否认其效力，承认公司因墨西哥爆发革命，其财产被军队所夺取并遭到破坏，英国有权向墨西哥政府提出赔偿要求。其理由是：墨西哥政府所援引协议中的卡尔沃条款，不能作为抗辩理由。因为该公司确曾向墨西哥法院起诉要求救济，但推延9年，未予审理，故不能认为该原告公司意图忽视当地管辖权②。

关于卡尔沃条款的效力，如从绝对意义上来理解，是有一定困难的。正如西方某些国际法著作及国际裁决理由中所指出的，"卡尔沃条款是不能简单地用'是'或'否'来回答的。如果作肯定的回答，将使外国投资者的权利，面临无可否认的危险；如果作否定的回答，则东道国除了排除外国人从事商业活动外，就别无其他选择可言了。现阶段国际法的任务应该是对国际法院课以庄严的任务，即在一方是国家司法管辖权的主权权利同他方是国家保护本国国民的主权权利之间，谋求平衡。任何国际法院不应也不可能回避去寻求两种主权权利

① 斯坦纳与瓦茨：《跨国法律问题》（1976），第523~526页；奥康内尔：《国际法》（1978），第1060页。
② 斯塔克：《国际法导论》（1984），第328页。

之间的限制，使之符合于国际法的一般原则和规则。"① 这一分析，在一定意义上讲是不无理由的。毋庸讳言，在这里是存在两种主权权利的对立和矛盾。但应指出，在特定条件下，矛盾的各个方面，有主次之分，并应依情况的不同，而有所侧重，矛盾的两个方面也会因条件的变化而有所转化。不能仅仅固执外交保护权的一面，而简单地否认卡尔沃条款的效力。在国际投资问题上，国内司法管辖权的主权权利应是矛盾的主导的一面，但在有拒绝司法等情况下，因不能得到国内救济，就不能绝对地排斥外交保护和国际处理了，故应作具体分析。再从相对意义上讲，外国投资者根据这一条款，就具体争议虽明示放弃其寻求本国外交保护的权利，但这并不意味着其本国政府就因此丧失在一切情况下行使外交保护的权利。如东道国不当地迟延司法或拒绝司法或显然执法不公，对外国投资者有明显的歧视待遇等，则本国仍有权行使外交保护，可排除卡尔沃条款的适用。前述美墨赔偿委员会承认卡尔沃条款的效力，英墨赔偿委员会否认援用卡尔沃条款似相对立，实则并不是对卡尔沃条款本身的否定，而是关于卡尔沃条款的具体适用问题。卡尔沃条款并未一般剥夺外交保护权，并不违反国际法原则。

根据国家主权平等原则，这一条款的目的在于维护国家主权，坚持内外国人平等待遇，坚持属地主权的完整性，反对外国人的特权地位，反对外国政府的不当干涉，这更是无可厚非的。早在 1930 年英国政府答复国际联盟关于国家责任会议预备委员会征询意见时，也曾明确表示："国际法向无任何规定禁止政府同外国人订立的契约中订入这样一种条款，其中规定当地法院对契约中的一切事项有完全的和排他的管辖权。在两国没有条约的情况下，当契约有关事项提交国际法院解决时，国际法也不能阻止该条款的拘束力"②。这就说明，否认卡尔沃条款，反而意味着违反国际法主权平等原则。

其次，从卡尔沃主义及条款产生的历史背景来看，它是以反对帝

---

① 斯坦纳与瓦茨:《跨国法律问题》(1976)，第 523~524 页。
② 奥康内尔:《国际法》(1978)，第 1061 页。

国主义、殖民主义的干涉政策为目的的，特别是反对外国人蔑视所在国法律，回避所在国国内法院的管辖，企图依仗本国政府及外交压力，满足个人非分要求这一点上，是有其积极作用的。正如有学者所指出的，卡尔沃条款的作用，正是在于"使外国人不得视其所在国为弱小国家或不足置信的国家，而不向当地法院起诉，径自诉诸本国政府的干涉，以期获得救济和补偿"①。这倒不失为有见地之论。

自 60 年代后半期以来，卡尔沃主义的精神，已普遍得到发展中国家的支持，在国内法及国际法制中，已承认卡尔沃条款的效力。举其著名者而言：

1. 美国对外关系法令汇编（Rostatement of Foreign Relations Law of U. S. A）第 203 节已对卡尔沃条款作了有条件的承认，即卡尔沃条款具有下列情况之一者，认为有效：（1）契约有关的经济利益；（2）投资者在事实上已受到国民待遇；（3）对外国人所致损害的国家行为不构成违反国际协定；（4）该东道国对投资者所受的损失，已依正当的司法程序，予以善意的救济②。

2. 1966 年《解决国家与他国国民间投资争议公约》第 27 条规定，投资争议一经依公约提交仲裁，投资者本国即不得行使外交保护权或提出国际要求。

3. 1970 年安第斯条约国委员会（Andean Commission）关于对待外国资本的第 24 号决议第 51 条规定：任何外国投资契约应包含下列条款，"……不得排除当事国对争议的管辖，也不允许投资者本国行使代位权"③。

4. 1974 年 12 月 12 日第二十九届联大通过的《各国经济权利与义务宪章》第 2 章第 2 条规定："因（国有化）赔偿引起的任何争议，均应由实行国有化的国家的法院依照其国内法加以解决，除非各

---

① 斯塔克：《国际法导论》（1984），第 328 页。

② 弗里曼：《国际法——案例与资料》（1969），第 839 页；斯坦纳与瓦茨：《跨国法律问题》（1976），第 528 页。

③ 斯坦纳与瓦茨：《跨国法律问题》（1976），第 484、529 页。

国自由和相互同意根据各国主权平等并依照自由选择方法的原则寻求其他和平解决方法",也体现了这一精神。

5. 发展中国家的外资立法,都规定投资契约的解释、适用、效力及其争议,应适用东道国法律,并由东道国法院或仲裁机构解决。我国《中外合资经营企业法》第 2 条规定:"合营企业的一切活动应遵守中华人民共和国法律、法令和有关条例规定。"第 14 条规定:"合营各方发生纠纷,董事会不能协商解决时,由中国仲裁机构进行调解和仲裁,也可由合营各方协议在其他仲裁机构仲裁。"都坚持了属地管辖权原则。

总之,卡尔沃条款从其根本精神上来理解,既非一般排除外国政府在任何情况下的外交保护权,也非出于为东道国违反国际法义务作辩解,而只存在于国家与私人投资者的投资关系,也不过是属地管辖权的具体运用而已。

在学说上也有人论证卡尔沃主义的效力时,认为卡尔沃条款只不过是国际法上用尽国内救济原则的具体适用而已,故仍有国际法的效力[1]。但应指出,这两个原则在适用的效果上,似乎相同,而其精神与出发点则异。卡尔沃主义从根本上反对投资关系上的外交干预和国家的国际责任,国内救济原则是对外交保护权和国家责任的限制条件,二者不应加以混同。

二、用尽国内救济原则

根据国际法原则,一个国家不能代表其本国在外国民,向外国提出权利要求,除非本国国民已依外国国内法的规定,用尽可能利用的当地救济手段,通称为用尽国内救济原则或用尽当地救济原则(exhaustion of local remedies rule)。这一原则的主要理由是尊重国家双方公共利益和友好关系,避免有关事项的国际冲突[2]。

---

[1] 里普斯太因(Lipstein):《卡尔沃条款在国际法上的地位》(The place of Calvo Clause in International Law),《英国国际法年刊》(1945),第 130 页。

[2] 克伦福尔:《外国投资的保护》(1972),第 124 页。

什么叫"用尽当地救济",其标准如何?向有不同解释①。一般说来,外国投资者的权利要求,非到依法向所在国终审法院或最高主管机关提出请求而无结果时,尚不能认为已用尽当地救济方法。所谓"用尽"(exhaustion)的含义,主要是指私方当事人自己应当有效地利用其所能享有的一切诉权或其他请求救济的权利②。但就具体案件来说,衡量的标准则各不相同。有的认为凡未符合所在国诉讼法程序所要求的必要条件者(包括传讯证人,提供必要文件、证件等),即属未用尽当地救济方法。如安巴蒂洛斯案(Ambatielos Case),安巴蒂洛斯是希腊船主,曾于1923年向英国政府购买轮船9艘,后向英国高等法院控诉英国政府违反契约。在诉讼进行中,由于安巴蒂洛斯未能按法院规定传唤一重要证人而败诉。原告不服,向英国上诉法院提起上诉,也因根据英国诉讼法规定,必须有证人出庭才能进行审判,而驳回上诉。后由希腊政府出面,代原告向国际仲裁法院提出请求。国际仲裁法院于1956年裁定,认为安巴蒂洛斯未传唤重要证人到庭,即构成未用尽国内救济手段,未再向英国上议院(House of Lords,最高司法机关)提起上诉,也应视为未用尽国内救济手段。裁定运用了两刀论法(dilemma)的推理说:"如果向上议院上诉,并非显然无益,则未上诉,当然属于未用尽国内救济。如果认为上诉显然无益,其所以无益,也正是由于安巴蒂洛斯未传唤重要人证的结果,也应视为未用尽国内救济③。

也有的认为,如案件在国内诉讼中长期未决,以后又重新审理者,仍属未用尽国内救济。如居间公司案(Interhandel Case)(瑞士对美国),美国认为瑞士居间贸易公司在第二次大战期间,与德国I. G. 法本公司有联系,于1942年作为德国财产加以没收,公司向美

---

① 参看弗里曼等:《国际法——案例与资料》(1969),第767~771页;奥康内尔:《国际法》(1978),第1053、1059页。

② 奥康内尔:《国际法》(1978),第1058页;斯坦纳与瓦茨:《跨国法律问题》(1976),第243~248页。

③ 奥康内尔:《国际法》(1978),第1054页。

国地方法院起诉，要求返还其资产。地方法院否认其申诉，但上诉法院又同意其申诉，直到最后上诉到美国最高法院之前，已事过 9 年，尚未结案，后经美国国务院通知公司胜诉无望。于是，瑞士政府出面向国际法院指控美国。但在国际法院审理中，美国最高法院又命令对该案进行重新审理。国际法院据此，以该公司在美国尚未用尽国内救济手段为理由，而驳回其申诉①，即其一例。

在资产阶级著作中常引下列几种情况，认为是当地救济原则的例外：

1. 当地法院显然不能为受害的外国人提供救济，或足以认为当地救济不适当者，均无申请国内救济的必要。

2. 当地最高司法机关隶属于行政机关并受其控制，而造成损失的行为须由该行政机关负责者，这显然已无任何法院可以进行公正审判，申请当地救济实属徒然。

3. 对外国人造成的损害是立法行为的结果，如政府根据立法，对外国人财产进行征用，未予赔偿，或否认外国财产所有人向法院申诉对国有化措施及其赔偿问题提出抗辩的权利，这也无用尽当地救济手段的可能。

4. 如外国人所受的损失是政府行为的结果，而该行为显然不受国内法院管辖者。例如一个主权国家以自己权利的名义，而不是以其国民权利的名义，向在他国领土内的财产提出要求，根据"平等者间无管辖权"——主权豁免原则，就不能把该案提交外国法院审理，这也无当地救济可言。并举 1952 年伊朗政府征用英伊石油公司一案为例，当时英国主张对该被征用的石油公司享有实质上的财产权益。由于伊朗政府对一个主权国家的英国无司法管辖权，所以，也不能在伊朗国内申请救济。

5. 关于调解程序，也不适用国内救济原则。因为调解程序不是

① 弗里曼等：《国际法——案例与资料》（1969），第 770 页；阿库斯特：《现代国际法导论》（1977），（中译本），第 118 页；斯坦纳与瓦茨：《跨国法律问题》（1976），第 244～247 页。

完全按照法律程序进行的（劳特派特）①。

以上这些所谓"例外"论，其用意无非是为回避用尽国内救济原则的适用寻找借口而已。试就几则案例分析，足证其无可置信。如1927 年查丁求偿案（Chattin Claim），美墨赔偿委员会列举下列事项，借口墨西哥司法不健全，企图以墨西哥拒绝司法为理由，论证求偿当事人无需用尽国内救济手段，可径向国际法院起诉。其裁定指出："在墨西哥方面，事实证明其司法程序不健全，不正规，表现在缺乏适当的调查程序，缺乏证人与被告人对质的有效制度，被告未适时得到其被诉诉因的通知，审判不适当地推迟，公开审讯流于形式以及法院长期在工作上缺乏认真态度"等。姑不论其所指责的是否属实，但诉讼制度及其程序，各国不尽相同，不能以本国特有的制度，作为衡量他国诉讼程序完善与否的标准。国内救济概应依所在国国内法定程序为准。实质上，这一论点，无非是前述所谓"国际标准"主义的翻版，为排斥国内管辖权找借口而已。

至于上述第三个例外所举国有化之例，认为国家最高行政机关根据国有化法令所实行的国有化行为，实质上是国家的立法行为，法院对本国的立法及基于立法授权的行为，只有服从的义务，不可能判决其违法性而否认其效力，对因征用而受损失的外国人也不可能予以救济。从而断定既无必要也无可能用尽当地救济手段。并举伊朗之例为论据。当伊朗政府撤销英伊石油公司 1901 年特许协议时，英国政府向联合国大会申诉的理由是，既然协议的撤销是根据伊朗国会的批准，显然向伊朗国内法院申请救济是无济于事的，法院无权否认国会的行为而判决赔偿，因为法院必须适用该国有化法令②。因此得出结论：任何国有化事件，无国内救济可言，外国人的本国政府一开始即

---

① 斯塔克：《国际法导论》（1984），第 338 页；乌古古：《发展中国家外国投资的法律问题》（1965），第 106~107 页。

② 克伦福尔：《外国投资的保护》（1972），第 124 页；怀特（Gillian White）：《外国人财产的国有化》（Nationalization of Foreign Property）（1961），第 258 页。

可代表其国民进行外交干预，提起国际求偿①。这一论点，不仅根本否认了国有化的合法性，而且也不符合现代国际实践及立法原则。即令是国有化措施的具体争议包含赔偿问题，也应首先寻求国内救济。在国际案件中，伊朗国有化事件，即遭到国际法院的否决，其他如德拉哥亚湾（Delagoa Bay）事件、萨尔瓦多商业公司（Salvador Commercial Company）事件，国际法院仍认为关于国有化事件，可主张是否用尽当地救济手段为抗辩②。再从立法上看，无论双边投资保护协定，或各国外资立法（包括国有化问题）都明确规定用国内仲裁（包括第三国）解决，也体现了当地救济原则。

至于上述第四例外，以主权豁免论作为国内救济原则的例外，实则是把两个不同性质的原则加以混淆，主权豁免论是国际法根据国家主权平等原则出发的一项原则，而当地救济原则是国家属地优越权原则，两者之间并无原则与例外的关系。事实上英国关于伊朗国有化的求偿案，已遭到国际法院的否决（见本章第三节）。

总之，所谓用尽当地救济原则，应包含下列几个基本内容。

（1）在没有条约拘束或在不违反条约义务的前提下，任何国家无权代表其本国国民就国外投资问题，进行外交干预，除非该外国投资者在东道国已用尽国内救济，遭到司法拒绝，或得不到正当救济。所谓拒绝司法，从狭义上说，主要指所在国司法机关拒绝给当事人以利用正当程序的方便，或出于国内法院的过失或不当行为，使当事人不能有效地运用正当的司法程序，如滥用司法程序，执法不当，判决显失公平，阻止当事人依法起诉，拒绝听取被告答辩，判决显然违法（但出于善意的判决错误，不构成拒绝司法），无正当理由故意拖延审理（undue delay of justice）以及对外国人故意歧视等。

（2）须用尽可能利用的所在国一切法律手段，即依所在国法律，依法定程序向所在国司法或仲裁机关申诉，按该国审级规定，直到终

---

① 法托罗斯：《对外国投资者的政府保证》（1962），第253页。

② ［日］入江启太郎：《国际法上的赔偿补偿处理》（1974），第98、108、119、149、207、224、446、513、541、545等页。

审为止。关于事实问题的鉴定、法律问题的解释及其适用，一概依所在国法律规定为准，不能任意以所在国司法不健全或法制不完备等为借口，回避国内救济。

（3）国内救济手段，有立法手段、行政手段和司法手段，不能认为仅诉诸一种手段即属已用尽国内救济。国内救济，不仅包括司法判决、仲裁裁决，也包括其他国内有关主管机关的处理、决定。仲裁机构，不仅指国内仲裁机构，也包括协商指定的第三者仲裁。

（4）主张用尽国内救济手段，显无实效，或认为国内无正当救济手段，可以有效利用，或因种种阻碍无法利用正当救济手段者，须由原告一方负举证责任①。

（5）当地救济原则是程序原则，还是实体原则，学说上主张不一，伊格里顿（Eagleton）、费茨莫里斯（Fitzmaurice）主张前者，博查德（Borchard）、赫德逊（Hudson）主张后者。不同观点产生不同的法律后果。故有学说主张不能绝对持某一观点，认为当地救济原则具有两重性。如果国家侵害外国投资者的行为违反国际法，则当地救济原则是程序原则。如果被指控的国家行为仅仅是违反国内法，则当地救济原则是实体原则。由法院根据每一案件的具体情况决定②。这种看法不无一定理由。

三、变相的外交干预

1974 年 5 月 1 日第六届特别联大通过的《关于建立国际经济新秩序宣言》指出：任何国家行使本国永久主权实行国有化时，"都不应受经济、政治或其他任何形式的胁迫，以致不能自由地和充分地行使这一不容剥夺的权利"。这是对外交保护的限制，也是现代国际法的重要原则之一。但是，某些经济大国为了保护本国私人海外投资的利益，并不公开利用外交保护权，而是利用其经济或政治优势，对他国予以不正当的影响或干涉，以达到保护其本国国民在国外投资利益

---

① 佐藤和男：《国际投资的法律保护》，1968 年版，第 185 页。
② 乌古古：《发展中国家外国投资的法律问题》（1965），第 107～108 页。

的目的，这是一种变相的外交干涉。特别是美国的海外投资保证制度，向来是其援外体制的一个组成部分，并规定在历次援外法案中。美国政府为了保护其海外私人投资者的利益，推行其国内投资保证制度，往往采用国内立法手段，对东道国实行经济制裁，以达到外交干预的目的。尤其对实行国有化的资本输入国，运用 1962 年《对外援助法》希堪卢泊修正案（Hickenlooper Amendment），以削减或停止外援相要挟，干涉他国正当的国有化措施。1962 年，美国针对巴西政府征用美资两个公司事件，国会通过了参议员希堪卢泊等提出的对外援助法修正案即希堪卢泊修正案，规定：凡所在国对美国公民所有或享有 50% 以上股权的公司，合伙等企业财产的所有权或支配权，实行国有化或其他类似措施，而未即时、有效、充分赔偿者，授权总统停止对该国的援助①。以后，美国对拉丁美洲各国的投资争议，对古巴、智利、秘鲁等国的国有化措施，一直利用这一修正案作为威胁手段，启外交干涉的恶例②。这不仅酿成世界丑闻，普遍激起拉丁美洲国家的强烈反对，连美国法学界（如李利奇 Lillich 等）对此也有责难③。

第三节　特许协议的法律问题
——国家契约的理论和实践

一、特许协议的概念及其形式

特许协议（Concession）是现代国际投资中常见的一种特殊法律形式，又称经济特许协议（economic concession）、或 "经济开发协

---

① 美国众议院：《二十世纪外国政府对美国人财产的征用》（Expropriation of American Owned Property by Foreign Government in Twentieth Century）（1963），第 20 页；罗文费德：《国际私人投资》，1976 年版，第 430～431 页。

② 深津荣一：《经济力的使用与国际法》，载《国际法外交杂志》（1980 年 2 月），第 78 卷第 6 期，第 3～5 页；弗里曼等：《国际法——案例与资料》（1969），第 859～860，136～149，841～843，858～859 页。

③ 斯坦纳与瓦茨：《跨国法律问题》（1976），第 482 页。

议"（economic development concession），外国法学界一般称之为"国家契约"（state contract），是指一个国家（政府）同外国投资者个人或法人，约定在一定期间，在指定地区内，允许其在一定条件下享有专属于国家的某种权利，投资从事于公用事业建设或自然资源开发等特殊经济活动，基于一定程序，予以特别许可（special authorization or approval）的法律协议（legal instrument）①。这种协议具有下列四个基本特征：（1）契约的一方为主权国家的政府，他方为外国国民或民间公司或企业，外国投资者基于东道国政府的许可，享有并行使专属于国家的特种权利；（2）契约规定为实现投资的目的，允许在一定期间内，外国资本输入东道国；（3）契约规定投资的目的及项目，限于在特定地区进行自然资源的开发和公用事业的建设（如石油、煤矿、铁道、港口等）；（4）特许协议不同于一般契约，须事先经立法授权的行政机关批准，或须提交立法机关审批，甚至协议的主要内容（如税收优惠等），还订入法律、法令或行政命令中，是最有效、可靠的政府保证（government guaranty）②，有利于吸引外资进行大规模开发建设项目。

第二次世界大战后，发展中国家，特别是中东、北非等国，曾大量利用特许协议的形式，开发自然资源（如石油等），其重要性日益显著。但由于发展中国家为实现经济自主，采取国有化措施，致中止、改废协议之事例也不少。因而，关于协议的法律性质和效力，在理论上和实践上存在不少争论。探究这一问题，作为对比研究和分析我国开发资源投资协议特点的参考，也有一定的现实意义。

现代国际上常见的特许协议，可举下列几个类型：

---

① 克伦福尔：《外国投资的保护》（1972），第34页。
② 捷利安：《投资契约与仲裁》（Investment Contract and Arbitration）（1975），第16～17页；法托罗斯：《对外国投资者的政府保证》（1962），第125页；托利奎安：《中东地区石油协议的法律问题》（Legal Aspects of Oil Concession in Middle East）（1972），第38页；斯坦纳与瓦茨：《跨国法律问题》（1976），第496页。

（一）1954 年伊朗石油财团（Iranian Oil Consortium）（由八个外国石油公司所组成）同伊朗政府间的特许协议。协议规定，通过双方合作，开发伊朗石油。其主要内容是：根据协议设立两个业务公司，一个公司从事石油勘探、开发和生产，一个公司从事炼油；此外，还设立一个商业公司，负责产品销售。协议详细规定了业务公司的组织、权利和义务，及其与伊朗政府的关系。两业务公司享有与该公司合作并以该公司名义生产石油的伊朗国家石油公司（National Iranian Oil Company）在业务经营上的同等权利。两公司承担培训伊朗业务人员的义务，并应"在业务活动中关心伊朗国家的权益"。在伊朗国家石油公司方面，应负责提供道路、住宅建设及关于工业、技术方面的培养和教育设施等"非基本事业"（non-basic operation）活动。协议中一个重要内容是关于伊朗同财团之间的财政安排，即财团应将每年总收入的 1/8（约纯收入的 1/4）缴纳"规定的支付"（Stated payment），同时，必须按订约当时所冻结的利率，交纳所得税，其税额可达纯收入的 50%。但"规定的支付"及其他"类似性质"的支付，须从应付税款中予以扣除。此外，协议还规定业务公司可以享受减免所得税的优惠及有关外汇汇率的特别待遇。双方收益基本上等于 50% 对 50% 的安排。协议中还规定了对财团的各种法律保证，并不得以立法或其他行政措施进行干预。协议又严格约定双方争议须采取仲裁方法解决。协议期间可延长到 25 年[1]。

（二）1952 年印度政府同美孚石油公司（Standard—Vacuum Oil Company）的特许协议，由美方公司投资在印度建立炼油厂。这种协议可以说是典型的保证协定，曾为不少中东及拉美国家所采用。印度型协议的特点，是用"换文"（exchange of notes）形式签订的。即由该投资公司向印度政府提出正式书面文件，具体说明投资建议，其中包括在印度建立炼油厂及其他各项条件，要求印度政府承担保证。印

①　法托罗斯：《对外国投资者的政府保证》（1962），第 126～127 页；佐藤和男：《国际投资的法律保护》（1968），第 238～239 页；克伦福尔：《外国投资的保护》（1972），第 43～44 页。

度政府复文，全面接受建议及各项条款。双方达成协议后，经印度政府批准正式生效，并根据该协议内容，制定有关法律，以保证协议的执行。协议规定印度政府对公司给予特定保证（assurance），如印度政府承认至少在 25 年内不征用该炼油厂，以后征用，必须即时有效地给予合理赔偿。印度政府同意在境内设立的公司，其海外开支、建设资材、设备、原油输出及利润、利息等的汇出，可利用外汇；对某种税收，如进口税、关税、特定地方税等可予减免，并给予其他优惠待遇。确保公司取得必需的土地、码头、港口设施和水电供应及运输方便。在公司方面，必须保证及时建成炼油厂，培训适当数量的印度人员，为职工住宅建设，提供一定资金以及以合理价格提供副产品等①。

（三）最近发展的一种石油特许协议（Oil Agreement）是以"劳务契约"（Service contract）的形式代替旧的石油特许协议。这种"劳务契约"的典型可举 1967 年伊拉克同石油勘探开发公司（Enterprise de Recherches et d' Activities Petrolier，ERAP）之间的协议。根据协议条款，该外国公司仅仅是伊拉克国家石油公司的承包人，资助伊拉克在 4170 平方英里的区域内进行石油勘探。契约第三年终了时，应将 50% 的地区返还伊拉克国家，到第五年终了时，应将勘探地区再缩小 25%，交还国家，第六年以后，该外国公司只限于在已勘明有油田的地区活动。如果指定地区油田枯竭，伊拉克不支付赔偿。如果发现油田，该外国公司为勘探支出的一切费用，作为对伊拉克的无息贷款。公司有权购买 30% 的产品，如伊拉克国家石油公司提出要求，应帮助其推销 70% 的原油产品。契约期限从第一次原油装运之日起，可延续 20 年。其他如委内瑞拉国家石油公司（CVP）也采用"劳务契约"代替原来的石油特许协议。本国公司保

---

① 法托罗斯：《对外国投资者的政府保证》（1962），第 126 ~ 128 页；佐藤和男：《国际投资的法律保护》，1968 年版，第 239 ~ 240 页；克伦福尔：《外国投资的保护》（1972），第 44 页；樱井雅夫：《国际经济法研究——以海外投资为中心》（1977），第 207 ~ 208 页；乌古古：《发展中国家外国投资的法律问题》（1965），第 170 页。

留对土地及地下油田的权利，外国投资公司只作为本国公司代理人，其职权仅限于油田勘探和石油生产①。

现代发展中国家的石油开发协议，大多采取这一形式。

二、特许协议的法律性质

由于特许协议具有不同于一般投资契约的特点，关于其法律性质和法律地位问题，在理论上和司法实践上，向有分歧，迄无定论。

有的认为特许协议是国家同外国公司以当事人平等地位（inter pares）订立的契约，既非国内法上的契约，又非国际法主体之间的条约，而属于"准国际协议"（Quasi-internationa agreements），如施瓦曾伯格（G. Schwarzenberger）、菲德罗斯（A. Verdross）②。有的从跨国关系的观点出发，认为特许协议既包括"公法"因素，又包括"私法"因素，两者结合所形成的一种开发国家自然资源的特别法律关系，既不完全属于国际公法，也不完全属于国内私法，是一种具有双重性格的混合协议，又称为"跨国契约"（transnational contract），如法托罗斯、拉里夫（Jean—Flavien Lalive）、卡丹（H. Cattan）等③。有的认为当事人的协议是决定契约权利义务的主要根据，契约本身形成约束当事人的第三秩序，称之"契约条款法"（Lex contractus）或"当事人法"（Law of the parties）。协议不适用国际法，而只服从

---

① 克伦福尔：《外国投资的保护》（1972），第 44～45 页。

② 菲德罗斯：《附仲裁条款的经济开发协定中外国私人权益的地位》（The Status of Foreign Private Interests Stemming from Economic Development Agreements with Arbitration Clauses），载《外国私人投资法律保护论文集》（1964），第 121 页。

③ 法托罗斯：《对外国投资者的政府保证》（1962），第 208 页；卡丹：《中东、北非石油协议法》（The Law of Oil Concession in the Middle East and North Africa）（1967），第 30 页。

契约本身的规定①。这实质上仍属于准国际协议的观点。

此外，还有的认为特许协议的概念包括极广，内容复杂，其性质不仅依协议的内容而不同，如公用事业、公共建设、公有土地的租赁、占用、国家自然资源的开发等，而且又因不同法制而异，故不能用同一概念来概括不同的特许协议②。

在法制上，法国法认为特许协议，属于行政法范畴，称为行政契约（contract administratif）。其特点是，契约当事人一方是公权力机关，有基于公共利益单方控制及改变契约执行的权力。协议适用法国行政法，由行政法院（counseil d'etat）管辖，如叶兹（Je'ze）、佩基洛（P'equihot）等③。在英、美普通法制国家，特许契约——政府与私人间所订的政府契约（government contract），原则上适用普通契约法的规定。除非政府基于社会公益或契约妨碍政府正常执行职务的理由，行使国会权力，警察权或公用征收权，否则，不能废弃普通法原则④。即认为特许契约是国内法（公法和私法）契约。

综合关于特许协议法律性质争论的焦点，不外两个对立的观点，一则认为是国内法契约，一则认为是国际协议。这一争论的影响主要涉及国家责任和法律适用问题。

主张特许协议属于国际法范畴的主要论点是：（1）特许协议中通常订有选择国际法原则或一般法律原则为准据法的条款，或附有国

---

① 迈因（F. A. Mann）：《国家契约适用的法律》（The Law Governing State Contract），载《英国国际法年刊》（1944），第 19 页；川岸繁雄：《特许协议与国际法》，《国际法外交杂志》（1980 年 6 月），第 79 卷第 1 期，第 8 ~ 12 页。

② 克伦福尔：《外国投资的保护》（1972），第 70 页所引阿拉伯美孚石油公司诉沙特阿拉伯案（Aramco v. Saudi Arabia）裁定理由，《国际法报告》（ILR）第 27 卷，第 157 页。

③ 克伦福尔：《外国投资的保护》（1972），第 70 ~ 71 页；托利奎安：《中东地区石油协议的法律问题》（1972），第 18 ~ 21 页；法托罗斯：《对外国投资者的政府保证》（1962），第 197 ~ 204 页。

④ 托利奎安：《中东地区石油协议的法律问题》（1972），第 21 ~ 25 页；奥康内尔：《国际法》（1978），第 992 ~ 993 页。

际仲裁条款，事实上是把协议"国际化"（internationalization）了。（2）协议的一方为主权国家，而协议的内容又是国家特许外国私人投资者享有专属于国家的某种权利，这就表明作为国际法主体的国家一方，基于协议的签订，已默示地承认另一方外国个人或法人为国际法主体，从而使协议具有国际协议的性格①。

特许协议的订立程序，在表面上看，固然须经过协商、谈判、起草、国家批准等，近似条约；其当事人的一方又是主权国家，与一般契约不同，但其另一方却为私人或公司，并非两个国际法主体之间的关系，从而不可能视为国际条约。早在 1929 年国际常设法院在塞尔维亚国债案中，即已明确宣示："凡不是以国际法主体资格签订的任何契约，都是国内法上的契约②。"任何一种法律关系的主体，都具有其本身的法定要素（权利能力与行为能力），而不可能由任何一方赋予或默认。由国家基于合意默认私人为国际法主体，即因此而主张国家同私人间的协议就具有国际协议的性质，这在法理上是不能成立的。即令是主张协议具有包含公法和私法关系双重性格的论者，既认为基于特许协议所取得的权利，应受私法的规律和保护；但又说协议不完全是私法契约，因契约当事人的一方是主权国家，按国际法的一般原则，应限制国家的权力，国家有义务遵守协议③。这无异把本来属于国内法范畴的单一法律关系加以分割，而牵强地同国际责任联系起来，并不足以论证特许协议之具有国际性。再则，任何特许协议都是根据东道国的立法（如北非等国的石油法、矿业法等）确定其权利义务关系及其他具体内容，并经东道国政府依法定程序审查批准而成立的，其属于国内法上的契约，更毋庸置疑。

---

①　施瓦曾伯格：《英国海外财产的保护》（The Protection of British Property Abroad），载《现代法律问题》（1952），第 5 卷，第 315 页。

②　杰塞普：《跨国法》，1956 年版，第 95 页。

③　奥康内尔：《国际法》（1978），第 993 页；卡丹：《中东、北非石油协议法》（1967），第 30 页。

三、特许协议的效力

特许协议法律性质之争的关键所在，主要是关于国家的国际责任问题。作为协议一方的当事国基于公共利益的需要，采取立法乃至行政措施，如限制外汇或公用征收等，变更、限制，或中止、废除特许协议时，其不履行或违反契约的行为，是否应负国际责任，这是第二次世界大战以后，在司法实践及理论上争论的焦点。一般说来，这一争论反映了资本输入国同资本输出国相互对立的立场和原则观点。19世纪末及 20 世纪初，一般倾向于主张国家违反协议，即构成国际法上的不法行为，国家应负国际责任。资产阶级国际法学者之所以把这种协议列入所谓"国家契约"的范畴，其目的就是为了论证这一点。但到 20 世纪以后，在国际法理论和实践上开始采取反对意见，认为仅仅是违反协议而同时又拒绝裁判或违反条约义务时，国家才负国际责任。

主张国家应负国际责任的论点，认为特许协议与私人契约不同，因协议中往往订有国际仲裁条款或引用国际法或一般法律原则作为契约的准据法，这就是基于当事人双方合意，使协议"国际化"，其契约义务就具有"国际义务"的性格，从而违反协议的国家行为，不管出于什么目的，都是违反国际义务，构成国际上的违法行为，国家应负国际责任。有的学者甚至趋于极端，主张"尽管改变准据法，以致终止或改变契约内容，在事件的性质上虽不足认为是破坏契约，但仍可能达到违反国际法"①。国际法院在不少案例中（如苏菲德案 Shufeld Case、鲁道夫案 Rudolf Case、德拉贡案 Delagon Case），也持同样观点。主张国家应负国际责任的理论根据，基本上是运用资产阶级的私法理论，如既得权（vested rights）的尊重，不当得利（unjust enrichment）、禁止悔言（estoppel）、权利滥用（abuse of rights）及

---

① 杰宁（R. y. Jenning）：《国际法上的国家特许协议》（State Concession in International Law），载《英国国际法年刊》（1961），第 37 卷，第 18 页。

"约定必须信守"（pacta sunt servanda）等原则。如 1958 年国际律师协会（International Bar Association）的一项决议中指出："国际法所公认的'约定必须信守'的原则，同样适用国家间及国家同他国国民间的任何特别协议。因而，国家剥夺外国私人财产，就是违反协议、属于违反国际法的行为"①。

现时大多数学说及资本输入国都持反对意见，认为国家固应受其同外国投资者所订特许协议的拘束，但只依国内法负责，不负国际责任。其主要理由是协议之一方为私人（个人或法人），协议本身不具有国际性，不是国际条约，国家对协议不承担国际法上的义务。1974年在联合国大会起草及讨论《各国经济权利与义务宪章》时，发展中国家一致坚持国家同外国投资者签订的投资协议应根据国内法。现在一百多个发展中国家的外资政策和外资立法（特别是中东、北非、拉美国家的石油法、矿业法等）已明确规定，国家同外国人的契约，应服从各该国国内法的管辖，基于契约所产生的一切法律行为，排他地适用国内法的规定，因契约所引起的争议，由国内法院管辖②。发展中国家反对上述国际责任论所坚持的抗辩理由，主要有情势变更原则（clausula rebus sic standibus）及卡尔沃主义。

综合现时论述案例及笔者个人所见，在特许协议问题上，国家不负国际责任的理由如下。

（一）国家同外国投资者所订立的特许协议，不是国家间协定（inter-nations agreement），不是以国家间的关系为对象，不属于国际法秩序的范畴，而是以国内法为依据，国家对协议单纯不履行的行为本身，并不当然也不直接构成国际法上的违法行为，不产生国际责任问题，它仅仅属于国内法秩序的范畴，依国内法规定契约责任的原

---

①　弗里曼（W. Friedmann），里西梯金（O. J. Lissityzyn），皮尤（R. C. Pugh）：《国际法——案例与资料》（International Law—Cases and Materials）（1972），第 822 号。

②　川岸繁雄：《特许协议与国际法》，第 16 页；孔西（J. Kunsi）：《东道国与跨国公司》（Host state and Transnational Corporation）（1979），第 145 页。

则，以定其责任之有无及其程度。1952 年国际法院在英伊石油公司案判决中指出：

> ……该石油开发协议只不过是一个政府同一个外国公司之间的协议。英国政府并非契约的当事人，英国政府同伊朗政府之间无契约上的合法关系。伊朗政府既不能根据契约对英国有任何权利要求，而只能对该公司提出要求；也不对英国政府基于契约的关系，承担任何义务，而只对公司承担义务。在协议文件上伊朗政府和公司双方的签署，其唯一目的是规定伊朗政府同公司之间有关特许协议的关系，绝不是调整两国政府间的关系①。

协议既非国际条约，那么只有当违反协议同时伴随有国际法上的违法行为，如违反与协议有关的条约义务，或实行征用时有明显的差别待遇，或拒绝司法、执法不公或不当推迟审判等，国家才负有国际责任。

（二）主张特许协议具有"国际性"或"国际化"的一个重要理由是，由于协议中引用了国际法原则或订入国际仲裁条款，就可认为是国家基于当事人的合意，默示地承认个人为国际法的主体，并将协议纳入国际法范畴，因而国家违反协议，即负国际责任。但是，这一点在国际法理论上、实践上并无根据。如前所述，现行国际法并不承认因国家与个人订立协议，就说是基于默示把个人变成国际法主体。个人既非国际法主体，则特许协议就不是国际法上的合意，而只是国内法上的契约，其所产生的权利和义务，当然无国际性，国家违反契约就不产生国际责任。即令协议中涉及或援引国际法原则或订入国际仲裁条款，也不能因此改变国内法契约的性质，只不过是解决法律适用问题而已。

---

① 《国际法院 1952 年报告》，第 112 页；克伦福尔：《外国投资的保护》(1972)，第 68~69 页。

（三）协议"国际化"论者论证国家负国际责任的依据，是引用前述传统的私法原则。实际上这些原则对国家基于公权力作用，及从公共利益出发的行为和措施，是难以适用的，在国际法上也极少适用。例如，对既得权的尊重，不能绝对地、无条件地来理解其含义，尊重与不可侵犯性（inviodability）不是同一概念，为确保国家安全、公共利益、卫生的必要的国家行为（如征用外资企业），即使改变或废止原来的协议的全部或一部，不能认为属于国际法上的违法行为。正如 1959 年 4 月兴德利斯（Hindryx）在开罗阿拉伯石油会议所指出的，"显然，一个主权国家，根据文明国家公认的法律，可以通过行政或立法措施，自由地或有效地直接变更或废除现行特许协议的全部或一部，只要是基于善意，而且其行为是代表公共利益，而不仅仅因为代表以前的交易"[1]；又美国最高法院在 1914 年大西洋沿岸航运公司诉哥兹波罗案（Atlantic Coast Line RR. v. Goldsboro）中判决，"任何契约条款或合法秩序（due process）都不能否定国家基于健康、安全、公共秩序、生活安适、社会公共福利的理由制定法律的权利。这种权利是不能抛弃或牺牲的，甚至也不因有明示的许可而转让的……所有契约都必须服从于该权利的正当行使"[2]。即令就国际法而言，对个人既得权的尊重，也不能优于国家公共利益之上[3]。如发展中国家为了国家利益，对外资企业实行国有化，是国家对自然资源永久主权的行使，是不能剥夺的权利，也不因企业所有者的国籍或财产之所属而受影响，这已为现代国际法原则所公认。国家正当行使自己固有

① 乔治·雷（Gèorge W. Ray）：《适用于国家同外国国民间契约的法律》（Law Governing Contract between States and Foreign Nationals），载《外国私人投资法律保护论文集》（Selected Readings on Protection by Law of Private Foreign Investment），第 501～502 页。

② 《美国最高法院报告》（1914），232 号，第 558 页；克伦福尔：《外国投资的保护》（1972），第 82 页。

③ 罗伯特（D. Robert）：《国际公法和国际私法上关于苏伊士运河公司国有化之争》（Nationalization of Suez Canal Company：Issues of Public and Private International Law），载《哥伦比亚法学评论》（1957），第 57 卷，第 762 页。

的权利，即使变更或中止其同外国投资者的协议（不管有无明示约定），仍然是合法的，既不是侵害既得权，更谈不上权利滥用。只要不同时违反条约义务，也就谈不上国际责任问题。更何况依各国外资立法及实践，国家实行国有化，对外国投资者因契约未履行所受的损失，都予以适当补偿，当然也无所谓不当得利了①。

"约定必须信守"及"禁止悔言"，无疑是国际法及国内法所公认的原则，资产阶级学说及判例甚至强调是基本规范（basic norms）②，不仅适用于国家间的条约，也适用于国家同私人间的契约③。但由于特许协议有其特点，在不少法制中极少能适用这一原则。对特许协议，应考虑作为协议当事人一方的国家的特殊性，即国家（政府）不仅是契约的当事人，同时也是代表公共利益的主权者，因而，正如某些学说所指出的，既有"私法"的性格，也有"公法"的性格④，与单纯的私人契约不同。国家一方的权利保留有充分的伸缩性（flexibilty），当认为公共利益需要时，有权制定法律来变更其所承担的契约义务。如在法国法制下把特许协议列为行政契约（contract abministratif），其特点是承认政府一方为了公共利益的需要，在行政法院（counseil d'etat）监督之下，有单独控制或变更契约执行的权力，除了支付适当的补偿之外，并不承担其他额外的责任⑤。我们认为，作为一个主权国家，均不能无条件地因其同私人所订立的

---

① 姚梅镇：《国际投资的法律保护》，载《中国国际法年刊》（1982），第137~138页。

② 凯尔逊（H. Kelson）：《国际法原理》（Principle of International Law）（1967），第447页；韦柏（H Wehberg）：《约定必须信守》（Pacta Sunt Servanda），载《美国国际法杂志》（1959），第23卷，第786页。

③ 克伦福尔：《外国投资的保护》（1972），第90~91页所引罗辛格公司案（Losinger and Company Case）及捷克诉美国无线电公司案（Czechoslovakia v. Radio Corporation of America）。

④ 法托罗斯：《对外国投资者的政府保证》（1962），第205页。

⑤ 斯坦纳与瓦茨：《跨国法律问题》（1976），第508页；克伦福尔：《外国投资的保护》（1972），第70~71页。

契约而限制其未来的一切立法和行政的行动，也无权凭契约来约束自己将来的行为。因为国家本身与其公民的经济利益是息息相关的，不能使自己受它同其他个人间协议的拘束，而有损于整个国民的经济利益。无论何时，当国家考虑公共利益的必要时，改变其同私人所订的契约，这种国家行为的本身是国家固有权能的表现，是完全合法的，这种需要也是无可否认的①。尽管在学说上有人主张为保持契约关系的安定化（stabilization），在协议中规定安定化的保证条款（safeguard clause），把契约关系"冻结"（freeze）在订约当时的国内法，以排除将来国家为变更契约义务而改变国内立法的可能性②。显然，这是对国家立法权的限制，这种条款并不能拘束国家未来的立法行动。从一般原则上讲，国家不能因其同外国投资者的契约，而限制或放弃其未来的立法权，或放弃其在公共利益需要时改变契约的权力。只要契约受国内法的适用，就不能排除未来的国内立法对契约的效力。除非出于"独断行为"（arbitrary action），国家就无责任可言，更谈不上违反"约定必须信守"或"禁止悔言"的原则了。因此，"约定必须信守"原则的适用不能绝对化，还须受"情势变更原则"的制约，不能据此原则来论证国家应负国际责任。这一点在国际法上也可找到有力的证据。如 1962 年联合国大会通过的《自然资源永久主权的决议》，虽规定了"主权国家对自由缔结的外国投资协定必须诚实遵守"，但这一原则必须服从于"基于优越于个人和私人利益的公共利益与安全的国家利益，尊重国家自由处分自然资源的不可转让的权利与国家经济独立的需要"。由此可见，国家基于公共利益，用立法或行政措施，改废了特许协议，不能认为是违反"约定必须信守"或"禁止悔言"原则，而承担国际责任。

总之，特许协议是国内法上的契约，除非国家在不履行协议的同

---

① 斯坦纳与瓦茨：《跨国法律问题》（1976），第 508 页；克伦福尔：《外国投资的保护》（1972），第 70～71 页。

② 川岸繁雄：《特许协议与国际法》，载《国际法外交杂志》（1980），第 25～28 页；克伦福尔：《外国投资的保护》（1972），第 74 页。

时，伴随有国际法上的违法行为（如歧视待遇、拒绝司法或违反条约义务），否则，是不承担国际责任的。当然撇开国际责任这点不谈，遵约守信，是国际经济交往的一个重要条件，任何一个国家也不应当任意废约，才有利于吸引外国投资，但另一方面，对外国投资者来说，既要考虑投资的安全性，也要考虑投资风险的或然性。既然自愿同当事国订立协议，也就当然使自己服从于该国的法律，而且事先也会意识到面临东道国政府未来立法可能带来损害其权益后果的风险，因而应当考虑外国政府履行协议的或然性及可能有效的当地救济手段①。对可能出现的事态既非不可预见，就不能以此作为抗辩的依据。当然，这一问题在理论上和应用上尚存在不少争议，究竟如何合理解决，不仅仅是一个法律问题，而且还涉及一个重要因素——即一个国家关于国际投资政策的考虑问题。

四、特许协议适用法律的选择

与特许协议性质有关的另一个根本问题是法律选择（choice of law）问题，即适用什么法律来规律国家同个人或法人之间的契约关系，这里不涉及国际私法上关于解决法律冲突的选择法律问题。关于特许协议法律的适用，大体上有五种选择。

1. 契约条款法（Lex Contractus）又称当事人法（Law of the Parties）

认为特许协议本身规定的条款和条件是规定当事人契约关系的根本法律。法国民法典第 1134 条即规定了这一原则。中东国家的法律理论认为"契约是契约当事人双方的法律（Law inter parties）"。卡斯敦（Kenneth S. Carlston）在分析中东石油协议时指出，石油特许协议是政府同特许权者协议的根本法②。菲德罗斯基于准国际契约的观

① 斯坦纳与瓦茨：《跨国法律问题》（1976），第 508 页；克伦福尔：《外国投资的保护》（1972），第 81 页。
② 《特许协议的国际作用》（International Role of Concession Agreements），载《西北大学法学评论》（1957），第 22 卷，第 20 页。

点，认为石油协议是规定当事人关系的一个独立的法律体系①。中东地区阿拉伯海湾酋长国、伊拉克、约旦、沙特阿拉伯和也门等没有石油法的国家，大多数石油特许协议属于此类。协议不仅是法律行为，而且是法律渊源。协议本身是根本要素，它为当事人提供了确定双方权利义务关系的准则、可适用的法律及仲裁程序和方法，并规定了解释契约条款的原则是"相互友好及善意的原则"（principle of mutual goodwill and good faith）②。

这一选择有很大缺陷。首先是任何法律关系或每一具体契约都必须是受一定法律体系所支配的，否则是不可能想像的③。说契约可以创造当事人的权利和义务，而独立于任何法律体系之外，是不可能的。契约不能存在于真空状态（in a vacuum），而必须以一定的法律体系为基础。其次，任何协议不可能把当事人间可能发生的一切问题和争议，都包罗进去④。至于所谓依"相互友好及善意"原则来解释及适用协议的内容，不仅抽象，而且在当事人间利害对立和观点不一时，更无法解决协议的争端。

2. 国内法（Municiple Law）

大多数学说及立法例主张，适用于特许协议的法律，只能是而且必须是国内法。国际法院在 1929 年塞尔维亚国债案中已指明了这一原则。至于究竟适用哪一国的国内法，或依当事人自由选择法律的原则，经双方同意可在协议中选择任何一国的国内法（本国法或外国法）。或根据周围情况加以推定。一般来说，在协议中当事人未明确表示选择法律时，则推定为适用订约国的国内法⑤。在中东国家中，

---

①　《准国际协议》（Quasi—International Agreement），载《世界事务年报》（1964），第 22 卷，第 230 页。

②　托利奎安：《中东地区石油协议的法律问题》（1972），第 90 ~ 93 页。

③　马克内尔：《文明国家公认的一般法律原则》，第 7 页。

④　迈因：《国际人格者所订契约的准据法》（Proper Law of Contracts Concluded by International Persons），载《英国国际法季刊》，第 25 卷（1959），第 49 页。

⑤　克伦福尔：《外国投资的保护》（1972），第 73 页。

如埃及、土耳其、黎巴嫩、叙利亚等国的法律（如石油法、矿业法等）明确规定适用各该国的国内法。也有的在特许协议中加以规定①，如 1961 年加纳—沃尔科协议（Ghana-Volco Agreement），规定适用加纳法。又英国上议院关于 1937 年英王诉国际信托公司（Rex v. International Trustee）因美国废除金约款影响到美国公民认购的英国在纽约发行的金公债利益一案，判决指出虽然英国是协议的当事国，但仍应适用美国法②。

在选择订约国的国内法为准据法时，究竟适用什么时期的法律？协议中当事人可明示约定适用订约当时或契约生效时的国内法，不因以后法律的变更而受影响，这是为了保护法律关系的稳定，防止当事国以后改变法律以变更契约义务。如阿尔辛案（Alsing Case），仲裁人裁定希腊政府同阿尔辛间的供应契约，应适用当时有效的希腊法律，而不是 1940 年希腊新法典③。但如没有这种保证条款，则协议一般仍须服从于该国未来立法的变更④。还应指出，如前所述，这一保证条款，并无绝对拘束订约国立法权的效力。

3. 双方当事人公认的法律原则（The Principle of Law Common to the Parties）

特许协议中可规定关于契约的解释及执行，适用当事人公认的法律原则。如 1954 年伊朗同国际财团协议（Consortium Agreement）第 46 条规定，因协议他方当事人包括多数国籍的人，故协议的解释及适用，应根据不同法律，包括伊斯兰法、罗马法等所共同的法律原则。这一选择主要是避免因不同法制可能引起对协议效力、当事人权利义务确切范围的误解。此外，1957 年伊朗石油公司同意大利石油总公司的协议（NIOC—AGIP Agreement），1958 年科威特·阿拉伯石油公司协议（Kuwait-Arabian Oil Company Concession），1961 年科威

① 克伦福尔：《外国投资的保护》（1972），第 77～87 页。
② 《英国上诉案例》（English Appeal Cases）（1937），第 500，531 页。
③ 《国际法报告》（International Law Report）（1956），第 633 页。
④ 克伦福尔：《外国投资的保护》（1972），第 74 页。

特·壳牌公司协议（Kuwait-Shell Concession），1961 年哈德拉摩·泛美协议（Hadramaut-Pan American Concession），1963 年及 1964 年阿联·泛美协议（UAR-Pan American Concession）等均采用这一选择①。

4. 国际法（International Law）

主张协议属于国际化协议的学者（如迈因等），把协议看成相当于两个国际人格者间的条约，其存在和命运，应不受国内法制的干扰，而属于国际法范畴，其法律关系主要适用国际法②。国际常设法院关于马佛罗马梯斯案（Mavromatis Case）的裁定指出："国家作为当事人，应尊重国际法规则。"1933 年英伊石油公司协议第一次采用了这一选择，第 22 条规定，关于协议的仲裁裁定，适用国际法院规约第 38 条规定的法律原则。又 1957 年颁布、1965 年修订的利比亚石油法规定，石油协议的解释，适用符合国际法原则的利比亚法律原则，如无此原则，则适用国际法院所适用的一般法律原则。1957 年伊朗石油法规定，关于"不可抗力"（forec majeure）的解释，适用国际法原则所承认的事态③。但是选择国际法也不恰当，一则特许协议在本质上属于国内法契约，再则所谓协议"国际化"，在实际上也是不能实现的。因为国际法尚未发展到可包含一切必要的法律原则④，故在理论上、实用上均存在困难。

5. 文明国家所公认的一般法律原则（General Principles of Law Recognized by Civilized Nations）

---

①　卡丹：《中东、北非石油协议法》（1967），第 59 页；托利奎安：《中东地区石油协议的法律问题》（1972），第 89 页。

②　迈因：《国际人格者所订契约的准据法》，载《英国国际法季刊》，第 25 卷（1959），第 43 页。

③　卡丹：《中东、北非石油协议法》（1967），第 69 页；克伦福尔：《外国投资的保护》（1972），第 76 页。

④　如乌尔夫（Wolff），福塞特（Fawcett），弗里曼（Friedmann）等，均据此反对适用国际法原则，见阿墨辛格（C. F. Amersinghe）：《国家对外国人损害的责任》（State Liability for Injuries to Aliens）（1967），第 98 页。

主张这一选择的理由是，特许协议，既非国家间的契约，又非处理两国间关系的条约，故不能适用严格意义的国际法；又因其当事人一方为国家，也不应完全适用当事人任何一方的国内法，因而主张调整契约关系，处理契约争议最适当的法律，应当是文明国家所公认的一般法律原则。① 至于表现这一原则的法律规范，又有种种名称，如"跨国法"（transnational Law）、"各国共同法"（common law of nations）或"现代自然法"（modern law of nature）等。国际常设法院规约第 38 条规定了"一般法律原则"为国际法的渊源之一，认为是国际法中的一个独立法律规范体系。以后在不少案例及特许协议中也选择作为协议的准据法。什么是文明国家公认的一般法律原则？向无明确的定义。如阿斯奎思（Lord Asquith）在石油开发公司诉阿布扎比政府（Petroleum Development（Trucial Coast）Ltd. v. Reler of Abu Dhabi）一案中，即用比较方法引导这一原则，认为该案如适用阿布扎比法，阿布扎比的行政官署是依据可兰经（Koran）进行自由裁量的；在这极为原始的地区，并无适应于现代商业交往的现存法制，而在英国现行法制中，也找不到可以适用的法律。故应适用善良意识及文明国家一般原则的共同实践，即现代自然法的一种②。又仲裁员在卡塔尔政府对国际海洋石油公司（Ruler of Quatar v. International Marine Oil Company）一案中也认为东道国法律——伊斯兰法没有包含适用于石油协议的法律原则，不能作为协议的准据法，应适用"正义、公平和善意的原则"（principle of justice, equity and good conscience）。其他如阿拉伯美国石油公司诉沙特阿拉伯（Aramco v. Saudi Arabia）案，萨费尔——伊朗国家石油公司案（Sapphire—NIOC Case），均采取这一选择③。此外，在不少石油特许协议中，如前述 1963—1964 年阿联酋同泛美公司间协议，1961 年科威特·阿拉伯石油特许协议

---

① 马克内尔：《文明国家公认的一般法律原则》，第 19 页。

② 《国际法和比较法季刊》（International and Comparative Law Quarterly）（1952），第 1 卷，第 250 页；克伦福尔：《外国投资的保护》（1972），第 78 页。

③ 克伦福尔：《外国投资的保护》（1972），第 78 ~ 79 页。

等亦同。

适用一般法律原则存在不少问题。首先，无固定标准，概念抽象，理解不一，难以起到规范的作用。所谓一般法律原则，既不是一种法律，更不是一种法律体系，并无具体规则，在适用上就无标准可循。① 再则，所谓文明国家公认的一般原则，显然是从西方资产阶级法制观点出发，与发展中国家当然就没有同一语言、同一标准。事实上，难为发展中国家所接受。特别是发达国家往往借口发展中国家无所谓"文明"法制，而拒绝适用其国内法，这实质上是出于对东道国法律的蔑视。

此外，在法国法制下，把经济特许协议列入行政契约范畴，作为公法体制，适用行政法②。

总之，关于特许协议的法律选择，应以国内法为其准据法，因为（1）特许协议，如前所述，在性质上是国内法契约，应属于国内法范畴；（2）特许协议的订立，是根据东道国的法律，东道国法律同协议具有最密切的联系，因而关于契约的解释和执行，应以东道国法律为准③；（3）适用东道国法律并不妨碍当事人选择法律自由的原则，但所选择的其他法律乃至国际法，也只能认为是补东道国国内法之不足，作为协议的辅助法源而已，不能排除东道国法律的适用。而且在无当事人合意选择的情况下，当然适用东道国法律，这是绝大多数学说和判例所承认的。

我国企业同外国私人的投资契约，包括中外合作开发海洋石油资源协议等，不属于"国家契约"的范畴，与国外一般的经济特许协议，也不完全相同。因为（1）我国对外投资契约，包括中外合作开

---

① 迈因：《国际人格者所订契约的准据法》，第44页。

② 详细参看克伦福尔：《外国投资的保护》（1972），第79～80页；托利奎安：《中东地区石油协议的法律问题》（1972），第18～20页。

③ 山本敬三：《国家契约中的司法豁免与准据法》，《国际法外交杂志》1982年12月，第82卷第5号，关于准据法问题作了详细评论，特别从投资契约客观联系方面，按五个标准，论证了以国内法为准据法的依据。

发海洋资源或煤矿等的协议，完全依据中国法律的规定，并经中国主管机关批准生效，一切活动受中国法律管辖；（2）我国是社会主义国家，同外国私人签订投资协议的国营企业是专业公司，具有法人资格的经济组织体，不是政权机构，不是作为代表国家行使主权的政治组织体，因而，其所签订的投资协议，不属于一方为政府他方为外国私人投资者的所谓"国际契约"或一般"经济特许权协议"；（3）政府对投资契约的审查批准，是一般国家的通例。我国政府主管部门对投资契约及其他中外合作开发自然资源协议的批准，是国家经济行政权的行使，并不因批准行为而成为协议的当事人；（4）我国同外国投资者签订的一切投资协议、契约，其解释、适用、效力及其争议的处理，均适用中国的法律，在实质问题上不发生法律选择问题。

第四节　国有化问题

自第二次世界大战以后，特别是 60 年代以来，随着第三世界国家力量的增长及组织的加强（如石油输出国组织、铜输出国组织、安第斯条约国组织等），国有化、公用征收外资企业已成为当前国际投资保证中突出的问题，在国际法学说上及案例上，引起了种种争论。

一、国有化的合法性问题

国有化的合法性及与此相关联的国家责任问题，在发达国家与发展中国家之间，一直存在着尖锐的对立。欧美等发达国家及其法学家，把国家未履行其同外国人订立的契约义务，分为不法的权利侵害与合法的权利侵害，分别追究国家的责任。对国有化也分为违法的国有化与合法的国有化①。他们划分所谓违法与合法的界限，主要是根

---

① 佐藤和男：《国际投资的法律保护》，1968 年版，第 248 ~ 250 页；法托罗斯：《对外国投资者的政府保证》（1962），第 9、10 章；川岸繁雄：《特许协议与国际法》，第 29 ~ 34 页。

据三个标准。即（1）国有化必须是出于国家的公共利益；（2）必须是对外国投资者采取无差别待遇；（3）必须对外国投资者予以公正补偿。不具备上述三个条件，国有化则属于国际法上的违法行为。前两个条件，是一般所公认的原则，无可非议。但关于第三个条件，则有严重分歧，为发展中国家所普遍反对。因为其主张的要害，在于以是否进行公正赔偿，为区分国有化违法与合法的唯一标准。此外，还有人认为，不管是违法的或合法的国有化行为，在国际法都应负责，不过其赔偿的法律依据及其方法有所不同而已。违法的国有化，其补偿带有惩罚性，属于不法行为范畴的损害赔偿性质，其责任是国际责任自然的直接的结果，赔偿的目的在于恢复原状（exact status quo ante，restitutio integrum，integral reparation）。合法的国有化，其赔偿责任的法律依据是不当得利（enrichissement sans cause，unjust enrichment）的原理，即根据"无论何人，不能使他人受损失，而自己受益"（Nam houar cnat est neminem cum alterius detrimento fieri locupletiorem）的原则①，仍应负补偿责任。

主要资本输出国，一向坚持以"充分、有效、即时"（adquate，effective，prompt）赔偿是国有化合法化的条件。如 1938 年墨西哥政府征用美资石油公司时，美国国务院先后于 1938 年、1940 年致墨西哥政府的照会中，一再申称："美国政府固然可以承认主权国家出于公共利益的目的，有权征用外国资产，但必须与有效而即时的补偿相结合，并以此为条件，征用行为的合法性，事实上以遵守这一条件为前提。"同年，英国政府也发出同样照会，认为墨西哥政府为公共目的，并在支付"充分"补偿的条件下，有征用的权利，但补偿是国有化合法性的条件②。

发展中国家，特别是拉丁美洲国家，一致反对这一主张。1938年墨西哥政府答复美国政府的照会中，严正指出："国有化与以前的

---

① 克伦福尔：《外国投资的保护》（1972），第 95～96 页。
② 克伦福尔：《外国投资的保护》（1972），第 110 页；樱井雅夫：《国际经济法研究——以海外投资为中心》（1977），第 62～83 页。

征用不同，对国有化这种非个别性的征用，不管是要求即时、补偿，还是延期补偿，如认为其支付是一种法律义务，在国际法上，既非公认的原理，也非实践的原则①。

1956 年埃及政府颁布 285 号法令，将苏伊士运河公司收归国有时，埃及政府严正指出：苏伊士运河在埃及领土之内，苏伊士运河公司是埃及公司，属于埃及领土主权管辖之内，对运河公司国有化措施，是埃及行使独立主权的行动，英、法政府无权干涉。我国政府于 1956 年 8 月 15 日关于苏伊士运河问题的声明中，明确指出："埃及把苏伊士运河公司收归国有，这是埃及为了维护自己主权和独立而采取的正义行动，不论从法律上或道义上来说，埃及这一行动是完全正确的。苏伊士运河公司是一个埃及公司，受埃及法律及习惯管辖，作为一个主权和独立国家，埃及完全有权把苏伊士运河公司收归国有。"

近时，资产阶级学者中，有不少在论述伊朗和埃及国有化问题时，也认为国际法上并不认为国有化是违法行为②。如弗里曼认为，"在没有条约拘束的情况下，国家可自由采取国有化措施，国际法并没有规定对被国有化的财产必须支付赔偿"。其他如德维雪（Charles De Viescher）、鲁宾（Rubin）等也持同样看法③。

否定国有化行为的合法性，无论是否以公正补偿为条件，又无论其所持的法律依据是不法行为还是不当得利，这种主张的实质，完全是基于资产阶级私有权神圣不可侵犯的法律原则，在理论上是不能接受的。更何况国有化措施是任何一个主权国家行使其主权权利的当然

---

① 樱井雅夫：《国际经济法研究——以海外投资为中心》（1977），第 63 页。

② 罗伯特（D. Robert）：《国际公法和国际私法上关于苏伊士运河公司国有化之争》（Nationalization of the Suez Canal Company: Issues of Public and Private International Law），载《哥伦比亚法学评论》（1957），第 57 卷，第 767~768 页。

③ 弗里曼：《国际法上的征用问题》（Expropriation in International Law）（1953），第 206 页。

结论。国有化权利是国家主权的一种属性（an attribute of sovereignty）。作为主权国家，为公共安全和公共利益的目的，为社会和经济的重大改革，对国内私人财产，不论其属于本国国民或外国国民所有，依法律规定，按正规法律程序，只要对外国国民没有歧视待遇，完全有权实行国有化，原无所谓违法与合法之争。特别是发展中国家，实行国有化是基于民族自决原则，从外国资本统治下解放出来的重要手段，是维护国家主权，确立民族自主经济所必需，是完全合理合法的，非其他国家所能非议，所能反对的。

从现代正在努力建立的新的国际法律秩序的发展来看。早在1952 年 12 月 2 日联合国大会第 626 号决议（Ⅶ）已指出，"自由利用和开发自然财富和资源的人民的权利，是国家主权所固有的权利，是完全符合联合国宪章的目的和原则的"，又 1962 年 12 月 14 日联合国大会第 1803 号决议（ⅩⅤⅡ），1974 年关于《建立国际经济新秩序宣言》及《行动纲领》、《各国经济权利与义务宪章》等决议，更明确肯定了国有化是主权国家全体人民自由处置其自然财富和资源的"不容剥夺的"（inalienalle）主权权利[1]。在国际案例中，对伊朗石油公司国有化、埃及苏伊士运河公司国有化事件，也都肯定了国有化法令和国有化行为在国际法上的合法性[2]。

至于以事后补偿作为合法与否的标准，从法理上讲，更非妥当。任何一种行为的合法性与违法性，完全是基于其行为本身主、客观的法定构成要件来决定的，事后补偿，原是一种救济手段，不是国有化本身的构成要件，当然不能据此来评定国有化的合法与否，也不能据此来决定国家的责任问题[3]。

---

① 《联合国大会正式记录》第 7 卷，补篇第 20 号第 18 页，《国际法报导》（International Law Report），第 41 页。

② 怀特（G. White）：《对外国财产的国有化》（1961），第 46 页。

③ 姚梅镇：《国际投资的法律保护》，载《中国国际法年刊》（1982），第 140 页。

二、国有化的赔偿问题

国有化问题中争论的焦点是赔偿问题，其中包括赔偿的原则、标准、范围、评价方式、时间等一系列问题，而关于赔偿的原则，又是其先决问题。

（一）国有化赔偿的原则

关于国有化的赔偿问题，向有三种理论，一是认为应全部赔偿，一是认为只负部分补偿责任，一是认为不负赔偿责任。发达国家及传统的国际法理论认为"公正赔偿"（just compensation）是国有化的合法条件，而所谓"公正"，又是指"充分"（adequate）、"有效"（effective）与"即时"（prompt）三个要件。每一点在理论上及实用上都有不同解释，特别是关于"充分"一点，争论极大。

1. "充分"。指赔偿的数额问题，有三种观点

（1）全部赔偿论。认为"充分"是指全部（full）而言，即应支付被征用财产的全部价值（full value），直到实际支付前的利息的总和。认为赔偿必须完全相当于国有化措施所影响的外国人所有权益的全部价值，通常外国人因国有化实际上所受的损失同国有化国家所受利益是相等的，故在计算前者时，也须同时确定后者的数额，损益相等，故应全部赔偿①。这就是西方学者中依据所谓不当得利私法原则来论证全部赔偿的依据。如沃特雷（B. A. Wortley）认为在使外国所有者受损失而自己受益的情况下，从原则上讲，不能拒绝回复原状或全部赔偿②。甚至还有人推之极端，认为国家如无力赔偿，就根本无国有化的权利。如基桑（Loo T. Kissan）与里奇（Edmond K. Leach）认为，如果国家不能承担国有化的后果，就不应实行国有化，如果一个国家不能对其所征用的财产进行补偿，则在法律上道义上就没有权

---

① 克伦福尔：《外国投资的保护》（1972），第 111 页；法托罗斯：《对外国投资者的政府保证》（1962），第 325 页。

② 《国际公法中的国有化》（Expropriation in Public International Law）（1959），第 115 页。

利去征用该国民的财产，故主张须全部赔偿。他们强调："征用国经济地位的差异……并不足以论证其不支付赔偿而实行征用的行为的正当性，因为穷困不能作为不法行为免责的理由。不论其为个人或国家，均应如此。任何行为违反这一原则，将不会为他国所承认"①。又阿德累安斯（Adraiaance）同样认为，国有化的可能性，一方面固然要根据国家的需要，另一方面，还应以国家有完全支付赔偿的可能性为限②。至于把国有化看成违法行为的人，甚至根据资产阶级不法行为理论，认为"充分"还包括赔偿预期利益在内（见本节第 3 点）。

从理论上讲，国有化本身不是目的，而是推动社会及经济改革和进步的重要手段，特别对发展中国家来说，是一种革命的转变，不能用资产阶级法制观点，（如私有权神圣不可侵犯、不当得利等）来加以评价。如须完全补偿，则将失去国有化的意义，不但不能推动国家经济的发展和社会的进步，有时还将导致国有化国家经济上极大困难，反而阻碍其经济的自主发展。正如杜曼（N. R. Doman）所指出的："战后国有化行为并不属于以资本主义经济为基础的法律制度中的任何传统的范畴，而是代表一种革命的发展。企图同过去的法律概念联系起来，实属徒劳，毋宁把它当作一个特殊问题来看待，来处理，反而恰当③。卡扎洛夫（Konstantin katzarov）及东欧法学家也认为国有化既然是一种社会与经济变革的手段，就必须用新的标准（new criteria）来决定其补偿问题，只能是"公平补偿"（equitable compensation），而不是全部补偿；应根据社会利益，财产的社会职

---

① 基桑与里奇：《财产的征用与特许契约的废除》（Sovereign Expropriation of Property and Abrogation of Concession Contracts），载《福丹法学评论》（1959），第 28 卷，第 214 页。
② 克伦福尔：《外国投资的保护》（1972），第 116 页。
③ 杜曼：《战后欧洲对外国人财产的国有化》（Post-war Nationalization of Foreign Property in Europe），转引自《哥伦比亚法律评论》第 48 卷（1948），第 1128 页。

能，而不是根据个人利益，还需适用"情势变更原则"，或"不可预见理论"（theorie de l'imprevision）①。至于所谓穷困不能负责的论点，显然是帝国主义逻辑，公开为发达国家对经济弱国，利用优势，施加压力，阻挠他国实行国有化，制造舆论而已。杜恩（Frederiks. Dunn）也曾针对这一点，提出了批评："如果国有化适用传统的赔偿标准（全部赔偿），那么，穷国为了谋求经济和社会根本变革的一切合法意图，都有可能被居于优势地位的资本输出国所否定，所阻挠了。"

完全赔偿论所根据的另一理由，即不当得利的理论，这本来是基于资产阶级私法理论的核心私有权神圣不可侵犯这一原则所演绎出来的。不仅所谓"不当"（unjust）一词含义抽象，标准难于确定，即令按资产阶级民法关于不当得利的解释，必须是一方受损失、另一方受益，而且又无任何法律上的原因，才能构成不当得利②。事实上，国有化是基于国家公益的需要，而且依所在国法律，按法律程序（如国有化法令等），不能谓无法律上的原因。再从经济利益上讲，外国投资者长年在发展中国家的投资所获的高额利润，远远超过其原投资账面净值，并非得失不均，更何况实行国有化，一般已进行了适当补偿，不给予完全赔偿，也谈不上不当得利。还有人根据利得的观点，进而推论，国有化措施在于使本国国民受益，而投资者的外国人并非所在国国民，与该国本国投资者不同，不可能因国有化而受到利益，不给予完全补偿，于理不公③。但是，外国人既自愿投资于该国，至少在一定程度上是把自己委之于该国国民同一命运④，依照国

---

① 卡扎洛夫（K. Katzarov）:《国有化的理论》(The Theory of Nationalization)（1964），第 353 页。

② 克伦福尔:《外国投资的保护》(1972)，第 97 页。

③ 法托罗斯:《对外国投资者的政府保证》(1962)，第 328 页，所引国际法院法官卡尔内罗（Carneiro）在英伊石油公司案的反对意见，（1952 年国际法院报告第 93、151、160 页）。

④ 佐藤和男:《国际投资的法律保护》，1968 年版，第 253～254 页；法托罗斯:《对外国投资者的政府保证》(1962)，第 328 页。

际法上内外国人同等待遇的原则，外国人自不能优越于本国国民而享受特别补偿。而且，从整体来看，国有化的目的是在使整个国家社会和经济受益，在该国国内的每个人，包括受国有化影响的人在内，最后都将因此受益①。

再从实践上来看，现代国有化或征用的特点是规模大、范围广，影响到国民经济的所有部门，要引起国民经济结构重要而深刻的变化。不仅征用资产的对象多种多样，征用的方式也不尽相同，在资产估价上极为困难，无适当而确切的标准可循。如最初投资的资产价值与征用时的资产价值，股票价格的算定，实际利益与预期利益，直接损失与间接损失，特别是无形资产，如商号，商誉等，在估价上可能有很大出入②。所以完全赔偿，在技术上也是困难重要。

（2）部分补偿论。这一理论是考虑国有化国家的赔偿能力，认为只应给与部分补偿。这为现时大多数学说所主张，特别是现时国际实践所支持的，认为实行部分补偿（partial compensation）是比较合理可行的。

英国国际法学家劳特派特在修订《奥本海国际法》时，认为在根本的社会改革情况下，国有化国家全部赔偿要受到国家财政力的限制，而且全部赔偿事实上有否定国有化国家采取一切变革的可能。他说："国家有义务尊重外国人的财产，显然是公认的原则，……但必须承认在国家政治体制及经济结构发生根本变革或进行长远的社会改革，需要大规模地对私人财产进行干预时，这一原则是受到限制的。在这种情况下，既不是外国人私有财产绝对尊重的原则，也不是对被剥夺财产的外国人严格平等的原则。对这一困难所能提供圆满的解决

---

① 克伦福尔：《外国投资的保护》（1972），第97页。
② 佐藤和男：《国际投资的法律保护》，1968年版，第250～251页；法托罗斯：《对外国投资者的政府保证》（1962），第315，326页；阿库斯特：《现代国际法导论》（1977），第94页。

是，为了符合法律原则，在大多数情况下，只有用部分补偿来谋求其解决①。

在国际实践中，适用这一理论的特点是倾向于互相协商解决（compromise）。第二次世界大战后，大多数国有化案件的处理，特别是第一次大战以来到现在为止的许多国家的赔偿协定，都是实行部分补偿的，东欧国家同西方国家之间关于国有化的赔偿协定，其总付赔偿额都低于外国个人求偿所提出的数额，而只按一定比例，给予补偿。如美国同南斯拉夫战后赔偿协定，对征用美资企业，只补偿1700 万美元，据美国国会外交委员会（House Committee on Foreign Affairs）宣布，其赔偿数额仅为原求偿总数的 42.5%②。伊朗征用英伊石油公司，伊朗政府也只补偿其原求偿额的 10%；埃及国有化苏伊士运河公司，埃及政府只补偿 2800 万埃镑，仅为原求偿额 2.04 亿埃镑的 10% 左右。③

据统计，英国因他国实行国有化，对外求偿所得实际补偿的比例如下：④

阿根廷	（1948 年）	补偿 60%
前捷克斯洛伐克	（1949 年）	补偿 $33\frac{1}{3}$%
法国	（1951 年）	补偿 70%
墨西哥	（1947 年）	补偿 30%

---

① 《奥本海国际法》（Oppenheim's International Law），第 1 卷（1957），第 352 页。

② 克伦福尔：《外国投资的保护》（1972），第 191 页；法赫：《国有化：国际法上外国人财产保护的研究》，第 117 页；法托罗斯：《对外国投资者的政府保证》（1962），第 315 页。

③ 克伦福尔：《外国投资的保护》（1972），第 128 页；怀特（G. White）：《外国人资产的国有化》（Nationalization of Foreign Property）（1961），第 22 页。

④ 英国国际法学者施瓦曾伯格所作的统计，见克伦福尔：《外国投资的保护》（1972），第 112 页所引。

波兰	（1948 年）	补偿 $33\frac{1}{3}$%
乌拉圭	（1949 年）	补偿 60%
南斯拉夫	（1949 年）	补偿 50%

此外东南欧及拉丁美洲国家关于国有化补偿，都一致采用"适当"（appropriate）补偿或"合理"（reasonable）补偿，实际上是根据国家经济财政状况进行部分补偿。1962 年联合国大会《关于自然资源永久主权的决议》，1974 年关于《各国经济权利与义务宪章》等，考虑发展中国家经济发展和社会改革的需要及外国投资者的利益，规定在国有化事件中，以支付"适当"补偿为原则。可见部分补偿，已为大多数国家（包括发达国家在内）、国际实践及国际法学界所一致赞同[1][2]。

但美国直到 1975 年 12 月，国务卿基辛格在《对外投资与国有化》声明中，仍然坚持美国的传统观点，强调美国有权要求"充分、有效、即时"的补偿[3]。因而，在补偿问题上，仍不断引起争议。美国从 1955 年到 1977 年 2 月止，有关私人海外投资争议，就有 78 件，其中关于国有化、征用、强制合同再协商，强制收买等所引起的争

---

[1] 深津荣一、牧田幸人：《国际公法》，第 202 页；高野雄一：《国际法概论》上卷，第 329 页；经塚作太郎，杉山茂雄、宫崎繁树：《（新版）国际法讲义》（1981），第 143 ~ 144 页。

[2] 类似部分补偿论者，学说上也有人主张限制补偿论，认为虽然可以承认一般的补偿义务，但对旧殖民主义者本国或旧敌国国民的资产实行国有化，应有限制地进行补偿，因为原殖民主义者国家对现在实行国有化的国家的经济发展过程，曾经有过很大的消极作用。见经塚作太郎：《（新版）国际法讲义》（1981），第 144 页。事实上新独立的发展中国家初期所实行的国有化，大多是为了摆脱外国经济控制，针对前殖民主义者遗留下来的而且还在继续控制本国经济命脉的外国企业。从这一角度看，此话也不无一定理由。

[3] 樱井雅夫：《国际经济法研究——以海外投资为中心》（1977），第 63 页。

议，在 1977 年前 18 个月中，即达 42 件之多。①

（3）无补偿责任论。依此说，在现代国际社会中，国际法并未确定实行国有化的国家当然要支付赔偿的原则，因而，对国有化不承担补偿义务。国际法仅仅确定了内外国民平等待遇的原则，国家也只负此义务。如果一个国家在同样情况下，对本国国民不负赔偿责任，也无需对外国人进行赔偿。至于实际上，国家在实行国有化时对外国投资者予以一定补偿，并不是基于国际法的义务，而是因为对方国家对本国国民进行了补偿，或是基于某种实际考虑（如希图调整或恢复正常的国际经济关系，或由于财产解冻，或为缔结信贷条约等）或者被迫于帝国主义所实行的不法强制手段②。既然国有化的赔偿不是国际法上确立的原则，所以，关于是否补偿，补偿数额，支付方法以及争议的裁定等。都属于国有化国家国内事务，由国内法加以解决，在联合国大会关于《国家对自然资源永久主权》问题的讨论及决议过程中，发展中国家一直坚持主张这一论点③。

以上三种理论，以第二种理论比较合理可行，是符合现代新的国际经济秩序和法律秩序的要求的。因为：

（1）如果实行国有化的国家必须承担全部补偿义务，则有碍于国家行使国有化主权权利及社会和经济改革的需要。

（2）传统国际法从来没有确立国家必须对国有化负赔偿义务的原则，只是规定国家对外国人平等对待的义务，如果说有，即是1962 年《关于对自然资源永久主权的决议》及 1974 年《各国经济权利与义务宪章》所确立的新的国际法原则，即关于国有化给予适当补偿，要考虑实行国有化国家的法律及该国认为有关的一切情况，而

---

① 费德曼（G. F. Feldman）：《应付海外投资事业面临的新的挑战》（Coping with New Challenges to the Investment Venture Abroad），载《美国商业》1978 年 7 月 30 日，第 5 页。

② 斯坦纳与瓦茨：《跨国法律问题》（1976），第 430 页所引李浩培：《国有化与国际法》，见 Cohen 等所编《人民中国与国际法》（People's China and International Law）（1973），第 720 ~ 727 页。

③ 经塚作太郎等：《（新版）国际法讲义》（1981），第 144 页。

且因赔偿所引起的任何争议，均应由实行国有化国家的法院，依照其国内法加以解决。可见，国家除违反国际法上内外国人平等待遇原则及条约义务外，对国有化及其赔偿问题，不承担国际义务，也不由国际解决。

（3）国家基于政策考虑及两国经济合作和平等互利的原则，在互惠的基础上，可以在两国政府间相互保护投资协定中（如中国与瑞典、罗马尼亚间相互保护投资协定）或关于承认及执行当事人投资协定中，订入国有化及赔偿条款。只有在这种情况下，国家违反协定，才承担国际责任。

（4）关于赔偿范围、标准、支付手段及期限等具体问题，除双边投资协定或投资协议另有规定外，原则上依东道国法律规定实行，但也可参照通行的、合理的国际惯例，如"适当"赔偿等。

2. "有效"（effectiveness）。通常是指赔偿的确切形式（precise form），特别是接受补偿的一方有直接利用的可能性而言。这是赔偿的必要条件，通常又转为赔偿应支付的货币问题，有时又解释为专指用"硬通货"（hand currency）支付。虽然现代倾向于用货币支付作为有效支付的一般形式，但不是唯一形式，在国际判例上，也常见用实物支付之例。

关于用货币作为支付赔偿的手段，也有种种形式。有的用申诉人一方所使用的货币支付，如在温布雷顿（S. S. Wimbledom）一案，国际法院关于德国支付赔偿的终审判决指出："赔偿必须用法国法郎支付，方为有效，因它是申诉人在其财政活动及账目结算中所使用的货币，所以，这种货币应当是赔偿损失的正确支付手段。"[1]

还有用实行国有化国家的货币作为支付手段的。如 1929 年英国希腊间赔偿协定规定，由希腊向英国支付希腊的德拉克马（Drachma）作为赔偿[2]。

---

[1] 《国际常设法院判例集》A，第 1 号，第 32 页。

[2] 怀特：《对外国财产的国有化》1961 年版，第 16 页。

另外，还有其他支付方法，如用一个国家所冻结的实行国有化国家的资产，或以特种资源或其他物资作为支付手段。前者之例，如1951 年瑞士罗马尼亚间赔偿协定规定，双方同意以赔偿总额中的50%，用瑞士银行所冻结的罗马尼亚资金支付。后者之例，如 1948 年波兰法国间赔偿协定规定，双方同意由波兰在一定年限内，向法国输出特定数量的煤，作为支付赔偿①。

虽然，支付是否有效，应根据具体情况而定。如上述最后一例，只在有关国家对输出物资有所需要时，这种协议的支付方法，才对双方有利。故有效这一词的确切含义，不能作抽象理解，只能由当事人双方根据具体情况来解释②。

我国同瑞典王国签订的相互保护投资协定，规定用"可兑换的，而且在缔约国领土间自由转移的货币作为支付手段"，这对双方是切实可行的。

3．"即时"。是指支付的时间，而不是确定赔偿金额的时间。"即时"补偿，指征用之前支付或在征用之后很短时间内支付。如果已确定了适当的利润率，则支付时间可稍推迟，因为权利要求者不致因迟延而受额外损失。有的国内法（如法国民法典第 545 条）规定赔偿必须在国有化之前支付。在国际案件中，国际法院曾使用各种用语来表明"即时"这一概念。如在大卫·哥登堡案（David Goldenberg, Case）中，仲裁员裁定必须"尽快"（as quickly as possible）支付；在挪威求偿案（Norwegien Claim Case），则裁定必须在"适当期间内"（due time）或"合理期间内"（reasonable time）支付③。

---

① 怀特：《对外国财产的国有化》1961 年版，第 205，215 页。

② 克伦福尔：《外国投资的保护》（1972），第 118 页；法托罗斯：《对外国投资者的政府保证》（1962），第 332 页。

③ 联合国《国际仲裁裁定报告》（Reports of International Arbitral Awards），第 2 卷，第 909 页；第 2 卷，第 309 页；道逊（Frank G. Dawsen）与威斯通（Burns H. western）：《即时、充分、有效是赔偿的共通标准》（Prompt, Adeguate and Effective：A General Standard of Copmensation），载《福丹法学评论》（1962），第 30 卷，第 736 页。

事实上，"即时"这一词也难于确切下一定义，因不同情况的不同特点而影响其含义。联合国国际法委员会指出："很明显，关于双方同意支付赔偿的时间限度，必须根据各个案件的具体情况及实行国有化国家的财源及实际支付能力而定。即令是部分补偿，也很少有国家能有充足的经济和财政地位足以即时和完全支付其所许诺的赔偿。"①

根据现时大多数国有化事例，支付期间一般规定可延长到较长年限，从 3 年到 20 年不等。如墨西哥征用美资企业支付赔偿期限为国有化后 4 年到 9 年。波兰对法国资产国有化的赔偿期限为 15 年，对瑞典为期 17 年。匈牙利对比利时因国有化的赔偿为期 10 年。锡兰（斯里兰卡）对外国石油公司国有化赔偿为期 6 年，埃及对苏伊士运河公司前股东赔偿支付期限，从 1958 年到 1963 年②。

此外，国家之间也有就支付赔偿专门签订支付协定，先一次支付较大数额现金，其余额则于若干年内分期偿付的情况。如 1948 年英国南斯拉夫间，1949 年瑞士捷克间，1955 年挪威保加利亚间的支付协定均是③。

总之，"即时"须依各案具体情况，特别是国有化国家实际经济情况及支付能力等，具体协商确其合理期限。

我国同瑞典的相互保护投资协定规定"补偿不应无故推迟"，同罗马尼亚间相互促进和保护投资协定规定支付"不应当不适当地迟

① 阿马多（G. Amador）1959 年在联合国大会《关于国际责任的第四次报告》（Fourth Report on International Responsibility）（A/CN，4/119），第 59 页；克伦福尔：《外国投资的保护》（1972），第 110 页。

② 曼冈（Girade J. Mangone）编：《国际法要论》（1967），第 369 页：法赫（J. Foighel）：《国有化：国际法上外国人财产保护的研究》（Nationalization：A Study in Protection of Alien Property in International Law）（1957），第 127，129，121 页；梅茨格（S. D. Metzger）：《国际法上的财产权》（Property in International Law），载《弗吉尼亚法学评论》，第 20 卷（1964），第 603 页。

③ 法赫：《国有化：国际法上外国人财产保护的研究》（1957），第 121 页。

延"等，也须按周围情况具体确定。

（二）赔偿的评价问题

赔偿的评价（assessment of compensation）是指如何评定财产本身的价值，即关于损失的评价问题，是国有化赔偿的一个重要问题。国有化是近代出现的一个新问题，尚无关于损失评价的国际标准可循，各国评价方法不一。在实际上，无论是国际求偿，抑或是国内求偿，求偿者往往提出过高数额的要求，故在每一具体案件中，关于实际损失的评定①，是有较大困难的。

根据国际惯例及各国实践，在没有国际协定或立法规定的情况下，对财产损失或利益丧失的赔偿，通常是根据征用当时财产的价值或损失发生前后财产的差额来决定。在大多数国有化赔偿案件中，计算损失的方法，一般是根据财产损失当时的价值加上到赔偿为止时的利息，价值是按该财产合理的、公正的市场价值（market value）。根据大多数国家国内立法规定，合法征用财产的赔偿，是根据该财产的市场价值来评定的。这一标准同样适用于国际法。但关于特许协议，用这一标准，就不恰当，因为有关国家契约的国有化措施与个别征用财产不同，带有一般性，而且涉及国家特别利益，往往要影响到国民经济的各个方面，导致东道国经济结构的急剧变化。如根据特许协议所建立的大企业，由于同东道国经济体系内的其他企业相比，有其特殊的地位和规模，通常没有市场价值可资依据，如英伊石油公司，埃及苏伊士运河公司，就是明显的例证，都是无法用市场价值来计算其实际损失的②。

总之，具体评价方法与标准，各国不尽相同，概括起来，大约有下列四种情况：

---

① 如南斯拉夫对美国企业实行国有化时，美方企业提出的求偿总数原来是 148472773 美元，而美国国外求偿委员会核准 18817409.89 美元，两数之差，达七倍之多。这并非个别例外，一般均有此情况。

② 法托罗斯：《对外国投资者的政府保证》（1962），第 317～318 页；克伦福尔：《外国投资的保护》（1972），第 102 页。

（1）按投资者最后申报税款时财产的评价确定赔偿数额。如墨西哥征用土地的赔偿及古巴 1958 年农地改革法采用的方法。

（2）英国在战后关于国有化赔偿的评价方法，是按可得纯收入资本化（capitalization of net maintainable revenue）计算，即按年平均纯收益计算企业的价值。例如国有化的某公司在一定期间每年纯收入平均为 10 万美元，按常规计算，该企业价值应根据其收益估计其资本化的预计收益来计算，如其估计数字为 10%，则该公司的资产价值为 100 万美元。公司如被国有化，则其所有者要求赔偿 100 万美元，即为公正赔偿。

（3）特别对根据特许协议所设立的大规模企业，企业的评价是根据股份资本的股份来评价。这是大多数国家所采取的方法，在一定条件下，是比较公平实适的。虽然企业的股份数量较大，但每股价值较小，故有市场价值可依，如交易所股票价格及行情等。不过由于股票没有永久不变的单一价格，只有一系列不断变动的价格，故选择哪一种价格作为评价企业资产的基础，各国标准，也不相同。按英国国外求偿委员会的标准，则以评价日最近的交易所有效日关闭时的股票行情为准①。

（4）英国国外求偿委员会（British Foreign Compensation Committee—FCC）对东欧国家国有化赔偿所采取的计算方法，主要是根据财产被征用当时有效的保险总值为基础（如 1964 年伊格求偿案 Mary Ernestine Eagle Claim Case）。但由于大多数保单仅仅是根据被保险的建筑物本身价值决定的，故国外求偿委员会一般又加上 10% — 35% 的数额作为包括像地基、场地等未保险部分的价值计入。此外，评定建筑物价值时，又须对已评定的地基价值，乘以一定乘数如 4 或 5，以决定建筑物的实际评价（如 1964 年艾尔顿 Alexander Eldon 案及匈牙利求偿案）②。

---

① 克伦福尔:《外国投资的保护》（1972），第 103 页。

② 李利奇（Richard B. Lillich）:《国际求偿:战后英国的实践》（International Claims: Post-War British Practice）（1967），第 116 ~ 117 页。

总之，各国实践表明，尚难提供一个单一的解决办法，找出一个永久不变的标准，可用于一切情况下确定赔偿数额的计算方法。因为还有其他各种因素，其存在与否、范围、形式乃至质量等，在决定赔偿数额方面，都起着重要的作用，而且每一种因素，在不同情况下，并不完全具有同一作用，故不能总是用同一标准来评价。譬如一个企业的工厂及其财产目录或其原始投资，并不一定是国有化当时决定赔偿评价的适当标准；又公司的资产负债表及其他计算书类，一般说来，也不一定是评价公司资产价值的惟一根据，因为它们的作用通常只具有相对意义，只便于作今后盈亏的对照而已。在现代经济中，这些都不表明也未预计用来表明绝对价值，故不能说明公司财产的价值。至于按最后申报税额为基础，也不恰当，从经济观点上看，也没有理由认为是绝对的评价标准，因为有可能由于投资者意图为支付较低税款，而对其资产虚报价值，除非投资者同东道国一样，都出于诚实信用，持同一标准。按大企业股票价值计算，也非尽善之策，如前所述，股票价值无绝对稳定的市场价格，难于选择最适当的合理价格；而且往往由于选择的日期、交易所及作为其评价依据的行情不同，可能同一情况，竟会产生不同后果，方法相同，而效果则异①。总之，赔偿评价标准，须就具体事件，参照国际惯例，具体协商确定。

至于利息、汇率及折旧（depreciation）的赔偿，如何评价，也是许多国家国外求偿委员会所重视并讨论的问题。根据美国国外求偿委员会（United States Foreign Claims Settlement Commission—FCSC）的办法，利息赔偿的评价，通常是从外国政府接管财产之日起至少到清算之日止计算利息额，其利润率一般可达6%②。

货币，一般原则是，其求偿的价值，先按损失当时的外币计算，然后按求偿权发生时的有效汇率折换为求偿国的货币。

---

① 法托罗斯：《对外国投资者的政府保证》（1962），第318~321页。
② 李利奇与克里斯坦逊（Gordon A. Christenson）：《国际求偿：其准备与实现》（International Claims：Preparation and Presentation）（1962），第86页。

关于折旧的价值计算，是从折旧数字中计算财产的价值。英国国外求偿委员会的计算方法是倾向于采取浮动折旧率，即到折旧之日止，建筑物按1%，机器设备按2%计算。如前述伊顿案（1964年）求偿事件，折旧率按1%计算，直到折旧之日止①。

（三）赔偿的范围问题

赔偿的范围问题是关于直接损失与间接损失的赔偿问题，主要是国有化国家对外国投资者所受的间接损失，有无补偿责任的问题，这是国际法学界及司法实践上的一大争点。

所谓直接损失（direct damage），包含外国投资的所有资本，如工厂、事务所或机器设备，还包括属于企业的一切原材料、物质资本等所受的实际损失。间接损失（indirect damage）包括企业所有的无形资产（intangible assests），如商誉（good will）及利息以外投资者可预期得到的利益的丧失。根据传统的国际法理论，一般认为应区别国有化的违法性与合法性，因合法国有化所引起的损失，仅赔偿其直接损失；反之，因违法国有化所引起的损失，其赔偿还应包括预期利益的丧失及其他间接损失②。其根据是基于资产阶级私法理论，认为合法的国有化行为是不当得利的行为，故赔偿的目的只在于填补外国投资所受的实际损失（damnum emergens）。而违法的国有化行为是属于不法行为，故赔偿的目的，在于恢复原状，即国有化以前的原来状况。故其赔偿除填补实际损失外，还须赔偿投资者可能预期的利益（prospective profit, Lucrum cessance），赔偿带有惩罚性。间接损失的赔偿，包括从最初损失直到现在乃至将来可能发生的一切损失在内③。

如前所述，国有化行为是国家基于公益目的行使其主权权利的行为，并非不法行为，除非违反投资协定或其他国际义务，国际法上并未建立国家对国有化行为负赔偿义务的原则。以资产阶级私法理论上

---

① 李利奇：《国际求偿：战后英国的实践》（1967），第128页。
② 克伦福尔：《外国投资的保护》（1972），第105页。
③ 克伦福尔：《外国投资的保护》（1972），第106~107页。

的不法行为作为赔偿间接损失的依据，据本不能成立。譬如所谓商誉等无形资产和所谓预期利益，不仅国际及各国司法实践，无一定之规。而且，其实际存在的本身及其价值，是依赖于其周围的法律、政治及经济各种条件，任何条件的变化，也会带来其价值本身的变化，其评价是没有确切标准的①，故在适用上有极大困难。简要分别评述于次。

首先，就商誉而言，不仅语义含混，而且标准又不一致，难于作具体评价。国际法院在奥斯卡尔案（Oscar Claim Case）中，认为"企业原来的地位，特别是能保有一定顾客及获利的可能性，在任何情况下，其性质不能认为是一种真正的既得权。因为良好的商业条件及商誉，都不过是一种暂时的状况，要经受不可避免的变化，如运输企业的利益，大多要经受一般商业萧条及其他竞争手段的考验"②，故不承认在赔偿中计算间接损失。美国国外赔偿委员会也持上述论点，拒绝在赔偿中计入商誉损失③。英国国外赔偿委员会虽认为商誉应计算在资产损失之内，但其计算方法和标准，也不一致。如在纽查特阿斯法托公司求偿申请（Application of Neuchatel Asphalte、Co. Ltd）（1961）中，委员会"按 3 年平均利润计算商誉的价值"，但又指出，"如有说服力的证据，可自由采取低于或高于 3 年平均利润的倍数计算"④。但在佛兰西斯伦托求偿申请（Application of Francis Rentoul）（1962）中，则认为应按一般年纯利润的两倍计算商誉的价值。而在另一案件中，如对贝拉鲁伯特哈特瓦尼求偿申请（Application of Bela Rupert Hatvany），则又用另一方法，即按企业价值的 4.35%，或有形资产总值的 10% 计算（如匹鲁兹公司申请案

---

① 法托罗斯：《对外国投资者的政府保证》（1962），第 323 页；克伦福尔：《外国投资的保护》（1972），第 105 页；佐藤和男：《国际投资的法律保护》，1968 年版，第 251 页。

② 国际法院判例集 A/B，第 3 号，第 88 页。

③ 李利奇：《国际求偿：战后英国的实践》，1967 年版，第 120 页。

④ 李利奇：《国际求偿：战后英国的实践》，1967 年版，第 120 页。

Application of Perutz Ltd. 1962）①。

商誉应该认为是一个极为复杂多变的因素，不能认为是可以离开其所属企业的一种独立的财产权，更不能认为是企业所有的一种既得权。决定一个企业的市场价值，固有多种因素，但其中商誉在计算赔偿方面是极少实际意义的②，往往因为条件的变化，会同时减少甚或完全消除商誉等无形资产的价值，故不应计入赔偿之内。

其次，关于预期利益，向来争论较多。传统学说认为违法的国有化是不法行为，应赔偿预期利益，国际法院在以前许多案例中，原则上认为国有化国家应负赔偿预期利益丧失的责任。特别认为在经济特许协议情况下，赔偿预期利益更为重要。其理由是特许协议对外国投资者的价值，正在于他期望在契约期间内可以获得的利益，契约本身的存在即表明预期利益的存在。因不法违反契约的行为，致投资者丧失其在契约存续期间内可能得到的利益，故应予赔偿。但由于预期利益难于确定，必须证明其所丧失的预期利益是契约的直接结果，而不是遥远的推测③。至于其关系的远近，又必须证明下列两点：其一，须有直接的密切的因果关系，即其所失利益必须是违反契约的不法行为所直接产生的结果，而不是其他外部无关重要的原因所引起的。换言之，要能充分证明其所指控的行为，在通常情况下均可能阻止外国人所取得的利益。其二，其利益必须在双方当事人合理预料之中。正如在舒费德求偿案（Schufeldt Claim Case）中所指出的，"这种利益必须是契约的直接结果，而且可以合理地推测契约当事人双方对一切违反契约可能产生的后果，是在其预料之中的"④。美国委内瑞拉混合赔偿委员会在蒂克斯案（Dix Case）中引用"直接因果关系原则"

----

①　李利奇：《国际求偿：战后英国的实践》，1967 年版，第 120 页；克伦福尔：《外国投资的保护》（1972），第 105 页。

②　法托罗斯：《对外国投资者的政府保证》（1962），第 322 页；克伦福尔：《外国投资的保护》（1972），第 105～106 页。

③　克伦福尔：《外国投资的保护》（1972），第 106 页。

④　联合国：《国际仲裁裁决报告》（Reports of International Arbitral Awards），第 2 卷，第 1099 页；克伦福尔：《外国投资的保护》（1972），第 107 页。

（the principle of proximate causality）时指出："政府同个人一样，只对其行为的直接的自然的结果负责，国际法和国内法都认为在没有故意侵害的情况下，不对由于远因所产生的后果（remote consequense）负赔偿责任①。当然，在某些情况下，是否应赔偿预期利益，其关键在于举证责任问题。"

此外，国际法院还用另一种方法计算预期利益，即在受害企业契约未满期间内，以相同企业在此期间内可得的利益为标准计算预期利益。如在挪威求偿案（Norwegian Case）中，仲裁法院指出："公正赔偿所指的完全恢复原状，并不是根据美国或其他国家未来的收益所得，而是基于挪威所有人同其他财产所有人相比，在同样情况下所丧失的利益。"②

但是，国际法院的实践，并不能对这一问题提供更多的有力论证和指导原则，并在各方面受到指责，近时一般已倾向于反对意见。

我们认为赔偿预期利益或丧失利益的观点，无论在理论上和实践上均难于成立，难于实现。

首先，在理论上是以资产阶级私法中的不法行为为基调，把合法的国有化主权行为视为违法行为，其出发点是错误的，已述于前，不再赘论。

其次，证之国际惯例，最近倾向是，因国有化影响契约的权利（包括经济特许协议在内），仅限于补偿已受的实际损害，而且大多是部分补偿，更谈不上填补所失的未来利益，也不承担这种补偿责任。如埃及政府对苏伊士运河公司的国有化，在赔偿谈判中，公司股东代表即放弃该特许协议剩余期间内可获得利益的索赔请求权③。又美国国外求偿委员会也认为关于预期利益的求偿权，一般说来，在国

---

① 联合国：《国际仲裁裁决报告》，第9卷，第121页。
② 联合国：《国际仲裁裁决报告》，第1卷，第155页。
③ 法托罗斯：《对外国投资者的政府保证》（1962），第324页；克伦福尔：《外国投资的保护》（1972），第108页。

际法上是不允许的，也否认根据预期利益的求偿部分①。

再次，预期利益的计算，在技术上困难很多。所谓丧失的利益，实质上是遥远的、推测的，随情况变化而变化，往往无法从客观上加以确定。上述国际法院列举的两条标准，仍属空洞，而且涉及举证责任等一系列问题，无补实益，反而导致争议和困难。如上述英伊石油公司国化案，如按契约剩余期间计算所失利益，其数额之巨，就远远超过企业的最初投资额、工厂设备及企业所属其他资产的总和，显然极不合理，事实上无法填补。而且在一切带有根本性的经济和社会变革的情况下，赔偿预期利益所支付的代价，实质上必将导致阻碍国有化的结果。正为奥姆斯台德（Cecil J. Olmstead）所指出的："如果赔偿包括预期利益在内的损失，势将对国有化造成极大阻碍，将使国有化国家在经济上不能有任何所得，这样，国有化就毫无意义了"②。

---

① 李利奇：《国际求偿：战后英国的实践》（1967），第121页。

② 阿姆斯台德（C. J. Olmstead）：《外国人财产权，特别是属于同国家所订协议中的外国人财产权的国有化问题》（Nationalization of Foreign Property, Particularily Those Object to Agreements with the State），载《私人外国投资的法律保护论文选集》（Selected Readings on Protection by Law of Private Foreign Investment）（1964），第232页。

第六章 国际投资争议的处理

正确处理投资争议，是调整国际投资环境的一个重要措施。有国内法制度，也有国际法制度。在处理投资争议的途径和方法上，有政治手段，也有法律手段，有国内法上的救济方法，也有国际法上的救济方法。

由于国际间私人直接投资问题，涉及不同国家的自然人和法人及其他经济实体之间的关系，特别如某些形式的经济特许协议，还涉及私人投资者同外国政府间的关系。在资本输出国同资本输入国政府间订有双边或多边投资鼓励与保护协定的情况下，还涉及政府间的关系。所以，解决投资争议问题，往往因关系不同，采取的途径和方法也不相同。特别是长期来国际间处理国际私人投资争议问题，尚无专设的法律机构，比之单纯解决国内争议，或政府间的争议，尚未形成制度化，较难统一，以往虽一般纳入国际商事仲裁体制中加以解决，但也不能完全适应国际投资的特点。随着国际私人投资的增长，投资争议日益增多，自60年代以来，在国际间针对如何正确处理投资争议，提出了种种设想和倡议，要求建立统一的法律制度，使争议得到满意的解决，以克服长期来存在的矛盾。

关于解决投资争议的途径，向来有两种手段，即政治手段与法律手段，国内解决与国际解决。

第一节 投资争议的政治解决

通过政治途径解决投资争议，有斡旋、调停与外交保护。

一、斡旋与调停

通过政治途径解决投资争议，最早最常见的是斡旋（good office）和调停（mediation）。前者是争议当事人以外的第三者，斡旋于当事者之间，仅仅是提供当事人和平协商解决的机会，促使其达成协议，解决争议，但不进行介入。如 1948 年波哥大条约规定，美洲各国间的争议，由美洲各国的第三国市民（an eminent citizen）进行斡旋。后者，第三国或国际机构以调解人身份，直接参与当事人间的协议，调整当事人间的意见，提出解决条件，以求达成解决争议的协议，比之斡旋，能提积极意见。在理论上两者虽有区别，但在各国实践及国际惯例上，并不严守其区别，两者的作用已逐渐融合起来①。

根据 1889 年《和平解决国际争议海牙公约》（1907 年修订），斡旋与调停都只有劝告的性质，对当事人没有拘束力（第 6 条），当事人不受法律形式上的约束，但也不应忽视其在国际实践上能起相当重要的作用。譬如在投资争议上，往往由于调停者的实力和威望，也能收一定实效。如 1956 年苏伊士运河公司国有化事件，英、法、阿联（埃及）三国要求世界银行出面斡旋，即达成了三国间解决投资争议的协议②。又 1960 年 4 月在世界银行斡旋下，日本同法国政府就东京都五分利债权事件，关于原本与利息问题之争，也得到了重新协商解决的结果。③

二、通过外交保护权解决争议

通过投资者本国政府行使外交保护权，或同东道政府进行外交谈判，或提起国际诉讼以求解决投资争议，以往曾有不少事例。但这一

①　佐藤和男：《国际投资的法律保护》（1968），第 182 页。

②　劳特派特（H. Lauterpacht）：《苏伊士运河争议的解决》（The Suez Canal Settlement），载《美国国际法杂志》（American Journal of International Law），第 54 卷，第 498 页。

③　佐藤和男：《国际投资的法律保护》（1968），第 183 页。

途径，无论从政治上或法律上来看，都存在不少问题。特别是 60 年代以来，像美国等发达国家，往往片面地追求本国海外投资者利益的保护，蔑视东道国主权和法律，滥用外交保护权，从而导致国家间不断的纠纷，遭到发展中国家普遍反对。一般说来，运用外交保护权作为解决投资争议的手段，已经过时了。

依国际法原则，一国的国民在他国领域内，原则上应服从该所在国的管辖，受所在国国内法的适用，其身体和财产也应由所在国给以一定保护。当受到不法或不当侵害时，也应依所在国国内法的规定，寻求司法或行政的救济。只有依此而得不到救济时，本国政府为保护其国民利益，才能以所在国为对方，通过外交途径，行使外交保护权，寻求适当救济①。所以，作为解决投资争议手段的外交保护权，只在一定条件下才能行使。

行使外交保护权，必须受下列条件的限制。

1. 国籍继续的原则。指：（1）仅仅是投资者本国才能行使外交保护权；（2）投资者在争议事件的始终须具有同一国籍，即个人和国家始终要具有国籍的联系。因此，投资者受损害当时虽具有本国国籍，但以后丧失其国籍；或受本国外交保护当时有本国国籍，但受损害当时并不具有本国国籍；或受损害当时及行使外交保护时，虽有同一国籍，但中途曾一度丧失其国籍者，都不能享受外交保护②。对于无国籍者，任何国家均不能行使外交保护权。具有双重国籍者，一方国籍国为投资者的所在国，他方国籍国不得对该所在国行使外交保护权。双重国籍的本国的任何一国同所在国不同的，则该所在第三国对该具有双重国籍的投资者作为仅有一国国籍的投资者看待，只承认其"常住的主要住所国或事实上同该个人关系最深的国家"，为其国籍国，可以行使外交保护权③。关于国籍继续原则的适用，在国际法院

---

① 杉山茂雄：《国际法纲要》，上卷（1981），第 187～188 页。
② 杉山茂雄：《国际法纲要》，上卷（1981），第 188 页。
③ 见 1930 年通过，1937 年生效的《关于国籍冲突中某些问题的条约》第 4 条，第 5 条。

已有不少案例援用①。这一限制有利于防止大国滥用外交保护权。

2. 用尽当地救济原则。如前所述，根据公认的国际法原则，一个国家不能代表本国国民向外国提出要求，除非该国民已根据所在国国内法用尽可能利用的救济手段（司法的、行政的），而得不到救济。故行使外交保护权又须受这一原则的限制。其主要理由是出于国家的公共利益，如果有其他方法足以解决争议，尽可能避免不必要的国际冲突②。

3. 卡尔沃主义及卡尔沃条款。如前所述，拉丁美洲国家坚持卡尔沃主义，在投资协议中订有卡尔沃条款，投资者放弃寻求本国政府外交保护者，这时行使外交保护权也受到一定的限制。

通过外交保护权解决争议，还须受其他条件的限制。外交保护权本身具有国家的性格，投资者本国一经提出外交保护权，就不是作为私人投资者的代理人，代表私人对东道国求偿，而是国家作为国际法主体，行使国际法的权利，则原来属于投资者个人的求偿权，就转化为国家本身的权利，转化为以东道国为对方的政府间的国际求偿，一旦提出国际诉讼，则国家就成为唯一的原告（马弗洛马梯斯案Mavromatis case）③。如果属于索赔争议，从对方国所得到的救济（如支付赔偿），并不一定对本国投资者补偿其损害。尽管一般从内部是对投资者的损失予以补偿的，但从法理上讲，国家并无此义务。再者，由于外交保护权的国家性质，使私人投资争议化为政府间争议，如果东道国在投资关系上，未违反条约义务及其他国际义务（如拒

---

① 常设国际法院在潘内维兹·沙都斯梯斯基斯铁路案（Panevezys Saldustiskis Railway Case）判决中指出，"在无特别合意的情况下，国家对个人赋予外交保护权的唯一根据，是个人同国家间的国籍这一纽带"（P. C. I. J. Series A/B No. 76）；皆川洸：《国际法判例辑要》，第184页。又国际法院在诺特波姆案（Nottebohm Case）中，也表明同样旨趣（I. C. J. Reports, 1953）。

② 克伦福尔：《外国投资的保护》（1972），第124页；太寿堂鼎：《国内救济原则适用的界限》。载《法学论丛》，第76页，第12页。

③ 《国际法院判例集》，A卷第2号，第12页；克伦福尔：《外国投资的保护》（1972），第127页。

绝司法、差别对待等），根据过去国际法院不少案例，通常是不作为国际诉讼来受理的，也否定了外交保护权的效力，而仍委之于国内法程序解决。如1951年英伊石油公司国有化、1956年埃及苏伊士运河公司国有化等争议，虽都诉诸国际法院及联合国安全理事会，但都未产生直接而有效的结果①。此外，一个国家在私人国际投资关系以及其他国际私人经济交往上，是否行使外交保护权，还须考虑两国关系及对外政策的影响等因素。

总之，从国际实践来看，有效的、正常的解决投资争议的方法，不是政治解决手段，而是谋求法律解决的手段。

第二节 投资争议的司法解决

司法解决是指通过法院，运用司法程序予以救济，是狭义的司法救济（judicial remedies），不包括广义的准司法救济（如仲裁程序）。作为一种重要的解决争议的法律手段，有国内法的救济手段与国际法的救济手段。

一、国内司法救济与国家主权豁免问题

基于公认的国际法原则——国内救济原则，关于国际私人投资争议的法律解决，首先应考虑的，是国内司法解决，外国投资者向东道国法院起诉请求救济，这是外交保护权的前提条件。不少国家外资法也明确规定，关于投资争议在当事人间没有协议采用仲裁解决时，可向当地法院提起诉讼。但国内司法救济不限于此，投资者也可向本国法院或第三国法院申诉。在这种情况下，如果作为投资争议的被告一方是东道国政府（外国投资者同东道国政府间投资协议所产生的争议），在国际法上就产生了国家司法豁免权（Jurisdictional Immunity of State），又称国家豁免（State Immunity）或主权豁免（Sovereign

---

① 克伦福尔：《外国投资的保护》（1972），第127～128页。

Immnnity）问题。

关于国家司法豁免问题，从其发展来看，有两种理论和立法态度。一是绝对豁免原则，一是有限豁免原则。绝对豁免原则是一项普遍的国际法原则，认为主权国家不受任何外国法院对它的管辖和审判。主权国家在外国法院可以作为原告提起诉讼，但不能作为被告而受审判，其财产也不受所在国法院的执行。主权国家及其财产的司法豁免，是一个国家主权所固有的属性。"基于这一原则，国内法院在适当情况下，被排除对外国政府的司法管辖"①。因而，一个外国投资者因东道国征用其资产而受损失，固然可以向本国法院起诉，以外国政府为被告，以该外国在其本国的财产为标的，要求法院判决以该国财产抵充赔偿。但基于国家及其财产豁免原则，本国法院则被排除管辖，不能受理。国家豁免权观念，早在 13 世纪时即已提出，是"平等者间无管辖权"（par in parem non habet imperium）这一原理的体现，是国家主权平等原则的当然结论。如果国家受外国法院的审判，实有害于国家的尊严和独立，国家的行为如果可以被外国法院所否定，这是对国家权力的否定，势将有害于国家独立地决定自己的行动。再则，如果允许一个国家的司法机关可以对外国政府行使司法管辖权，则其行政机关就不可能维持其圆满的外交关系，更何况即使行使审判权，其判决通常也不能在外国得到执行。所以，除非国家自愿放弃这种司法豁免权，其他国家的法院是不能行使司法管辖权的，这一原则早为各国所公认。美国早在 1897 年安德希尔诉赫南德茨（Underhill v. Hernandez）一案中，最高法院宣示："每一个主权国家有尊重所有其他主权国家独立的义务，一个国家的法院对另一个国家政府在其本国领土内所为的一切行为，无权审理。由于国家行为所造

---

① 威尔逊：《国际商业交往》（1981），第 298 页；克伦福尔：《外国投资的保护》（1972），第 125 页，1867 年化学资源公司诉委内瑞拉案（Chemical Natural Resource v. Republic of Venezuela Case）。

成的损失，其救济只有通过两国主权权力间可能接受的方法得到解决"①。

但是，随着国际经济交往的发展，特别是国家直接参加经济与商业活动日益增多，从本世纪三十年代起，逐渐出现了另一种倾向，在理论上和实践上乃至立法上，从绝对豁免原则趋向有限豁免原则。认为国家行为应区别为公法的或主权行为（acta jure imperii）与私法的或事务行为（acta jure gestionis），前者可允许司法豁免，后者由于国家参与经济和商业活动，与个人或法人地位，并无不同，不属于主权行为，其行为不属于司法豁免的对象。否则，将使同外国政府发生经济和商业关系的个人处于不平等的地位，实不足以保护个人的权益②。1932年《国内法院关于外国国家权限哈佛公约草案》（Harvard Draft Convention on Competence of Courts Regard to Foreign State）第11条规定了国家从事工业、商业、金融业及其他企业活动都排除在司法豁免权之外。美国在1962年"古巴国家银行诉萨巴迪罗案"已从绝对豁免原则开始转向有限豁免原则。原来美国纽约州联邦上诉法院已受理此案，并判决古巴国有化有差别待遇，违反国际法。1964年该案上诉到美国最高法院，最高法院根据国家行为理论（Act of State Doctrine），撤销原判，认为在没有条约或其他协定的情况下，美国法院不能审讯一个为美国所承认的主权国家在其领土内取得财产的行为，将原案发回联邦地方法院，不予受理。最高法院这一判决引起了国会的强烈反对，也引起美国法学界的极大注意。并于1964年对外援助法进行修订，提出了希堪卢泊修正案，又称"萨巴迪罗修正案"，否定了最高法院的判决。该修正案指出，美国法院不能根据国家行为理论，对当事人因外国没收行为提出权利要件的案件拒绝裁

---

① 《美国最高法院报告》（United States Supreme Court Reports）158 (1897)；威尔逊：《国际商业交往》（1981），第284页；斯坦纳与瓦茨：《跨国法律问题》（1976），第683～684页。

② 太寿堂鼎：《国家司法豁免权》，载《法学教室》1983年第1期，第38～39页。

判，除非美国总统基于美国对外政策的需要，决定并通知法院适用这一原则①。1976 年制定颁布了《外国主权豁免法》（Foreign Sovereign Immunity Act），正式从法律上肯定了有限司法豁免原则。其他欧洲国家中，如意大利、比利时及瑞士、希腊等国，也趋向于有限豁免原则②。

但是，应该指出，国家豁免原则是来源于国家主权的平等性和独立性，而不是来源于或取决于国家行为的性质。从国家行为的性质来看，只有一个目的——维护公共利益，因而国家的行为都是主权行为。在现代国家，强勉区分为公法职能与私法职能，或所谓主权行为与事务行为，不仅越来越无意义，而且事实上也不可能把两者分割开来。国家的经济活动、商业行为，看来是属于"私法"行为，但实质上最终是同军事、外交、立法、行政、司法等有关权力的行使紧密相关的，决不应从形式上机械地分割为独立的"私法"行为③，应当尊重主权的不可分割性。有限豁免原则在法理上并无充分根据，只不过反映经济大国在对外经济关系上，维护自己利益的需要而已。再者，管辖豁免与执行豁免，并不是一回事。根据国际惯例及各国实践，即令实行有限豁免原则，即令外国政府声明放弃管辖豁免权，但一国国内法院对在本国境内的外国国家财产，也应予以尊重，除非该国有明示的同意或书面同意，否则，在任何情况下，也不得采取强制执行或其他保全措施，这在 1972 年《欧洲国家豁免公约》中已有明文规定。因为对外国国家财产的强制执行，更有害于外国主权的活动，直接影响国家间的外交关系，不能不慎重对待。从目前情况看，国际上多数国家都承认并实行绝对豁免原则，至于国家在不同情况

----

① 亨金（Louis Henkin）等：《国际法——案例与资料》（1980），第490 ~ 499 页；斯坦纳与瓦茨：《跨国法律问题》（1976），第 691 ~ 707 页；克伦福尔：《外国投资的保护》（1972），第 125 页。

② 佐藤和男：《国际投资的法律保护》（1968），第 187 页。

③ 太寿堂鼎：《国家司法豁免权》，载《法学教室》1983 年第 1 期，第 39 页。

下，以不同形式，放弃司法豁免权，则是另一回事，主要是在坚持主权原则下，着眼于协调正常的国际经济交往而已，并非对主权的放弃。

总之，在投资争议的国内司法解决问题上，受诉国法院如何对待外国政府司法豁免权的态度，事实上不单纯是一个法律问题，而且往往直接涉及"政治问题"、"对外关系问题"乃至"国际礼让"问题，现在国际间正努力通过双边或多边条约，在相互尊重主权的基础上，根据国际经济交往中平等互利的原则，谋求协商一致的解决①。但也应该指出，正由于各国立法不一，态度不一，所以，通过国内司法程序解决投资争议的手段，仍有一定的局限性。

二、国际法院救济与个人出诉权问题

国际私人投资争议，是否可寻求国际司法解决，即私人投资者是否可以东道国为被告，向国际法院提起诉讼，这首先取决于个人是否具有国际法主体的资格，有无出诉权的问题。这在现代国际法理论上也有争论。从现行国际法制度上看，固然也有少数情况承认个人在国际司法机关有出诉权，如 1907 年中美洲五国设立中美洲法院（The Central American Court of Justice）条约第 11 条规定，承认法院有权审理缔约国国民以他缔约国为被告提起的诉讼（到 1918 年该院废置时止，已审理个人控诉国家的案件 5 件）；1919 年凡尔赛条约第 297 条规定，同盟国国民对其在战时敌国领域内所受的财产损失，在条约所设立的混合仲裁法院中有出诉权（实际上处理了上万件申诉）；又根据 1951 年欧洲共同体三条约（煤炭铁矿、经济、原子能）设立的欧洲共同体法院也承认个人和企业的出诉权②。但从国际法的基本原则和基本体制来看，国际社会的构成是以国家为主体，国际法并不对个人直接赋予权利和义务，而是对国家赋予权利和义务。联合国国际法

---

① 威尔逊：《国际商业交往》（1981），第 298 ~ 299 页。
② 杉山茂雄：《国际法纲要》，上卷（1981），第 180 ~ 181 页。

院（包括其前身国际联盟时期的常设国际法院）规约第 34 条已明确规定，仅仅国家才能在国际法院成为诉讼的当事人，原则上不承认个人在国际法院有出诉权，只在有特别条约规定下，才作为例外而存在。故一般投资争议要求向国际法院申诉的当事人，只能是国家，而不是个人。如 1929 年塞尔维亚国债案（Serbian Loans Case）、巴西国债案（Brazilian Loans Case）中，法国债券持有者的要求，是通过法国政府分别以塞尔维亚政府、巴西政府为被告，向国际法院起诉的。其他如 1924 年马弗洛马梯斯案（Mavrommatis Case）和 1952 年安巴蒂克罗斯案（Ambaticlos Case），都是通过希腊政府，以英国为被告，向国际法院起诉的[1]。英国伊朗石油公司国有化的争议，也属此。

关于投资争议的国际司法解决，不仅涉及个人出诉权问题，而且涉及争议的法律关系的性质问题。投资协议尽管一方是国家，如果国家不违反条约（双边投资保证协定）或其他国际义务，并不承担国际责任。投资者本国即令向国际法院申诉，国际法院也因其投资协议只产生东道国同外国投资者间的权利义务关系，不引起国家间的权利义务关系，投资争议属于国内法范畴，而不予受理。此类案例不少，如前述塞尔维亚国债案、英伊石油公司案等均是。所以，解决国际私人投资争议，利用国际法院司法程序，也是比较困难的。

关于国际法院的管辖权及个人出诉权问题，在理论上曾有人提出批评，认为有改革体制的必要（如劳特派特）[2]，但由于牵涉国际法

---

① 佐藤和男：《国际投资的法律保护》（1968），第 189 页；克伦福尔：《外国投资的保护》（1972），第 129 页。

② 1954 年国际法学会（Institut de Droit International）讨论国际法院规约修改时，劳特派特曾评论说："关于规约第 34 条的问题，应该考虑是否还必须维持现在的形式，值得深思……除了坚持某种传统的思想方法外，我们有充分理由可以提出质询，为什么国际法院不能审理以国家为当事人一方的有关国际法问题争议的案件——如果国家已同意将该案交付国际法院管辖的话。"载《国际法学会年刊》第 40 卷（1954），第 538 页。

院规约的修改，最后还牵涉联合国宪章的修改，目前是难于实现的①。

第三节　投资争议的仲裁解决

一、仲裁制度的特点

用仲裁方法解决国际争议，由来已久，是一种行之有效的合理的法律手段。运用仲裁程序解决国际投资争议及其他商事争议，经过长期实践，已逐步制度化、国际化。无论是临时仲裁（adhoc arbitration）的安排，或常设仲裁（institutional arbitration）的制度化，作为一种处理商事及投资争议的法律手段，是能使双方得到公平而满意的解决的。因为仲裁制度，始终贯彻当事人自治的原则，通过争议双方的协商一致，选任自己相信的仲裁人，组成仲裁庭，基本上根据当事人同意选择的法律、法律原则或其他法律规范，作出裁决，当事人是能自愿遵守并执行的。同主要基于政治性质的斡旋和调停相比，其裁决有终局性，具有法律效力，对当事人双方均有拘束力。同司法救济相比，更具有不少优点：（1）近代经济的国际交往，特别是国际投资，大多是跨国的经济活动，利用国际仲裁程序，既可回避国际诉讼管辖权及个人出诉权等困难，又可避免国外诉讼程序中国家主权豁免及国家行为理论等障碍，较易获得解决。（2）利用仲裁程序，比之复杂的司法程序，简便、灵活、迅速，不受严格法律程式的拘束，时间、精力、费用，都花费较少；特别是在运用仲裁程序中，力图避免争议公开化，更为争议双方所乐于接受。（3）仲裁人、仲裁地，均由当事人协议，自由选择，特别是在选择法律的适用方面，更具有其他程序所不可及的优点。各国法制，尽管有小而至于各国立法之异，大而至于英美与大陆两大法系之别，甚至资本主义法制与社会

---

① 克伦福尔：《外国投资的保护》（1972），第129页；佐藤和男：《国际投资的法律保护》（1968），第189页。

主义法制的根本对立，但利用仲裁制度，当事人双方既可事前协议选择（如投资契约及其裁仲条款），也可事后合意选择其适用的法律，可以解除当事人对适用法律上感情的对立和不必要的争执。而且仲裁制度上在适用法律上并不拘泥一格，从国内法到国际法，从具体法制到一般法律原则，可依情况不同，而自由选择，能沟通不同法制的鸿沟，调和不同法制的矛盾。所以有人称之为"法律的世界语"（legal Esperate）①，也有人称之为"跨国的仲裁法院"（Transnational Arbitration tribunal）。这就是说，仲裁制度贵在能有效地处理跨国法律问题。（4）仲裁在技术鉴定上具有优于一般诉讼的特点。大多数商事争议包括投资争议，不仅仅是法律之争，还包含有不少事实之争，而事实之争，往往又是解决法律争议的前提。仲裁人中除要求精通法律者外，还要求有对贸易、商业、工业、技术等方面具有专门知识和经验丰富的专家，他们大多比法学家更能对争议的事实作出正确的鉴定和评价，能为准确解决法律争议提出可靠的依据。

二、仲裁条款与仲裁协议

投资争议，特别是一方为国家，一方为私人投资者的争议，并非当然交付仲裁。由于仲裁制度的特点，在于尊重当事人双方的合意和自由选择仲裁程序，除有的国家用法律规定解决投资争议的地点保留在国内法院，或尽可能保留当事人自己所选择的仲裁程序外，最近一般倾向于在投资契约或协议或双边条约中订入仲裁条款。但不管任何形式，投资争议仲裁程序的开始，以当事人间（事前或事后）的仲裁协议为前提条件。

（一）国内投资法关于仲裁的规定

不少国家的外资立法中，都有关于争议用仲裁方法解决的规定。如希腊外资法规定，希腊政府同外国投资者间因根据本法所发出的批准书，在解释和适用上所引起的一切争议，均用仲裁方法解决。阿富

---

① 克伦福尔：《外国投资的保护》（1972），第 139 页。

汗外资法规定，由于外国投资国有化赔偿所引起的争议，均交付仲裁解决。利比亚石油法规定，所有经济特许协议都必须订入仲裁条款，依仲裁程序解决争议。阿尔及利亚 1958 年撒哈拉石油法典，也有同样规定。我国《中外合资经营企业法》规定，合营各方发生纠纷，董事会不能协商解决时，由中国仲裁机构进行调解或仲裁，也可由合营各方协商在其他仲裁机构仲裁（第 14 条）。

（二）经济特许协议的仲裁条款

在经济特许协议中，通常都订入仲裁条款，并一般规定了详细的仲裁程序。如 1954 年伊朗—国际财团协议（Iran-Consortium Agreement）第 44 条规定，双方争议首先通过友好协商办法解决，协商无效时，则建立混合仲裁委员会，用仲裁方法解决，并规定了仲裁程序。协议把技术或财务会计方面的争议，同一般争议区别开来，属于前者的争议，根据当事人的合意，推选 1 名或 3 名专家组成仲裁团裁决，三名专家由各方推选一人，第三名则由双方共同选任。如对交付专家仲裁，不能达成协议，或争议性质属于一般法律问题的，则按照一般程序，由各当事人先推选同等数额的仲裁人，再由各仲裁人共同推选第三人任裁判长。对于第三人的人选如不能达成协议，基于当事人任何一方的请求，由国际法院院长或副院长指定。国际法院院长或副院长未进行指定时，可依次请求瑞士联邦法院院长，或丹麦、瑞典、巴西等国最高法院院长任命。伊朗—国际财团协定所规定的仲裁条款格式，以后为中东国家石油开发协定所普遍采用。但 1963 年及 1964 年阿联同泛美石油公司间的协定，则采取不同途径解决争议，区别特许权者（concessionaires）同政府间的争议和特许权者同埃及通用石油公司（Egyptian General Petroleum Corporation，EGPC）间的争议。前者关于协议解释及适用的争议，应提交有管辖权的阿联法院处理，后者，则应交付仲裁。如当事人未指定仲裁人，或者已选出的两个仲裁人不能选出第三仲裁人，则申请国际商会仲裁法院予以指定，仲裁应在瑞典斯德哥尔摩举行①。

在经济特许协议中订有仲裁条款，即表示作为当事人一方的国家放弃主权豁免权。1957 年密尔通轮船公司诉法国财政部法律代表（Myrtoon Steamship Co. *v.* Agent judiclare du Trésot）一案，被告法国政府主张"国家根据其本身的主权性格，不能服从根据法国国内法的仲裁，因而，法国政府同私人公司所订契约中的仲裁条款没有法律拘束力"，法国政府享有管辖豁免权。但巴黎控诉院认为"这种主张不能适用于国际契约，对国家来说，拒绝承认依国际贸易惯例解决争议的方法，并非国家利益之所在"，驳斥了本案主权豁免的主张。

其他一般契约中，通常也多订有仲裁条款。

（三）条约规定的仲裁条款

在国际投资关系上，为有利于处理投资争议程序上的纠纷，往往在双边投资保证协定中订入仲裁条款，关于仲裁地、仲裁程序、仲裁人选定、仲裁机构的组成，特别是仲裁适用的法律等，都在协商基础上，作出明确规定。但大多未进入国际仲裁，原则上在所在国进行仲裁或在第三国进行仲裁。

随着国际经济交往及私人国际投资的发展，投资争议的仲裁已逐步走向国际化，力图通过多边条约建立国际仲裁机构和仲裁程序。如 1889 年及 1907 年两次海牙会议所制定的《和平解决国际争端公约》，1928 年日内瓦《和平解决国际争端总协定》，1932 年《国际商会仲裁院及仲裁规则》，1958 年联合国国际法委员会第十届会议制定的《仲裁程序示范规则》，以及 1966 年世界银行倡导并通过的《关于解决国家和他国国民间投资争议公约》等，均订有关于仲裁程序的条款。除此以外，还有地区性的仲裁公约，如 1961 年欧洲经济委员会的《国际仲裁欧洲公约》，1966 年亚洲及远东经济委员会国际商事仲裁规则，经互会国家 1972 年通过的用仲裁方法处理经济、科学和技

---

①　卡丹：《中东及北非的石油特许协议法》（The Law of Oil Concessions in the Middle East and North Africa）（1967），第 146 页；克伦福尔：《外国投资的保护》（1972），第 137～138 页。

术合作关系所引起争议的莫斯科公约等等。

三、仲裁适用的法律

法律选择（choice of law）或法律适用（application of law）是仲裁程序中的关键问题。不论采取哪种形式的仲裁，都有一个选择什么法律，适用什么法律，来进行裁决的问题。国际私人投资，至少涉及两个以上国家的法制乃至国际法规范、国际惯例、国际法原则等。由于各国法制不一，国内法制和国际法制也不尽相同，要在现行法制中选择一种法律，作为仲裁的准据法，既使投资者和资本输入国双方都能接受，又能公平合理地解决投资争议，至为重要，这关系到国际私人资本的流动和国际经济合作的发展问题①。

关于法律的选择和适用，包括程序法问题和实体法问题。程序法的选择，原则上适用仲裁地仲裁机构的仲裁规则。实体法选择，指适用什么法律作为契约的准据法，在理论上，各国立法、国际立法以及仲裁实践上，有种种选择。以下简述关于实体法的选择和适用问题。

（一）国内法

一般认为，凡不是以国际法主体资格所订立的任何契约，均属于特定国家国内法范畴（包括冲突法规在内）的国内法契约（见塞尔维亚国债案）。这一理论同样适用于投资契约及经济特许协议。特许协议是国家同一个非国家实体（non-state entity），即外国私人投资者的契约，至于不同国家私人间的投资契约，更不用说，都是属于国内法范畴。所以，一个仲裁法院考虑适用的法律时，当然首先以国内法作为仲裁的准据法。所谓特定国家的国内法，可以是东道国的法律，也可以是投资者本国的法律（资本输入国法律），还可以是第三国的法律。有三种选择：

1. 东道国法律（资本输入国法律）

---

① 捷利安：《投资契约与仲裁——世界银行处理投资争议公约》，第20页。

选择东道国法律作为处理投资争议仲裁的准据法，有两个理由。其一，因为投资契约与东道国具有最主要的联系，投资及其活动都在东道国领域内进行，并包括在东道国经济开发及有关经济活动的整个进程中。再者，订立投资契约的一方为东道国政府（经济特许协议），契约订立及其实行的地点，主要是在东道国，契约一般是依东道国法律订立并经东道国政府批准而生效，仲裁法院应根据契约地的法律，来决定契约的效力及解决有关契约的争议，这是一般公认的原则①。也有少数学者认为，只有当投资契约中未载明处理契约争议选择法律适用条款时，仲裁才适用东道国法律②。当然，这是符合当事人意思自由原则的。

其二，由于投资者签订投资契约这一事实，一般可推定投资者已同意仲裁接受东道国的管辖及适用东道国法律。这就是发展中国家法学家所主张的"推定同意论"（presumed consent of the investor）。投资者在东道国进行投资的本身通常已默示同意有关契约各个事项，包括投资争议的处理，应适用东道国的法律及其管辖。有的学说也指出，完全可以合理地期望一个普通商人会使自己熟习其将进入商业活动的对方国家的法律。投资者既已自愿进入该国商业活动领域，当然也同样自愿同意接受适用于该国商业活动的现行法制。所以，投资者自愿选择同一个国家订立经济特许协定，并成为协议之一方，除非协议中特别订明适用其他法律，应当推定其自愿接受东道国法律管辖，

---

① 克里（St. L. Kelly）：《当地法规与法律选择过程中的不同研究方法》（Localizing Rules and Differing Approches to the Choice of Law Process），载《国际法与比较法季刊》，第 25～51 页；海德（J. N. Hyde）：《经济开发协议》（Economic Development Agreement），载《法学教程》（Recreil des Cours），105—1 号（1962），第 292～293 页。

② 梅因（F. A. Mann）：《国家契约适用的法律》（The Law Governing State Contract），载《英国国际法年刊》第 21 卷（1944），第 11 页；耶林（R. Y. Jenning）：《国际法中的国家契约》（State Contract in International Law），载《英国国际法年刊》，第 38 卷（1961），第 156 页。

就契约所产生的争议，应服从该国法律，这是当然结论①。

关于适用东道国国内法作为仲裁准据法的问题，在学说上及判例实践上，也有反对意见。如一位非洲学者乌古古曾经指出："在发展中国家的外国资本投资，可能由于该国存在过时的商事法规，而受损失。在许多国家中，由于商法存在严重的缺陷，在制度上往往限制了投资者自由支配其资产的机会和方便。我们也常看到像公司法、破产法、专利法、商标法、银行、保险及资本市场等方面的法律，对现行商业交易，极不适当。就公司法而言，在许多资本输入国就缺乏现代化、合理化的法律，足以使外国投资者可自由地通过其外国公司的支公司进行业务活动②。

1952年石油开发公司诉阿布扎比政府一案，仲裁人认为在阿布扎比没有适应于现代经济开发的法律，而是根据原始的可兰经裁决案件，"要想在这样一个极原始地区，建议用任何可以适用的现行法律来调整现代商业契约，这完全是一种空想"。故主张不能适用阿布扎比法律，而只能根据"文明国家诚实善意和一般公共习惯的原则"，作为仲裁的准据法③。这种看法，并无真正论据。

适用东道国法律作为解决投资争议仲裁的依据，无论在理论上、在立法及司法实践上，已得到广泛的承认。固然，东道国法律不健全，关系到一国的投资环境，当然也影响投资争议的仲裁，但应注意某些经济大国及其法学理论，正是借口东道国法律不完备，蔑视他国主权，回避当地法律的管辖，企图把自己的法制强加于人，以达到保护本国投资者的目的。这是历史事实的教训，也是现代国际法原则所不能容许的。至于根据平等互利的原则，在双方协商一致的基础上，

---

① 阿墨拉辛格（C. F. Amerasinghe）：《国家对外国人侵害的责任》（State Responsibility for Injuries to Aliens）（1967），第68页；克伦福尔：《外国投资的保护》（1972），第23页。

② 乌古古：《发展中国家外国投资的法律问题》（1965），第67页。

③ 《石油开发公司与阿布扎比》（Petroleum Development（Trucial Coast）Ltd. and Sheikh of Abu Dhabi），载《国际法与比较法季刊》，第1卷（1952），第252页。

为有利于合理地解决投资争议，参照他国法制及为双方所能接受的国际法原则，补充东道国国内法之不足，也是可以允许的。

再从世界范围内外资立法发展情况来看，近几十年来，特别是广大发展中国家，在积极引进外国投资的同时，外资立法日臻完备，始终贯彻平等互利的原则，参照国际惯例，而且规定详尽具体，完全适应现代国际经济交往和合作的需要，以法制贫困、落后为借口，反对东道国法律作为仲裁准据法之论，已不符实际。

2. 投资者本国法律（资本输出国法律）

在学说上也有人认为，某一类型的投资争议，特别是从贷款协议所产生的争议，投资者本国法可能是较有联系的法律，因而主张争议应按照投资者本国法处理。持此论者曾引证美国公司同某一外国政府机构订立的贷款契约，同意接受美国法为仲裁准据法之例，作为论据。该契约是为了在一个接受投资国实现一项大型住宅建设计划而缔结的贷款投资协定，该接受投资国将因该计划的实现而受益，因而认为"在美国公司同外国政府公司间所缔结的这一贷款协议一案中，美国法院对该行为当然具有"主要联系"①。但是这种选择，在实际上极不普遍，特别是发展中国家一般坚持仲裁适用本国法，很少同意把争议按投资者本国法来处理②。

3. 第三国法律

鉴于上述两种国内法选择，都不免有缺陷，还可能由于双方意见的对立，难于达成协议，因而主张选择适用第三国法律，即仲裁地法（Lex arbitri），作仲裁适用的法律。认为适用第三国法律（仲裁法院所在地法律），无论从双方当事人对它的需求来看，或从其作用来看，取折中之道，可以起到公平作用③。现时，不少投资协议，双边

① 阿姆斯台德（C. J. Olmstead）：《经济开发协议》第 2 部，载《加利福尼亚法律评论》（California Law Review），第 49 卷（1961），第 515 页。

② 捷利安：《投资契约与仲裁——世界银行处理投资争议公约》，第 26 页。

③ 迈因（F. A. Mann）：《国家契约与国际仲裁》（State Contracts and International Arbitration），载《英国国际法年刊》，第 42 卷（1944），第 6～7 页。

投资保证协定，以及外资法中，都规定了争议双方也可协商在第三国仲裁。第三国仲裁，既可包括第三国的仲裁程序规则，也可包括第三国的实体法在内。前者较少问题，但适用第三国实体法，从其与投资活动及投资契约的关系来看，实质上极少联系，未必能合理地解决投资契约的争议。

此外，还有学说认为像经济特许协议一方当事人为东道国政府，国家享有司法豁免权，在仲裁程序上同样适用，由第三国仲裁又与国家主权豁免原则相矛盾，除非国家自愿放弃主权豁免，则不能受第三国法律管辖，否则，将违背国家主权豁免原则①。但是，国家在签订协议时，既已同意交付第三国仲裁，当然是表示放弃其主权豁免权，故在法理上并不矛盾。

（二）国际法

这一种选择是把国际法看成是规律外国投资者同国家间投资协议的准据法，认为某种形式的国际法规范，可作为解决投资争议的仲裁准据法。在学说上凡是把经济特许协议（或国家契约）"国际化"，看成准国际协定或国际协定的学者，均主张这一选择。

本来，从传统的意义上讲，国际法是国家之间的法律（jus inter gentes），原则上不能适用于个人同国家间的投资契约关系及其争议的解决，这是公认的国际法理论。但是随着国际私人投资的发展，特别是发展中国家利用外资开发自然资源，从经济特许协议所带来的投资争议日益增多，在学说上及实践上出现了新的倾向，认为既然仲裁制度的特点，允许当事人有选择法律的自由，没有任何理由限制其一定只能选择国内法，而且现代国际法适用于个人同国家间关系的实例也不少，选择国际法作为仲裁准据法，特别是关于国家侵害外国资产的争议，涉及国家责任问题时，更为适当②。

---

① 鲍尔君（Maurice Boquruin）：《仲裁与经济开发协议》，载《商业法律家》，第 15 卷（1959），第 871 页。

② 佐藤和男：《国际投资的法律保护》，1968 年版，第 201 页；乌古古：《发展中国家外国投资的法律问题》（1965），第 249 页。

如前所述，选择国际法为仲裁准据法，其主要依据是"约定必须信守"原则。如威伯格（Hans Wehberg）曾提出下列论点："国际社会的生命，不仅根据国家间的关系，而且在很大程度上，还根据国家同外国人之间的关系，没有'约定必须信守'这一原则，就不可能有国家同外国公司之间的经济关系，这是无可争辩的事实。最好的例证就是，长期以来，人们建议国家同外国公司（或外国个人）之间的争议，应适用国际裁判，这一事实说明如果'约定必须信守'这一原则不能适用这种关系，那末，这一方针就毫无意义了。"①

又海特（George W. Height）认为，任何准国际法院或跨国法院（quasi-international or transnational tribunals）不可能否认国际法同基于政府与外国人间契约关系所引起仲裁之间的关系，而且还有必要衡量适用国际法的适当性。"在私人投资者同外国政府间订立经济开发协议的情况下，既然契约当事人的一方是国家，他方是外国人，这一事实就说明了协议是国际法上的重要契约，因而，应适用关于侵害外国人权益的国家责任的国际法原则。作为当事人一方的外国人的契约权利，是可以通过其本国政府提到国际法高度来主张的。所以，国际法并不是无关重要，国际法院也不应以任何理由加以拒绝的"②。

至于国际案例中，运用国际法原则来解决投资争议，也不乏其例。如 1958 年沙特阿拉伯诉阿拉伯美国石油公司（ARAMCO）一案的最终裁决，就是选择国际法作为裁决的准据法。该案最初裁决时，认为该特许协议不是国家间契约，不能适用国际法，但以后在重新审理中，仲裁裁决在选择法律时，作出完全相反的结论说："基于客观现实的理由，使得法院得出如下的结论，像海上运输，国家关于其领水的主权，以及关于因违反国际义务引起的国家责任等问题，都不可

---

① 《约定必须信守》，载《美国国际法杂志》，第 53 卷（1959），第 786页。

② 《在同外国政府签订的开发契约中，选择国际公法作为适用的法律》，见麦克丹尼（John F. Mcdaniels）编：《国际金融和发展》（International Financing and Development）（1964），第 556 页。

能用任何国内法的规定来解决。因此，本案特许协议的效力问题，应适用国际法来解决。"①

此外，1958年伊朗泛美石油公司的协议，也规定选择国际法作为仲裁的准据法。

其他，如1958年在德国科伦召开的国际律师协会大会通过的决议，也主张选择国际法作为仲裁的准据法。中东国家的某些石油法，也有类似规定。

但对这一选择持反对意见者也不少，发展中国家多数倾向于反对意见。如南斯拉夫在罗辛格公司案（Losinger & Co Case），则反对原告瑞士的主张，认为一个政府同外国人所订立的国家契约，不产生国际义务，不能适用国际法。②

（三）一般法律原则

投资协议的当事人，经双方同意，也可在协议中指明该契约关系及投资争议的处理，适用文明国家所公认的一般法律原则。如1954年伊朗—石油财团协议第46条规定，在没有伊朗和其他有关国家共同的法律原则时，适用文明国家公认的一般法律原则。选择一般法律原则作为国际司法和国际仲裁的准据法，由来已久，早在1921年设立的常设国际法院规约第38条已明文规定可选择一般法律原则作为裁判依据，以后联合国国际法院，仍继承常设国际法院规约。联合国1958年制定的《仲裁程序示范规则》第10条规定，在当事人未指定适用的法律，或者未达成协议时，法庭应适用"文明国家所公认的一般法律原则"。

所谓"一般法律原则"，含义抽象，向来解释分歧，各执一词。有的认为是文明国家国内法所共同的法律原则，甚至声言是西方文明国家法律所公认的原则，有的认为是实定法（positive law）以外的自然法（natural law）上的一般原则。后者的含义，更为空洞，前者是

---

① 《国际法报导》，第27卷，第117页。
② 《常设国际法院判例案》C集，第78卷（1936），第32页。

通说。但是，所谓西方文明国家公认的一般原则，实质上是把发展中国家的法制摒除在外，无异把发达的资本主义国家的法制，强加于人，此其一。其次，所谓西方文明国家公认的一般原则之所以形成为"普遍承认的法律原则"或"大多数立法所共通的原则"，主要是西方发达的资本主义国家，具有共同的经济结构和基础——私有制，在共同承受了罗马法衣钵的基础上，发展起来的"私法原则"，主要表现为私有权神圣不可侵犯、既得权绝对尊重、契约自由三大原则。这仅仅是资本主义体制的国家所共同的，也是他们所能接受的，但不是当前世界各国法制所公认的共同法律原则，此其二。目前世界已经不是资本主义的一统天下，而是三个世界、两种体制所形成的相互对立、相互依存的新的格局，发达国家同发展中国家，社会主义国家同资本主义国家之间，已不能用所谓西方文明国家公认的法律原则这个单一的标准，来谋求不同国家间私人投资关系的调整和争议的处理，也不可能为广大第三世界国家所接受。譬如私有权神圣不可侵犯的原则同国家基于对自然资源主权的国有化权利，尊重既得权原则同国家公共利益的原则，契约自由原则同发展中国家对外国投资者商业行为的限制方针等，都是互不相容的，是不可能以西方文明国家公认的一般原则来代替或统一的。显然，在选择一般法律原则上，有很大的局限性。只有在形成包括世界各国法制在内的真正共同的一般法律原则时，这种选择在解决投资争议上，才能收到实效，达到双方都能满意的解决。第三世界积极建立国际经济新秩序的努力，正是发展新的国际法原则及真正的一般法律原则的重要步骤。

（四）公平与善意原则

在投资争议仲裁程序中，适用于仲裁的准则，是根据当事人双方的协议决定选择的。在这种情况下，可能有法可依，也可能无法可依。在有法可依的情况下，固然应严格遵守法律，但也不可否认从合理的实际需要出发谋求当事人间公平的必要。所以在无法可依的情况下，也就有可能用"公平与善意"（aequo et bone）作为仲裁的准则。所谓"公平与善意"，在用语上或称"基于公平的考虑"、"衡平原则"或"友好调停人权限",等等不一①。1929 年《和平解决国际争端的日内瓦总协议书》第 28 条、《国际法院规约》第 38 条、1907 年《关于和平解决国际争端海牙公约》、1962 年常设国际仲裁法院规约、1967 年《联合国国际贸易法委员会仲裁规则》第 33 条、1966 年《关于解决国家和他国国民间投资争议公约》以及其他地区性仲裁规则,都有选择这一准则的规定。

但是,适用"公平与善意"原则,也更困难,主要是"公平"、"善意"的概念抽象、含混,往往受仲裁人主观评价的影响,无客观标准可循,反而导致适用上的争议。究其立法意图,主要在于防止仲裁法院借口当事人未指定适用的法律,或以法律无规定或法律规定不明确,而拒绝裁决(decision non liquet)②。实际上,适用这一选择的案例极少。

(五) 跨国法(transnational law)

这是最近出现的一派新学说,认为国际私人投资关系,是一种跨国法律关系(transnational legal relations),适用于跨国仲裁(transnational arbitration)的准据法,应当是跨国法。这种跨国法是包括规律各种跨越国境而发生的行为和事件的法律规范,既非国际公法,又非国内法的一种独立的法律体系③。正如拉里夫(J. F. Lalive)在论证适用跨国法有利于保证经济特许协议争议双方利益时所指出的:"尽管适用国内法,并未从国际契约中消失掉,但双方当事人大多将逐渐直接地或以其他方法,接受跨国法,作为契约的准据法。这种仲裁,不管是国际仲裁或跨国仲裁,其当然的结论,都将认为跨国

---

① 佐藤和男:《国际投资的法律保护》,1968 年版,第 199~200 页。
② 克伦福尔:《外国投资的保护》(1972),第 149 页;捷利安:《投资契约与仲裁——世界银行处理投资争议公约》,第 84~85 页。
③ 杰塞普:《跨国法》(1956),第 2 页;《跨国法概念序论》(Concepts of Transnational Law—An Introduction),载《哥伦比亚跨国法杂志》第 3 期 (1964),第 1~2 页。

法是保护当事人利益最好的手段"①。主张这一选择的学说，曾举出一个假想案例，论证适用跨国法的必要。

甲国是发展中地区新独立的国家，它具有前西方殖民主义统治时期遗留下来的比较健全的法制。独立不久后，同在国外注册的国际水力发电公司乙签订协议，由乙方承建水力发电项目，包括在甲国领土内修筑水坝及发电站。其中关于兴建电力厂部分，按计划乙方还须在甲国各地建设一些工厂（事实上该契约早在殖民地统治时期已开始谈判，到甲国独立后，继承以前谈判，并在尊重前殖民政府义务的基础上，同公司签署了经济开发协议）。但在协议文件中，未指明将来争议交付仲裁时适用何种法律。

在项目开始后几年内，甲国政府发现由于建设水坝所形成毗连的人工湖，将淹没附近村镇，并将在雨季损坏大片庄稼。甲国公共工程部长提出同该公司中止基于该契约的一切义务。乙方要求，如果甲国中止契约，应对公司进行充分、有效、即时补偿。甲国认为乙方提出的赔偿要求，超过甲国的财政负担能力和储备总额，拒绝赔偿。乙方坚持原案，拒不减少要求赔偿数额。最后，甲国制定法律，授权政府单方面地废止同乙公司的契约，不支付任何补偿。

经争议双方同意将该案提交一个跨国仲裁法院仲裁，但双方对选择适用的法律未达成协议。甲方主张仲裁法院应适用甲国国内法进行仲裁，因为契约本来是根据甲国法律订立的，甲国国内法同契约具有最重要的联系。并主张由于甲国法律的改变，致契约归于终止，从而中止甲国的契约义务，也是根据当地的法律，故谈不上违反法律，甲国国家行为是完全符合本国国内法的。反之，乙方认为当地法律不能接受作为仲裁裁决的准据法，主张应选择东道国以外的任何法制，不论是一般法律原则，或是国际公法，才有利于经济开发契约。而且认

---

①　拉里夫（J. F. Lalive）：《国家或国家机构同外国公司的契约》（Contract Between a State or a State Agency and a Foreign Company），载《国际法与比较法季刊》（International and Comparative Law Quarterly），第 13 卷（1964），第 987～1021 页；法托罗斯：《对外国投资者的政府保证》（1962），第 283～301 页。

为甲国用变更法律的手段，达到中止自己承担的契约义务，是违反"约定必须信守"原则的，从而，在国际法上构成违反约定义务的行为，应承担国际责任，故应根据国际法原则进行仲裁。

但甲方抗辩说，"约定必须信守"这一原则是传统的国际法原则，而传统的国际法原则是西方殖民主义者为其商业活动的利益和方便所创设的，新兴的独立国家，包括原来尚未独立的甲国在内，从未参与传统国际法原则的创建。再者，传统国际法中也没有包含维护未来发展中国家利益的任何法律原则和措施，故国际法原则不能够拘束甲国的行为。本案如果要求继续原契约关系，定将有害甲国的国家利益，将使甲国大片乡镇和庄稼遭受洪水淹没的重大损失。可见乙方的行为不是促进甲国经济的发展，反而是损害其发展。故甲国改变法律的行动，无论在道义上及法律上都是正当的、合法的。

乙方答辩，否认甲国行为在国际法上的合法性。指出，一个国家仅仅是为了公共利益的目的，并在进行充分、有效、即时补偿的条件下，才有权征用外国资产。甲国制定法律的行为违反了文明国家公认的原则，违反原来的契约义务，应对乙方支付赔偿，仲裁必须适用国际法。

甲方认为国际法并不是一切仲裁案件中都能适用的，因为国际法从未预见到如果实行这一赔偿原则，将对发展中国家造成实际上的重大困难。本案仲裁法院应当考虑乙方要求的巨额赔偿已大大超过甲国的财政负担能力，适用国际法这一原则，将严重损害甲国本身的利益。

针对这一案件，仲裁法院首先要考虑发展中国家同外国投资者利益与要求对立这一事实，同时，更要考虑各种法制不可避免的缺陷。既应该考虑与投资契约具有最紧密联系的东道国的法律，但又可能发现东道国法律缺乏有效的救济手段，不足以保护外国投资的利益。再者，也可以考虑国际法规范，但又可能发现国际法原则对现代新兴国家的需要缺乏同情，未涉及发展中国家经济和财政的困难及其国家利益，而且经济特许协议这种跨国契约，尚不属国际法范围之内。因此，仲裁法院必须进行另一种选择，包括国际法和国内法在内，进行比较研究，从投资契约最有联系的东道国国内法、第三国国内法（仲裁地法律）及有利于保护外国投资者利益的国际法中，选择出共同的法律原则，作为仲裁的准据法，即所谓"混合法律体制（hybrid legal system）的原则。这既有利于克服现行国内法制和国际法制的缺陷和矛盾，又有利于调剂争议双方的利害，而达到公正处理投资争议的目的。从这一论点出发，跨国法论者认为 1966 年世界银行《解决国家和他国国民间投资争议公约》，以及基于公约所设立的"解决投资争议国际中心"，正是为解决国际私人投资争议，提供了这样一种有益的新的法律体制①。

四、仲裁裁决的效力与执行

1. 仲裁裁决具有终局效力，对双方当事人均有拘束力，依各国及国际立法，一般不能上诉。裁决一经确定，双方必须自动执行。其理由是：（1）仲裁是为了适应国际经济交往的需要，贵在及时、迅速、简便，如允许无休止的上诉程序，反而违反仲裁程序的性质和目的要求；（2）仲裁是在双方当事人自愿同意的基础上进行的，无论仲裁地、仲裁机构、仲裁人、仲裁规则乃至适用的法律，都是双方事前或事后同意决定的，故应自愿遵守及执行裁决；（3）仲裁条款或仲裁协议属于当事契约内容之一，自己应预见在仲裁中可能作出不利于自己的裁决，其所属商业组织也有可能施加压力要求其成员保证服从不利于自己的裁决，以维持其组织整体的信誉。败诉一方通常也宁可执行裁决，而不愿失去自己未来的商誉和自己在商业组织中的有利地位。关于资本输入国也不愿因不执行裁决而影响对未来投资的吸引力。

因此，一般仲裁程序不允许对裁决提起上诉。有的国家虽允许上诉，但也只限于程序问题（如有无越权仲裁或仲裁人的不当或失职

---

① 捷利安：《投资契约与仲裁——世界银行处理投资争议公约》，第 39 ~ 41 页。

行为等）。至于实质问题，则不在上诉审查之列。一般立法、国际条约、投资协议中，都作了明文规定。

2. 关于仲裁裁决的执行和承认与执行外国仲裁裁决问题。关于仲裁裁决的执行，有两种情况，一是本国裁决的执行，一是外国裁决的执行。前者是在本国仲裁机构作的裁决，败诉一方及其财产均在本国国内，这种情况比较简单，如不执行，可申请本国法院强制执行。后者情况比较复杂。在本国仲裁机构作出的裁决，但败诉一方或其财产在外国，或外国仲裁机构作出的裁决，其败诉一方或其财产在本国，无论何种情况，均须对方国家予以协助，裁决才能执行。这一问题，不仅涉及当事人双方的切身利益，而且还涉及两国间关系。为了明确对外国裁决承认与执行的态度问题，有的在国内立法明确规定，一般是通过双边条约，如友好通商协定，投资保证协定，直到用多边条约形式加以解决。

用多边条约解决对外国裁决执行的问题，最早见于 1923 年国际联盟主持下缔结的《关于仲裁条款日内瓦议定书》（General Protocal on Arbitration Clause）及 1927 年缔结的《关于执行外国仲裁裁决公约》（General Convention on the Execution of Foreign Arbitration Awards）。由于这两个条约尚不能满足现时国际贸易及其他经济交往发展的需要，1958 年联合国国际商事仲裁会在纽约开会并制定了《承认和执行外国仲裁裁决公约》（Convention on the Recognition and Enforcement of Foreign Arbitral Awards），简称纽约公约，简述于下。

适用范围。公约适用于一切外国仲裁裁决。所谓外国裁决，包括两种情况，一是指在一个国家领土内作成，而在另一个国家请求承认与执行的裁决，不问作出裁决的国家是否为公约的缔约国，均适用本公约。一是指凡属于不认为是请求执行的国家的国内仲裁裁决，即一个国家请求承认和执行该国不认为是本国裁决的仲裁裁决，也适用本公约。这就是说，该裁决并不一定是外国仲裁所作的裁决，而是本国的裁决，但不能认为是国内裁决者，也认为是外国仲裁裁决。这一情况与前一情况，区别外国仲裁与国内仲裁的标准不同。前者采取属地主义，为英美法系及日本所支持；后者采取准据法主义，为大陆法系国家所支持，即令是在本国国内仲裁的裁决，而仲裁程序和准据法为外国法者，仍应视为外国仲裁裁决。公约兼采两种标准，扩大了关于外国仲裁裁决承认和执行的范围①。

但是，公约也尊重当事国的意见，允许两个保留条款。即任何缔约国在签署公约时，可以在互惠基础上声明：第一，本国只对在另一缔约国领土内作成的仲裁裁决的承认和执行，适用本公约；第二，只对根据本国法律属于商事的法律关系——契约的或非契约的所引起的争议，适用本公约。

公约适用的对象，包括自然人或法人之间的争议，其中当然也包括作为公法人而同时又作为享有私法权利与义务的国家在内。

至于仲裁裁决是临时仲裁，还是常设仲裁机构所作的裁决，都适用本公约。

缔约国的义务。每缔约国应该承认仲裁裁决有拘束力，并有依照裁决被请求承认或执行地的程序规则予以执行的义务。但承认或执行本公约所适用的仲裁裁决，不应该比承认或执行本国仲裁裁决规定实质上较为繁琐的条件或较高的费用和开支。

拒绝承认或执行的条件。一国的仲裁机构，基于被诉人的请求，有下列情况之一的，可以拒绝承认和执行该外国仲裁裁决：（1）仲裁协议的当事人在协议当时，依据其本国法律无行为能力，或者根据当事人双方所选定适用的法律，或者未选定法律，但根据仲裁地法律，其协议是无效的。（2）未对被诉人提供正当的审理机会，如未给他关于指定仲裁人或进行仲裁程序的通知，或因其他情况，对案件不能提出意见。（3）仲裁裁决超出仲裁协议规定范围内的事项或争执。但如属于仲裁协议所规定范围的事项的决定，同该规定范围以外的事项的决定可以区别开来的，就规定范围内的事项的决定仍可以承认并执行。（4）仲裁程序不适当的，如仲裁庭的组成，或仲裁程序同当事人仲裁协议不符，或当事人间没有这种仲裁程序时，同仲裁地

---

① 佐藤和男：《国际投资的法律保护》（1968），第 208 页。

法律不符的。第五，仲裁裁决本身缺乏终局效力，如仲裁对当事人没有拘束力，或仲裁已被仲裁地国或有关执行国的主管机关撤销或命令停止执行者。

以上是基于当事人请求拒绝执行的要件，在学说上称为一般利益的拒绝要件或基于私益的拒绝要件。申请拒绝执行的当事人，对上述各项关于仲裁裁决无拘束力的事实，应负举证责任，这样，使推延执行的可能性，也会减少到最小限度①。

另一种拒绝执行的情况，是仲裁法院基于职权的拒绝要件，或称基于公益的拒绝要件。有下列情况之一者，仲裁法院可依职权主动地拒绝承认和执行外国仲裁裁定：（1）争执的事实，依照这个被请求执行国家的法律，是不可能用仲裁方法解决的；（2）承认或执行裁决，将同本国的公共秩序（public policy）相抵触的。

五、仲裁机构

仲裁从组织形式上看，有临时仲裁与常设仲裁机构。前者是基于当事人合意直接指定的仲裁人组成仲裁庭进行仲裁，案件处理后，即自动解散。后者有常设机构，常设仲裁机构是依一国法律或有关国家间条约设立的，具有固定组织、仲裁规则、收费标准，并进行日常管理、组织工作、文件档案、送达文书、保存证据等工作。特别是备有仲裁人名册，为当事人提供仲裁方便，富有稳定性。现时一般倾向于利用常设仲裁机构。从仲裁管辖来看，有国内常设仲裁机构、地区性常设仲裁机构及国际常设仲裁机构。由于国际经济交往的频繁发展，国际商事争议日增，处理争议的程序也日趋"国际化"，逐渐倾向于利用国际常设仲裁机构。

（一）国内常设仲裁机构

不少国家都有自己的常设仲裁机构，或称仲裁法院，或称仲裁委

---

① 克伦福尔：《外国投资的保护》（1972），第133页；佐藤和男：《国际投资的法律保护》（1968），第199页。

员会。有几个国内仲裁机构较有国际声誉，一般认为是居于中立地位（neutral place）①，常被利用来处理东西贸易及国际商事争议。

1. 瑞典斯德哥尔摩商事仲裁院（Stockholm Chamber of Commerce）

由于瑞典在政治上的中立地位，仲裁制度较为完备，仲裁具有国际特点，逐渐发展为东西贸易仲裁中心，苏美贸易合同中多规定在瑞典仲裁。我国对外贸易及有关投资保证协定中，也有的指定在瑞典仲裁。

瑞典仲裁程序的特点：（1）当事人指定仲裁人不受仲裁人名册的限制，也不受国籍的限制，但必须同当事人没有利害关系。（2）依瑞典仲裁程序规则，有效的仲裁协议是对法院诉讼的一种限制。如一方当事人就仲裁协议所定争议事项向普通法院起诉，他方当事人有权要求法院停止诉讼。但根据仲裁协议规定，仲裁一方在他方拒绝仲裁或不指定仲裁人的情况下，可改向法院起诉者，这时，仲裁协议不能限制法院对该争议进行管辖。（3）仲裁适用的法律——实体法，原则上按当事人选择的法律进行实质性裁决。如当事人未选定适用的法律，或所指定的法律同交易关系没有实质联系，借以回避与契约有最密切联系的强制性规定时，则按瑞典冲突法的规定，适用对争议的实质和契约有最密切联系的法律。（4）仲裁裁决有终局效力，对双方当事人有拘束力，除依瑞典仲裁规则得以撤销者外，当事人应自动执行。只有在仲裁协议中保留了当事人对仲裁裁决的上诉权时，败诉人一方才可就争议的实质，向法院提起上诉。在瑞典作出的裁决，如败诉一方不居住在瑞典，而又不履行时，胜诉一方可向败诉一方居住

---

① 所谓中立地位，在这里不是指政治上的意义，而只是指该仲裁机构不在当事人任何一方国内。汉纳克（svetozer Hanek）：《社会主义国家法律家在非社会主义国家关于东西商业争议仲裁中的经验》（The Experience of Socialist Lawyers in Arbitration Held in Non Socialist Countries on Litigation Between Business from East and West），载《国际商业法律家》，第10卷（1982），第4期，第147页。

的国家请求强制执行。因瑞典是 1958 年纽约公约的成员国，其他缔约国有承认和执行瑞典作出的仲裁裁决的义务。败诉一方如居住在瑞典，而不履行仲裁裁决时，胜诉一方可依瑞典仲裁法向仲裁院执行总署申请执行（也可向法院请求强制执行，但情况极少）①。

2. 英国伦敦仲裁院（London Court of Arbitration）

伦敦仲裁院成立于 1892 年，在国际商界著有声望，特别是国际海事案件，大多诉诸该院。其特点是：（1）提交仲裁，既可由当事人授权仲裁，也可对法院转交的商事仲裁案件进行仲裁。仲裁员除非当事人双方或一方另有指定，通常由该院从具有较高声望并愿意充当仲裁人的国际知名人士的仲裁人名册中加以指定。在选任仲裁人的标准方面，宁可不要求受过法律教育的法律专家，而是要求在某些技术领域方面的专家（如海事专家），至于法律问题，可由英国高等法院借助于成案判例来解决。这一标准虽然引起一向习惯于用法律专家担任仲裁人的大陆法学家的不满和不信任，但实际上伦敦仲裁质量较高，与仲裁人的专业知识有关。英国仲裁人权力较大，有权按自己对货物品质或损害赔偿的认定作出裁决，除非当事人一方或双方要求有专家证明，则无需另行征询专家意见②。（2）伦敦仲裁院适用英国法作为契约的准据法，进行实质性裁决，并建议在当事人契约中订入仲裁条款，规定"关于契约的效力、解释和履行，适用英国法；有关契约的效力、解释及其履行所引起的一切争议，按照订约时伦敦仲裁院规则的规定进行仲裁"。由于英国法制是判例法（case law）国家，注重成案判例（case stated）的效力，实际上，关于法律问题，其仲裁程序是受到英国法院干预的，直到 1979 年制定新仲裁法后，这种情况，才有所改变，允许当事人可用契约排除判例的适用。但英国仲裁程序仍受法院的严重影响，如法院有权撤免行为失当

① 《国际贸易惯例与规则汇编》，中国财政经济出版社 1980 年版，第 528 ~ 536 页。

② 施米托夫（Clive Schmithoff）:《出口贸易》（Export Trade）（1980），第 416，422 ~ 423 页。

（misconduct），或未以应有的敏捷进行仲裁，作出裁决的仲裁员，并有权撤销仲裁协议，有权复审仲裁裁决等。

3. 美国仲裁协会（American Arbitration Association—AAA）

美国仲裁协会成立于 1960 年，作为一个民间非营利社团而设立的，其目的是关于仲裁的研究，完善仲裁技术和程序，进一步发展仲裁科学。该会是为企业经理及从事国内贸易和国际贸易的个人和团体服务而组织的。其仲裁人名单包括 16000 个左右的各行各业专家，组成中心事务所，承担仲裁工作。协会还参加了其他国际组织的安排，以便在各缔约国及其他当事人间进行调解与仲裁。该会仲裁庭每年约处理 19000 多仲裁案件，可说是世界上最大的处理争议的民间仲裁机构。

美国仲裁协会关于法律适用问题，对实体法未作明确规定。根据该会仲裁规则第 52 条规定解释，一般推定在双方关于法律选择无协议时，倾向于选择法庭地法（lex fori, law of forum），即仲裁地法。这不仅指当地的程序法（如仲裁人宣誓就职、传唤证人、查阅卷宗等规定），而且也包括实体法。至于选择实体法的范围，则属于仲裁人的自由裁量权之内。根据美国法学界的权威意见，如《美国冲突法汇编》（第二版）（Restatement of Conflict of Laws（2nd ed））记载："当事人约定仲裁在某州进行，这就无可争辩地证明：当事人已有适用该州法律作为其全部契约准据法的意思表示。这不仅表明因为当事人在心目中已注意该特定州，而且也表明当事人将会推定他所同意的住在该州的仲裁人自然会倾向于适用该州当地法律"。一般情况是，每当协会指定审理案件地点时，几乎都是自动地选择该地的法律作为仲裁依据的法律。如果双方就仲裁地有异议时，通常是由协会指定其在纽约市的分支机构进行仲裁，该纽约市分支机构进行仲裁及选择法律时，会自动地根据符合于美国仲裁协会惯例和美国司法惯例的现行纽约市的法律进行裁决。如 1970 年理德与马丁公司诉威士汀豪斯电力公司（Reed & Martin Inc. v. Westinghouse Electric Corporation）案及 1962 年道伯埃工业公司案（Dougboy Industries Case），都是由于争议双方对美国仲裁协会指定的仲裁地及仲裁主席有异议，几经申诉不服，最后是适用纽约市当地法予以裁决的①。

此外，国内仲裁法院中在国际上享有一定声誉的，还有芬兰赫尔辛基中央商会仲裁院、瑞士苏黎士仲裁法院、维也纳联邦商会仲裁院等，不一一叙述。

（二）地区性仲裁机构和规则

1. 美洲洲际商事仲裁委员会（Inter-American Commercial Arbitration Commission—IACAC）

美洲洲际商事仲裁委员会是根据 1933 年美洲国家第 7 次国际会议第 41 号决议，于 1939 年成立的，适用于北美、中、南美洲国家间的商事仲裁，已同 24 个国家的分支机构进行了合作。委员会的仲裁规则经历 1939 年、1945 年及 1970 年三次大修订，形成了现在的体系。关于适用法律问题，最初并无明确规定，其主要原则是适用仲裁地法，但在特别情况下，也可适用友好调停人（amiables compositeurs）的本国法。到 1970 年巴拿马会议后，才改变适用仲裁地实体法的传统的原则，在当事人双方关于仲裁适用的法律，没有协议的情况下，应根据"公平、善意及商业惯例"（equity, good conscience and commercial usage）进行裁决，通称为巴拿马修正案（Panama Amendment）。虽然这一选择原则使得任何仲裁程序不会因无法可依或当事人就适用法律未达成协议而中止，但对经济特许协议争议的解决难于奏效。因为一切跨国投资活动要求适用解决争议的准则，是具体而适当的法制和法律原则，而不是抽象的公平原则或商业惯例，这实际上也不易为发展中国家所接受②。

2. 经互会国家仲裁及其仲裁规则

经济互助委员会（经互会 Council of Mutual Economic Assistance—CMEA）国家共同仲裁法规定，经互会成员国的公司相互间的争议，

---

① 捷利安：《投资契约与仲裁——世界银行处理投资争议公约》，第 47 ~ 52 页。

② 捷利安：《投资契约与仲裁——世界银行处理投资争议公约》，第 56 ~ 57，104 页。

没有选择普通法院和仲裁程序的自由，事实上由契约所引起的一切争议，一律须交付仲裁解决，故在处理商事争议上，要求仲裁规则的统一化。表现在立法行动上，最早为 1958 年的《交货共同条件》（General Condition of Delivery of Goods），接着于 1962 年通过的《集体共同条件》（General Condition of Assembly）及《技术服务共同条件》（General Condition of Technical Service）两个法令中，已形成了一套统一的规则，对各国国营公司均有拘束力，不管契约中订明仲裁条款与否，处理争议均须用仲裁程序。随着经互会相互间经济交往的需要，于 1972 年 3 月 26 日签署了关于经济、科学、技术合作关系争议仲裁公约，又称莫斯科公约，把仲裁程序扩大到经互会国家组织间关于经济、科学、技术合作关系中争议的仲裁。

经互会仲裁规则的特点是：（1）仲裁属于强制性的（obligatory）仲裁，无需有传统意义的仲裁协议，并确定了极为明确的管辖原则，即所有交付仲裁的争议，都排除普通法院的管辖。被告人的本国仲裁法院均被授权为仲裁管辖地。当事人也可同意在第三国进行仲裁，但必须该第三国家是公约成员国。（2）公约规定仲裁适用的范围为"经济组织间由契约及民法关系所引起的一切争议"。对民法的争议一词，不能作广义解释，一切超契约行为（extracontractual action），如侵权行为或准契约行为（如卡车碰撞、海上船舶碰撞所引起的索赔要求），均排除在管辖之外，其内容只限于契约、经济、科学合作所引起的争议，才能交付仲裁。（3）仲裁人是从各国商会的仲裁人名单中选出的，必须由具有经济业务知识和通晓国际贸易法的专家，组成仲裁庭，与其他国家仲裁程序不同的一个重要特点是，仲裁人必须是居于审判员（judge）的地位，并不代表推选他的当事人①。要求对当事人进行口头审理，是申诉人的基本权利，但基于当事人的同意，仲裁法院也可进行书面审理，并可进行缺席裁决，但以缺席者被

---

① 里采伊（Laszlo Reczei）：《东西仲裁制度化》（East-West Arbitration as Administrated by Institution），载《国际商业法律家》，第 10 卷（1982），第 4 期，第 143～144 页。

准时通知出席日期为条件。（4）关于仲裁适用的法律，仲裁法院应根据适用于仲裁的实体法、契约的规定，并参照商业惯例进行裁决。显然，仲裁人的责任是依照法律（de jure），不是根据公平与善意进行裁决。当事人可以自由在契约中订明适用的法律，此时，仲裁人还应同样考虑商业惯例。如当事人契约或统一规则没有包含法律的选择，则按《交货共同条件》的规定，原则上适用出卖方本国的实体法①。（5）仲裁裁定有法院判决同样的效力，具有终局性，对当事人双方均有拘束力，不能上诉，当事人必须自动执行。当事人不执行裁决，则由其本国根据本国法律规定，予以强制执行。在经互会成员国中，裁决的强制执行是根据国内立法、双边或多边条约，在互惠原则的基础上执行的。又经互会各国大多是 1958 年纽约公约及 1960 年日内瓦公约的成员国（蒙古人民共和国除外），按公约规定，都负有承认和执行外国仲裁裁决的义务。

（三）国际仲裁机构和规则

由于国际商业交往的发展与需要，越来越趋于采取国际仲裁的制度和规则，以调和各种仲裁体制的矛盾并解决各国立法不一致的困难，使投资争议达到国际统一的解决。仲裁的国际化，是近代投资关系跨国性质这一特点的当然结果。国际仲裁机构和仲裁规则，主要有下列几种：

1. 联合国国际贸易法委员会及其仲裁规则（UNCITRAL Rules）

联合国国际贸易法委员会于 1976 年制定了一套作为世界各国共同采取的仲裁规则，这是联合国国际贸易法委员会在统一国际贸易法方面所作出的最重要成果之一。这套仲裁规则已为不少成员国仲裁规则所采纳，成为仲裁的示范规则。如伦敦仲裁院、美国仲裁协会、瑞典斯德哥尔摩商会仲裁院以及亚洲法律咨询委员会的地区仲裁中心，如吉隆坡、开罗等地，均表明愿意根据该示范规则的规定，采用指定

---

① 里采伊：《东西仲裁制度化》，载《国际商业法律家》，第 10 卷（1982），第 4 期，第 144 页。

仲裁人机构（appointing anthority）的办法，可见其具有很大的国际影响。

仲裁规则的特点：第一，并未提出建立常设仲裁机构，主要是供临时仲裁之用，特别是为没有设立仲裁组织管理机构的仲裁提供方便。仲裁适用的范围，依第 1 条规定，泛指"凡契约当事人各方间已书面协议，有关该契约的争议应根据《联合国国际贸易法委员会仲裁规则》提交仲裁，则该争议应按照本规则处理"，所谓契约的争议，是指"从契约或关于契约的违反、终止及无效等引起的争议"。第二，当事人未事先确定指定仲裁人的机关，或不同意指定机关，或事前约定或事后协议确定的指定机关，经过规定时间未采取行动或未指定仲裁人，任何一方当事人都可请求海牙常设仲裁法庭秘书长确定指定机关。指定机关在进行指定时，应顾及所指定的仲裁人与当事人不属同一国籍方为适当。第三，除非当事人同意另行指定仲裁地点，则由仲裁法庭指定地点。裁决应在仲裁地点作成。第四，仲裁庭有权对认为它没有管辖权的异议，包括关于仲裁条款或单独仲裁协议是否存在或有效的异议，作出裁定。并有权决定以仲裁条款为其构成部分的契约是否存在或有效。根据这一规定的精神，契约中包含的仲裁条款应视为独立于契约中的其他条款的一种协议。从而，仲裁庭所作的关于契约无效的决定，并不使仲裁条款在法律上也当然无效。第五，仲裁适用的法律，为当事人指定的适用于该争议实质的法律。当事人未指定适用法律时，仲裁庭应适用它认为可以适用的国际冲突法的规则所定的法律。仲裁庭只有在双方当事人明白授权以及仲裁程序适用的法律所允许的情况下，才可以依友好调解人或公平与善意的原则作成裁决。但是，在一切情况下，仲裁庭均应按照契约的规定作成决定，并应考虑到适用于该项交易的商业习惯。第六，关于仲裁规则的抵触问题，如果仲裁规则的任何条款同适用于仲裁而为当事人各方所不能背离的法律规定相抵触时，则该规定应优先适用。第七，仲裁裁决应以书面作成，属于终局性，对当事人各方具有约束力，当事人各方承担从速执行裁决的责任。

2. 国际商会仲裁院（ICC Court of Arbitration）和仲裁规则

国际商会 (International Chamber of Commerce—ICC)① 仲裁院成立于 1932 年，其主要功绩是制定了一套国际商事仲裁程序规则，获得世界各国商界的信任，并日益为东西国家间贸易仲裁所采用；建立了仲裁院来执行这套仲裁规则，处理国际商事争议②。

国际商会仲裁规则的特点是：第一，国际商会仲裁管辖权。"凡与现行契约有关所发生的一切争议，应根据国际商会调解及仲裁规则，由按仲裁规则所指定的仲裁人一人或数人作出最终裁决"。只有因包括有仲裁条款的契约所发生的带有国际性的商事争议，才适用这一条款。但是，即令在原来契约中未包含国际商会仲裁条款，当事人间也可经双方同意将争议交付国际商会仲裁。所以，当事人为了使争议交付国际商会仲裁，或是事先在契约中明确规定交付国际商会仲裁的条款，或争议发生后，双方协议同意将争议交付国际商会仲裁均可。只要符合于国际商会参与仲裁及调解的条件，国际商会将无例外地为当事人提供调解和仲裁的方便。但通常第一步是实行调解，用友好协商办法解决，调解无效或当事人不愿意进行调解时，才进入仲裁程序③。国际商会的仲裁对会员与非会员均开放，不仅可适用于非会员的公司之间，而也适用于政府同个人之间及东西商务当事人之间的争议。第二，提交国际商会仲裁的争议，必须是"商事争议"(Business Disputes)，但这一概念应作广义解释，不仅包括有关买卖契约的争议，而且还包括国际贸易及其他经济合作，如发展中国家的公共工程协议及投资契约各种经济交往和活动等广泛范围内所发生的

---

① 国际商会成立于 1919 年，总部设在巴黎，其目的是通过民间企业促进国际经济合作和发展，有 7500 个成员，包括 600 家公司及 1500 个商业企业（如工业及制造业联合社团、银行协会及商会）分布在 75 个国家。

② 柯恩 (E. J. Cohen)：《国际商会仲裁规则》(The Rules of Arbitration of the International Chamber of Commerce)，《国际法和比较法季刊》(I. C. L. Q.)，第 14 卷 (1965)，第 132 页；艾斯曼 (F. Eisemann)：《根据国际商会仲裁规则的仲裁》(Arbitration under the International Chambet of Commerce Rules)，同上季刊，第 15 卷 (1966)，第 726 页。

③ 施米托夫：《出口贸易》(1980)，第 423~424 页。

争议。这种经济交往和活动必须具有国际性，但不一定要求其当事人必须具有不同国籍，或必须在不同国家有住所或活动。因此，一个案件包含同一国籍的当事人，而在不同国家进行承包建筑工程的契约，其中也包含涉外因素（foreign elements），也就可以在国际商会仲裁管辖权之内，用仲裁方法来解决契约争议①。第三，仲裁人有权决定自己的管辖权。譬如当事人就仲裁协议是否存在及其有效性问题提出抗辩，而仲裁院认为有足以证明该仲裁协议存在的初步证据（prima facie），仍可决定进行仲裁，但这并不影响该抗辩是否成立或是否有效。这种情况，究竟有无仲裁管辖权，应由仲裁人自己作出决定。又，除非另有规定，仲裁员不应因有人主张由于契约无效或不存在而仲裁协议也当然无效或不存在等理由，而中止其对争议的管辖权。这就是说，尽管契约不存在或无效，仲裁人仍有权继续行使其管辖权，并对当事人各自的权利作出决定，同时也对其请求和抗辩作出裁定。这些规定说明：当事人的仲裁合意（协议），就是授权仲裁员可以自行决定自己的管辖权，即令在他作出裁定时，包含有仲裁条款的契约已不存在，即自始无效（void ab initio），或可得撤销或违法，但仲裁人仍有管辖权②。第四，当事人除非事先已同意确定仲裁地点，可以自由选择进行仲裁的地点或国家，可以是当事人一方所属的国家，也可以是第三国。但仲裁院有权批准或改变当事人关于仲裁地点的选择。第五，关于仲裁适用的法律（包括实体法和程序法）问题，国际商会仲裁规则未明确规定仲裁人怎样解决法律选择问题的争执，仲裁人也不能以友好调停人身份自由选择"公平与善意"来解决法律适用问题，除非得到当事人明确的允许和同意。因为根据国际商会仲裁原则的精神，无论在何种情况下，当发生法律选择问题时，仲裁人必须适用某一法律体制中的规定作裁决的准据法，而国际商会仲裁规则又未提供任何规定，指导仲裁人选择哪一法制，这就是困难的所

---

① 捷利安：《投资契约与仲裁——世界银行处理投资争议公约》，第140页。

② 施米托夫：《出口贸易》（1980），第424页。

在。依仲裁规则第 16 条的规定，国际商会仲裁规则关于适用仲裁程序的法律无规定时，适用仲裁地法律。当然这不是指适用当地的实体法，而是指程序法，但是仲裁规则也并未禁止适用仲裁地的法律作为仲裁的准据法。关于这一解释，在学说上认为应作具体分析。一般说来，如果是当事人双方同意选定的仲裁地点，可以理解为实际上是表示双方打算以仲裁地国家的法律适用于其契约的意思；反之，如果是仲裁院指定的仲裁地，则不能当然认为当事人有适用仲裁地法律的意思。如果属于投资争议，仲裁院选择不属于投资契约或经济特许协议当事人任何一方国家的第三国作为仲裁地，显然该仲裁地不必与投资契约或经济特许协议有何实质的联系，势将使投资者或东道国都会感到不满。仲裁院要避免这一结果，最善之道，莫如选择适用契约国（东道国）法律的有关规定或国际法某些原则和规定，来补充已选定但与投资契约无联系的当地法律的缺陷。但这种填补法律缺陷的办法，还须视当地法律是否许可为条件①。如有的国家法律规定，法院除适用本国实体法外，不允许适用其他外国法律，意大利关于国际仲裁的法律实践，就是一个典型的例子②。此外，也有学说主张，一般最好是按当地的法律冲突法规则来选择适用的法律，这样可以照顾到契约与适用法律之间的实际联系，有利于解决争议。第六，仲裁裁决具有终局效力，对双方当事人有拘束力，双方当事人须自动执行，并放弃任何形式的上诉权。仲裁人应尽量使其裁决在法律上能得到执行。为此，仲裁人在签署其裁决之前，应提交仲裁院审查，仲裁院可进行修改，但不能影响仲裁人决定的自由，同时，还须注意审查仲裁

---

① 廷达尔（Robert E. Tindall）：《国际商事仲裁》（International Commerce Arbitration），载《美国商法杂志》，第 7 卷（1969 年春季），第 70 页。

② 关于意大利的态度，1949 年国际商事仲裁委员会开会时，法国代表罗伯特对此曾有评论，他认为意大利这一法律实践，毋宁说是有害于国际商会的仲裁，因为它排除了适用意大利法律以外的其他法律规定。详见国际商会编：《国际商事仲裁委员会会报》（Proceedings of Commission on International Commercial Arbitration），8808 号文件，第 1～2 页；捷利安：《投资契约与仲裁——世界银行处理投资争议公约》，第 142 页。

的实质问题。

在投资协议中明确规定利用国际商会仲裁院仲裁规则处理投资争议者，有尼日利亚政府同加拿大石油公司，巴基斯坦政府同法国公司间的投资协议，1965 年，叙利亚同英国公司财团（Consortium of British Company）关于建设油气管道协议等①。

关于专为解决国际私人投资争议的国际仲裁，容于第四节论述。

第四节 解决投资争议国际中心及其仲裁规则

由于国际私人投资的发展，特别是发展中国家经济特许协议的特点，以往各种国内的、地区性的及国际的解决商事争议的仲裁机构及其仲裁规则，往往不能适应国际投资的需要，不能达到合理地满意地解决投资争议的目的。因而建立一个专门处理投资争议的国际机构和仲裁规则，就成为必要，并引起国际上的重视和关注。在关于国际投资保护的国际法体制中，曾经有种种设想和方案，而付诸实现的，则是 1966 年在世界银行倡导下通过的《解决国家和他国国民间投资争议公约》(Convention on the Settlement of Investment Disputes between States and Nationals of Other States)（以下简称《公约》），并基于该公约设立了"解决投资争议国际中心"（International Center for Settlement of Investment Disputes）（以下简称"中心"ICSID）。这是现代处理国际投资争议的专门国际仲裁机构，并制定了一套较为完善的仲裁规则。

一、公约成立的经过

鉴于国际私人投资的特点，对特定国家来说，具有涉外因素，就

---

① 布克斯太格（K. H. Bocksteigel）：《国际商会关于国家同私人企业争议的仲裁》（Arbitration of Disputes between States and Private Enterprises in the ICC），载《美国国际法杂志》，第 59 卷（1965），第 581 页；卡丹：《中东及北非石油特许协议法》（1967），第 167 页；克伦福尔：《外国投资的保护》（1972），第 141 页。

相互关系来说，或是不同国家个人或法人之间的关系，或是国家政府同私人投资者间的关系，都具有跨国性质，情况比一般争议复杂。而以往国内的、国际的仲裁机构，如美国仲裁协会、美洲国家商事仲裁委员会、国际商会仲裁院等，在选择法律适用方面，各有欠缺，难于弥补，而且往往不为当事国政府所接受。而具有公法性质的国际仲裁院、常设仲裁院等，又不向私人投资者开放①。为了在彼此利害对立的当事人间不能达成协议的情况下，谋求满意的解决争议的方法，先是民间国际组织，继则政府间国际组织，提出了种种设想和方案，企图在资本输出国和资本输入国间缔结一项公约，以提供仲裁的方便。

1959 年，"阿布斯—肖克洛斯关于海外投资公约草案"（Abs-Shawcross Draft Convention on Investments Abroad），建议承认政府同私人投资者基准的国际管辖权，缔约国一方国民因另一缔约国政府违反契约而受损失，有权向国际司法机构提出申诉。1960 年，国际法学协会（International Law Association）"关于国有化及外国资产法律问题委员会"在布鲁塞尔会议上，提出了"关于外国投资仲裁院规约草案"（Draft Statutes of Arbitral Tribunal for Foreign Investment）及"关于建立外国投资法院公约草案"（Draft Convention for Establishing a Foreign Investment Court），不，仅承认了外国投资者在国际司法、仲裁机构的诉讼能力（jurisdictional capacity），而且规定了适用法律的一般原则，按国际私法选择法律的准则，进行仲裁。1962 年国际律师协会（International Bar Association）的"保护海外投资法院及其程序委员会"（Committee for Court and Court Procedure for Protection of the Investment Abroad）的决议，也承认外国私人投资者的出诉权，并规定适用"约定必须信守"原则为投资契约争议仲裁的准据法。到1962 年联合国经合组织（OECD）委员会制定的"关于保护外国人财产权条约草案"（Draft Convention on the Protection of Foreign Property），

---

① 凯察姆（William T. Ketcham）：《关于国家和外国私人一方的仲裁》（Arbitration between a State and a Foreign Private party）（1961），第 405～406 页；捷利安：《投资契约与仲裁——世界银行处理投资争议公约》，第 66 页。

大体上采取了 1959 年阿布斯—肖克洛斯草案的基本精神，试图建立解决政府同私人投资者间争议的国际仲裁体制①。但这些方案和设想，均未付诸实现。

国际投资争议的特点及国际法学界的努力，引起联合国经济与社会理事会及世界银行（World Bank—全称为国际复兴开发银行 International Bank for Reconstruction and Development—IBRD）的注意，终于由联合国委托秘书长协同世界银行工作，并委托其提供处理国家同私人投资者间满意解决争议的方便和方案。世界银行之所以重视，并积极参与以及能有效地创建关于处理国家与私人投资者间争议的常设机构，不仅因为有关海外私人投资的国际方案所建立的某些保证制度，同世界银行有密切关系，而且这些保证制度的主要目的是鼓励国际私人资本不断流入发展中国家，这符合世界银行的基本目的和任务。特别是世界银行的国际地位和信誉，较能赢得资本输入国和资本输出国各方政府的信任。这就使得许多政府和海外投资者希望通过世界银行协助达到解决投资争议的目的；或者希望通过世界银行的帮助，对未来可能发生的投资争议获得有效的保证。譬如世界银行在调解苏伊士运河公司国有化问题的协定中的作用，就是一个明显的例证。世界银行在促进双方协商，达成协议，往往能起积极作用，有时为了特定的目的，银行自己还可成为协议的当事人之一。银行还同意作为最后代理人，通过银行代为支付定期赔偿付款，也可同意通过自己的斡旋有助于协调当事人间可能发生的任何纷争②。由于银行长期来在处理政府同私人投资者争议方面，积累了一定的经验，使得银行在创设仲裁机构及仲裁规则方面，具备了实现的条件与可能。

1962 年，世界银行在美国华盛顿召开第七次年会，理事会于 9 月 8 日作出决议，认为"有必要考虑创设某种特别机构来处理投资

---

① 捷利安：《投资契约与仲裁——世界银行处理投资争议公约》，第 66 页；佐藤和男：《国际投资的法律保护》（1968），第 260～264 页。

② 劳特派特编：《苏伊士运河问题的处理》（1960），第 15 页。

争议，以利于改善投资环境"①，要求执行理事会研究建立一个常设仲裁法院，来处理东道国同外国私人投资者间投资争议。理事会经过调查及多次讨论后，决定召开银行成员国政府推荐的法律专家咨询委员会，就银行专门工作人员提出的预备公约草案，分地区进行讨论。1963年6月12日在埃塞俄比亚的亚的斯亚贝巴，1964年2月3—7日，在智利的圣地亚哥，1964年2月17—21日在日内瓦，1964年4月27日—5月1日在泰国曼谷，合计有86个国家的法律专家参加了讨论。根据咨询委员会讨论的结果，世界银行于1964年9月10日在东京召开的第19次年会上，通过了理事会的报告，并作出决议，要求理事会制定在政府间协定的基础上，解决资本输入国同外国投资者间争议的机构和程序的公约草案。1965年3月18日银行提出了《解决国家和他国国民间投资争议公约》，提交世界银行成员国批准承认。公约经22个国家批准，于1966年10月4日正式生效，并基于公约成立了《解决投资争议国际中心》，在组织体制上，属于世界银行的一个下属独立机构。这是1945年以来在国际范围内保护外国投资及处理投资争议各种方案中唯一见诸实现的体制②。到1978年10月，包括发达国家和发展中国家在内，已有72个国家批准了公约，到目前为止，已有89个国家参加了公约。但拉丁美洲国家由于坚持卡尔沃主义的立场，坚持投资争议国内法管辖优先，都未参加公约③。

---

① 捷利安：《投资契约与仲裁——世界银行处理投资争议公约》，第67页；佐藤和男：《国际投资的法律保护》（1968），第262～264页。

② 关于公约成立的经过，详见佐藤和男：《国际投资的法律保护》（1968），第260～265页；捷利安：《投资契约与仲裁——世界银行处理投资争议公约》，第67～68页；布罗切斯：《国际复兴开发银行对国际法的发展》（Development of International Law by the International Bank for Reconstruction and Development），载《美国国际法学会会刊》，第59卷（1956），第33～38页。

③ 樱井雅夫：《国际经济法研究——以海外投资为中心》（1977），第253页。

二、公约的目的

根据理事会的起草说明及公约序言，公约的主要目的是，为了对经济发展进行国际合作的必要，以及国际私人投资对发展国际经济关系的作用，创设国际仲裁机构，提供解决国家同外国私人投资者间投资争议的便利，促进相互信任的气氛，藉以鼓励私人资本的国际流动。主要体现在：

1. 提供国际仲裁便利，符合当事人相互的利益。投资争议，原则上是通过资本输入国国内可以利用的行政、司法或仲裁程序加以解决。但实践经验表明，有时当事人更希望通过其他方法得到满意的解决，譬如缔结投资保护协定，明确同意将投资争议诉诸国际解决。公约指出，"承认这种争议通常固应遵循国内法律程序解决，但在某些情况下，采用国际解决方法，可能反而适当"，更符合当事人双方利益。

2. 公约是在尊重当事人意思的基础上，提供调停或仲裁的便利。鉴于以往各种国际机构的局限性及其缺陷，并考虑争议当事人一方为国家他方为私人投资者这一特点，公约特别重视缔约国与他缔约国国民双方同意并要求将争议交付国际调停或仲裁这一条件，并且根据双方所明确理解及共同承认的规则，进行调停或仲裁，以免争执。与此间时，公约又明确规定，不能仅仅根据缔约国批准、接受或认可公约这一事实，而不经其表示同意，就认为缔约国负有将任何特定争议交付调停或仲裁的义务。这就指明：同意是具体争议的具体仲裁协议（或投资契约中的仲裁条款或事后交付仲裁的协议），而不是概括的同意。

3. 公约对争议的处理，提供了重要的保证。一经双方当事人同意将争议交付调停或仲裁，即构成具有约束力的协议。根据这一协议，当事人对调停人的任何建议，应给予适当考虑，对任何仲裁裁决应予以遵守。一经同意，任何一方就不能单方面地撤回其同意，俾有利于调停或仲裁程序的顺利进行，并保证其效果的实现①。

---

① 佐藤和男：《国际投资的法律保护》（1968），第63页。

总之，条约的总的目标在于促进国际私人投资的增长，而在具体规定上又极为慎重地考虑维持投资者与资本输入国双方利益的平衡，以期建立一种健康的国际投资环境。公约所预期的这一目的，是否正确，能否实现，固有待于实践的检验，但公约的一个重要特征，是使国际投资争议能摆脱"政治和外交的领域"（realm of politics and diplomacy），而纳入正轨的仲裁程序，排除政治干预和外交干涉，这是一大进步①。

三、解决投资争议国际中心的法律地位

建立解决投资争议国际中心及其解决争议程序，是公约的核心。

1. 中心的宗旨是依据公约规定，为缔约国和其他缔约国国民之间的投资争议，提供调停和仲裁的便利（第1条）。中心是基于公约所设立的，具有完全国际法人格（full international legal personality）的法人。中心有法律能力（legal capacity），包括缔结契约的能力，取得和处理动产和不动产的能力及起诉能力（capacity to institute legal proceeding）（第18条）。

2. 中心在完成其任务时，在各缔约国领土内应享有公约所规定的豁免和特权（第19条），如中心及其财产享有豁免一切法律诉讼的权利（除非中心放弃这种豁免）（第20条）。

主席、行政理事会成员、担任调停人或仲裁人或按公约规定由仲裁人小组选任复审裁定的专门委员会成员以及秘书处的官员和雇员等，在执行任务中的行为，享有豁免法律诉讼的权利，但中心放弃这种豁免权者，不在此限。上述人员如不是当地的国民，则应享有缔约国给予其他缔约国相应级别的代表、官员和雇员在豁免移民限制、外国人登记要求和国民兵役义务方面的同等权利，在外汇方面的同等便利以及有关旅行便利的同等待遇（第21条）。

至于根据公约作为当事人、代理人、法律顾问、律师、证人或专

---

① 克伦福尔：《外国投资的保护》（1972），第76页。

家在诉讼中出席的人，也适用上述第 21 条规定的豁免权。但如属非当地国民的人，则上述第二款规定，只适用于他们在诉讼所在地的停留和往返旅程（第 22 条）。

中心的档案，不论其在何处，应不可侵犯。关于官方通信，各缔约国给予中心的待遇不得低于其他国际组织的待遇（第 23 条）。

3. 中心的税收豁免。中心的资产、财务和收入以及公约许可的业务活动和交易，应免除一切税捐和关税。中心还应免除征收或偿付任何税捐或关税的义务。除当地国民外，对中心付给行政理事会主席或成员的津贴，或付给秘书处官员或雇员的薪金、津贴或其他报酬，均不得征税。对担任调停人或仲裁人，或依照公约所任命的委员会成员的人，在公约规定的诉讼中所得的报酬或津贴，均不得征税，但以此项征税的唯一法律依据是中心地点或诉讼所在地或付给报酬或津贴的地点者为限（第 24 条）。

4. 中心作为一个国际性的常设机构，设有一个行政理事会（Administrative Council）和一个秘书处（Secretariat），并分别设立一个调停人小组（Panel of Conciliators）和一个仲裁人小组（Panel of Arbitrators）。行政理事会由每一缔约国各派代表一名组成。如无相反的任命，一缔约国所指派的银行董事当然为该国代表（第 4 条）。公约授权行政理事会以制定政策的权力，其主要职权为：通过中心的行政和财政条例；通过采取调停和仲裁程序规则；批准同银行达成关于使用其行政设施和服务的协议；通过中心年度收支预算及中心活动年度报告等（第 6 条）。世界银行行长为行政理事会的当然主席（ex officio chairman），但无表决权（第 5 条）。秘书处负责处理中心日常行政事务，由秘书长领导，秘书长是中心的法律代表。秘书长、副秘书长的职务不容许执行任何政治任务（political function）（第 10 条），保证中心的正常工作不受外来的政治影响。

调停小组或仲裁小组的成员，由每一缔约国向每一小组指派 4 人，但并不限于该缔约国国民。主席可以向每小组指派 10 人，该被指派的成员应具有不同国籍（第 15 条），并须具备一定资格（第 14 条）。

中心处理投资争议的程序，依当事人的选择，用调停或仲裁程序解决。以下主要介绍仲裁程序。

四、中心管辖权及争议的性质

中心的管辖适用于缔约国（或该国指派到中心的该国的任何组成部分或机构）和他一缔约国国民间直接因投资而产生的任何法律争议，并经双方同意将该项争议提交中心解决。

1. 所谓"他一缔约国国民"，指在双方同意将争议交付仲裁之日或请求登记之日，具有作为争议当事人一方的国家以外的另一缔约国国籍的任何自然人或法人。如果该自然人同时具有争议对方国国籍（即具有双重国籍），依公约规定，则不具有当事人资格（第 25 条 2 项之 1），尽管得到当事人一方缔约国的承认，也不能改变。至于法人具有争议对方国国籍者，如该法人为外国人所控制者，只要双方同意，从公约的目的出发，仍可看做另一缔约国国民，其争议属中心管辖（前条 2 项之 2）。这一规定的精神表明，纯属当事国国内的（domestic）争议，不在中心管辖之内①。如下列投资争议：不同国家个人和法人间的争议；国家间的争议；国家同本国国民或非受外国控制的本国法人间的争议，均不属中心管辖②。

2. "同意"是中心管辖权的基础和根据。所谓同意，必须用书面形式表示，但公约并未限定表示同意的时限，或事先在投资契约或协议中订入仲裁条款，或在争议发生后，经双方协商提交仲裁（submission），表明交付中心解决均可。此外，也有在资本输入国的外资立法中规定将投资争议交付中心解决，投资者用书面表示接受这一规定的也可。事实上，在中东国家大多数石油开发协议中的仲裁条款，都可推断有此内容，一般无需当事人间另订特别仲裁协议表示同意。总之，公约关于同意这一必要条件，只作了一般规定，给中心以

---

① 克伦福尔：《外国投资的保护》（1972），第 146 页。
② 佐藤和男：《国际投资的法律保护》（1968），第 270 页。

广泛的权限，从各种特别情况或其他细节过程中，来发现并确定当事人有无同意的表示，故在时限上、方式上，不加硬性规定①。

但应指出，外国投资者表示同意将争议交付中心解决的权利，是以其本国同争议国都签署公约为条件的②。至于缔约国的组成部分或其机构表示同意交付中心，则须经缔约国批准，除非该缔约国通知中心无须予以批准。任何缔约国可以在批准、接受或认可公约时，或在以后任何时候，把它考虑或不考虑提交中心管辖的一类或某几类争议通知中心，秘书长应立即将此项通知转达所有缔约国，但该项通知并不表明是公约所要求的同意（第 25 条，3、4 项）。

如前所述，同意是指将具体争议提交中心解决的意思表示，非概括的同意，故缔约国对公约本身的批准、接受或认可的行为，不能认为是对具体案件的同意。

此外，"同意"无论对争议双方，或对有关缔约国，均产生一定拘束力。第一，"同意"排除外交保护权。缔约国对其本国国民和另一缔约国根据公约已同意交付或已交付仲裁的争议，不得给予外交保护，或提出国际要求，除非该另一缔约国未能遵守和履行对此项争议所作出的裁决。至于纯粹为了促进争议的解决而进行的非正式的外交上的交往，则不包括在外交保护之内（第 27 条）。这一规定的主要旨趣在于使缔约国一方不受外来压力的影响，中心的管辖权不受其他政治干预③。第二，排除其他补救办法。除非另有规定，双方同意根据公约交付仲裁，应视为同意排除任何其他补救办法，即当事国一方

---

①　卡丹：《中东、北非石油协议法》（1967），第 156 页；克伦福尔：《外国投资的保护》（1972），第 147 页；捷利安：《投资契约与仲裁——世界银行处理投资争议公约》，第 69 页。

②　捷利安：《投资契约与仲裁——世界银行处理投资争议公约》，第 69 页。

③　克伦福尔：《外国投资的保护》（1972），第 147 页。

（东道国）不能以用尽当地救济原则相对抗，拒绝交付国际仲裁①。但缔约国有权保留用尽当地各种行政或司法补救办法，作为其同意根据公约交付仲裁的一个条件（第 26 条）。第三，争议一经双方表示同意交付中心仲裁（无论是事前或事后协议），对双方产生拘束力，任何一方均不得单方面地撤消其同意（第 25 条第 1 项）。这一规定主要是针对下列情况，当包含有交付中心仲裁条款的投资协议（或契约）因东道国国内立法失效而归于无效时，东道国不能根据协议无效，即不承担仲裁义务为理由，而拒绝交付中心仲裁②。

3. 关于中心管辖权另一实质上的限制是，争议必须是"法律争议"（legal disputes）。关于法律争议，公约未作出明确的定义。根据银行行政理事会的起草报告，"法律争议"是指"争议必须包括法律上权利与义务的存在与否及其范围，关于违反法律上义务的赔偿的性质及其范围之争"。也就是指中心管辖范围内的权利冲突（conflict of rights）问题，至于单纯"利益冲突"（conflict of interests）问题，则不属法律争议③。当然，要对"法律争议"一词下一个明确的定义，目前有无这一必要，固待考虑，而且也大有争论④，但还是有一定标准可循。有些显然是属于法律性质的争议，不管当事人是否希望通过仲裁解决，论其争议的性质，原是无可置疑的。譬如在中东国家中沙特阿拉伯、卡塔尔、阿布扎比及伊朗等国接受中心仲裁的某些石油特许协议的法律争议案件，主要包括特种支付契约规定的解释、特许开发地区是否包括领水及大陆架在内的问题、油（气）管道输送特许协议同以前综合特许协议的抵触问题以及取消特许权的赔偿问题等

---

① 在学说上有人综合上述两条规定的精神，认为公约的特点表现在主权方面作了两种让步，即在投资争议问题上，东道国放弃其坚持国内立法及司法的排他性，而在资本输出国方面则放弃其对本国国民海外投资者的外交保护权、双方服从中心调解或仲裁。

② 克伦福尔：《外国投资的保护》（1972），第 146 页。

③ 克伦福尔：《外国投资的保护》（1972），第 146 页；捷利安：《投资契约与仲裁——世界银行处理投资争议公约》，第 69 页。

④ 佐藤和男：《国际投资的法律保护》（1968），第 269 页。

等，在性质上都属于法律争议①。再如因对投资者资产不合理或有歧视的损害所引起的争议，如果不是以权利的抵触为内容，或者该损害不致引起法律上的问题，即关于该争议的性质和范围的规定，不依存于条约或协议的解释时，这种争议，就不属于法律争议②。关于"法律"一词，不仅指国际法及条约，如友好通商航海条约、投资保证协定及其他有关公约等，而且还包括资本输入国、资本输出国国内立法、关于契约的准据法、其他有关的第三国法律及根据一般法律原则所形成的准据法等等皆属之③。总之，须依各个具体情况来判断。

4. 关于"投资"一词，公约未下明确定义，根据起草者的意图，可能是留给调停委员会或仲裁法庭以某种程度的自由裁量权（discretion），以便在广泛的领域内，使中心对重要的国际经济协定敞开大门，仲裁人或调解人可以对投资概念采取比较自由的定义④。在现时大多数投资协议或政府间双边投资保证协定中，都有关于"投资"定义的条款，这在适用公约时，当不致引起争执。但依通说，对"投资"一词，应采取广义的解释。凡外国私人投资者为在其所属国籍的国家领域以外使用的目的，对他方所提供的经济的财源，都属于投资范围。无论用何种方式所实行的赠与、贷款、保证金、股份或股金的取得，或购买支配权等都可以，至于其提供经济财源的目的或汇款的技术方法如何，则非所问。对于接受资金国来说，该资金用于公共目的，还是私的目的，也无关重要。这项投资，既可包括向合营企业的直接投资，也可包括向民间或政府的信贷。关于证券投资（在当地取得在资本输入国内周转的各公司股票），现时也认为是一种外国私人投资形态，在解释上也应包括在公约所谓"投资"这一概念之内。此外，以规避征税为目的的小规模投资，如以不达到资本输

---

①　克伦福尔：《外国投资的保护》（1972），第 147 页；卡丹：《中东、北非石油协议法》（1967），第 151 页。

②　佐藤和男：《国际投资的法律保护》（1968），第 269 页。

③　佐藤和男：《国际投资的法律保护》（1968），第 269 页。

④　克伦福尔：《外国投资的保护》（1972），第 147 页。

人国课税对象数额的所得存入资本输入国的资金，也可包括在公约所指的投资范围之内。但如缔约国明确表示希望将这类小规模投资争议排除在公约范围之外者，可依照公约第 25 条 1 项规定，向中心发出通知①。

五、中心仲裁法庭和仲裁程序

（一）仲裁法庭的组成及其权限

中心不直接处理争议，而是组成仲裁法庭处理。希望采取仲裁程序的任何缔约国的任何国民，应向秘书长提出书面请求，由秘书长将该项请求的副本送交另一方当事人（第 36 条）。中心在接受请求并登记之后，尽速组成仲裁庭（如请求调停，即组成调停委员会）。法庭由双方同意任命的独任仲裁人或任何非偶数的仲裁人组成。如双方对仲裁人的人数和任命的方法不能取得协议，法庭应由三名仲裁人组成，由每一方各任命仲裁人一名，第三名由双方协议任命，并担任法庭庭长（第 37 条）。选任仲裁人是当事人从仲裁小组中加以指定。如在申请登记 90 天后尚未组成仲裁法庭的，主席经任何一方请求，并尽可能同双方磋商后，得任命尚未任命的仲裁人一名或数名。主席任命的仲裁人必须是仲裁小组的成员，而且必须是当事国以外的第三国的国民（第 38 条）。除主席任命的情况外，还可从仲裁人小组以外任命仲裁人，但必须具备第 14 条关于仲裁人品质的条件。

关于仲裁法庭的权限，公约第 41 条确立了仲裁法庭有自行决定本身权限的原则（第 35 条关于调停委员会也适用同样原则）。"法庭应是其本身权限的决定人"，这是指法庭对特定争议有无管辖权及其范围，有权自行认定。如果争议一方提出反对意见，认为该争议不属于中心管辖范围，或因其他原因不属于法庭的权限范围，也应由法庭加以考虑，并决定是否将其作为先决问题处理，或与该争议的是非曲直一并处理。这一规定，确立了仲裁法庭权限的相对独立性。中心秘

---

① 佐藤和男：《国际投资的法律保护》（1968），第 271 页。

书长拒绝登记调停或仲裁申请的权限，也应受到限制，不能侵害调停委员会或仲裁法庭自行决定本身权限的权力。又秘书长纵已允许登记的调停或仲裁请求，调停委员会或仲裁法庭也可认定该争议不属于中心管辖范围之内①。

但是，在法庭成立后，法庭庭长及全体人员，应尽力确认双方当事人关于程序问题的看法，包括法庭仲裁人的法定人数、审讯、仲裁程序中使用的语言、关于口头或书面程序事项以及关于仲裁程序的费用等，目的是使法庭同争议当事人间关于具体程序的组织与安排方面，能创造一种合作气氛，使法庭同当事人间能事先在程序问题上取得协商一致，将有助于在取得证据，接受他方提出的反要求，决定适用的法律，以及在当事人同意的基础上，依据公平与善意原则进行裁决的权限等方面，达到相互谅解，以利于仲裁程序的进行②。

任何仲裁程序，均应依照公约规定，以及除双方另有协议外，依照双方同意提交仲裁之日有效的仲裁规则进行。如发生公约或仲裁规则或双方同意的规则均未作规定的程序问题，则该问题应由法庭决定（第 44 条）。关于仲裁法庭对程序问题的决定权这一规定，与调停程序和仲裁程序以当事人同意为基础，在性质上并不矛盾。因为只在当事人无协议时，才由法庭决定程序问题，所以仍然体现了仲裁程序中当事人自治的原则③。

（二）仲裁人及其法定资格

中心处理投资争议的仲裁人，可以是独任仲裁人，也可以是由数名仲裁人组成的仲裁法庭，仲裁人可以从中心仲裁小组中选任，也可由行政理事会任命小组以外的人担任。但都必须具备公约所规定的资格（第 14、40 条），而且有一定国籍限制。

1. 仲裁人的必备资格

---

① 佐藤和男：《国际投资的法律保护》（1968），第 69 页。

② 捷利安：《投资契约与仲裁——世界银行处理投资争议公约》，第 71 ~ 72，147 页。

③ 佐藤和男：《国际投资的法律保护》（1968），第 69 页。

根据公约第 14 条规定，仲裁人必须具有高度的道德品质，并且在法律、商务、工业或金融等方面有公认的能力（recognized competence），可被信赖能作出独立的判断（independent judgement）。对仲裁小组成员来说，在法律方面的能力，尤为重要。

虽然从条文规定的文字上解释，并没有绝对要求任何仲裁人必须受过法律专门训练；但是，选任一个非法律专家担任仲裁人，在作为解决法律争议的司法手段的仲裁程序中，如何正确解释并适用法律，不能不存在较大疑难①。特别第 14 条第 2 项更明确要求主席指派在小组中服务的人员时，还应当注意保证世界上各种主要法系（principal legal systems of the world）和主要经济活动方式在小组中具有代表。这就保证了在某种程度上要求仲裁人的必要条件是法律专家。但这一保证只限于主席指派的仲裁人，而不是争议当事人指定的仲裁人②。

公约关于仲裁人资格的要求，使得在仲裁程序中，集商业专家和法律专家于一堂，各发挥其所长，有利于解决从国际经济关系中所产生的法律问题和争议。

2. 仲裁人国籍的限制

公约关于调停人不设国籍的限制，但关于仲裁人原则上有国籍限制。根据公约第 39 条规定，"大多数仲裁人不得为争议一方的缔约国国民和其国民是争议一方的缔约国国民"，即仲裁人应不属于双方当事人任何一方国籍的人。但如独任仲裁人或仲裁法庭的每一成员是经双方协议任命的，则不适用上述国籍的限制。又行政理事会主席指定的仲裁人，也不得具有双方当事人任何一方的国籍（第 38 条）。这一规定的主要精神，在于保持仲裁人处于中立地位，维护仲裁的公正合理。

---

① 根据公约第 25 条规定解释，仲裁人的任务是法律任务，而不是调解任务，在学说上一般也认为仲裁是一种处理争议的司法手段，见布赖尔利（J. I. Brierly）：《国际法》（The Law of Nations）（1963），第 347 页。

② 捷利安：《投资契约与仲裁—世界银行处理投资争议公约》，第 70 页。

六、中心仲裁适用的法律

任何仲裁程序的一个关键问题，就是关于法律选择（the choice of law）及可适用的法律（applicable law）问题①。鉴于以往国际仲裁机构及其仲裁规则关于法律适用问题，标准不一，争论甚多（见本章第三节所述），公约企图建立在一个关于适用法律的统一规范，作为仲裁法庭选择法律的准绳。

公约第 42 条规定：

一、法庭应依照双方可能同意的法律规则判定一项争议。如无此协议，法庭应适用争议一方缔约国的法律（包括其关于冲突法的规则）以及可能适用的国际法规则。

二、法庭不得借口法律无明文规定或含义不清而暂不作出裁决。

三、第一款和第二款的规定不得损害法庭在双方同意时对争议作出公平和善意的决定之权。

以下简要叙述本条规定的立法旨趣。

（一）当事人自治原则

很显然，第 42 条（1）款的第一句明确承认了根据当事人自治原则（principle of party autonomy）或当事人意思原则（principle of the will of the parties）选择法律的所谓主观主义（Subject Theory②）。实际上，是对前述所谓国家同外国投资者间的契约在法律上可以自给自足（legal self-sufficient），可以独立存在于国内法及国际法任何法律体系之外的"当事人法"或"契约条款法"（本章第三节参照）

---

① 查兹（Paul C. Czasz）：《投资争议公约的得失》（The Investment Disputes Convention—Opportunities and Pitfalls），载《经济发展与法律杂志》（The Journal of Law and Economic Development），第 1 卷（1970），第 38 页；敦克（Martin Domke）：《商事仲裁的法律和实践》（The Law and Practice of Commercial Arbitration）（1968），第 254 页。

② 德拉梅（George R. Delaume）：《解决国家与他国国民间投资争议公约》，载《国际法学家》，第 1 卷，第 1 期（1966），第 77 页。

的理论，予以默示的否定①。因为按条文规定解释，法庭首先是适用当事人同意的法律规则，承认当事人有选择法律的绝对自由，承认当事人选择并确定适用于其投资关系并解决争议的法律具有首要意义，一经当事人选择适用的法律，中心法庭就负有尊重该选择的义务。其次是承认当事人选择法律规则的自由，可包括选择任何法制或任何法制的混合，如东道国法律或经过某种修改的东道国法律、投资者本国法、第三国法律乃至国际法院规约第 38 条所规定的国际法规则等，而不是其他（如所谓当事人法或公平原则等等）②。故虽然是尊重当事人自治原则、但其选择的范围限于具体的法律规则。

（二）公约的补充规则

在当事人间关于选择法律没有协议时（或由于当事人的失误，或由于未达成一致意见），依公约第 42 条（1）款后段，作了补充规定，要求法庭选择两个法源。首先，应适用争议一方缔约国的法律，即投资所在地缔约国（资本输入国）的国内法（包括其关于冲突法的规则），其次是可以适用的有关国际法规则。这一规定的目的，在于消除当事人双方就选择法律未达成协议时可能引起的争执和混乱，

---

① 菲德罗斯（Alfred Verdross）在《准国际协定和国际经济交易》（Quasi—international Agreement and International Economic Transaction）一文，鲍尔金（Bourquin）在《仲裁与经济开发协定》（Arbitration and Economic Development Agreement）一文中，均主张投资协议本身自成法律，独立于国际法、国内法任何法制之外。捷利安：《投资契约与仲裁——世界银行处理投资争议公约》，第 148～149 页。

② 捷利安：《投资契约与仲裁——世界银行处理投资争议公约》，第 75 页；查兹：《匈牙利与其他经互会国家经济与外贸体制的法律结构》（Legal Framework of the Economic and Foreign Trade System of Hungary and Other CMEA Countries），载《国际商业法律家》，等 39、109 页。

对仲裁法庭给予特别授权①。

如前所述，无论从理论上及实践上，适用东道国法律，以解决国家同他国国民间投资争议，特别是经济特许协议的争议，一般公认是妥当的。但公约订立者也考虑某些发展中国家法制不完备，法庭单纯适用东道国法律，又不足据以正确处理争议，而公约第 42 条（2）款，又规定仲裁法庭不得因法无明文规定，或规定含义不清而拒不裁决，故公约授权法庭寻求其他可适用的法律，如适用东道国关于冲突法规则（因投资协议本身具有涉外因素），选择第三国法律，并可适用有关的国际法规则，这是对公约第 42 条的重要补充。

关于公约规定在仲裁中适用国际法问题，在公约起草及讨论过程中，争论最多。

首先是国际法的概念及其范围问题。根据世界银行行政理事会的起草报告指出：

"本公约条文所指的国际法，应理解为国际法院规约第 38 条（1）项所包含的意义，第 38 条的立法旨趣，是允许适用于一切国际争议的（银行执行理事会 1954 年 9 月第 214 号决议，1965 年 3 月 18 日公布）。"

据此可知，本条所指的国际法规则，包括：国际条约、国际惯

---

① 关于选择法律这一根本问题，在法学界有不少争论和学说，参看《阿布扎比仲裁问题》，《国际法与比较法季刊》第 1 卷（1952），第 247～249 页；《哥德菲德仲裁问题》（Lena Goldfield Arbitration），载《国际公法案例年报》（Annual Digest of Public International Law Cases），第 5 卷（1929—1930），第 3、28 页；《海上石油公司》（Marine Oil Co.）载《国际法报导》，第 20 卷（1953），第 534 页；《沙特阿拉伯同阿美石油公司间的仲裁》（The Arbitration between Saudi Arabia and Aramco），载《国际法评论》（International Law Review）第 27 卷（1963），第 117 页；《萨费尔国际石油公司诉伊朗国家石油公司》（Saphire International Pertroleum Ltd, v. NIOC），载《哥伦比亚跨国法杂志》（Columbia Journal of Transnational Law）第 3 卷（1964），第 152 页报告；罗德里（Nogen S. Rodly）；《世界银行处理投资争议公约的几个问题》（Some Aspects of the World Bank Convention on the Settlement of Investment Disputes），载《加拿大国际法年刊》，第 4 卷（1966），第 57 页。

例、一般法律原则、司法判例和权威学说。

其次关于适用国际法问题的争论。中心仲裁法庭是否可选择国际法规则，从公约草拟之初，即认为是一个比较尖锐的问题。在草案讨论的各个阶段，在各国代表间（主要是发达国家同发展中国家间），各持不同见解，经过长期争论，才达成现在公约的形式。

1963 年提交区域性政府代表曼谷会议讨论时，预备草案第 4 条（4 款）（1）的规定为：

"在当事人双方关于法律适用问题未表示一致意见时，除非当事人授权法庭根据公平与善意进行裁决，法庭对提交仲裁的争议，可根据国内法或国际法的规定（rule of law whether national or international）进行裁决。"

在协商会上，大多数法律家对此规定基本上表示同意，但少数政府代表（如印度）反对法庭有适用国际法的自由。其理由是：外国投资者在东道国进行投资这一行为，一般就意味着投资者已同意有关契约各方面接受东道国法律的管辖权，因而，当事人如未特别授权法庭选择其他法律，法庭应适用契约国的法律，而不应适用国际法，故公约应规定适用东道国法律①。但区域会议主席布罗切斯（A. Broches）反对这一意见②，他认为没有任何理由要求争议当事人特别授权法庭在处理每一包含国际交易行为的案件时干什么或不干什么。关于用国内法反对国际法这一争论，布罗切斯认为有两点应当注意：其一，公约的特点是建立一种国际管辖权，因而有理由规定，除非另有特别限制，一个国际法庭有权适用国际法；其二，尽管国际法庭首先应考虑国内法，因为投资者与东道国的关系应先由国内法管辖，但当国内法与国际法抵触时，也只能放弃国内法。

第一次草案讨论时，区域性协商会在预备草案的基础上，向世界

---

① 中心文件第 31 号 z10（1964 年 7 月 20 日）第 54 页，捷利安：《投资契约与仲裁——世界银行处理投资争议公约》，第 78～79 页。

② 布罗切斯现任世界银行副总裁和中心秘书长，主席报告载中心文件第 33 号 z11（1964 年）。

银行法律委员会正式提出的公约草案，其中第45条（1）款，对法律适用问题作了修正。即：

"当事人关于适用法律无协议时，法庭应依照可以适用的国内法和国际法的规则（rules of national and international Law）进行裁决。'国际法'一词，应理解为国际法院规约第38条所包含的意义。"

这一草案虽对上述少数派意见未予采纳，但在新规定中作了两点重要的修订。一是明确了"国际法"这一词包括的内容，以免解释上的分歧。更重要的一点是用"国内法和国际法的规则"代替了预备草案中的"国内法或国际法的规则"，其目的是不允许法庭在国内法或国际法之间进行选择①。

但是，在新草案讨论中，对第45条（1）款规定"国际法"的解释及其适用问题，在法律委员会上引起了长时间的激烈争论。有的代表认为仅仅在被指控有歧视待遇的情况下，适用国际法才有可能，也才恰当；在其他情况下，仲裁仍应适用进行投资的所在国的法律，因为投资协议是根据该国法律签订的②。会议主席布罗切斯指出，可以适用国际法的一切情况是无法预见的，至于引证像歧视待遇作为适用国际法的例证，实际上并无多少助益；并进一步指出，新规定正是确切地反映在当事人无选择法律的协议时法庭所应作出的考虑③。

有些代表反对适用国际法的理由，认为不应当在公约中授权法庭去审查任何一个主权国家的国内立法，法庭也不应适用东道国法律以外的任何法律，甚至当事人双方也不会允许违反这一原则（如土耳其、南斯拉夫、巴西、斯里兰卡等国代表）。

据其中一代表的意见，认为私人同国家间的契约从来不属于传统

---

① 捷利安：《投资契约与仲裁——世界银行处理投资争议公约》，第80页。

② 《法律委员会综合会刊》（Summary Proceedings of Legal Committee Meeting），1964年12月7日SID/LC/SR/14（1964年12月30日）第2页。

③ 《法律委员会综合会刊》（Summary Proceedings of Legal Committee Meeting），1964年12月7日SID/LC/SR/14（1964年12月30日）第2页。

的国际法管辖。如果认为有必要发展这类法律，则实现这一目的的适当机构，应当是国际法委员。无论如何，仅仅说契约关系应当受国际法管辖，其理由是极不充分的，并建议公约在要求任何国家签署之前，必须详尽地制定出一套为当事人所能接受的原则，以及关于其权利与义务的规定，否则，签署国对公约的全部内容就无从了解。如果采用这一新规定，其结果必将导致单纯属于国内性质或内部性质的国家行为，须受一套不明确的原则的检验，有违国家主权原则。亚、非独立国家固然愿意承认并尊重国际公法原则，但并不赞成扩大国际公法适用的范围。事实上，亚、非国家向来坚决要求限制仅仅为保护工业大国或殖民主义者利益所创设的某些国际法原则的适用。法庭正在继续适用的现行国际法规，实际上是极不完善的。只要这种不完善的法规存在，要解决这一问题，就不是依靠司法诉讼，而是谋求调整实力的平衡。要使这一公约得到同意，就非对现行体制重新审查批准不可①。

还有的代表认为只有对特别争议才能适用国际法，但也只限于东道国国内法已规定适用国际法时，才能适用。国际法的一般法律原则已包括在国内法规定之内，即令在有差别待遇的情况下，也会适用国内法上的这些原则来加以解决的。另外一些代表主张只有当东道国法律完全没有规定或规定有缺陷时，才可能承认适用国际法②。

针对上述反对意见，法律委员会指出：草案第 45 条（1）款一般并未授权法庭忽视国内法，而适用国际法原则，这仍然是根据"约定必须信守"这一原则而已。因东道国法律片面地终止经济特许

① 参加法律委员会的代表是来自各国的法学家，如土耳其的毕尔根（Biegen）南斯拉夫的塞尔布（Serb），巴西的达孔哈（Da Cunha）及斯里兰卡的瓦拉苏德拉（Wanasudra）等，他们都反对对"国际法"加以修改。捷利安：《投资契约与仲裁——世界银行处理投资争议公约》，第 82、151 页。

② 如印度代表罗库尔（Lokur），哥斯达黎加代表那拉（Lara），象牙海岸代表弗罗伦佐（Florenzo），其说明见前引《法律委员会综合会刊》1964 年 12 月 7 日，第 4、5 页。

协议引起的争议，不管国家的行为是否出于善意（good faith），实际上在这里就引起了"约定必须信守"的问题，故应适用国际法①。

另一方面，赞成草案第 45 条规定的，大多是发达国家，如澳大利亚代表指出，在澳大利亚适用国际法，是不会发生困难的。联邦德国代表认为，许多国家的国内法院不仅必须适用国内法，而且也应适用国际法。如果一个被公认为属于国际性的法院，反而被排除适用国际法，岂非怪事。譬如用尽当地救济手段问题，就要求适用某些国际法原则。美国代表认为草案第 45 条规定是令人满意的，并指出，美国的理解是，一般应适用国内法，但草案规定适用国际法的可能性，仍然是很重要的。因为根据草案第 27 条的规定，一个缔约国在中心法庭前必须放弃其对本国国民的外交保护权。此外，有的代表指出，既然草案第 45 条开头一句已规定双方当事人可以表示与此相反的协议，自然也可消除上述种种疑虑。再有的代表主张在国家继承（state succesion）时，也可认为是适用国际法的另一种情况②。

经过大会代表充分讨论之后，法律委员会以 24 票多数表决，通过了一项新规定，其目的是在国内法和国际法都有欠缺时，仍维持仲裁法庭有适用国际法的自由。这一最后草案就是现在公约的形式，原第 45 条成为现公约的第 42 条，但删去了原草案第 45 条（1）款最后一段关于"国际法"定义的规定。

据布罗切斯解释，公约最后定稿第 42 条（1）款的规定，能达到公约体制内可能合理追求的一切目的，并指出适用国际法的可能性：

"从规定的历史来看，在下列情况下，法庭可适用国际法，这是无可质疑的：即（1）国内法要求适用国际法时；（2）争议主题直接由国际法所规定者（即实际上很容易同（1）相区别的

①　布罗切斯对反对意见的评论，见《综合会刊》，第 3 页；捷利安：《投资契约与仲裁——世界银行处理投资争议公约》，第 82 页。

②　《综合会刊》第 3、5 页；捷利安：《投资契约与仲裁—世界银行处理投资争议公约》，第 82~83 页。

情况）；（3）国内法或根据国内法的国家行为违反国际法者"①。

(三) 国内法同国际法的抵触问题

当国内法与国际法的规则，就具体投资争议问题上，两者相互抵触时，仲裁法院应适用哪种法律，第 42 条并没有解决这一问题。有的著作曾举下例，如法庭面临的问题是东道国征用外国投资者资产未给予赔偿所引起的法律争议，按东道国法律并未规定应对投资者给予即时、充分、有效的赔偿，原告肯定该国内法与国际法原则矛盾，而当事人对适用法律未作特别指示，法庭究竟应适用哪种法律？在学说上有人主张，法庭在国内法同国际法抵触时，应推定其有适用国际法的自由裁量权。其理由是，第 42 条 （1） 款规定的 "国际法规则" 订入公约，是在普遍仲裁实践中未曾出现过的一种措施。再者，根据参加区域会议及法律委员会大会各国代表所表明的意向，以及中心官员所表明的观点，都为上述结论提供了理论依据，即当国内法同国际法抵触时，国际法规则优先于东道国的法律②。

此外，施瓦曾伯格也持同样观点，认为当国际法同国内法有抵触，如法庭认为有必要时，有权适用国际法："如果根据公约设立的仲裁法庭是国际法庭，则应当适用仲裁地法，即国际法。"③

据一般解释，认为在人们的心目中很容易理解中心仲裁法庭是国际法院。因为公约的基本目标是在于建立处理投资争议的国际仲裁机构，个人和公司实际上都同国家一样，作为申诉人进入国际法庭，也都能在这一机构中作为仲裁程序的当事人，故中心仲裁庭有适用仲裁

---

① 布罗切斯：《解决国家和他国国民间投资争议公约：法律适用和缺席程序》 （The Convention on the Settlement of Investment Disputes between States and Nationals of Other States：Applicable Law and Default Procedure）。

② 布罗切斯说明见 《综合会刊》，第 5 页；捷利安： 《投资契约与仲裁——世界银行处理投资争议公约》，第 80 ~ 89 页。

③ 施瓦曾伯格：《外国投资与国际法》，1969 年版，第 221 页。

地法，即国际法的权利，是毋庸置疑的①。

关于国际法同国内法的关系，在适用上、效力上，何者居优位，各国立法态度不一，学说更有分歧，姑不细论。但就公约第 42 条关于法律适用问题来说，不能认为国际法绝对居于优位，应作具体分析。特别是针对一方为国家一方为外国投资者的投资关系的特点，在当事人没有特别指示和协议时，而国际法规则与东道国法律又相抵触的情况下，须视该国际法规则是否真正为世界各国所公认的原则，特别是否符合于广大第三世界国家（主要是资本输入国）的利益。目前在建立新的国际经济秩序斗争的进程中，国际法体系也正在改造并进入新的发展阶段。有不少代表企图维护旧的国际经济秩序、体现经济大国利益的传统原则和法规，已遭到广大发展中国家的反对和冲击，这些规则并不能反映当代世界各国共同意志和利益。上述所举国有化的即时、充分、有效赔偿原则，既非国际法的具体规则，更非公认的国际法原则，并为广大发展中国家所反对。不仅与作为东道国的发展中国家的立法，是显然背道而驰的；而且同新的国际法原则也不相符（如前述 1962 年以来《关于自然资源永久主权的决议》，《建立国际经济新秩序宣言》及《行动纲领》等）。在这种有抵触的情况下，中心法庭就不能认为当然优先适用国际法原则。

（四）关于禁止拒绝裁决的规则

公约第 42 条第（2）款规定，"法庭不得借口法律无明文规定或含义不清而暂时拒绝裁决（non liquet）"，一般称为拒绝裁决原则（rule of non-liquet）。

所谓 non-liquet，是指法庭认定因现行法律无规定或规定不明确，而借口暂不作出裁决而言。禁止拒绝裁决的原则，在公约预备草案第 4 条（4）款之（2）已作了规定，在区域性会议及法律委员会大会讨论中，没有争论，获得通过。本来在 1953 年国际法委员会提出的仲裁程序示范规则草案第 12 条（2）项，已提出了禁止因法无规定

---

① 捷利安：《投资契约与仲裁——世界银行处理投资争议公约》，第 89～90 页。

或规定含义不清而拒绝裁决这一原则①，但大多数国家一致认为在一个国际仲裁公约中订入一般禁止拒绝裁决的规则，这还是第一次。无疑，这一特别规定得到缔约国的一致同意，成为仲裁法庭的指导方针，是对发展国际仲裁法的一可贵贡献。而且这一规定还可能促使法庭成员接受某些基本原则和规则，以便在处理有关发展中国家经济开发案件时，有利于对外国私人投资的保护②。正如劳特派特所指出的，"禁止拒绝裁判，是经过长期来国际仲裁及国际司法实践所证明了的现行国际法上无可争辩的原则"③。从实际来看，在中心仲裁庭处理外国投资者同发展中国家投资争议时，常有出现拒绝裁决的可能。譬如在某一涉及保护外国投资者和发展中国家双方利益争议的案件中，当中心仲裁院适用东道国法律时可能发现东道国法律关于保护外国投资者某种既得的权益，无明文规定，或其规定含义不清；而要适用国际法，又可能发现国际法也无足以保护发展中国家国民经济和福利等利益的有关原则和规定④。在这种情况下，仲裁人可能趋向于借口无法律规定可资依据，规避其裁决的责任。因为这一案件，直接关系到国内法和国际法之间的新的争论，而国际公约尚未对此作出任何解决。公约第42条（2）款的规定，正是为避免在中心仲裁庭前出现的这一后果。又法尔斯（Haliburton Fales）也曾指出："一种含义模糊的规定，必将出现两种危险，一是可能使裁决对自己不利，一

---

① 联合国国际法委员会第 5 次大会报告（U. N. International Law Commission, Report of the Fifth Session, A/2456, 1953 年 8 月），第 12 页。

② 捷利安：《投资契约与仲裁——世界银行处理投资争议公约》，第 86 页。

③ 劳特派特：《关于禁止拒绝裁判和完善法律秩序刍议》，载《皇家国际事务研究所年刊》（1959），第 124 页。

④ 根据布拉卡辛哈（Prakash Sinha）的论述，发展中国家所需要的是能够适当促进其经济繁荣与社会福利的国际法，但事实上他们却可能发现传统的国际法中关于这方面的规定，竟付缺如。见所著《新兴独立国家对国际法约束性的展望》(Perspective of Newly Independent States on the Binding Quality of International Law)，载《国际法和比较法季刊》，第 1 卷，第 1 部（1965 年 1 月），第 130～131 页。

是法庭可转而借口规定不明而拒绝裁决。所以用法律规定，防止出现这一后果，极为有益，1965年公约所建立的这一原则，实际上就包含了这一内容。"①

其次，从公约的立法精神来看，公约的目的在于有效而正确地处理争议，故第48条（3）款相应地强调了合法裁决的要件，即仲裁庭必须用裁决处理提交法庭前的每一个问题，并说明其据以裁决的理由。这一条与第42条（2）款相互呼应，公约要求对每一提交仲裁的案件，法庭必须基于自己的考虑进行裁决②，这又是公约特点之一。

（五）关于公平与善意原则

公约第42条（3）款规定："第一款和第二款的规定不得损害法庭在双方同意时对争议作出公平与善意的决定之权。"这就是公约授权法庭在当事人双方同意下，可以基于"公平与善意"的原则进行裁决。即法庭享有在特别情况下，可以不根据法律（包括国内法和国际法），而根据正义与公平原则进行裁决的广泛的权限，并不因本条第1款、第2款的规定而受影响。实际上这一规定是国际法院规约第38条（2）款的复制，并符合1953年国际法学会仲裁公约草案第9条（2）款的规定，在区域会议及法律委员会大会讨论中获得一致通过③。这一规定，使仲裁人摆脱可适用的法律进行裁决，类似于西班牙法上的"amiagables composedores"（友好调停人）或法国法上的

---

① 《私人争议的国际仲裁——起草者的两刀论法》（International Arbitration of Private Disputes—The Draftman's Dilemma）载《私人海外投资者——问题及其解决》（Private Investors Abroad--Problems and solutions）（1971），第232页。

② 捷利安：《投资契约与仲裁——世界银行处理投资争议公约》，第85页。

③ 捷利安：《投资契约与仲裁——世界银行处理投资争议公约》，第87页。

"amiables compositeur" 的权限①。

关于法庭运用公平与善意进行裁决的权限的评价问题，赫德逊（Manley O. Hudson）曾经指出：这一权限"是使法庭不必根据法律进行判决，从而有可能使判决基于公平交易与诚实信用（fair dealing and good faith）的考虑，独立于法律之外，甚至与法律背道而驰。但是按公平与善意进行判决，并不是强迫法院脱离可以适用的法律，而只是允许法院可以这样做，甚至可以要求当事人放弃依据法律的权利……但是这种考虑，大多往往出自法官个人主观的评价，当达到不能利用合理依据来解释他的结论时，法院也还是不能自圆其说的"②。

赫德逊这一评论是针对国际法院规约第 38 条规定及国际法院法官说的，但这对研究公约第 42 条（3）款规定的意义，同样可以适用。关于这点，本章第三节已经指出，固然可以防止仲裁法庭以无法可依，拒绝裁决，但在运用上，具有极大的主观性，往往无客观标准可循。再者，第 42 条（3）款的规定，仅仅是当事人双方为了避免法庭根据单纯法律规定进行裁决，对仲裁庭所提供的一种选择依据③。所以，法庭这一权限，仅仅以当事人双方的同意为条件。

（六）中心仲裁与一般法律原则

国际法院和国际仲裁机构适用一般法律原则解决争议，由来已久。关于选择一般法律原则，在国际法理论及国际实践中，是向有争论的一个问题，已评述于前（第三节）。按照公约第 42 条及第 48 条规则，中心仲裁庭及其程序，有选择适用属于国际法规范内一般法律原则的可能和权限，不过同国际法院规约第 38 条的适用情况不同，不是关于国家间争议的选择法律问题，而是特别适用于解决政府同私人投资者间投资争议仲裁程序中的选择法律问题。而且这种选择的可

---

① 在美国路易斯安那州法律也规定仲裁人有权作为友好调停人（amicable compundors）而行动，实际上相当于法国的 Amiables Compositours. 见美国《路易斯安那州民法典》，第 3109 及 3110 条。

② 《常设国际法院》（1943），第 168 页。

③ 捷利安：《投资契约与仲裁——世界银行处理投资争议公约》，第 88 页。

能，使得中心仲裁庭在国际仲裁体制中取得双重的独特的地位
（doubly unique position），即一方面表现在公约解决了法律选择问题；
另一方面表现在通过公约所定选择法律的方法，有助于发展特别适用
于解决经济开发协议有关争议的特别法律原则。正如有的学者所指出
的，中心仲裁庭之所以能发展新的一般法律原则，是仲裁庭由于解决
法律选择问题的结果，是裁决过程中的副产物。换句话说，就是中心
仲裁庭在适用公约规定的各种法制，如缔约国的国内法或国际法
（在当事人未选择仲裁法时），并发现这些法制有缺陷，或相互抵触
时，可以从其他现行有效的法制中利用某些法律原则或规则，以便作
出公平合理的裁决①。

　　对中心仲裁庭发展新的一般法律原则的授权，可以从公约规定中
找到两条依据。

　　其一是，公约第 42 条（2）款特别规定："法庭不得借口法律无
明文规定或含义不清而暂时拒不裁决"。因而，当国际法不能为具体
争议提供任何满意解决时，法庭就不得不从其他现行法制，如东道国
国内法乃至第三国法律中，寻求适当的共同法律原则和规则。所以，
接受、适用并发展新的一般法律原则，对具有国际性的仲裁机构来
说，在理论上是完全合乎逻辑的，而且是属于职权范围内的权限，特
别在处理政府同私人投资者投资关系及争议问题上，是足以丰富国际
法内容的一种新的渊源②。

　　其二是，从公约要求仲裁裁决的必要条件来看，公约第 48 条
（3）款规定："裁决应处理提交法庭的每一个问题，并说明其所根据
的理由"。否则，当事人可申请撤销裁决（第 52 条（1）款）。因为
公约规定处理的争议必须是法律争议，故法庭基于上述规定的要求，
对其所裁决的每一具体裁定理由，当然非根据某种法律原则和规则来

---

①　捷利安：《投资契约与仲裁——世界银行处理投资争议公约》，第 90
页。

②　捷利安：《投资契约与仲裁——世界银行处理投资争议公约》，第 91
页。

加以说明不可①。

鉴于国际投资的特点，特别是跨国经济开发协议在国际经济交往中日益普遍，在学说上对中心仲裁庭适用、发展新的一般法律原则的作用及其职能，予以高度评价，认为这不仅体现了中心仲裁庭的特殊地位和作用，而且将发展成为"跨国经济发展法原则"（Principles of Transnational Economic Development Law），有利于直接解决跨国经济开发契约的争议，并将形成新的国际法原则，有利于发展新的国际仲裁体制②。但是，中心能否在仲裁中真正发展各国法制所共同并有利于绝大多数国家，特别是发展中国家利益的新的一般法律原则、尚须取决于能否贯彻国际经济新秩序的原则。

七、中心仲裁裁决的效力及其执行

（一）裁决的效力

仲裁裁决对当事人双方具有拘束力不得进行任何上诉或采取任何其他除公约规定以外的补救办法。除依照本公约有关规定予以停止执行的情况外，每一方应遵守和履行裁决的规定（第 53 条（1）款）。当事人有遵守裁决的义务，但根据同条（2）款的规定，所谓"裁决"还包括第 50 条、第 51 条或第 52 条对原裁决作出解释、修改、或取消的任何决定，当事人对上述决定，同样有遵守的义务。

公约第 53 条（1）款所谓依公约所规定的补救办法，指下列情况：

1. 再审。任何一方以发现其性质对裁决有决定性影响的事实为理由，可提出书面要求再审，修改裁决。但以法庭和申请人在作出裁决当时，都不知有该事实，不了解该事实是裁决的条件，而且申请人的不知该事实，非出于自己过失或疏忽所致者为限。法庭认为情况有

---

① 捷利安：《投资契约与仲裁——世界银行处理投资争议公约》，第 91 页。

② 捷利安：《投资契约与仲裁——世界银行处理投资争议公约》，第 91 ~ 92 页。

此需要时，可以在作出决定之前，停止原裁决的执行（第 51 条（1）、（4）款）。

2. 裁决的撤销。当事人任何一方可以根据下列一个或几个理由，向秘书长提出书面申请，要求撤销裁决：（1）法庭的组成不适当；（2）法庭显然超越其权力；（3）法庭的一个成员有受贿行为；（4）有严重违背基本程序规则的情况；（5）裁决未陈述其所依据的理由。主席接到申请时，应从仲裁小组中选任原仲裁法庭人员以外，并不具有争议当事人双方国籍的第三人组成委员会。委员会认为情况有此需要时，可以在作出决定之前停止执行裁决，并有权根据上述理由之一，撤销原裁决或其一部（第 52 条（1）、（3）、（5）款）。

3. 裁决的解释。如果双方对裁决的意义或范围发生争议，任何一方可以向秘书长提出书面申请，要求对裁决作出解释。法庭认为情况有此需要时，可以在作出决定前停止执行裁决（第 50 条）。

4. 裁决的补正。裁决中有错误或遗漏事实，经一方请求，法庭应对裁决中遗漏的任何问题，作出决定，并纠正裁决中任何抄写，计算或类似的错误，其决定应为裁决的一部分（第 49 条）。在作出补正或改正决定之前，裁决应停止执行。

（二）裁决的执行

中心的裁决须依靠有关缔约国或外国投资者本国执行。公约第 54 条规定："每一缔约国应承认依照本公约作出的裁决具有拘束力，并在其领土内履行该裁决所加的财政义务，如同该裁决是该国法院的最后判决一样。具有联邦宪法的缔约国可以在联邦法院或通过该法院执行该裁决，并可规定联邦法院应视该裁决如同是其组成的一邦的法院作出的最后判决一样，"具有同等效力。

这一规定的主要意义，是鉴于主权国家都享有主权豁免权，以外国或在其国内请求执行仲裁裁决的国家作为对象的仲裁裁决，在一个国家内执行时，为了避免因主权豁免问题产生困难，故规定缔约国应把中心仲裁裁决看成本国国内法院的终局判决，具有同等效力，予以执行。但是在裁决的强制执行已经确定不可能的情况下，就不负裁决强制执行的义务。因为对一个国家要求执行裁决，毕竟在一定范围内，要受该国法律及适用主权豁免原则的制约。所以，公约第 55 条又明确规定："第 54 条的规定不得解释为背离任何缔约国现行的关于免除该国或任何外国予以执行的法律。"即该缔约国如果不放弃主权豁免，依其现行法律规定可以免除执行者，即可以根据第 55 条进行抗辩①。

再者，由于世界各国法系不同，有社会主义法制与资本主义法制之分，在资本主义国家范围内，又有普通法系（英美法系）与罗马法系（大陆法系）之别，此外还有单一国，联邦国和其他非单一国司法制度的不同，公约不可能规定国内执行的固定方式和统一程序②。故第 54 条（3）款规定，"裁决的执行应受要求在其领土内执行的国家关于执行判决的现行法律的管辖"。这不仅尊重执行国的法律，而且也有利于执行的灵活性及其实际效果。

八、缔约国间的争议

缔约国之间如发生关于公约的解释或其适用的任何争议，而不能通过谈判解决的，经争议任何一方的申请，可提交国际法院，除非有关国家同意采取另一种解决办法（第 64 条）。这一条是作为一般原则规定的，在具体适用上，必须联系整个公约的精神和有关规定来理解。譬如争议是关于调解委员会或仲裁法庭的权限问题之争，依照公约第 32 条（1）款及第 41 条（1）款的规定，调解委员会、仲裁法庭都是其本身权限的决定人，对其权限范围，有权自行决定，不能据此提交国际法院请求解决。又国家已经同意本国国民同他缔约国间的投资争议交付或已交付仲裁者，也无权在国际法院开始诉讼程序（参照公约第 27 条），只有在该另一缔约国未能遵守和履行关于此项

---

① 克伦福尔：《外国投资的保护》（1972），第 149 页；佐藤和男：《国际投资的法律保护》（1968），第 71 页；解决投资争议国际中心编：《解决国家和他国国民间投资争议公约》（1965），第 14 页。
② 佐藤和男：《国际投资的法律保护》（1968），第 70 页。

争议所作的裁决者，才有权向国际法院申诉①。

九、对"中心"的评价

关于 1965 年公约及仲裁中心在处理国际投资争议上的地位与作用问题，在西方法学界中有不少肯定的评价。认为中心仲裁同其他国际仲裁机构和仲裁程序相比，具有独特的地位、作用和优越性，较能满意地解决其他仲裁程序所不能解决的问题，综其所述，主要不外下列三点。

第一，在选择适用法律问题上，如前述美国仲裁协会、美洲洲际仲裁委员会、国际商会仲裁法院等机构，或是没有关于选择法律的具体规定，或是虽有规则，但又往往脱离现行法制，适用公平、善意及商业惯例等等，无具体法律标准，每为当事人双方所不能接受。而且一般是留待具体仲裁地确定之后，才确定适用仲裁地法。这样，直到仲裁地法院确定之前，争议当事人始终不明确其应适用的法律。而通过中心进行仲裁，因公约已明确规定了法律的选择，当事人一开始即知道该争议将适用什么法律来处理。可避免前述各种机构适用法律不确切的弊病，故为当事人所乐于采用和接受。

第二，公约关于选择法律问题的规定的特点及其优越性，主要在于适用同投资契约或经济特许协议有紧密联系的契约国（东道国）国内法（包括其冲突法规在内）为主，而辅之以国际法，即在东道国法律不完备的情况下，再适用可以适用的国际法有关规定。利用一种体制，采用两种不同法制，有主有从，相互配合，纳入一个单一的仲裁程序，处理一个争议。这既在法理上符合根据"主要联系"选择适用法律的原则，又在实际上能调剂发展中国家和私人投资者双方利害和法律观点的对立，是解决跨国经济问题，处理国际投资争议的有效手段，也是其他国际仲裁机构和仲裁程序所不可及的②。

---

① 佐藤和男：《国际投资的法律保护》（1968），第 71 页。
② 捷利安：《投资契约与仲裁——世界银行处理投资争议公约》，第 116 页。

第三，公约及中心仲裁程序在选择法律问题上具有较大幅度的伸缩性，可避免在法律适用上产生遗留问题。如前述公约第 42 条（2）款规定，当法庭发现现行法制（国内法或国际法）有缺陷，无明文规定，或规定不明确，或有抵触，则不得以此为借口而拒不裁决，并允许其有权接受或采用其他法制中所共通的一般法律原则和规则，作为裁决依据。法庭这一自由裁量权，不仅有利于具体争议的解决；而且可望通过仲裁实践，在广泛的国际法领域内，发展有利于解决跨国投资争议的新的仲裁程序和体制，并有助于逐步建立适用于跨国经济的法律原则。这一点，特别为美国主张跨国法的学派所赞赏。

总之，从确立一种国际性的解决投资争议的仲裁机构和仲裁程序来讲，正如某些学者所指出的，公约及中心仲裁程序在多国间投资保证制度的发展史上，占着划时代的地位。随着今后国际投资的发展，公约体制将有助于建立统一的法律秩序，克服法律虚无主义，摆脱政治和外交的干预，从而，在国际上也将会获得较高评价①。

但是，应该指出，公约及中心仲裁体制尚存在一定缺点。首先是，在法律选择上，公约允许仲裁人有权摆脱现行法制的规定，适用公平与善意原则进行裁决，这尽管是以当事人同意为依据，但在实用上容易流于主观武断，其裁决未必为当事人所能接受和信任。在这一点上，并未摆脱传统仲裁体制的窠臼。其次是，公约的执行主要是依靠世界银行，而世界银行的历史和现状尚操纵在主要工业发达国家特别是美国垄断资本手中，故在实施上往往倾向于工业发达国家的利益。尽管公约成员国中有大半是亚、非发展中国家，而且都是资本输入国，但对他们的利益保护方面，常常得不到平衡。从历次讨论中，也可看到工业发达国家代表的意见每居优越地位。再次，提交仲裁的争议，往往是与世界银行有关的重大事件，故中心利用率不高。自公约实行以来，从 1971 年到 1974 年间，申请中心仲裁并经登记的投资

---

① 佐藤和男：《国际投资的法律保护》（1968），第 72 页；克伦福尔：《外国投资的保护》（1972），第 150 页。

争议案件，只有 5 件，即 1971 年摩洛哥休假旅馆案（Holiday Inns Occidental Petroleum Inc. v. Government of Morocco），1972 年意大利阿德利安洛·加德拉公司诉象牙海岸国家投资争议案（Société Adriano Gardella S. P. A. v. Government of Lvory Coast），1974 年牙买加阿柯亚煤矿公司诉牙买加政府案（Alcoa Mineral of Jamaica lnc. V. Government of Jamaica），凯塞．包克西特公司诉牙买加政府案（Kaiser Bauxite Co. v. Government of Jamaica）及雷诺兹煤炭及冶金公司诉牙买加政府案（Reynolds Jamaica Mines ard Reynolds metal Co. V. Government of Jamaica）等案件，其中只有摩洛哥休假旅馆案组织了仲裁庭进行了仲裁处理①。据中心秘书长布罗切斯解释，中心仲裁利用率不高的原因有两点，一是许多发展中国家、特别是拉丁美洲国家，都是吸收外国投资的东道国，但都不是公约的成员国，故其有关投资争议均未提交中心仲裁。二是公约现有的成员国仍然尽力同外国投资者自行处理投资争议，一般未提交中心仲裁机构②。

但布罗切斯及支持公约的代表指出，中心仲裁裁决案件数量之少，并不是衡量公约及中心这一国际仲裁机构效用的标准，他们强调公约及中心的主要目的及其重要性，不在于单纯解决投资争议，而首先是防患于未然，在于创造相互间对团结协作的坚强意识和信任，藉以防止 1965 年公约成员国同外国投资者可能发生的争议③。如果 1965 年世界银行公约能得到更多国家的签署，承认并实际上利用中心仲裁程序，无疑将为今后跨国投资活动创造一种健康的气氛（healthy atmosphere），从而将鼓励私人跨国投资的大量流动，并将有

---

① 捷利安：《投资契约与仲裁——世界银行处理投资争议公约》，第 73～74 页。

② 捷利安：《投资契约与仲裁——世界银行处理投资争议公约》，第 118 页。

③ 如日本代表在华盛顿召开的中心执行理事会年会上即强调了公约的这一重要目的，见中心理事会 1971 年第 5 次年会会刊。

利于促进新兴国家的经济发展①。事实上，从 1973 年起，中心仲裁体制已取得重大进展，在有的发展中国家的外资立法及发展中国家同发达国家间的双边投资保证协定以及投资协议和经济开发协议中，已订有接受中心管辖的条款②。

关于公约和中心的上述评价，在一定意义上，固不无理由，事实上，公约已得到世界多数国家的承认。但是，公约及中心仲裁能否如起草者及支持者所期望的，做到均衡东道国与外国投资者的利益，能否调和国内法与国际法两种法制的对立，能否真正成为平衡利益的工具（a balanced instrument），成为"平衡仲裁机构"（balanced arbitration mechanism）③尚有待实践的检验。

十、拉丁美洲国家与公约

拉丁美洲国家对公约一向采取反对态度，迄未参加公约，根据中心秘书处所综合的理由及秘书处的辩解，分述于下，以供参考。

1. 由于公约实行强制仲裁制度，故拉美国家不能接受。（但中心解释：除非当事人预先表示同意交付仲裁，公约对任何国家或投资者，从不强迫其必须服从中心仲裁）。

2. 拉丁美洲国家宪法禁止将国家同外国投资者间的争议交付国际仲裁。（但中心解释：事实上可能只有委内瑞拉宪法包含有禁止将国家契约交付委内瑞拉法院以外的其他任何法院审理的规定）。

3. 公约违反卡尔沃主义关于本国人同外国人平等的原则。（但中心解释：公约本身并未对外国人授予任何权利，外国人仅仅在取得国

---

① 捷利安：《投资契约与仲裁——世界银行处理投资争议公约》，第 119 页。

② 1973 年中心执行理事会 7 次年会会刊第 1~2 页，8 次年会会刊第 3 页。

③ 中心秘书长布罗切斯强调中心仲裁是 "用来调剂东道国同投资者双方利益的平衡工具"。见所著《解决国家和他国国民间投资争议公约》，海牙国际法学院法学教程（Recueil des Cours），第 2 卷（1972），第 348 页；同样的观点，见美国纽约市律师协会报告（Record of New York City Bar Association），第 20 卷，第 6 号，401，409（1965）；施瓦曾伯格：《外国投资与国际法》（1969），第 142 页。

家同意后，方可以对该国提起仲裁程序）。

4. 建立国际调停和仲裁制度，是对一个国家国内法院一体化和独立性缺乏信任的表现，这是一个国家所不能接受的。（但中心解释：在现在政治动荡不安的世界中，投资者间缺乏信任，是不足为奇的。而且这种缺乏信任，不是针对国内法院的一体化，而是恐惧行政和立法部门采取政治目的的行动，使法院对该行动无权处理）。

5. 在拉丁美洲，国际仲裁曾经经历过一段不幸的历史，从而对国际仲裁有所恐惧。（但中心解释：往事重提，固然可以反映在拉丁美洲外国投资有过一段令人不愉快的经历，但也不能据此作为今天不能创立外国投资者在取得东道国同意下进入调解及仲裁的国际体制的理由）①。

任何主权国家有参加国际公约的自由，拉丁美洲国家对公约的态度，既有其历史背景，也有其对待外国投资的基本政策态度，是无可厚非的。

至于我国的投资争议，如前所述，根据我国有关法律规定，原则上由中国仲裁机构仲裁，也可经双方同意，由第三者仲裁。中国利用外国投资的关系，尚不是国家同外国投资者间的投资契约关系，其争议也不属政府同外国投资者间的投资争议，应否接受 1965 年世界银行公约，尚待研究。

第五节　我国法律关于投资争议的处理

一、我国外资立法关于处理投资争议的原则

我国外资立法关于投资争议的处理，可以通过协商、调解、仲裁或司法解决。《中外合资经营企业法实施条例》第 109 条规定："合

---

①　布罗切斯：《解决投资争议公约》(Convention on the Settlement of Investment Disputes)，载《国际法和比较法公报》(International and Comparative Law Bulletin)，第 9 期(1965 年 7 月)，第 11 页；捷利安：《投资契约与仲裁——世界银行处理投资争议公约》，第 159～160 页。

营各方如在解释或履行合营企业协议、合同、章程时发生争议，应尽量通过友好协商或调解解决。如经过协商或调解无效，则提请仲裁或司法解决。"

关于投资争议的仲裁，我国法律规定，原则上以中国国内仲裁机构为主，但如经当事人双方协商同意，也可由其他仲裁机构仲裁（《中外合资经营企业法》第14条，中国《对外合作开采海洋石油资源条例》第27条）。这里可以有两种仲裁机构，一是中国仲裁机构，一是其他仲裁机构。根据《实施条例》第110条规定，中国仲裁机构是指中国国际贸易促进委员会对外经济贸易仲裁委员会。其他仲裁机构指被诉一方所在国或第三国的仲裁机构，被诉一方所在国，当然既包括中国，也包括投资者本国，至于第三国的仲裁机构，其范围比较广泛，每多争议，按照我国经验及东西贸易实践，通常以选择瑞典斯德哥尔摩商会仲裁院较易为双方所接受。因该仲裁院在政治居于中立地位，比较公正，而且长期来具有丰富的仲裁经验。信誉较高，其所作出的裁决在世界广泛地区内得到承认和执行，已成为东西贸易和经济争议仲裁的中心，根据上述规定解释，第一，在争议双方没有指定其他仲裁机构的协议时，当然受中国仲裁机构管辖，第二，在我国的投资争议不受国际仲裁机构的管辖。

关于仲裁规则问题，依国际惯例及各国立法例，仲裁程序原则上适用仲裁机构的仲裁规则，在中国仲裁，适用中国国际贸易促进委员会对外经济贸易仲裁委员会1956年的仲裁暂行规则。在被诉一方所在国或第三国的仲裁机构仲裁，则适用该机构仲裁程序规则进行。

至于仲裁中解决争议适用的准据法问题，如前所述，国际仲裁机构及各国立法关于法律选择的标准不尽相同，原则上应按契约所在国国内法（包括冲突规则在内），即与争议的法律行为具有最密切联系的东道国法律为适用的法律。因为投资契约或协议是依东道国法律订立，并经东道国主管部门批准，外国投资活动是在东道国进行，外国投资企业是依东道国法律设立、登记注册，属于东道国国内的企业或法人。我国中外合营企业《实施条例》第2条规定，依照《中外合资经营企业法》批准在中国境内设立的中外合资经营企业是中国的法人，受中国法律管辖。第 15 条规定，合营企业合同的订立、效力、解释、执行及其争议的解决，均应适用中国法律。所以，关于投资协议有关的法律争议，在适用实体法方面，是不允许有当事人双方协商同意选择其他适用法律的自由。如果投资协议，契约，章程及仲裁条款中有关于选择其他法律的条款，按《实施条例》第 5 条（2）项的规定解释，其契约违反中国法律（第 15 条规定），应属无效。即令争议基于当事人协议同意由其他仲裁机构仲裁，关于契约可适用的准据法，仍应是中国法律，不因仲裁机构的不同，而受影响。

二、中国对外经济贸易仲裁委员会的管辖权及仲裁程序

仲裁管辖权及其范围依《中国国际贸易促进委员会对外贸易仲裁委员会仲裁程序暂行规则》（以下简称暂行规则）第 2 条的规定，对外贸易仲裁委员会（以下简称仲裁委员会）受理对外贸易契约和交易中发生的争议，特别是外国商号、公司或者其他经济组织同中国商号、公司或者其他经济组织间的争议，但是也可以受理外国商号、公司或者其他经济组织间，以及中国商号、公司或者其他经济组织间有关对外贸易契约和交易中所发生的争议。随着我国对外经济关系的发展，特别是适应我国引进外资和技术的需要，国务院决定将对外贸易仲裁委员会更名为对外经济贸易仲裁委员会，并扩大其管辖权，包括中外合资经营企业，外商来华投资设厂，经济特区投资关系，中外银行相互信贷、专利、技术秘密，商标等经济贸易业务所发生的争议等等。

仲裁协议　仲裁须根据双方当事人所订提交仲裁委员会解决的书面协议，并依一方当事人的书面申请，才予受理。该项书面协议称为仲裁协议，指原贸易合同或贸易协议（包括投资协议）内规定的仲裁条款，或者以其他形式（例如特别协议，往来函件，其他有关文件内的特别约定等）规定的仲裁协议（第 3 条）。

审理方式　争议案件的审理，在仲裁委员会所在地举行。在必要时，经仲裁委员会主席批准，也可以在中国境内其他地方举行（第 19 条）。争议案件由首席仲裁员和仲裁员二人组成仲裁庭，以合议方式进行审理。组成仲裁庭的仲裁员，由双方各就仲裁委员会委员中选定仲裁员一人或委托仲裁委员会主席代为指定，再由该被选定或指定的仲裁员，在仲裁委员会委员中共同推选首席仲裁员，如不能达成协议，则由仲裁委员会主席代为选定首席仲裁员组成仲裁庭（第20、4、9、11条）。

争议也可以由独任仲裁员单独成立仲裁庭进行审理。独任仲裁员由当事人双方从仲裁委员会委员中共同选定一人，或共同委托仲裁委员会主席代为指定一人担任（第20、12条）。

仲裁庭应公开进行审理，如果有当事人双方或一方的申请，仲裁庭可以决定不公开进行审理（第21条）。

仲裁庭为明了专门问题或贸易惯例，可以咨询专家。专家可以在中华人民共和国公民或外国公民中指定（第27条）。

反诉及其条件　被诉人对于仲裁委员会已受理的争议案件可以提起反诉。关于反诉的范围，条件及提出的程序，适用暂行规则第2—7条关于反诉的规定（第24条）。

当事人的举证责任　当事人对其提出的要求或者抗辩所根据的事实，应当提出证据（第25条）。证据的审核和评定，由仲裁庭酌情办理，以合议方式进行审理的仲裁庭可以决定将证据审核工作委托一人仲裁员担任（第26条）。

保全措施　仲裁委员会主席依一方当事人的申请，对同当事人有关的物资、产权等可以规定临时办法，采取保全措施，以保全当事人的权利（第15条）。

缺席裁决　在仲裁庭开庭时，如果当事人或其代理人不出席，仲裁庭可以依出席当事人一方的申请，进行审理或者裁决（第28条）。本条在解释上，应指另一方当事人无故不到庭，又无正当理由者为限。

裁决的效力　仲裁委员会的裁决为终局裁决，对双方当事人均有拘束力，任何一方当事人都不得向法院或其他机关提出变更的要求（第31条）。当事人应当依照裁决所规定的期限自动执行。如果逾期不执行，一方当事人可以向中国人民法院申请依法执行（第32条）。

至于外国裁决在我国是否可以执行。我国虽未参加 1958 年联合国《承认和执行外国仲裁裁决公约》，但只要国外有关仲裁机关的裁决，不违反中国的公共秩序，我国有关方面仍可自动执行。

三、基于双边投资保证协定所发生争议的仲裁

基于双边投资保证协定争议的仲裁，指政府间缔约双方关于解释和执行协定中所产生的争议的仲裁解决。一般投资保证协定都订有仲裁条款，如我国同美国关于投资保证与鼓励协定换文，同罗马尼亚、瑞典王国的相互保护投资协定，都有仲裁规定，这种争议与投资契约的争议虽有联系，但性质不同，后者属于国内法范畴的争议，前者属于国际法范畴的争议，即政府间的争议，其仲裁基本上属于国际仲裁范畴。

四、投资争议的司法解决

当事人一经将争议提交仲裁，即受拘束，不能再向法院起诉，要求解决。但如当事人在合营合同或投资契约中未订明仲裁条款或其他关于仲裁的书面协议，发生争议的任何一方都可以依法向中国人民法院起诉(《实施条例》第 111 页)。

主要参考书目

列宁：《帝国主义是资本主义的最高阶段》。

列宁：《论租让制》（《列宁全集》第 31 卷）。

人民出版社编：《中国涉外经济法规汇编，1949—1985》（1986年）。

中国国际经济咨询公司编：《中国投资指南（1986）》（1986 年）。

姚梅镇主编：《国际投资法教学参考资料选编》（1987 年）。

姚梅镇：《国际经济法的理论与实践》（1983 年）。

樱井雅夫：《国际经济法研究——以海外投资为中心》（1977年）。

樱井雅夫：《国际投资法研究》（1968 年）。

佐藤和男：《国际投资的法律保护》（1968 年）。

横川新：《国际投资法序说》（1972 年）。

金泽良雄：《国际经济法序说》（1979 年）。

金泽良雄：《经济法》（新版，法律学全集 52—1）（1983 年）。

泽田寿夫等：《国际交易法讲义》（1982 年）。

入江启四郎：《国际法上的赔偿补偿处理》（1974 年）。

坪田润二郎：《国际交易实务讲座》（Ⅰ）（1981 年）。

小山昇：《仲裁法》（1983 年）。

横田喜三郎：《国际法论集》Ⅱ（1978 年）。

皆川洸、内田久司：《国际法》（1982 年）。

Cherian, J. , Investment Contracts and Arbitration (1975).

Fatouros, A. A. , Government Guarantees to Foreign Investors (1962).

Freidmann, W. , The Changing Structure of International Law (1964).

Freidmann, W. , Lissityzyn & Pugh, International Law, Cases and Matorrals (1972).

Hall, R. Duane, The International Joint Venture (1984).

Henkin, Louis, Pugh, Richard G. , Schachter, O. & Smit, H. , International Law, Cases and Materials (1980).

ICSID, Investment Law of the World—The Developing Nations (1973—1974).

Jackson, John H. , Legal Problems of International Economic Relations (1977).

Jessup, P. L. , Transnational Law (1956).

Kronfol, Z. A. , Protection of Foreign Investment (1972).

Kunsi, J. , The Host state and the Transnational Corporation. An Analysis of Legal Relationship (1979).

Lillich, R. , The Protection of Foreign Investment (1965).

Lowenfeld, A. F. , International Private Inve stment (1976), International Economic Law, vol. II.

Mann, F. A. , Studies in International Law (1973).

Nwogugu, E. I. , The Legal problems of Foreign Investment in Developing Countries (1965).

O'Connell, D. P. , International Law (1970) Vol. II .

Peter, W. , Arbitration and Renegotiation of International Investment Agreements (1986).

Schwarzenberger, G. &Brown, E. D. , A Manual of International Law (1976).

Steiner, Henry J. & Vagts, Detler F. , Transnational Legal Problems (1976).

Toriguian, S. , Legal Aspects of Oil Concessions in the Middle East (1972).

Whitman, M. V. E. , Government Risk-Sharing in Foreing Investment (1967).

Wilson Donald T. , International Business Transactions (1981).

Yao meizhen (姚梅镇): Reference Materials on International Economic Law and International Investment Law (Department of Law, Wuhan University, 1982) Part. Ⅱ.

附　　录

编 制 说 明

为便于读者研习本书及国际投资法专题，编制本附录。

附录一、附录二均依词条首字汉语拼音顺序排列；同音字依四声排，同音同声字依汉字笔画多少排，笔画少者列前；首字相同者依第二字汉语拼音字顺排，余类推。

附录三依词条英文字母顺序排列，首字相同者，依第二字排；连字符构词视做一词。

附录二中有少数词条一种意义具有多种习惯表达方式，均照录，不一一说明。

附录三中酌收少量拉丁文和法文词汇，均在词条后分别加注〔L.〕或〔F.〕。

本附录由武汉大学法学院国际法研究生刘勇编制。

一、引用案例列表

二、组织机构、条约法规译名对照表

《阿布斯—肖马罗斯关于海外投资保护公约草案》
　　Abs Shawcross Draft Convention on Investment Abroad（1959）

阿拉伯国家联盟
　　League of Arab States（LAS）

安第斯共同市场
　　Andeans Common Market（ANCOM）

安第斯共同市场外资法规则
　　ANCOM Foreign Investment Rules（1970）

安第斯国家集团
　　Andeans Group

安第斯条约
　　Andeans Pact（1969）

安第斯条约组织
　　Andeans Pact Organization（APO）
　　Andeans Treaty Organization（ATO）

安全理事会（联合国）
　　Security Council

《保护工业产权巴黎公约》
　　Paris Convention for the Protection Industrial Property（1883）

《保护外国人财产条约草案》
　　Draft Convention on the Protection of Foreign Property（1962）

不结盟国家首脑会议
　　Summit Conference of Non-Aligned Countries

《波哥大经济议定》
　　Economic Agreement of Bogota（1948）

《波哥大宣言》
　　Declaration of Bogota

《采矿奖励法》（美国）

　　Promotion of Mining Act（1920）

《承认和执行外国仲裁裁决的公约》

　　Convention on the Recognization and Enforcement of Foreign Arbitral
　　Awards（1958）

促进和保护私人外国投资国际协会

　　International Association for the Promotion and Protection of Private
　　Foreign Investment（APPI）

促进外国投资保护协会（联邦德国）

　　Society to Advance the Protection of Foreign Investments

德国信托与监察公司

　　Deutsch Revision-und-Treuhnnd Aktiengesellshaft

地区经济开发部（加拿大）

　　Regional Economic Expansion

《地区经济开发部条例》（加拿大）

　　Regional Economic Expansion Act（1969）

《地区开发奖励法》（加拿大）

　　Regional Development Incentives Act（1969）

东南亚国家联盟

　　Association of South East Asian Nations（ASEAN）

《东南亚国家联盟宣言》

　　ASEAN Declaration（1967）

《对敌通商法》（美国）

　　Trading With Enemy Act（1920）

《对外援助法》（修正案）

　　Amendments to the Foreign Assistance Act（1962）

《多边投资保证机构公约》

　　Convention Establishment the Multilateral Investment Guarantee
　　Agency（MIGA）（1958）

《发达国家与发展中国家间关于双重课税示范公约》

Model Double Taxation Convention Between Developed and Developing Countries (1978)

《发展和国际经济合作》（联大决议）

Development and International Economic Cooperation (1975)

《反托拉斯法》

Antitrust Laws

泛美联盟

Pan-American Union (PAU)

《非洲外资法规汇编》（联合国编）

Investment Law and Regulation in Africa

《各国经济权利和义务宪章》

Charter of Economic Rights and Duties of states (1974)

《公正待遇法典》

Code of Fair Treatment (1949)

《共同安全法》（美国）

Mutual Security Act (1951)

《关税及贸易总协定》

General Agreement on Tariffs and Trade (GATT) (1947)

《关于对待外国资本的决议》

Decision Concerning Treatment of Foreign Capital (1970)

《关于农业外国投资申报法》（美国）

Agriculture Foreign Investment Disclosure Act (1978)

《关于侵害外国人经济利益的国家责任公约》（草案）

Responsibity of States for Injures to the Economic Interests of Aliens (1961)

《关于所得及资本避免双重课税的示范公约》

Model Convention for Avoidance of Double Taxation with Respect to Taxes on Income and Capital (1977)

《关于外国投资公平待遇的国际法典》

International Code of Fair Treatment for Foreign Investment (1949)

《关于修改对待外国资本的决议的决定》

Resolation on Certain Modification to Decision Concerning Treatment of Foreign Capitals

《关于执行外国仲裁裁决公约》

General Convention on the Execution of Foreign Arbitration Awardt (1927)

《关于仲裁条款的日内瓦议定书》

General Protocal on Arbrtration Clause (1923)

国际法委员会（联合国）

International Law Commission (ILC)

国际法院（联合国）

International Court of Justice (ICJ)

《国际法院规约》

Statute of the International eours of Justice (1945)

国际复兴开发银行（即世界银行）

Bank for Reconstruction and Development (World Bank; IBRD)

《国际复兴开发银行协定》

Agreement of the International Bank for Reconstruction and Development (1945)

《国际货币基金组织协定条款》

Articles of Agreement of the International Monetary Fund (1945)

国际金融公司

International Finance Corporation (IFC)

国际开发署（美国）

Agency for International Development (AID)

国际开发协会

International Development Association (IDA)

国际律师协会

International Bar Association (IBA)

国际商会

International Chamber of Commerce（ICC）

国际商会仲裁院

ICC Court of Arbitration

国际商事仲裁委员会

International Council for Commercial Arbitration（ICCA）

《国际投资保险机构协定条款草案》

Draft Articles of Agreement for International Investment Insurance Agency（1962）

《国际投资调查法》（美国）

International Investment Investigation Act（1976）

国际投资和多国企业委员会

Committee for International Investment and Multinational Enterprises（CIIME）

《国际投资和多国企业宣言》

Declaiation on International Investment and Multinational Enterprises（1976）

《国家银行法》（美国）

International Banking Act（1978）

《国家豁免法》（美国）

State Immunity Act（1978）

海外私人投资公司（美国）

Overseas Private Investment Corporation（OPIC）

海外事务管理局（美国）

Foreign Operation Administration（FOA）

《和平解决国际争端的总议定书》

General Act for the Pacific Settlement of International Disputes（1928）

《和平解决国际争端公约》

Convention for the Pacific Settlement of International Disputes（1899；1907）

436

《和平解决国际争端修订总议定书》

　　Revised Gineral Act for the Pacific Settlement of International Disputes（1949）

黑姆斯信用保险公司

　　Hems Kreditversicferung Aktiengesellshaft

《建立新的国际经济秩序的行动纲领》

　　Programme of Action on the Establishment of a New International Economic Order（1974）

《建立新的国际经济秩序宣言》

　　Declaration on the Establishment of a New International Economic Order（1974）

《解决国家和他国国民间投资争议公约》

　　Convention on the Settlement of Investment Disputes between States and Nationals of Other States（1965）

解决投资争议国际中心

　　International Center for Settlement of Investment Disputes（ICSID）

《经济合作法》（美国）

　　Economic Coorperation Act（1948）

经济合作署（美国）

　　Economic Coorperation Agency（ECA）

经济合作与发展组织

　　Organization for Economic Cooperation and Development（OECD）

经济互助委员会

　　Council Mutual Economic Assistance（CMEA）

经济及社会理事会

　　Economic and Social Council（ESC：ECOSOC）

《卡塔赫纳协定》

　　Cartagena Agreement

跨国公司委员会（联合国）

　　Commission on Transnational Corporation（CTC）

《矿业租赁法》（美国）

Mining Leasing Act (1973)

《利润平衡税法》（美国）

Interest Equilization Taxe Law

《联邦通讯法》（美国）

Federal Communication Act (1934)

联合国大会

United Nations General Assembly (UNGA)

联合国工业发展组织

United Nations Industrial Development Organization (UNIDO)

联合国国际贸易法委员会

United Nations Commission on International Trade Law (UNCISRAL)

《联合国国际贸易法委员会调解规则》

UNCITRAL Conciliation Rules (1980)

《联合国国际贸易法委员会仲裁规则》

UNCITRAL Arbitration Rules (1976)

联合国开发计划署

United Nations Development Program (UNDP)

联合国跨国公司中心

United Nations Centre on Transnational Corporations

联合国贸易和发展会议

United Nations Conference on Trade and Development (UNCTAD)

联合国秘书处

United Nations Secretariat

伦敦仲裁院

London Court of Arbitration

《洛美协定》

Lome Convention (1975; 1979; 1985)

《贸易法》（美国）

Trade Act (1974)

《美国冲突法汇编》（第二版）
Restatement of Conflict of Laws（2nd ed）

《美国对外关系法令汇编》
Restatement of Foreign Relations Law of U. S. A.

《美国法规注释汇编》
United States Code Aunotated

美国国会外交委员会
House Committee on Foreign Affairs

美国仲裁协会
American Arbitration Association（AAA）

美洲国家商事仲裁委员会
Inter-American Commercial Arbitration Commission（IACAC）

美洲国家组织
Organization of American States（OAS）

欧洲共同市场
European Common Market（ECM）

欧洲共同体
European Communities（EC）

欧洲共同体法院
Court of Justrce of the European Communities

欧洲共同体委员会
Commission of the European Communities（CEC）

欧洲经济共同体
European Economic Community（EEC）

欧洲经济委员会
Economic Commission of Europe（ECE）

欧洲经济合作联盟
European League of Economic Cooperation

七十七国集团
Seveaty-Seven Group

《琼斯条例》（美国）

　　Jones Act（1920）

日本商事仲裁协会

　　Japan commercial Arbitration Association

石油输出国组织

　　Organization of Petroleum Exporting Countries（OPEC）

世界知识产权组织

　　World Intellectual Property Organization（WIPO）

斯德哥尔摩商会仲裁院

　　Arbitration Institute of the Stockholm Chamber of Commerce

苏黎士商会仲裁院

　　Court of Arbitration of the Zurich Chamber of Commerce

《岁入法》（美国）

　　Revenue Law（1970）

太平洋地区经济理事会

　　Pacific Basin Economic Council（PBEC）

《外部大陆架条例》（美国）

　　Outer Continental Shell Act（1953）

《外国投资法》（加拿大）

　　Roreign Investment Act（1985）

外国投资局（加拿大）

　　Investment Canada

《外国投资审查法》（加拿大）

　　Foreign Investment Review Act（1973）

《外国投资审查法实施细则》（加拿大）

　　Foreign Investment Review Regulation（1974）

外国投资审查局（加拿大）

　　Foreign Investment Review Agency

《外国投资研究法》（美国）

　　Foreign Investment Study Act（1974）

《外国主权豁免法》（美国）

　　Foreign Sovereign Immunities Act（1976）

《希堪卢帕修正案》（美国）

　　Hickenlooper Amendmends（1962）

《相互保护在外国的私人财产权的国际公约》

　　International Convention for the Mutual Protection of Private Property
　　Rights in Foreign Countries

亚洲及远东经济委员会

　　Economic Commission for Asian and Far East（ECAFE）

亚洲开发银行

　　Asian Development Bank（AsDB；ADB）

意大利仲裁协会

　　Italian Arbitration Association

《银行控股公司法》（美国）

　　Bank Holding Company Act（1956）

《原子能法》（美国）

　　Atomic Energy Act

银行法（加拿大）

　　Bank Act

《证券交易法》（美国）

　　Securities Exchange Act（1934）

《执行外国仲裁裁决的公约》

　　Convention on the Execution of Foreign Arbitral Awards（1927）

中美洲法院

　　Central American Court of Justice

《仲裁程序公约》

　　Convention on Arbitral Procedure（1958）

《仲裁程序示范规则》

　　Model Rules on Arbitral Procedure（1958）

《资本移动自由化法典》

Code of Liberalization of Capital Movements（1969）
《自然资源的永久主权》（联大决议）
Permanent Sovereignty over Natural Resources（1962）

三、专业词汇英汉对照表

abandonment	放弃
abrogation	废弃
absolute immunity	绝对豁免权
abuse of rights	权利滥用
accord	协议
acquired right	既得权
acquisition	取得
act	行为；法令
act of state doctrine	国家行为主义
acta jure gestionis（L.）	私法行为，事务行为
acta jure imperii（L.）	公法行为，主权行为
ad hoc arbitri（L.）	临时仲裁
adequate	充分
adjudication	判决
adopt	议定
aepuo et bone（L.）	公平与善意
agency	代理
alien	外国人
all risks guaranties	全风险保证
alliance	同盟，联盟
amiables compositeur（F.）	友好调停人
application of law	法律适用
appropriate compensation	适当补偿
approval	赞同；核准
arbitral decision	仲裁裁定
arbitral jurisdiction	仲裁管辖（权）
arbitral tribunal	仲裁庭

arbitrary action	独断行为
arbitration	仲裁
arbitration agreement	仲裁协议
arbitration awards	仲裁裁决
arbitration clause	仲裁条款
arbitration mechanism	仲裁机构
arrest	约定
assurance	担保
authorisation	授权
autonomy of the parties	当事人自治
autonomy of will	意思自治
award	裁决，裁决书
balance of payment	国际收支
bargaining power	谈判力
bilateral investment treaty	双边投资条约
blanket authorization	概括的批准
bona fides (L.)	善意
breach of international law	违反国际法
breach of treaty	违反条约
Bretton Woods System	布雷顿森林体制
business coorperate	商业合作社
business enterprise	商业企业
business risks	商业风险
business trust	商业信托公司
buy in principle	赎买原则
cabotage	沿海航运（权）
Calvo Clause	卡尔沃条款
Calvo Doctrine	卡尔沃主义
capital-exporting countries	资本输出国
capital-importing countries	资本输入国

case law	判例法
causa peteuti（L.）	求偿原因
charter	宪章
choice of law	法律选择
citizen	公民
civil law	民法
civil proceedings	民事诉讼
claim	请求；求偿；权利主张；赔偿要求
claimant stata	请求国；原告国
clause	条款
clausula rebus sic stantibus（L.）	情势不变条款
codification	法典编纂
colony	殖民地
comity	礼让
commercial activities	商务活动
commercial law	商事法
common consent	共同同意
Common law	普通法
Common market	共同市场
company	公司
comparative law	比较法
compensation	赔偿；补偿
complaint	控诉；申诉
compromise	妥协；协商
compulsory jurisdiction	强制管辖权
concession	特许权；特许协议
conclusion of treaty	条约的缔结
conduct of state	国家行为
conference	会议
confiscation	没收

conflict of interests	利益冲突
conflict of laws	冲突法
Conseil b'Etat (F.)	行政法院
consent	同意
consoritium	联合企业；国际财团；国际性协议
constitution	宪法，规章
construction contract	投资开创契约
contentious jurisdiction	诉讼管辖权
contentious state	诉讼当事国
contract	契约
contract admrnistratif (F.)	行政契约
contracting state	缔约国
contractual joint venture	契约式合营企业
contractual non-equity joint venture	契约式非股份合营企业
control	控制（权）
convention	公约；专约；协议
convertability	可兑换性；自由兑换
co-operation	合作
coproduction venture	合作经营；合作生产企业
corporate partnership	合伙公司
court	法院
costom	习惯
costomary law	习惯法
costoms duties	关税
covenant	盟约；公约
creeping expropriation	间接征用
damage	损害；损害赔偿
damnum emeraens (L.)	实际损失
de jure (L.)	法律上，依照法律
debt	债务

debtor state	债务国
decision	判决；决议
declaration	宣言；宣告
defaulting state	违约国
definitive award	确定性裁定
delinquency	侵权行为；不法行为
delocalization	非当地化
deantionalization	非本国化
denial of justice	司法拒绝
denunciation of treaty	废止条约
department of state	国务院
dependence	附属国
depreciation	折旧
developed country	发达国家
developing country	发展中国家
diplomatic immunities	外交豁免权
diplomatic note	外交照会
diplomatic protection	外交保护
diplomatic relations	外交关系
diplomatic usage	外交惯例
direct investment	直接投资
discretion	自由裁量权
discriminatary exchange control	歧视性外汇管制
discriminatary treatment	歧视待遇：差别待遇
disguised expropriation	变相的征收
dispute	争端
document	文件
domestic jurisdiction	国内管辖
domicile	住所
double taxation	双重课税

447

draft	草案
due process of law	合法程序
economic aid	经济援助
economic concession	经济特许协议
Economic Reform	经济改革
economic sanction	经济制裁
effectiveness	有效
eligibility	合格性
eligible investment	合格投资
eligible investor	合格投资者
eminent domain（F.）	公用征收
engagement	约定
entity	实体
entry into force	生效
equitable treatment	公平待遇
equity	股份
equity joint venture	股份式合营企业
estoppel	禁止悔言
exchange control	外汇管制
exchange of note	外交换文
exclusion	排除
exclusive sovereignty	排他性主权
exemption	排除
exhaustion of local remedies	用尽当地救济
expropriation	征收
extended risks guaranties	扩大风险保证
extracontractual action	超契约行为；契约外行为
extraterritorial application	域外适用
Fade-olt Formula	逐渐转移公式；逐步减少
fault	过失

feasibility study	可行性研究
faderal authority	联邦政府
federation	联邦
final judgement	终局判决
force majeure（F.）	不可抗力
foreign company	外国公司
foreign elements	涉外因素
foreign investment law	外国投资法
form of morality	道德规范
free transfer	自由转移
full sovereigoty	完全主权
general assembly	大会
general principles of law	一般法律原则
global settlement	总括解决
good faith	信实；善意
good morals	善良风俗
good office	斡旋
good order	良好秩序
good will	商誉
government guarantee	政府保证
hard currency	硬通货
hijacking	劫持
host country	东道国
housing investment guaranties	住宅投资保证
human rights	人权
hybrid legal system	混合法律体制
legal act	违法行为
immunity	豁免权
impairment	违反
implied agreement	默示同意

imputability	可归责性
inconvertibility	不能兑换为外汇（外汇险）
independent state	独立国家
indigenization	现地化；当地化
indirect expropriation	间接征用
indirect investment	间接投资
individual	个人
inhabitant	居民
inherent rights	固有权利
injury	侵害；损害
inquiry	调查
institutional arbitration	常设仲裁
instrrument	文件
instument of approval	批准书
intangible assests	无形资产
internal affairs	国内事务
internal law	国内法
international arbitration	国际仲裁
international controversy	国际纠纷
international economic law	国际经济法
international economic order	国际经济秩序
international institution	国际机构
international investment	国际投资
international labour law	国际劳动法
international law	国际法
international law of air	国际航空法
international organization	国际组织
international responsibility	国际责任
international standard	国际标准
international standard of civilized justice	国际文明司法标准

international standard of justice	国际司法标准
international trade	国际贸易
international transactions and relations law of	国际贸易关系法
international treaty	国际条约
investment climate	投资环境
investment Code	投资法典
investment guaranty qrogram	海外投资保证制度
investment incentive law	投资鼓励法
investment insurance seheme	投资保险制度
investment law	投资法
irrevocable committed	决定性行动
joint stock association	股份商社
jount stock company	股份有限公司
joint venture	合资企业
judgment	判决
jointly owned subsidiary	合有子公司
judicial precedent	司法先例
judicial procedure	司法程序
judicial remedies	司法救济
judicial settlement	司法解决
juridical person	法人
jurisdiction	管辖（权）
jurisdictional immunity of state	国家司法豁免
just treatment	公平待遇
key sectors	关键企业部门
know-how	专有技术
law of forum	法庭地法
legal disputes	法律争议
legal entity	法律实体
legal esperanto	法律的世界语

legal obligation	法律义务
legal order	法律秩序
legal person	法人；法律人格者
legal system	法系；法律体制
legitimation	认知
lex arbitri（L.）	仲裁地法
lex contractus（L.）	契约条款法
lex fori（L.）	法庭地法；诉讼地法
lex in casu（L.）	适用于本案之法
lex inter partes（L.）	当事人间法律
license	特许权
lien	留置权
loan	借款
local agreement	区域协定
local custom	当地习惯
local remedies	地方救济
localization	现地化；当地化
lucrum cessans（L.）	预期利益；丧失的利益
mandatory review-approval	强制审批制度
Marshal Plan	马歇尔计划
mediation	调停
membership	成员国
merchant	商人
minimum international standard	最低国际标准
misconduct	不当行为
mixed company	混合公司
modification of treaty	条约的修改
moratorium	迟延支付
mortgage	抵押权
most-favored-nation treatment	最惠国待遇

multilateral investment treaty	多边投资条约
multinational corporation	跨国公司；多国公司
municipal court	国内法院
municipal law	国内法
municipal legislation	国内立法
nation	民族；国家
national	国民
national interest	国家利益
national standard	国民待遇标准
national treatment	国民待遇
nationalization	国有化
natural law	自然法
natural resources	自然资源
negotiation	谈判
net benefit	重大利益
net profit	纯利润
neutral arbitration	中立仲裁
nominee	记名指定人
non-business risks	非商业风险
non-discrimination treatment	非歧视待遇
non-eligible person	不合格者
non-liquet	拒绝裁决
non-performance	履行不能
non-state entity	非国家实体
obligatory award	强制性、有拘束力裁定
official act	公务行为
oil agreement	石油协议
oil concession	石油特许协议
oil exporting country	石油输出国
Open Door Poliey	开放政策

opinio juris（L.）	法律确信
optional clause	任择条款
ordinary business risks	一般商业风险
overseas private investment	海外私人投资
ownership	所有权
pact	公约
pact a sunt servanda（L.）	约定必须信守
par in parem non habet juridictionem（L.）	平等者间无管辖权
participation	参与；参加
partnership	合伙
parties	当事国；当事人
patent	专利
peaceful co-existence	和平共处
permanent sovereignty	永久主权
personal supremacy	属人优越性
petition	申诉
petroleum law	石油法
pledge	质权；抵押
policy statement	政策声明
political dispute	政治争端
political risks	政治风险
portfelio investment	证券投资
positive law	实定法
prescription	时效
prima facie（L.）	初步证据
principle of party autonomy	当事人自治原则
principle of self-determination	自决原则
principle of the will of the parties	当事人意思原则
priority	优先权
private autonomy	私法自治

private insurance	私人保险
private international law	国际私法
privilege	特权
profit	利润
promise	允诺
prompt	及时
proper law	准据法
prospective profit	预期利益
provision	条款
public international law	国际公法
public investment	官方投资
public order	公共秩序
public policy	公共政策
public property	公有财产
purchase option	先买权
qualified immunity	有限豁免权
quasi-international character	准国际性
quid pro quo （L.）	对等报酬
ratification	批准
rebus sic stantibus （L.）	情势不变
reciprocity	互惠
record	档案；文件
regional organization	区域组织
registered capital	注册资本
reinsurance	再保险
rejection	拒绝履行
remittance limits	外汇限额
repayment	偿付
repatriation of capital and earning	原本和收益汇出
requisition	征用

restitutio in integrum （L.）	恢复原状
right of diplomatic protection	外交保护权
rule	规则
safeguard clause	保证条款
sanction	制裁
screening	甄别
securities	证券
service contract	劳务契约
settlement of disputes	争端解决
signatory	签字国
silence of the law	法无明文规定
sovereign immunity	主权豁免
sovereignty	主权
special agreement	特别协定
special engagement	特别约定
specific provision	特别条款
stabilization clause	稳定条款
state guarantee	国家保证
state succession	国家继承
statement	声明
statute	规约
subject of international law	国际法主体
subrogation	代位求偿权
subsidiary	子公司
succession	继承
system of international law	国际法体系
takeover	接收、接管（企业）
tangible property	有形资产
tax credit	税收抵免
tax exemption	税收豁免

tax heaven	避税地
tax sparing	税收饶让
technical assistance	技术援助
termination of treaty	条约的终止
territorial supremacy	属地优越权
text	约文
theorie del jimprevision（F.）	不可预见理论
tort	民事侵权行为；不法行为
trade mark	商标
trade name	商名；商号
trader	商人
transferability	自由转移
transnational arbitration	跨国仲裁
transnational corporation	跨国公司
transnational law	跨国法
transnational legal problems	跨国法律问题
transportation	交通运输
treaty	条约
treaty-making pomer	缔约权
tribunal	法庭
trustee	受托人
umpire	仲裁员
unanimous agreement	一致协议
undeveloped country	不发达国家
undue delay of justice	拖延审理
unequal treaty	不平等条约
unilateral	单边的
unjust enrichment	不当得利
unreasonable delay	过度迟延；无故拖延
usage	惯例

usufruct	用益权
validity of treaty	条约的效力
venture investment	风险投资
vested rights	既得权
void ad initio（L.）	自始无效
war risks	战争险
world community	世界社会
world economic system	世界经济体制
world law	世界法
wrong-doing state	违法国